나심 탈레브
스킨 인 더 게임

SKIN IN THE GAME:
Hidden Asymmetries in Daily Life
by Nassim Nicholas Taleb

Originally Published by Random House,
an imprint and division of Penguin Random House LLC, New York

Skin in the Game

나심 탈레브

# 스킨인더게임

선택과 책임의 불균형이 가져올 위험한 미래에 대한 경고

나심 니콜라스 탈레브 지음 | 김원호 옮김

비즈니스북스

옮긴이 | **김원호**

서강대학교 공과대학에서 화학공학을 전공했고, 고려대학교 경영대학원에서 석사 학위(마케팅)를 받았다. 삼성물산 상사 부문 프로젝트 사업부에서 근무했으며, 현재는 번역가로 활동하고 있다. 《누텔라 성공의 법칙》, 《멤버십 이코노미》, 《에센셜리즘》, 《스타트업처럼 생각하라》, 《불황을 넘어서》, 《전쟁 반전쟁》, 《경제심리학》, 《누구를 위한 미래인가》, 《코카콜라의 진실》, 《월마트 방식》, 《IBM 부활의 신화》, 《기업 스파이 전쟁》 등을 비롯하여 70권이 넘는 외서를 번역했다.

**나심 탈레브**
**스킨 인 더 게임**

1판 1쇄 발행  2019년  4월 29일
1판 16쇄 발행  2024년 10월 25일

**지은이** | 나심 니콜라스 탈레브
**옮긴이** | 김원호
**발행인** | 홍영태
**편집인** | 김미란
**발행처** | (주)비즈니스북스
**등 록** | 제2000-000225호(2000년 2월 28일)
**주 소** | 03991 서울시 마포구 월드컵북로6길 3 이노베이스빌딩 7층
**전 화** | (02)338-9449
**팩 스** | (02)338-6543
**대표메일** | bb@businessbooks.co.kr
**홈페이지** | http://www.businessbooks.co.kr
**블로그** | http://blog.naver.com/biz_books
**페이스북** | thebizbooks
ISBN 979-11-6254-080-0   03320

'용기'를 상징하는 두 인물에게 바친다.


론 폴Ron Paul,
그리스인들 사이의 로마인

랠프 네이더Ralph Nader,
그레코 페니키아 시대의 신앙인

# 일상 속 보이지 않는
# 행동과 책임의 불균형

이 책은 《인세르토》Incerto (불확실성) 시리즈의 다섯 번째이자 마지막 책이다. 나는 이 시리즈를 통해 우리가 먹고, 잠자고, 일하고, 사람을 사귀고, 논쟁하고, 싸우고, 즐거움을 찾으며 살아가는 법과 불확실한 상황에서 결정을 내리는 법에 대해 다뤄 왔는데, 특히 확률randomness 문제에 관한 과학적이고 분석적인 설명과 철학적 담론, 실질적인 논의 등을 제시해 왔다. 혹시라도 오해하는 독자들이 있을 것 같아 미리 말하지만, 이 책은 학술적인 내용을 일반 독자들을 위해 쉽게 풀어쓴 책이 아니다. 물론, 일부 관련 내용을 담아 두기는 했지만 분명히 밝히건대 이 책은 에세이다.

이 책의 키워드는 크게 네 가지다. 먼저 첫째, '지식'이다. 상식과 과학적 지식이 가진 불확실성과 신뢰성의 문제를 짚어 보고, 일명 지식인이라 불리는 사람들이 내뱉는 헛소리에 관해 이야기한다. 둘째, 정의, 책임, 공정성, 상호성$_{reciprocity}$ 등에 있어서 간과되기 쉬운 '균형'의 문제를 다룬다. 셋째, 거래에서의 '정보 공유' 그리고 마지막으로 복잡계$_{complex\ system}$(자연계를 구성하고 있는 여러 구성 성분 간의 다양하고 유기적인 상호작용에서 비롯되는 복잡한 현상들의 집합체—편집자)와 현실 세계의 '합리성'에 대해 썼다. 이 네 가지 개념은 서로 분리해서는 생각할 수 없는 것들로, '누구라도 현실(문제)에 참여할 때는 그 결과에 대한 책임도 함께 져야 한다'라는 하나의 주제로 수렴된다.[1]

이러한 관념은 공정성, 경제활동의 효율성 제고 및 리스크 관리 등의 영역에 있어 기본일 뿐만 아니라 우리가 사는 세상을 이해하는 데 필수적인 요소이기도 하다.


## 일상 속 숨어 있는
## 네 가지 문제

네 가지 키워드를 좀 더 구체적으로 설명하면 다음과 같다. 첫째, 나는 가짜 지식인들이 쏟아 내는 헛소리를 규명하고 그러한 말들을 걸러 내는 법을 논할 것이다. 또한 연구실의 이론과 현실의 문제 사이의 괴리, 복잡하기만 한 가짜 지식과 현실에서 통하는 진짜 지식 사이의 괴리, 학자들이 인식하는 세상과 실제 우리가 살아가는 세상 사이의 괴리에 관해 이

---

[1] 현실 세계에서 윤리적·도덕적 의무와 업무 역량은 서로 쉽게 분리될 수 있는 성격의 것들이 아니다. 책임지는 위치에 있는 사람에게, 예를 들어 어느 한 기업의 회계 책임자에게 누군가가 "나는 당신을 믿습니다."라고 말한다면, 이것은 무슨 의미일까? 그의 윤리 의식을 믿는다는 것일까? 즉 그가 파나마 같은 지역으로 돈을 빼돌리지 않을 거라고 믿는다는 뜻일까? 아니면 그의 정확한 회계 처리 능력을 믿는다는 뜻일까? 그것도 아니면 두 가지 의미 모두를 가리키는 것일까? 이렇듯 실제 세상에서 윤리와 능력(역량)은 쉽게 구분 지어 생각할 수 없다.

야기하고자 한다. 대학에서는 연구실의 실험 환경과 세상의 현실은 다르지 않다는 가정하에 연구를 진행하지만, 이 둘 사이에 큰 차이가 존재한다는 것은 분명한 사실이다.

둘째, 우리 삶 속에 존재하는 상호성과 균형이 깨지는 문제에 관해 이야기할 것이다. 이것은 만약 당신이 여하한 유형의 보상을 얻고자 한다면, 그에 상응하는 책임 또한 받아들여야 한다는 것을 의미한다. 우리가 다른 사람에게 어떤 제안을 하고 그가 그 제안에 따라 행동을 취한다면, 우리는 그 행동이 낳은 결과에 도덕적인 책임을 느껴야만 한다. 오직 보상만 좇으며 자신의 실수로 발생한 손실은 다른 사람들에게 전가하려 해서는 안 된다. 나의 실수나 잘못된 판단으로 누군가 손해를 입게 됐다면 그에 대해 책임질 필요가 있다.

내가 남에게 기대하는 행동을 그대로 남에게 행해야 한다는 도덕률을 믿는다면, 책임의 영역에서도 그와 마찬가지로 생각해야 한다. 그래야 공정하고 공평하다. 만약 당신이 누군가에게 경제활동에 관해 조언할 생각이라면, 다음의 문구를 기억하라.

당신이 어떻게 생각하고 있는지를 말하지 말고, 당신의 포트폴리오에 무엇이 들어 있는지를 말하라.

셋째, 우리가 일상에서 무엇이든 거래를 할 때 상대방과 거래 정보를 어느 정도까지 공유해야 하는가를 살펴볼 것이다. 예를 들어 중고차를 산다고 가정했을 때, 거래 상대방인 중고차 판매자는 자신이 팔려는 중고차에 대해 우리에게 어느 정도까지 정보를 공유해 주어야 할지 고민한다. 이처럼 거래에서 공유되는 정보의 실상을 파헤쳐 본다.

넷째, 합리성과 시간에 따른 합리성의 검증을 말하고자 한다. 우리가 사는 세상에서 드러나는 합리성은 《뉴요커》 같은 잡지에 나오는 풍자적 논리나 일차원적 모델을 이용해 단순한 해석을 내놓는 심리학자들의 논리와는 매우 다르다. 실제 세상에서의 합리성은 그보다 훨씬 더 심층적이고 현실의 통계에 기반을 둔다. 특히 합리성의 문제는 곧 우리의 생존과 직결되는 사안이므로 중요하게 살펴볼 필요가 있다.

네 가지 키워드를 통해 말하고자 하는 행동과 책임의 균형은 단순히 직원들이 받는 인센티브나 금융 분야에서의 수익 배분 문제에 국한된 개념이 아니다. 중고차 거래나 리스크 관리, 옵션 이론, 계약 이론, 학교 및 현실 세계에서의 학습, 학습과 현실 사이의 괴리에 대한 대응, 고위 공무원들의 책임 문제, 지방자치제, 확률을 기반으로 한 사회정의, 종교, 윤리, 칸트의 정언명령, 자칭 지식인이라고 하는 사람들의 헛소리에 대한 대응 등등 행동과 책임의 균형은 우리 삶과 이 세상의 모든 일에 보편적으로 적용되는 개념이다.

이 책의 제목을 좀 더 길게 풀어쓴다면 '행동과 책임의 균형에 관해 우리가 제대로 인식하지 못하는 것들, 행동과 책임 사이에 숨겨진 불균형과 그에 따른 결과들' 정도가 될 것이다. 사실 나는 대부분의 사람이 명백하게 알고 있는 내용이 담긴 책을 별로 좋아하지 않는다. 책을 읽으면서 얻는 즐거움 중 가장 큰 것은 새로운 관점을 접하는 것이기 때문이다. 그래서 뻔한 내용을 담은 따분한 책을 쓰지 않기 위해 노력했고, 이 책이 독자 여러분에게 새로운 관점을 제시해 줄 수 있기를 바란다.

이런 맥락에서 하나의 주제를 다루는 분량이 대략 60페이지가 넘지 않도록 했다. 그 안에서 각 주제의 중요성, 논거, 의미 등을 제시할 것이다. 종종 어떤 개념이 왜 중요한지에 대해 지나치게 길게 설명하다 보면 자신이 제시한 논리에 자신의 주장이 논박당하는 일이 벌어지기 쉽다.

　우리가 아는 놀라운 발견은 의도하지 않은 우연한 시도 때문에 이루어진 경우가 많다. 우연한 시도로 그동안 미처 몰랐던, 일상 속에 숨겨져 있던 불균형을 깨닫게 되는 식이다. 그 결과로 얻게 되는 새로운 인식은 우리를 불편하게 만들 수도 있지만, 대부분의 경우 우리에게 도움이 된다. 이 책에서 제시되는 새로운 관점들 역시 독자 여러분이 이 세상의 숨겨진 불균형과 부조리를 이해하는 데 도움이 됐으면 하는 바람이다.


## 인간 존재에 관한 문제

　　　　　　　　　이 책에서는 다음과 같은 내용이 다루어질 것이다. 절대로 양보하지 않는 소수의 사람이 자신의 신념을 어떤 식으로 다른 이들에게 강요하면서 세상의 흐름을 이끌어 가는가? 보편주의는 원래의 의도와 달리 사람들에게 어떠한 피해를 주게 됐는가? 오늘날 얼마나 많은 사람이 로마 시대의 노예들과 전혀 다를 바 없는 상황에 놓여 있는가? 외과 의사가 외과 의사처럼 생기면 안 되는 이유는 무엇인가? 기독교 교리가 예수의 신성이 아닌 인간성을 강조하는 이유는 무엇인가? 역사가들은 역사를 올바르게 설명하고 있는가? 아무런 위험도 감수하지 않고 말만 앞세우는 경제학자와 종교 지도자들을 어떻게 봐야 하는가? 완벽해 보이는 정치인이 아니라 분명한 단점을 가지고 있는 정치인이 선거에서 승리하는 이유는 무엇인가? 사람들은 왜 카르타고의 한니발Hannibal을 좋아하는가? 기업의 사회적 책임과 선행에 관심이 많은 전문 경영인이 영입되자마자 기업 실적이 고꾸라지는 이유는 무엇인가? 로마가 다신주의를 추구한 이유는 무엇인가? 국가 간 외교는 어떤 식으로 이루어져야 하는가? 어떤 자선단체에 기부하기 전에 해당 단체의 모금액 사용 내역을 반드시 살펴봐야 하는 이유는 무엇인가? 우리 사회의 각 분야에서 나타나고 있는 우버Uber 현상은 무슨 의미인가? 유전자와 언어가 확산되는 속도는 서로 어떻게 다른가? 인간 집단의 규모는 어떤 의미를 지니는가? 구성원 모두가 서로 협력적이었던 어부 집단이 규모가 커지면서 그 안에서 갈등과 반목이 생기게 된 이유는 무엇인가? 개인 행동에 관한 연구와 행동경제학이 서로 관련 없는 이유는 무엇인가? 시장 참여자들의 개별 성향과 시장의 움직임이 서로 관련 없는 이유는 무엇인가? 합리성과 생존은 어떤 관계가 있는가? 리스크를 감수해야 하는 가장 본원적인 이유는 무엇인가?

행동과 책임의 균형은 정의, 명예, 희생 등 인간 존재에 관한 문제이기도 하다. 적어도 나는 그렇게 믿는다.

문명화가 진행될수록 세상에 존재하는 다양한 괴리 현상도 심화된다. 우리가 행동과 책임의 균형을 추구하는 사회를 만들고자 노력한다면 다음과 같은 괴리에서 발생하는 악영향을 사전에 줄일 수 있을 것이다. 말과 실제 행동 사이의 괴리, 의도와 결과 사이의 괴리, 현실과 이론 사이의 괴리, 명예와 평판 사이의 괴리, 현장 지식과 연구실 지식 사이의 괴리, 구체적인 해법과 추상적인 해법 사이의 괴리, 윤리와 법 사이의 괴리, 사실과 거짓 사이의 괴리, 상인과 관료 사이의 괴리, 혁신적 사업가와 대기업 경영자 사이의 괴리, 겉모습과 실제 힘 사이의 괴리, 결혼(사랑)과 금전 추구 사이의 괴리, 영국 코번트리와 벨기에 브뤼셀 사이의 괴리, 미국 오마하와 수도 워싱턴 사이의 괴리, 일반인과 경제학자 사이의 괴리, 작가와 편집인 사이의 괴리, 학위와 대학교 사이의 괴리, 민주주의와 통치 방식 사이의 괴리, 과학과 과학주의 사이의 괴리, 정치와 정치인 사이의 괴리, 실제 사상과 선언문 사이의 괴리, 고대 로마의 카토와 버락 오바마 사이의 괴리, 품질과 광고 사이의 괴리, 진심과 표현 사이의 괴리, 그리고 가장 중요한 것으로 개인과 집단 사이의 괴리가 대표적이다.

　나는 위에 나열한 문제들을 하나씩 짚어 나가려고 한다. 우리 사회가 행동과 책임의 균형을 추구하지 못한다면 이러한 괴리 문제들은 계속 심화되고, 그에 따른 악영향 역시 점점 더 심각해질 것이다.

# 《인세르토》 시리즈 소개

《인세르토》 시리즈는 불확실하고 불투명한 것들, 운과 확률의 작용, 인간의 착오, 리스크 그리고 완전히 이해하기 어려운 상황에서의 의사결정과 같은 주제들을 다룬 다섯 권의 책으로 구성되었다. 이 시리즈는 에세이 형식으로 쓰였으며, 저자 개인의 경험과 여러 매체와 토론을 통해 알게 된 이야기, 역사, 과학, 철학, 그리스신화, 우화 등등 다양한 내용을 담고 있다. 다음은 원서 출간일에 따라 정리한 소개글이나, 이 시리즈를 읽는 순서는 따로 없다.

《행운에 속지 마라》: 사람들이 운의 작용을 자신의 능력으로 착각하거나 세상일의 무질서가 무질서하게 보이지 않는 상황이 얼마나 많은지, 주식 매매가 계란프라이를 만드는 일보다 더 쉬운 세상에서 기업의 성과를 말하는 일이 얼마나 무의미한지, 치과 의사와 투기업자 간의 차이는 무엇인지 등을 이야기하는 책.

《블랙 스완》: 매우 드물게 발생하지만 한번 벌어지면 엄청난 충격을 일으키는 현상이 어떻게 역사를 지배해 왔는지, 과거에 있었던 '검은 백조'의 출현과 그 배경을 완전히 이해했다고 착각하는 사람들을 살펴보며 또 다른 출현 가능성을 과학적으로 예측하는 것이 얼마나 힘든 일인지, 일부 영역에서 '검은 백조' 출현을 예측하거나 대응하는 것이 전적으로 불가능한 이유는 무엇인지, 기존에 확실하다고 알려진 위기 대처 방안이 전혀 효과가 없는 이유는 무엇인지, '검은 백조'에 무지한 가짜 전문가들 때문에 사회시스템이 예측 불가능한 사건에 얼마나 취약해지고 있는지 등을 이야기하는 책.

《블랙 스완과 함께 가라》: 철학적 금언록을 담은 책.

《안티프래질》: 무질서(변동성, 가변성, 시간, 혼돈, 스트레스 요인 같은)를 유발하는 것과 유발하지 않는 것은 각각 무엇인지, 취약성과 강함, 반취약성을 구분하는 일이 무엇을 의미하는지, 기존 상황 흐름을 많이 파악할 필요 없이 비선형적 반응을 토대로 취약성을 어떻게 판단할 수 있는지 등을 이야기하는 책.

《나심 탈레브 스킨 인 더 게임》: 이번 책.

---

## 제1부

# 서론

---

**제4부**

# 늑대와 개

**제5부**

# 삶 자체가 리스크와 함께하는 것이다

제6부

# 다시 대리인 문제

제7부

# 종교, 믿음 그리고 대리인 문제

## 일러두기

1. 본 도서는 철저히 원서에 실린 내용과 표현을 존중해 그대로 옮겼다. 특정 주제나 사건, 인물에 대해서는 전적으로 저자 개인의 주장임을 밝힌다.

2. 본 도서 뒷부분의 〈기술 부록〉은 매우 학술적인 내용으로, 전공자 및 해당 분야 전문가들의 편의를 위해 원문 그대로 실었다.

3. 본 도서에 언급된 참고 도서 중 국내에서 번역·출간된 단행본은 번역서의 제목을 따랐으며, 미출간 단행본은 원서명을 직역하고 원어를 병기했다.

4. 본 도서에 등장하는 인명과 고유명사는 국립국어원 '외래어표기법'을 기준으로 표기했으나 일부는 국내에서 통용되는 표기를 따른 경우도 있다.

5. 저자가 단 각주는 해당 단어와 문장 뒤에 '[1, 2, 3…]'으로, 편집자가 단 주는 괄호와 함께 '—편집자'로 적어 표기했다.

제1부

· · · · ·

# 서론

Skin in the Game

# 안타이오스의
# 죽음

⚖️

탄탄한 토대에서 떨어지지 마라·행동하는 군주는 여전히 존재한다·
검은 백조가 나타났다·아픔을 통해 배운다

그리스신화 속 거인 안타이오스Antaeus는 대지의 여
신 가이아와 바다의 신 포세이돈 사이에서 태어났다. 그리스신화에 따르면 안
타이오스는 리비아 지역에 자리 잡고 살았다. 그는 자기 앞을 지나가는 사람
들에게 레슬링을 하자고 청했고, 상대가 응하면 막강한 힘으로 상대방을 땅에
내리꽂아 죽였다. 그리고 죽은 사람들의 뼈를 자신의 아버지 포세이돈의 신전
을 꾸미는 데 썼다. 그 끔찍한 행위의 목적은 헌신적인 효도였던 것이다.

안타이오스가 그 누구에게도 절대 지지 않는 강력한 힘을 발휘할 수 있었
던 비밀은 바로 그의 어머니에게 있었다. 어머니인 대지에 발을 딛고 있으면
대지로부터 무한한 힘을 공급받을 수 있었다. 대신 대지에서 발이 떨어지면
그는 완전히 무력해졌다. 그러던 어느 날, 안타이오스는 열두 개의 과업을 수

DEFICIT HIC PVGNAX ANTÆVS IN AERE VICTVS     NVLLAQ SVBLATO TERRA FEREBAT OPEM

[그림 1] 프랑스 플로리스, 〈헤라클레스와 만난 안타이오스〉, 암스테르담 박물관, 1563년.

행하기 위해 리비아 지역을 지나가던 헤라클레스와 레슬링을 하게 됐다. 서로 몸을 맞대고 치열하게 부딪히던 중 안타이오스의 비밀을 눈치챈 헤라클레스는 안타이오스를 공중으로 들어 올려 그의 힘의 원천을 차단하고 그대로 안타이오스의 생명을 끊었다.

이 책의 서두에서 안타이오스 이야기를 하는 것은 우리가 가진 지식도 탄탄한 토대에서 떨어지면 안 된다는 점을 강조하기 위해서다. 사실 세상의 그 어떤 것도 탄탄한 토대에서 떨어지면 안 된다. 고대 그리스 사람들은 '파테마타 마테마타'pathemata mathemata 라는 말을 즐겨 했다. 이 말은 '아픔을 통해 배운다'는 의미로, 이는 유기체들이 진정한 의미의 학습을 하는 방식이기도 하다. 특히 세상사라는 것이 그렇다. 세상일에 관여할 때 당연히 그에 수반된 위험에 노출되기 마련이다. 따라서 자신이 관여한 일의 결과가 좋든 나쁘든 수용할 줄 알아야 한다. 사람은 위험에 노출되어 살갗이 까지는 경험을 하면서 배우고 성장한다.

나는 전작인 《안티프래질》에서 사실 대학에서 탄생한 것으로 여겨지는 지식은 대부분 과거에 수많은 사람이 경험적으로 발견한 것이며, 대학에서 이뤄진 일은 그 발견을 형식화하고 정리한 것에 불과하다고 지적한 바 있다. 여기서 과거의 사람들이 경험적으로 발견했다는 말은 실제로 두 발을 땅에 딛고, 즉 몸으로 직접 부딪쳐서 배웠다는 것을 의미한다. 이런 식의 배움은 논리나 고찰을 통한 배움보다 훨씬 더 우월하다. 대학교나 연구소들은 이 사실을 감추기 위해 지금도 분주하게 움직이고 있다. 이는 '정책 결정'의 영역에서도 마찬가지다.

## 지금의 리비아에 투영된 현실 세계

안타이오스의 전설 이후, 수천 년이 지난 지금의 리비아에서는 독재자를 축출하고 정권을 바꾸기 위한 시도가 어설프게 행해지면서 정국이 큰 혼란에 빠져, 그 결과 노예시장이 생겨났다. 우리가 살고 있는 지금 21세기에 사하라 인근에서 붙잡힌 아프리카인들이 리비아 곳곳에서 경매 방식으로 팔려 나가고 있는 것이다.

2003년에는 이라크 침공을, 2011년에는 리비아의 독재자 축출을 주창했던, 소위 간섭주의자interventionista라고 불리는 사람들이 있다.[2] 이런 사람들의 대표적인 예로 빌 크리스톨Bill Kristol, 토머스 프리드먼Thomas Friedman 등을 들 수 있다.[3] 간섭주의자들은 오늘날에도 여전히 세계 몇몇 나라의 체제 교체에 외부 세력이 개입해야 한다고 목소리를 높이고 있다. 바로 이들이 지목하는 나라 가운데 시리아가 있다. 이들은 시리아가 독재자의 지배를 받고 있으니 외부 세력이 개입해야 한다고 주장한다.

아주 오래전 이런 간섭주의자들과 미국 국무부에 있는 그들의 친구들은 이슬람 지역에서 온건주의 반체제 세력이 조직화되고 훈련하고 활동할 수 있도록 지원했다. 이 세력은 후에 알카에다Al-Qaeada가 됐고, 알카에다는 2001년 미국 뉴욕에서 발생한 9·11 테러 사건을 일으켰다. 미국 국무부가 당시 이슬람 온건주의 반체제 세력을 지원한 데는 구소련에 대항한다는 명분이 있었다. 그런데 어째서인지 오늘날 간섭주의자들은 온건주의 반체제 세력이 결국 알카에다가 되었다는 사실을 기억하지 못하는 것처럼 보인다. 나는 이 사실이 책상에서 공부만 하는 사람들의 한계라고 생각한다.

미국은 이라크에서 체제 교체를 시도했으며, 그 결과가 그다지 좋지 않았다. 여기에 그치지 않고 리비아에서도 체제 교체를 시도했으며, 지금 리비아에서는 노예시장이 성업 중이다. 하지만 독재자를 축출한다는 목표만큼은 달성했다.

이렇게 생각해 보자. 어떤 의사가 콜레스테롤 수치를 낮추겠다면서 환자에

---

2    간섭주의자란 어떤 상황의 당사자가 아니라서 직접 참여하거나 아무런 책임을 질 일도 없음에도 해당 상황에 대해 잘 안다고 착각하여 개입하고 나서서 결국 문제의 취약성만 유발하는 사람들을 가리킨다. 게다가 이들은 인간적인 매력도 없다.

3    이런 간섭주의자들이 공통적으로 보이는 특징이 있다. 바로 현장 경험이 결여된 '책상물림'이라는 점이다.

게 '온건한' 암세포를 주입했다고 가정해 보자. 그리고 이 의사가 환자가 죽어 버렸는데도 콜레스테롤 수치가 낮아졌다는 사실만 부각시키며 자신의 치료 법이 옳다고 주장한다면, 여러분은 그의 치료법을 받아들일 수 있겠는가? 사실 의사들은 실제로 이렇게 위험한 치료법을 적용하지 않는다. 임상적으로 검증되지 않은 방법을 모험 삼아 시도하지도 않는다. 그 이유는 여러 가지다. 우선 의사가 적용하는 치료법에는 의사 자신의 인생이 어느 정도 걸려 있다. 또 현실적으로 현대 의학의 지식 수준에서는 인체 및 장기의 복잡한 체계를 정확히 알 수 없는 데다가 2000년이 넘는 세월에 걸쳐 의료 분야에서 정립되어 온 행동 윤리도 어느 정도 영향을 미친다.

논리, 학술적 지식, 교육은 분명 중요하다. 높은 수준의 논리로 상황을 고찰해 보면 한 나라의 체제 교체는 국가 시스템의 붕괴를 유발하고, 이는 노예제도 같은 여러 가지 불합리한 문제를 낳는다는 것을 알 수 있다. 기존 체제가 교체되는 과정을 돌아보면 거의 언제나 그랬다. 누군가가 체제 교체로 유발된 기존 실증을 모두 반박할 수 있는 새로운 대안을 내놓지 않는 한, 기존의 주장은 계속 유효할 것이다. 체제 교체를 주장하는 간섭주의자들은 실제 세상을 알지 못하고, 역사를 통해서도 배우지 못하고, 논리적 고찰도 제대로 하지 못하는 사람들이다. 그럴듯하게 말하고 있지만, 자세히 살펴보면 이들의 주장에는 심각한 결함이 있다.

간섭주의자들의 주장에서 발견할 수 있는 심각한 결함을 세 가지만 지적하겠다. 첫째, 이들은 동역학이 아니라 정역학 방식으로 생각한다. 둘째, 생각이 단편적인 수준에 머물러 있다. 셋째, 행동의 상호작용을 거의 고려하지 않는다. 나는 이 책의 전반에 걸쳐 공부를 많이 했다고 하는(자신이 지식인이라 자부하지만 제대로 된 지식을 쌓았다고는 보기 어려운) 바보들이 범하는 오류들을 심충적으로 다루려고 한다. 일단 여기서는 위에서 나열한 세 가지 결함에 대해 생각해 보겠다.

첫째, 간섭주의자들은 자신이 주장하는 행동의 그다음 단계를 생각하지 못한다. 그러다 보니 이어지는 단계에서 어떤 조치를 취해야 하는지 답하지 못한다. 심지어 몽골의 농부, 마드리드의 웨이터, 샌프란시스코의 자동차 정비사조차 살아가다 보면 자신의 행동에 따라서 두 번째, 세 번째, 네 번째 그리고 그 이상의 단계들이 연이어 발생한다는 것을 잘 알고 있는데 말이다. 둘째, 간섭주의자 대부분이 문제는 다차원적인데 그에 대한 자신의 해석이 일차원적이라는 점을 알지 못한다. 다차원적인 원인을 가진 건강 문제에 콜레스테롤 수치라는 일차원적인 해석만 들이댄 의사의 이야기를 생각해 보라. 복잡계에서는 인과관계가 선명한 일차원적인 해법이 거의 존재하지 않는다. 복잡계에 대한 해법을 찾았다는 생각이 들더라도 섣불리 적용하면 안 된다. 게다가 간섭주의자들은 독재자들의 행동을 노르웨이나 스웨덴 같은 나라의 총리들과 비교한다. 이 역시 명백히 잘못된 논리다. 어떤 나라의 독재자의 행동은 체제가 교체된 이후에 권력을 잡게 된 다음 권력자의 행동과 비교해야 한다. 마지막으로 셋째, 간섭주의자들은 독재 정권에 대한 공격이 어떤 전개로 이어질지, 즉 어떤 후속 상황이 만들어질지 전혀 예측하지 못한다.


# 간섭주의자,
# 생명을 가지고 놀다

불확실성을 높이는 어떤 상황이 전개될 때 우리 눈앞에는 '검은 백조'Black Swan가 나타난다. 여기서 검은 백조란, 세상에 엄청난 영향을 끼치는 예상치 못한 큰 사건을 의미한다. 어떤 상황의 결과가 불확실성으로 가득하다면, 그 상황을 초래할 수 있는 시스템의 붕괴를 유발해서는 안 된다. 다시 말해, 부정적인 결과가 빚어질 것이 뻔한 데다 그 결과가 어느 정도로 심각할지 전혀 예측할 수 없는 행동이라면 애초에 시도하지 말아야 한다. 여기서 중요한 것은 이러한 예측 불가능한 부정적인 결과가 간섭주의자들에게는 아무런 영향도 끼치지 않는다는 점이다. 이들은 사계절 내내 적절한 실내 온도가 유지되는 미국 교외의 멋진 집에서 과보호받는 평균 2.2명의 자녀와 함께 반려동물을 기르고 살면서 간섭주의자로서의 행동을 취한다.

간섭주의자와 같은 방식으로 사고하는 사람들이 항공기를 조종한다고 생각해 보자. 그들은 조종법도 모르고, 과거의 경험에서 무언가를 배우지도 못하면서 자신이 이해하지도 못하는 상황에 자꾸만 도전을 감행한다. 이런 조종사가 있다면 결국 많은 사람을 죽음에 이르게 만들 것이다. 동시에 그 역시 함께 죽음에 이른다. 자신의 무모하고 무책임한 행동으로 버뮤다 삼각지대 같은 곳의 해저에서 생을 마감하게 되는 것이다. 그러면 그는 더 이상 다른 사람들, 더 나아가 인류에게 위협이 되지 못한다. 더 이상 존재하지 않기 때문이다.

우리가 살고 있는 현실 세계에서는 타인을 미혹시키고 말 그대로 정신 나간 소리만 해 대는 식자가 점점 더 늘어나는 추세다. 자신의 말이나 행동에 책임을 질 필요가 없기 때문이다. 이들은 자신이 생각하는 바를 무조건 옳다고 믿고 적극적으로 주장하면서 아무런 내용도 없는 그럴듯한 선동 구호를 곁들인다. 예를 들어 그들은 대량 학살을 유발할 수 있는 일에조차 '민주주의'라는 말을 갖다 붙인다. 단지 그 개념이 대학원에서 공부할 때 읽은 책에 나왔다는 이유에서 말이다. 누군가가 사람들 앞에 나서서 최근에 유행하고 있는 정치 관념을 설파한다면, 그 사람은 공부하기는 했지만 제대로 하지 않았거나 잘못

공부했다고 봐도 무방하다. 자신이 내뱉는 말에 대한 책임감은 거의 없다고 보면 된다. 사실 대체로 그렇다.

에어컨이 돌아가는 편안한 사무실에 앉아서 판단을 내리는 간섭주의자들의 착오로 세계 곳곳에 무고한 사람들이 '생명'이라는 대가를 치르고 있다. 야지디족, 근동과 중동의 소수 기독교인, 만다야교인, 시리아인, 이라크인, 리비아인들이 겪고 있는 현실을 생각해 보라. 이는 고대 바빌로니아 시대 이래 우리 인류가 정립해 온 정의의 관념에도 어긋나고, 우리 인류의 생존을 가능하게 만들어 준 윤리 구조에도 맞지 않다.

의사와 마찬가지로 간섭주의자들이 지켜야 하는 최우선 원칙은 '피해자를 만들지 말아야 한다'는 것이다. 아무런 리스크도 지지 않는 사람들이 의사 결정에 관여하는 일은 이제 근절되어야만 한다.

다음의 말을 한번 생각해 보라.

우리 인류는 아주 오래전부터 제정신이 아니었다. 다행인 것은 이 세계를 파멸시킬 정도의 기술을 가지고 있지는 않았다는 점이다. 그런데 이제는 그런 기술을 가지고 있다.

책을 진행해 가면서 나는 '평화를 지킨다'고 주장하는 간섭주의자들에 대해 계속해서 논할 것이다. 이들은 소리 높여 평화를 외치지만, 실제로는 이스라엘과 팔레스타인 사태와 같은 심각한 교착 상태만 만들어 냈을 뿐이다.

# 행동하는 군주는
# 여전히 존재한다

역사적으로 보더라도 중대한 일에 대해서는 사람들이 자신의 모든 것을 걸고 나서는 일이 당연했다. 모든 전쟁 영웅은 그 자신이 직접 전쟁터에 나가 제일선에서 싸움에 임했다. 극히 일부 흥미로운 예외가 있기는 하지만, 한 사회의 지도자가 된 사람들은 본인이 온전히 리스크를 감수했다. 리스크를 남에게 전가하는 사람은 지도자가 될 수 없었다.

평범한 시민들보다 훨씬 더 큰 리스크를 기꺼이 떠안는 사람들이 역사 속 위인의 반열에 올랐다. 로마의 황제이자 '배교자' 율리아누스는 서부 전선에서 벌어진 페르시아와의 전쟁에 직접 참전해 전쟁터에서 죽음을 맞았다. 카이사르, 알렉산더 대왕, 나폴레옹은 전투가 벌어졌을 때 다소 안전한 후방에 있었다는 논쟁이 있는 반면, 율리아누스 황제는 페르시아 병사가 던진 창에 가슴을 맞아 전투 현장에서 사망했다는 기록이 있는 만큼 전투의 최전방에 있었던 것이 분명하다. 또 다른 로마 황제 발레리아누스는 전투 중에 생포되어 페르시아 황제 샤푸르의 발판 노릇을 하는 굴욕을 겪었다. 비잔틴 황제 콘스탄티누스 11세의 마지막 모습은 투르크 제국과의 전쟁에서 자신의 검을 들고 적진으로 돌격하는 모습으로 묘사된다. 일설에 따르면, 콘스탄티누스 11세가 항복을 권유받았다고 하지만 그 후에 일어난 일을 보면 그 같은 권유를 거절한 것이 분명하다.

이는 결코 일부 예외적인 사례가 아니다. 역대 로마 황제들 가운데 병으로 사망한 사람은 3분의 1이 채 되지 않는다. 이외 대부분이 전쟁이나 정쟁政爭의 일선에서 사망했다. 만약 고대 로마의 의술이 발달해서 왕들의 수명이 더 길어졌다면 더 많은 왕이 전쟁이나 정쟁의 최전선에서 사망했을 것으로 추측된다.

오늘날까지 왕실이 남아 있는 나라에서 왕실의 일원들은 일반 국민보다 더 큰 물리적인 위험을 감수해야 자신들이 누리고 있는 것들에 대한 정당성을 인정받을 수 있다고 생각한다. 대표적으로 영국 왕실을 예로 들 수 있다. 앤드루 윈저 영국 왕자는 1982년 포클랜드 전쟁에 헬리콥터 조종사로 참전해 최전방을 날아다녔다. 그가 왕족의 신분으로 전쟁에 뛰어든 이유는 바로 '노블레스 오블리주'noblesse oblige 때문이다. 영국 왕실의 일원들은 목숨을 걸고 국민을 보호하는 일에 나서야 지도층으로서의 지위를 인정받을 수 있다는 전통을 고수해 왔다. 이는 오늘날에도 존속하고 있는 왕가 사람들이 여전히 기억하고 있는 사회계약이다. 군주로서 해야 할 일을 하지 않으면 군주로서 인정받을 수 없다.

## 책임지는 행동이
## 신뢰를 만든다

사회 지도층에서 '전사'warrior들이 빠지는 것이 문명화고 진보라고 생각하는 사람들이 있다. 하지만 그렇지 않다. 다음 글을 보라.

지도층이 자기 행동의 결과에 대한 책임에서 자유로워질 때 관료주의가 생겨난다.

한편 지금처럼 중앙화된 정치 체제에서는 일선 현장에 직접 나서는 일 없이 의사결정을 하는 사람들이 나타날 수밖에 없다는 주장이 제기될 수도 있다. 그래서 분권화 혹은 지방화가 반드시 필요하다. 이는 책임이 면제된 의사

결정자들의 수를 최소화하는 효과적인 방법이다.

　분권화의 필요성은 국가적 규모의 선동이 소규모 선동보다 더 쉽다
는 단순한 관념에 기초를 둔다.

　분권화는 대규모의 구조적인 불균형을 줄여 준다.

　책임 있는 사람들이 나서서 분권화를 추진하고 책임을 분산시키지 않으면
그 사회는 결국 쪼개지고 만다. 행동과 책임이 따로 가는 메커니즘을 가진 사
회는 구조적으로 유발되는 불균형으로 큰 파열음을 일으키며 아주 힘든 방식
으로 분권화의 길을 걷게 될 것이다. 다행히 붕괴에까지 이르지 않는다면 말
이다.

　책임지지 않는 행동으로 빚어진 대표적인 사건이 바로 2008년 금융 위기
다. 당시 금융 위기가 발생하기 전까지 금융업에 종사하는 사람들은 대학 연
구 논문 밖에서는 전혀 작동하지 않는 리스크 모델들을 이용해 파멸적인 리
스크를 숨기는 식으로 상당한 돈을 벌었다. 사실 대학에서 연구하는 학자들은
실제 발생할 수 있는 리스크에 대해 아무것도 모른다. 그러다 금융 위기가 발
생했고 금융시장에 불확실성이 확대됐는데도 금융업에 종사하는 사람들은
여전히 과거와 같은 수준으로 돈을 벌어들였다. 사람들은 그 일에 대해 그전
까지 한 번도 본 적 없고 앞으로의 상황을 예측할 수도 없는 '검은 백조'가 나
타났다고 말했다. 그 덕에 나도 명성을 얻기는 했다. 나는 2008년 금융 위기와
같은 상황을 '밥 루빈 트레이드'Bob Rubin Trade(로버트 루빈 스타일의 거래)라고 부
른다.

밥 루빈은 누구인가? 미국 재무부 장관을 역임한 사람, 미국 지폐에 서명이 올라가 있는 사람, 2008년 금융 위기 이전까지 시티은행 회장으로 근 10년 동안 일하면서 1억 2000만 달러가 넘는 보수를 챙겨 간 사람이다. 그러다 2008년 금융 위기로 그가 경영하던 시티은행이 사실상 지급불능 상태에 빠지고, 그런 시티은행을 살리기 위해 막대한 규모의 정부 재정이 투입됐는데도 그는 아무런 책임도 지지 않았다. 그는 불확실성을 만들어 내고는 그대로 뒤로 빠졌다. 앞에서는 자신의 이익을 다 챙기고, 뒤에서는 "검은 백조가 나타났다."라고 말했을 뿐이다.

애당초 그는 자신이 은행의 리스크를 납세자에게 전가하고 있다는 것을 자각하지도 못했던 것 같다. 스페인어 강사, 학교의 보조 교사, 캔 공장의 작업반장, 영양사, 법률 사무소 직원 같은 일반인들이 그가 만든 리스크를 받아 내고, 그가 유발한 손실에 책임을 졌다. 가장 큰 타격을 입은 것은 자유시장이었다. 가뜩이나 금융업에 대해 부정적인 시각을 가지고 있던 대중은 자유시장에 대해 부패와 연고주의라는 이미지를 확고히 갖게 됐다. 하지만 부패와 연고주의는 자유시장이 아니라 정부 때문에 만들어진 것이다. 금융 위기가 발발하고 긴급 구제 과정에서 책임을 져야 할 당사자들로부터 모든 리스크를 걷어가 주는 잘못된 판단을 내린 것은 바로 정부다.

실제로 2008년 금융 위기 당시 버락 오바마 행정부는 기존 금융시장과 지대 추구Rent Seeking 성향의[4] 금융 업종 사람들을 철저히 보호하는 선택을 했다.

---

[4]    지대 추구는 시장경제에 보탬이 되지 않고 다른 사람의 부의 증대에 영향을 미치는 바 없이 자신이 이용할 수 있는 법이나 권리를 통해 오로지 자신의 소득만을 이끌어내는 행위를 가리킨다. 뚱보 토니Fat Tony(이 캐릭터에 대해서는 뒤에 따로 설명하겠다.) 같은 사람이 있다면, 그는 지대 추구 행위를 '아무런 경제적 이익도 만들어 내지 않으면서 보호금 protection money을 받아 내는 마피아의 방식'이라고 규정할 것이다.

그나마 다행인 것은 은행들이 이제 다시 리스크를 감수하기 시작하고 헤지펀드 시장에서 자신들의 역할을 찾아 나가고 있다는 점이다. 한편 서류만 만지작거리던 정부 기관 사람들은 금융 위기 이후 은행들에 온갖 규제를 들이대는 식으로 대처하면서 관료주의를 심화시켰다. 실제로 정부 기관에서 일하는 사람들은 서류를 만들고 관리하는 것을 자신들의 일이라고 생각한다. 정부 기관은 은행들에 수천 페이지에 달하는 규정집을 추가로 만들어 내려보내는 식으로 리스크나 책임을 회피하는 선택을 했다. 그런 상황에서도 은행들은 자신이 해야 할 일을 찾아 나가고 있다.

헤지펀드 시장에서 대부분의 펀드 오퍼레이터는 자신이 운용하는 펀드에 자기 재산을 상당 부분 편입시킨다. 고객보다 자기 자신을 더 많은 위험에 노출시키는 것이다. 이로써 자신의 선택이 잘못된 것으로 판명 날 경우, 그에 대한 책임을 고스란히 떠안는다.


# 부적합한 부분을 소거하는
시스템 학습

이 책에서 가장 중요한 부분을 꼽으라면 지금부터 시작할 이야기다. 이 책의 주제는 '자신의 핵심 이익이 걸려 있는 사람이 직접 (그 일에) 관여해야 한다. 즉 책임지는 사람이 판단해야 한다'이다. 그런 면에서 볼 때, 간섭주의자들의 사례는 자신의 핵심 이익이 걸려 있지 않은 사람들, 혹은 책임지지 않는 사람들이 어떤 일에 관여하고 의사결정을 내렸을 때 어떤 문제들이 나타날 수 있는지 극명하게 보여 준다. 게다가 간섭주의자들은 자기의 실수에서 무언가를 배우지도 못한다. 그 자신이 자기 실수의 희생자가 될 가능성이 없기 때문이다. 이들은 '파테마타 마테마타' 정신과는 먼 곳에 있다. 즉 아픔을 통해 배우지 못한다. 다음 말을 생각해 보라.

리스크를 전가하는 방식으로는 아무것도 배울 수 없다.

많은 이가 다음과 같은 말에 동의할 것이다.

어떤 사람에게 그가 틀렸다는 사실을 말로 완전하게 인식시키는 것은 절대로 불가능하다. 오직 현실만이 그렇게 할 수 있다.

현실이라는 녀석은 말싸움에서 이기는 것에는 별로 관심이 없다. 현실이라는 녀석이 가장 중요하게 생각하는 것은 바로 생존이다.

현대사회의 가장 큰 문제 가운데 하나는 잘 이해하는 사람들의 숫자가 아니라 잘 설명하는 사람들의 숫자가 더 빠른 속도로 늘어나고 있다는 것이다.

그뿐만 아니라 행동하는 사람들의 숫자보다 설명하는 사람들의 숫자가 더 빠른 속도로 늘어나고 있는 것도 문제다.

우리가 학교라고 부르는, 사실은 매우 엄격하게 통제되는 교도소 같은 장소에서 수감자처럼 앉아 있는 학생들에게 가르치는 것들은 덧없이 허공으로 사라질 뿐이다. 오직 우리가 우리의 중요한 것을 걸고 참여한 일에서 배운 것만이 유전자에 각인되어 다음 세대로 전달된다. 이것이야말로 진정한 의미의

'학습'이다. 하나의 생물종이 멸종할 수 있는 상황을 직면했을 때 진화가 이루어진다는 것을 기억하라.

우리가 사는 세계에서 실제적 위험에 노출되기 전에는 진화가 이루어지지 않는다. 그런데도 잘못된 판단으로 자신이 손해를 보거나 위험에 처할 일이 없는 학자나 전문가들이 계속해서 목소리를 높이고 있다. 이들은 모든 것을 다 아는 어떤 존재로부터 세계가 창조됐다는 설을 절대로 믿지 않으면서도, 자신이 세상에서 벌어지는 모든 일의 결과를 정확하게 안다는 전제하에 세상일에 개입하려고 한다. 정부의 고위 관료나 대기업 경영자처럼 배타적이면서 절대적인 권리를 추구하는 사람일수록 자신의 판단에 대한 책임을 회피하려고 한다. 또한 자신의 예측 능력을 과신하는 사람들, 정장을 입고 출근하는 사람들일수록 자신의 판단에 대한 책임을 회피하려고 한다.

앞서 언급했듯 간섭주의자들은 자기의 실수 혹은 타인의 실수에서 무언가를 배우지 못한다. 바로 이런 이유에서 우리는 시스템 학습 system learn에 주목할 필요가 있다. 여기서 말하는 시스템 학습이란 중대한 실수를 범하는 사람들은 시스템의 본질적 특성에 따라 소멸되고, 그렇지 않은 사람들만 남게 되는 방식을 말한다.

시스템 학습은 비아 네가티바 via negativa[5] 방식으로 이루어진다. 즉 부적합한 부분을 소거하는 식으로 진행된다.

---

[5] 무엇이 맞는지 파악하는 것보다 무엇이 틀린지 파악하는 일이 더 쉽고, 지식은 틀린 것을 소거하는 식으로 개선된다는 원칙을 뜻한다. 같은 맥락에서 똑바로 되어 있는 것들을 찾아내는 것보다 틀린 것을 찾아내는 일이 더 쉽다. 그런가 하면 틀린 것을 소거하는 일이 똑바로 되어 있는 것을 추가하는 일보다 더 흥미롭기도 하다. 특히 후자의 경우, 상당히 복잡한 피드백 과정을 거쳐야 할 수도 있다. 이와 관련된 내용은 《안티프래질》에서 심층적으로 논한 바 있다.

부적합한 항공기 조종사 중 상당수는 이미 대서양 바닥에 잠들어 있다. 위험을 초래하는 부적합한 운전자 중 상당수는 이미 지역 공원묘지들에 잠들어 있다. 운송 시스템은 사람들의 학습 능력 때문에 점점 더 안전해지는 게 아니라 시스템 학습 덕분에 안전해진다. 시스템 학습은 인간의 학습과는 다르다. 시스템 학습은 부적합한 부분을 소거하는 식으로 진행된다. 지금까지 논한 내용을 한 문장으로 정리하면 다음과 같다.

큰 판돈을 걸고 게임에 임하면 절대로 자만심을 가질 수 없다.

이어지는 두 번째 서론에서는 '균형'이라는 관념에 대해 생각해 보겠다.

서론 2

# 행동과 책임의 균형

⚖

다른 이에게 기대하는 바의 행동을 그대로 다른 이에게 하라·
해법은 절대 복잡해서는 안 된다

어떤 생명체가 됐든, 조직화된 사회를 구성하고 같
은 사회 안에서 다른 존재들과 교류하면서 살아야 하는 생명체들에게 있어서
자신의 행동에 책임지는 것은 가장 기본적인 존재 방식이자 법칙이다. 인간이
지구상에 모습을 드러내기 이전에 동물 사회에서도 이 법칙은 당연한 것으로
자리 잡고 있었을 것이다. 그렇지 않았다면 지구상의 생명체들은 이미 오래전
에 멸종했을지도 모른다. 행동에 대한 책임을 다른 존재에게 전가하는 사회는
존속될 수 없다. 행동과 책임이 함께해야 한다는 것은 반드시 지켜져야 하는
'균형'이다. 신법이든 사회법이든 인간이 만든 법이든 모든 법은 이런 균형을
지키면서 발전해 왔다.

이어지는 내용에서는 함무라비에서 칸트에 이르기까지 과거 우리 인간의

법 의식이 어땠는지 간략하게 살펴보겠다. 결론부터 말하자면, 문명화를 거치면서 표면적인 내용이 정제되기는 했지만 자신의 행동에 책임져야 한다는 기본 원리에는 변함이 없었다.


## 함무라비법을
## 다시 생각한다

오늘날 우리가 알고 있는 함무라비법은 비석에 새겨져 있는 것으로, 그 비석은 3800년 전 바빌론 광장에 세워져 있었다. 바빌론 사람들 가운데 글을 읽을 줄 아는 사람이라면 누구든 그 내용을 알 수 있었고, 글을 모르는 사람이라도 다른 사람에게 부탁해서 법의 내용을 알 수 있었다. 총 282개 법 조항을 담고 있는 함무라비법은 오늘날까지 전해지는 최초의 성문법으로, 함무라비법을 관통하는 중심 원칙은 바로 '자신의 행동에 책임지라'는 것이다. 함무라비법에 따르면 그 누구도 숨겨진 테일 리스크tail risk(꼬리위험)나 책임을 남에게 전가하면서 과실만 취할 수 없다. '밥 루빈 트레이드' 같은 것은 아예 인정되지 않았다. 밥 루빈 트레이드는 인류의 문명만큼이나 오래된 거래법이지만, 함무라비법은 그 같은 거래 방식을 용인하지 않겠다는 뜻을 분명히 했다.

그런데 여기서 말하는 테일 리스크란 무엇일까? 이는 발생률이 극히 낮지만 위험도는 매우 높은 리스크를 지칭하는데, 정규분포 그래프를 그렸을 때 맨 끝 좌우 꼬리 쪽에 나타날 정도로 낮은 확률을 지녔기 때문에 붙은 이름이다. 발생 확률이 낮은 리스크를 언제부터 테일 리스크라고 부르게 됐는지는 명확히 알려져 있지 않지만, 현재 꽤 많이 사용되고 있는 용어다.

함무라비법 조항 중에서 가장 유명한 것을 하나 꼽으면 다음을 들 수 있다.

건축업자가 집을 지었는데, 그 집이 무너져 거주자가 사망하는 사고
가 발생하면 건축업자는 사형에 처한다.

흔히 금융 트레이더가 그렇듯 건축업자 역시 리스크를 숨기려고 할 수 있
다. 말하자면 자신만이 알아챌 수 있고 아주 먼 미래에나 그 피해가 발생할 것
으로 보이며 발생 가능성이 상당히 낮은 리스크라면, 그냥 숨기려고 할 수도
있다.

내가 대학을 졸업할 무렵, 학생들에게 진로에 대해 조언해 주겠다면서 방
문했던 한 은행 인사가 했던 말이 아직도 기억난다. 그는 이렇게 말했다. "나
는 대출해 줄 때 무조건 상환 만기를 아주 길게 잡습니다. 상환 만기가 돌아왔
을 때 내가 이미 다른 직장으로 자리를 옮겼을 수 있도록 말이죠. 회사에서 허
락하는 한 최대한 길게 상환 만기 일자를 잡습니다." 그는 여러 글로벌 은행을
옮겨 다니면서 일했다. 5년마다 한 번씩 거주국을 옮기고, 내가 아는 한 10년
마다 한 번씩 아내를 바꾸고, 12년마다 한 번씩 은행을 옮겨 다녔다. 그런데
단지 그런 이유 때문이라면 이렇게 피하거나 숨어 다닐 필요가 없다. 2008년
금융 위기가 발생하기 전까지는 도덕적으로 옳지 않은 방식으로 일했다고 해
서 은행 임직원들에게 지급된 보너스를 환수해 간 사례는 단 한 건도 없었다.
잘못된 판단에 책임을 물어 은행 임직원들에게서 보너스를 환수해 간 것은
2008년 스위스 은행들이 처음이다.

'눈에는 눈'이라는 문구로 대표되는 탈리오법도 함무라비법에서 나왔다. 그
런데 '눈에는 눈'이라는 표현은 비유적인 것으로 봐야 한다. 조금만 생각해 봐

[그림 2] 〈함무라비법 비석〉, 루브르 박물관, 기원전 1792~기원전 1750년경.

도 탈리오법은 유연하게 적용할 수 있는 부분이 많다는 것을 알 수 있다. 탈무드를 보면 한 랍비가 '눈에는 눈'이라는 법을 그대로 따를 경우, 외눈인 사람이 어떤 사람의 두 눈을 멀게 만든다면 외눈인 사람은 형벌의 절반만 치르는 것으로 자신의 잘못을 해결하게 된다고 말하는 대목이 나온다. 그렇다면 키가 아주 작은 사람이 거인을 죽게 만들었으면 어떻게 해야 할까? 다시 말해 만약 의사가 환자의 멀쩡한 다리를 절단했다고 해서 피해를 본 환자가 의사의 다리를 잘라도 되는 것은 아니다. 이미 미국에서는 저명한 변호사이자 소비자·시민운동가인 랠프 네이더Ralph Nader 덕분에 거대 기업이나 강력한 조직으로부터 피해를 본 개인들을 보호하는 법규가 마련되어 있다. 분명 현대사회

법체계에는 피해자를 번거롭게 만드는 부분이 있는 데다 법체계의 지대 추구자들이 존재하기는 하지만, 현대사회의 법체계를 버릴 것인지 받아들일 것인지 물어보면 대부분의 사람이 후자를 선택할 것이다.

일부 경제학자는 현재 시행되고 있는 파산보호법을 무효화하기 바란다는 나의 주장에 대해 심지어 은행 경영자들에게 단두대를 들이대려 한다고까지 표현을 써서 비난한다. 그런데 나는 그렇게까지 앞뒤가 막힌 사람이 아니다. 나는 다만 책임 있는 사람들이 밥 루빈 트레이드 같은 방식에 매력을 느끼지 못할 정도로 처벌을 강화하자고 주장하는 것이다. 그래야 일반 대중을 보호할 수 있다.

함무라비법이 새겨져 있는 비석이 어떤 이유로 파리의 루브르 박물관까지 오게 된 것인지 들은 적이 있는데, 지금은 잘 기억나지 않는다. 프랑스인들도 대부분 그 이유를 잘 모르는 것 같다. 셀카봉을 들고 루브르 박물관을 찾는 한국인 관광객들 정도만이 그 이유에 대한 설명을 잘 들어서 알고 있을 것이다.

지난번 루브르 박물관을 찾았을 때, 나는 프랑스 금융인들을 대상으로 강연을 했다. 박물관 대회의실에서 개최된 그 강연에서 나는 이 책에 나오는 여러 주장과 함께 결정을 내리는 사람들이 책임도 져야 한다는 점을 강조했다. 흥미롭게도 내 강연 바로 앞 순서로 강연한 사람은 외모로 보면 함무라비법을 만드는 데 관여했을 것 같지만 실제로는 책임지지 않는 사람이 결정을 내리는 괴리 문제의 전형을 보여 준 사람, 바로 벤 버냉키Ben Bernanke 미국 연방준비제도이사회FRB 의장이었다. 나는 강연하면서 400만 년 전에도 우리 인류는 결과를 만들어 낸 사람이 책임지는 것을 당연하게 받아들였고, 대회의실에서 얼마 떨어지지 않은 곳에 있는 함무라비법 비석에 적혀 있는 내용도 바로 그런 원칙을 강조했다고 말했으나, 사람들은 내 말의 진의를 제대로 이해하지

못했다. 그 자리의 어느 누구도 함무라비법이 말하는 것이 무엇인지, 그것이
오늘날 의사결정자들과 무슨 상관이 있다는 것인지 연관 지어 생각하지 못한
듯 보였다.

다음의 표는 행동과 책임의 균형이라는 관점에서 우리 인류의 법이 어떻게
진보되어 왔는지 개괄적으로 정리한 것이다. 이번 서론에서는 이 표의 순서에
따라 논의를 진행해 나가려고 한다.

| 함무라비법 탈리오법 | 신성과 정의에 관한 열다섯 번째 법 | 은율 | 황금률 | 보편율의 정식 |
|---|---|---|---|---|
| 눈에는 눈, 이에는 이. (함무라비법, 출애굽기 21장 24절) | 네 이웃을 네 자신처럼 사랑하라. (레위기 19장 18절) | _ | 당신이 다른 이들에게 기대하는 그대로의 행동을 다른 이들에게 하라. (마태복음 7장 12절) | 자신의 격률과 의지가 보편율에 합당할 때만이 그에 따른 행동을 취해야 한다. (칸트 1785: 4: 421) |

(출처: *Taleb and Sandis*, 2016)

**도덕적 균형의 진화**

## 은율과 황금률의 차이

지금까지 함무라비법에 대해 논의했다. 위의 표에
나오는 다른 네 가지 법도 간략하게 살펴보자. 레위기는 함무라비법을 부드럽
게 다듬은 율법이라고 보면 된다. 황금률Golden Rule은 "당신이 다른 이들에게
기대하는 그대로의 행동을 다른 이들에게 하라."라고 말한다. 반면 은율Silver
Rule은 "당신이 싫어하는 다른 이들의 행동을 다른 이들에게 하지 마라."라고
말한다. 왜 은율이 황금률보다 더 명확하게 다가온다고 느껴질까?

우선 황금률은 다른 이에게 좋을 것으로 추정되는 행동을 하라고 말하는데, 은율은 자신이 싫어하는 행동을 다른 이들에게 하지 말라고 말한다. 우리는 무엇이 좋은지보다 무엇이 나쁜지를 더 명확하게 판단할 수 있기 때문에 은율이 황금률보다 더 명확하게 인식되는 것이다. 즉 은율은 네거티브 방식의 황금률이라고 이해하면 된다. 좋은 것을 더하는 비아 포지티바via positiva 방식보다는 나쁜 것을 빼는 비아 네가티바 방식으로 오류를 줄이는 것과 같은 맥락이다.[6]

다음으로 황금률과 은율에서 말하는 '다른 이들'에 대해 생각해 보자. 여기서 말하는 '다른 이들'은 어느 한 사람일 수도 있고, 다수의 사람이나 집단일 수도 있다. 심지어 보다 더 큰 범위의 대상을 지칭하는 것일 수도 있다. 즉 '다른 이들'은 어느 한 개인, 종족, 사회, 사회 내 소집단, 국가 등 다양한 대상을 지칭한다. 개인으로서의 내가 다른 이들에게 기대하는 그대로의 행동을 다른 이들에게 해 주어야 하는 것처럼, 집단 단위로서의 가족은 다른 가족들에게 그렇게 해 주어야 한다. 또 앞서 논한 간섭주의자들의 잘못된 행태를 국가 역시 반복해서는 안 된다. 고대 아테네의 변론가 이소크라테스Isokrates는 기원전 5세기에 국가 역시 은율에 따라 다른 국가들을 상대해야 한다고 역설한 바 있다. 그는 이렇게 말했다. "당신이 생각하기에 더 강한 국가가 당신의 국가를 대하는 적절한 방식이라고 여겨지는, 바로 그러한 방식으로 약한 국가들을 대해야 합니다."

거의 100살까지 살았던 이소크라테스는 90대에도 왕성하게 활동했는데,

---

6　　　"당신이 싫어하는 다른 이들의 행동을 다른 이들에게 하지 마라."(이소크라테스, 랍비 힐렐Hillel, 고대 인도 서사시 〈마하바라타〉Mahabharata)

그만큼 도덕적 균형이라는 관념을 구체적으로 설명한 사람이 없다는 평가를 받는다. 특히 그는 황금률을 매우 쉽게 풀어서 설명했다. 예를 들면 다음과 같은 식이다. "당신이 당신의 자녀에게 기대하는 행동을 당신의 부모에게 하라." 미국의 위대한 야구 감독 요기 베라Yogi Berra는 균형이라는 관념을 매우 쉽게 풀어서 가르쳐 주었다. 그의 발언을 하나 소개하면 다음과 같은 말이 있다. "나는 다른 사람들의 장례식에 꼭 참석한다. 그래야 사람들이 내 장례식에도 참석할 테니까."

하나 덧붙이자면 여러분이 여러분의 부모에게 기대하는 행동을 여러분의 자녀들에게 행하라고 말하고 싶다.[7]

미국 헌법의 근간을 이루는 원리 역시 은율에 입각한 균형이다. 예를 들면 이런 식이다. 누구나 종교의 자유를 누릴 수 있고, 타인의 종교의 자유를 인정해야 한다. 누구나 자신의 의견을 주장할 수 있고, 타인에게도 그런 권리가 있다는 점을 인정해야 한다. 이런 맥락에서 나는 의견 표출의 권리에 관한 균형을 무조건 인정하지 않는다면 진정한 의미의 민주주의는 존재할 수 없다고 말하고 싶다. 누군가의 의견이 어떤 사람들의 기분을 나쁘게 만들지도 모르기 때문에 의견 표출의 권리를 제한해야 한다는 생각은 민주주의를 해칠 수도 있는 너무나도 위험한 발상이다. 의견 표출의 권리를 제한하는 압력은 국가권력에서만 나오는 것이 아니다. 미디어와 문화생활 속에서 날뛰는 사상경찰thought police 역시 의견 표출의 권리를 크게 제한하고 있다.

---

7    도덕적 균형에 반하는 태도에 대한 비판은 성경에도 나온다. 마태복음에는 정작 자신은 큰 빚을 탕감받았으면서 자신에게 적은 돈을 빌린 다른 사람에게는 가혹하게 행동한 어떤 사람의 이야기가 나온다. 많은 이가 이 이야기의 초점을 용서에 맞추지만, 나는 이 이야기의 진짜 메시지는 도덕적 균형에 있다고 생각한다.

## 보편율은 잊어라

개인과 집단의 관계에 도덕적 균형을 적용하면서 '덕 윤리' 관념이 정립되었고, 칸트의 정언명령이라는 관념에까지 이르렀다. 나는 칸트의 정언명령을 '어떤 곳, 어떤 상황에 처해 있는 사람의 행동과 비교하더라도 보편적이라고 판단될 만한 행동을 취하라'라고 해석한다. 칸트는 정언명령의 첫 번째 규정에서 다음과 같이 썼다. "자신의 격률과 의지가 보편율에 합당할 때만 그에 따른 행동을 취해야 한다." 이어지는 두 번째 규정은 다음과 같다. "자신의 인격과 다른 모든 사람의 인격을 목적을 위한 수단으로 인식하지 말고, 언제나 목적 그 자체로 인식하고 행동해야 한다." 칸트는 규정이라고 했지만, 사실 그가 제시한 관념은 너무 복잡하다. 그리고 너무 복잡한 것은 그 자체로 문제가 될 수 있다.

나는 다음과 같은 이유로 칸트가 말하는 복잡한 접근법은 건너뛰자고 제안한다.

> 보편적인 행동은 논문으로 읽을 때는 멋있게 느껴지지만, 실제로 행하려면 끔찍하기만 하다.

왜 그럴까? 앞으로 이 책을 진행해 나가면서 누누이 언급하겠지만, 우리 인간은 환경의 동물이자 현실적인 존재로, 범위나 규모에 민감하다. 작은 것은 큰 것과 분명히 다르다. 실체적인 것은 추상적인 것과 분명히 다르다. 감정적인 것은 논리적인 것과 분명히 다르다. 거시적인 해법은 미시적인 해법보다 언제나 정확도가 떨어진다. 호텔 주차원에게 어디에서나 통하는 일반적인 인사만 건네는 식으로 행동해서는 오히려 상황을 복잡하게 만들 뿐이다. 우리는 현재 처해 있는 환경에 적합한 행동을 취해야 하며, 지금 상황에 맞는 실질적인 규칙을 가지고 있어야 한다. 게다가 보편적이면서 모호한 행동은 독선적인 사이코패스를 끌어들이는 경우가 많다. 앞서 언급한 간섭주의자 같은 사람들 말이다.

칸트는 보편성을 주장했지만, 우리 중 대부분의 사람이 바로 그 보편성의 희생자다. 그런데도 오늘날 많은 활동가가 구체적인 행동보다는 모호한 관념을 더 좋아하고, 사회정의를 추구한다는 '전사'들은 사람들을 하나의 개인이 아니라 '넓은 범위의 카테고리'로 인식한다. 미국 정치학자 엘리너 오스트롬Elinor Ostrom 이전에는 이런 문제가 거의 다루어지지 않았다. 오스트롬에 대해서는 뒤에 따로 이야기하겠다.

이 책이 전하려는 핵심 메시지 가운데 하나는 보편율을 무분별하게 적용할 때의 위험성을 경고하는 것이다. 미시적 해법과 거시적 해법을 무분별하게 융합하는 방식은 위험하다. 내 전작《블랙 스완》에서 나는 실제 상황을 관념화하는 과정에서 중요한 부분들을 놓칠 수 있는데, 이에 따라 사회(시장)에 파열이 유발될 가능성이 있다고 경고한 바 있다. 이는 보편율을 무분별하게 적용하는 방식의 위험성과 같은 맥락 위에 놓인 내용이다.


# 칸트에서
# 뚱보 토니까지

이제 현대로, 지금 우리가 살고 있는 시점으로 돌아와 보자. 지금 이 시점에 균형이라는 관념은 다음과 같이 매우 단순한 것이 될 수도 있다. '타인에게 나쁘게 굴지도 말고, 나쁜 행동을 받아들이지도 마라.' 이에 대해 '뚱보 토니'는 다음과 같이 말할지도 모른다.

> 일단 당신이 만나는 모든 사람에게 친절하게 대하세요. 하지만 그들
> 중 누군가가 당신에게 위력을 행사한다면 당신도 그 사람에게 위력
> 을 행사하세요.

뚱보 토니는 《인세르토》 시리즈에 나오는 가상의 인물이다. 태도, 행동, 불확실한 상황에서의 선택, 대화, 생활양식, 허리둘레, 식습관 등에 있어서 미국 국무부 애널리스트나 경제 전문가와는 정확히 반대되는 모습을 보이는 인물로, 평상시에는 누구에게 화를 내거나 해를 끼치려 하지 않으면서 조용히 살아간다. 단, 뚱보 토니는 다른 사람들의 돈으로 머니게임을 하는 금융투자사 책임자 같은, 말하자면 그가 '역겨운 놈들'이라고 분노하는 사람들에게 전혀 다른 시각을 제시하고 그들과 결과적으로는 그들의 고객들까지 도움으로써 부자가 되는 가상 인물이다.

나는 옵션 거래를 하는데, 위에서 말한 균형은 옵션 거래 쪽에서도 찾아볼 수 있다. 옵션 거래에서 옵션 매수자는 미래에 지수가 상승하면 이익을 얻고, 옵션 매도자는 미래에 지수가 하락하면 이익을 얻는다. 그리고 보험과 마찬가지로 옵션 거래를 통해 리스크를 주고받는 과정에서 수수료를 낸다. 아주 가끔 지수가 옵션 거래 참여자들의 예상 범위를 크게 벗어나는 경우가 있는데, 이런 경우에는 2008년 금융 위기 같은 심각한 사태가 벌어진다.

우리가 행하는 다른 유형의 거래에서도 이 같은 균형은 지켜져야 한다. 그런데 지금처럼 은행의 이익은 금융인들이 가져가고, 손실은 조용히 평범한 일반인들에게 전가되는 일이 계속된다면 여기서 발생하는 불균형은 반드시 커

다란 문제로 표출되고 말 것이다. 대부분의 사람이 인지하지 못하는 사이, 사회에 누적된 리스크가 파열음을 내면서 폭발하는 상황이 벌어질지도 모른다. 그런데도 이러한 불균형을 막아 줘야 할 규제 당국은 오히려 리스크의 누적과 은폐를 도와주는 모습마저 보이고 있다.

이처럼 대리인 문제가 은행 경영진뿐만 아니라 규제 당국 책임자들에게서도 나타나고 있는 것이 지금의 상황이다.


## 사기꾼과 바보

은율의 개념을 확장해서 다음과 같은 말을 하고 싶다. 다시 한 번 설명하자면, 은율은 '당신이 싫어하는 행동을 다른 이들에게 하지 마라'라는 말로 요약할 수 있다.

> 잘못된 조언에 상응하는 처벌이 없는 경우에는 누군가에게 조언해
> 주는 것이 직업인 사람들의 조언은 받아들이지 마라.

신뢰는 지식의 문제이자 윤리의 문제다. 어떤 이들은 잘 몰라서 결과적으로 남을 속이게 되고, 어떤 이들은 이익을 취하기 위해 의도적으로 남을 속인다. 전자는 과거의 행운을 자신의 실력으로 착각해서 자신이 옳다고 믿는 방식을 남에게 전파하고, 후자는 자신의 리스크를 남들에게 몰래 전가한다. 경제 전문가라는 사람들은 대부분 후자다.

대리인 문제를 가장 많이 연구하고 가장 잘 알고 있는 기관은 보험회사일 것이다. 그 배경은 이렇다. 사실 우리 자신의 건강 상태를 가장 잘 아는 것은

우리 자신이다. 우리는 건강에 문제가 생겼다는 생각이 들 때 보험에 들려는 동기를 갖게 된다. 그러나 건강에 문제가 생긴 이후에도 보험에 가입할 수 있다면 우리는 보험 시스템에 치료 비용을 전가하게 되고, 그 비용은 결국 우리의 건강 문제와 전혀 관련 없는 다른 선량한 가입자들에게 전가될 것이다. 보험회사들은 이 같은 불균형을 막기 위해 본인부담금을 비롯해 다양한 장치를 마련해 놓았다.

불균형 문제는 일회성 거래에서도 쉽게 찾아볼 수 있다. 지속적인 거래가 아닌 일회성 거래에서는 거래 당사자 양측의 이익이 맞아떨어지지 않는 경우가 많아서 공급자가 문제를 숨기거나 리스크를 전가하려는 경향을 보인다.

이처럼 자신의 이익을 추구하기 위해 남을 속이는 사람들도 문제이지만, 잘 알지 못해서 자신의 이익에 반하는 행동을 하는 사람들도 문제다. 광신자, 일 중독자, 나쁜 관계에 집착하는 사람, 큰 정부를 지지하는 사람, 언론이나 평론가, 고위 관료를 추종하는 사람… 이런 사람들은 이해하지 못할 이유로 자신의 이익에 반하는 선택을 하고 있다. 이런 선택(행동)을 하는 사람들을 걸러내는 사회적 시스템이 작동해 이들은 현실에서 도태되고, 다른 사회 구성원들에게 더 이상 해를 끼치지 못하는 수준의 영역에 이를 때까지 사회에서 밀려난다. 우리 사회는 이 같은 시스템 학습을 통해 진화하며 더 나은 사회로 발전하고 있다.

사실 무엇이 바보 같은 행동(선택)인지 현재를 살아가는 우리로서는 항상 정확하게 판단하기 어렵다. 선택의 옳고 그름을 항상 정확하게 판단할 수 있는 것은 시스템 학습을 행하는 사회뿐이다.

# 실제 경험과
# 지식은 다르다[8]

이제부터 책임과 판단의 균형이라는 주제를 조금 더 심도 있게 논해 보려고 한다. 현실 세계에서의 문제를 다루는 데 있어 중요한 것은 겉모습이 아니라 '실체'다. 이와 관련해서 뚱보 토니는 다음과 같은 신조를 가지고 있다.

말싸움에서 이기는 것이 중요한 게 아니다. 실제 삶에서 최종적인 승자가 되는 것이 중요하다.

자신이 추구하는 목표가 무엇이든 그 목표를 이루어 내는 승자가 되어야 한다. 그것이 돈이든 사업권이든 어학 능력이든 분홍색 컨버터블 자동차든 상관없다. 이때 표면적인 것이나 명분에 초점을 맞추는 것은 목표를 달성하는 데 오히려 방해가 될 뿐이다. 다음 글을 생각해 보라.

우리는 인지하는 것보다 행동하는 것을 훨씬 더 잘한다.

우리 사회에는 진짜 실력자가 있는가 하면 협잡꾼도 있다. 진짜 기술자가 있는가 하면 거짓말만 잔뜩 늘어놓는 정치 공학자도 있다. 진짜 언론인이 있는가 하면 남을 협박하기만 하는 가짜 언론인도 있다. 진짜 실력자는 그럴듯한 말이 아니라 행동을 통해 승리를 이루어 낸다. 사실 책임과 판단이 균형을

---

[8]    해당 내용은 다분히 기술적이라 읽지 않고 넘어가도 괜찮다.

이루지 못하는 곳에서는 그것이 경제학이든 사회과학이든 상관없이 누구나 협잡꾼이 될 수밖에 없다. 물론 협잡꾼 자신은 자신의 행동을 '공학'이라고 설명할 테지만 말이다. 제9장에서 협잡꾼이 책임과 판단의 불균형을 감추기 위해 어떤 수단을 동원하는지에 대해 자세히 논하겠다.

자신이 지금 어디로 가고 있는지 생각만으로는 정확히 알 수 없다.
행동을 통해서만이 정확히 알 수 있다.

경제학은 사람들이 드러낸 '선호도'에 기반한 학문이다. 여기서 사람들의 '생각'은 중요한 것이 아니다. 사람들의 생각은 심리학에서 중요하게 다루어진다. 경제학에서 우리가 주목해야 하는 것은 행동에 대한 사람들의 설명이나 말이 아니라 사람들의 행동 그 자체다. 직접 관찰할 수 있고 정량적으로 해석할 수 있는 행동 말이다. 이 원칙은 경제학에서 너무나도 중요하지만, 연구자들은 이를 자주 무시한다. 결혼 약속만 하더라도 그냥 말로 하는 것보다는 다이아몬드를 주는 행동이 훨씬 더 큰 확신을, 다시 말해 결혼 약속을 뒤집지 않을 거라는 확신을 준다는 점을 생각해 보라. 말보다는 행동이 훨씬 더 중요한 법이다. 미래 상황에 대한 예측은 아예 무시하라.

말로 하는 예측은 베팅이나 행동하는 것과는 아무런 관계도 없다.

내가 개인적으로 알고 지내는 사람 중에 예측한 것은 자주 틀리는데 부자가 된 사람도 있고, 예측은 정확하게 하는데 가난하게 사는 사람도 있다. 인생에서 중요한 것은 예측 적중률이 아니라 예측을 정확하게 했을 때 어느 정도의 성과를 내느냐다. 예측이 틀리더라도 아무런 비용도 발생하지 않는다면 걱정할 필요가 없다. 이런 경우, 오히려 시행착오를 통해 경험이 쌓일 수도 있다.

실험실에서의 시뮬레이션이 아닌 실제 삶에서 겪게 되는 일은 너무나도 복잡해서 인간의 언어로 정확하게 설명하는 것은 거의 불가능한 일이다. 그리고 실제 삶에서 우리가 어떤 일에 대해 맞닥뜨리는 결과는 야구 경기처럼 승패가 분명하게 갈리는 것도 아니다. 똑같이 폭우가 내리더라도 어느 지역에서는 가뭄이 해소되어 좋은 일이 될 수 있고, 다른 지역에서는 강이 범람해서 나쁜 일이 될 수도 있다. 우리가 살아가면서 겪는 일에 대해 정확하게 무엇이라고 규정하는 것은 대부분의 경우 불가능하다. 그리고 한마디 덧붙이자면 '과학적 근거'를 들이대며 미래를 예측하는 것은 유사 이래 협잡꾼들이 즐겨 사용해 온 방식이라는 점을 지적하고 싶다.

수학이나 과학 분야에서 어려운 문제를 해결하는 방법으로 '역문제'inverse problem 접근법이 있다. 이 접근법은 실제로 일어난 결과를 통해 원하는 답을 얻어 내는 방식이다. 그런데 결과를 안다고 해서 언제나 답을 얻거나 원인을 재현할 수 있는 것은 아니다. 생물의 진화만 하더라도 우리는 진화가 어떻게 일어났는지 알고 있지만 현 시점에서 이를 재현할 수는 없다. 진화 과정의 세세한 내용을 정확히 알지 못하기 때문이다. 진화 과정은 오직 시간의 흐름에 따라 앞 방향으로만 진행된다. 시간의 작용은 오늘날에는 자본화된 측면이 있지만, 그 본질에 부합해서 불가역성을 지니고 있다.

개인이나 집단 수준에서 발생하는 '검은 백조' 문제를 비롯해 불확실성에 관한 여러 가지 문제를 해결하는 일에 있어서도 실제 세상에서 일어난 결과를 분석하는 방법이 효과적이다. 하지만 실제 세상에서 일어나는 일에 대한 경험이나 지식이 없다면 '검은 백조' 문제에 대한 대처 능력을 갖추기 어렵다.

실제 세상에 대한 경험이나 지식이 축적될수록 문제 해결 능력은 더욱 강력해진다. 이 책의 제8장에서는 '린디 효과'Lindy effect에 대해 논한다. 린디 효과는 경험이나 지식이 쌓이면서 약점은 줄어들고 능력이 높아지며, 결과적으로 시간이 흐르고 나이가 많아지면서 더 강력한 존재가 되고 기대수명이 더 길어지는 효과가 나타나는 것을 말한다. 린디 효과는 개인뿐만 아니라 집단에서도 그대로 나타난다.

실제 세상에 대한 경험을 축적하면서 시간의 흐름에 따라 지식을 늘려 간다면 합리적 행동을 할 가능성은 그만큼 커진다. 논리적 검증을 통해 합리적이라고 평가받은 행동은 대개 시간과 경험에 따라 축적된 지식에 기초한다. 공부만 많이 한 사람이나 정부 조직의 요직에 있는 치밀한(혹은 고지식한) 사람이 보기에는 비합리적인 행동이 실제 세상에서는 오히려 합리적인 것으로 판명되는 경우가 많다. 이는 우리 인간의 지성이 실제 세상에서 드러나는 행동을 전부 이해할 정도로 충분히 깊지 않다는 것을 보여 주는 증거다. 어떤 행동이 합리적인지 미리 정확히 판단하는 것은 어려운 일이다. 그러나 비합리적인 행동이 무엇인지는 미리 정확하게 가려낼 수 있다. 우선 집단의 생존을 위협하고, 그다음으로 개인의 생존을 위협하는 행동은 명백히 비합리적이다. 통계치에 반하는 행동이나 통계를 무시하는 행동 역시 명백히 비합리적이다. 영업이익을 추구하는 기업들의 지원을 받아 이뤄지는 많은 연구가 그들의 이익 추구에 일조하고자 잡다한 소리를 내고 있지만, 그렇다고 해서 통계치가 달라지는 것은 아니다. 지금까지 실제로 좋은 결과를 만들어 온 행동을 비합리적이라고 볼 수는 없다. 어리석은 방식이라고 평가받던 행동이 계속해서 좋은 결과를 만들어 낸다면, 그건 어리석은 행동일 리 없다. 이런 사실을 받아들이지 못하는 사람은 삶에서 실패를 거듭할 수밖에 없다.

실제 세상에 대한 경험과 지식을 기반으로 성립된 체제에서는 집단의 생존을 위해 소수를 희생시킬 수도 있다는 의식이 형성되어 있다. 아마도 뚱보 토니 같은 사람은 이렇게 말할 것이다. "살아남은 사람들은 살아남아 이야기할 것이고, 어리석은 사람들은 사라질 것이다."

집단을 생존할 수 있게 하는 행동이, 집단을 존속하게끔 만드는 행동이 바로 합리적인 행동이다.

일반적으로 심리학이나 사회과학에서는 '절대적인 합리성'에 대해 말하는 경우가 거의 없다.[9] 이런 견지에서 봤을 때 숨겨진 테일 리스크의 위험성에 대한 과도한 걱정은 절대로 비합리적인 것이 아니며, 오히려 생존에 있어 꼭 필요한 요소다. 리스크 중에는 우리가 철저하게 회피해야 하는 것도 있다. 동시에 절대로 회피해서는 안 되는 것도 있다. 물론 학교에서 연구만 하는 사람들은 이와 다르게 이야기할 테지만 말이다. 합리성에 관한 이야기는 제19장에서 자세히 논하겠다.

---

[9]    수학자이자 게임 이론가인 켄 빈모어 Ken Binmore 등 합리성 이론을 정립한 사람들은 시간, 장소를 불문하고 모든 영역에 공통적으로 엄격하게 적용되는 합리성 이론은 절대 있을 수 없다고 말한다. 경제학자들의 주장 역시 마찬가지다. '합리성'에 관한 온갖 분야의 자료를 읽어 봐도 획일적으로 엄격하게 적용되는 합리성을 다룬 자료는 거의 없다.

## 언제나 균형을 추구해야 한다는
## 의미는 아니다

판단과 책임의 균형을 추구하는 것은 중요한 일이지만, 이런 관념에 매몰되어 세상의 모든 일에 이런 균형을 적용할 필요는 없다. 특히 결과의 영향력이 사소한 경우에는 더욱 그렇다. 간섭주의자들의 경우, 그들의 결정이 자신의 국가로부터 멀리 떨어져 있는(말하자면 자신의 삶과 무관한) 다른 나라에 사는 수많은 사람의 죽음을 야기하기도 하므로 판단과 책임의 균형이 반드시 필요하다. 한편 의사결정에 조언하는 것이 아니라 심리적 위로 차원에서 건네지는 친구의 의견이라든지 점쟁이들의 점괘에 관해서까지 판단과 책임의 균형을 요구할 필요는 없다. 판단과 책임의 균형이라는 문제의 초점은 직업적으로 혹은 구조적으로 중대한 결과를 만들어 내는 판단에 관여하면서 그에 대한 책임은 지지 않는 사람들에게 맞춰져야 한다.

실제 직접 책임은 지지 않으면서 중대한 판단을 내리는 일에만 관여하는 사람들의 숫자는 전체를 봤을 때 언제나 극소수다. 지금도 그렇고, 역사적으로도 그랬다. 우리가 일상에서 만나는 대다수의 사람은 거의 다 자신의 잘못된 판단이나 실수에 상응하는 책임을 진다. 제빵사, 구두 수선공, 배관공, 택시 운전사, 회계사, 세무사, 주차원, 치위생사, 패스트푸드점 아르바이트생 같은 사람들을 생각해 보라.


## 모더니즘의 영향

이 책에서 말하는 정의와 균형의 관념은 고대로부터 이어져 내려온 전통적인 정의와 균형의 관념에 부합하지만, 대략 150년 전에 나타난 모더니즘적인 정의와 균형의 관념에는 반한다. 이 책에서는 이를 '지성주의intellectualism에 입각한' 정의와 균형의 관념이라고 표현할 것이다. 여기서 말하는 지성주의는 행동과 결과를 분리할 수 있다는 생각, 이론과 실태를 분리할 수 있다는 생각, 복잡한 시스템의 문제를 수뇌부의 지휘만으로, 다시 말해 톱다운top-down 방식으로 해결할 수 있다는 생각을 아우르는 관념이다.

지성주의와 비슷한 시기에 나타난 사조로 과학주의scientism가 있다. 간단히 말해 의심을 해결하는 수단으로 과학을 인식하는 것이 아니라 궁극의 목적으로 인식하는 관념이다. 굳이 수학이 필요하지 않은 상황에서 수학을 적용해 문제를 해결하려고 하는 것은 과학적 사고가 아니라 과학주의다. 정교한 작업을 수행할 수 있는 인간의 멀쩡한 두 손이 있는데도 굳이 인공지능이 적용된 기계 손을 활용하려는 것 역시 과학적 사고가 아니라 과학주의다. 수천만 년에 걸쳐 온갖 위협 요소들을 이겨 내고 지금까지 남아 있는 천연 식품들을 뒤로 밀어 내고, 위험성이 경고된 유전자조작 식품을 자꾸만 생산해 내는 것은 결코 좋은 행태가 아니다. 오늘날 과학계는 마가린이나 유전자조작 식품을 생산하고 판매하는 기업들에 장악된 상태다. 이 기업들은 유전자조작 식품에 의심을 품는 사람들의 목소리를 잠재우기 위해 의심스러운 과학 단체들의 자료를 인용하기 일쑤다.

내용도 없이 복잡하고 실체 없이 말만 앞세우는 주장에 대한 날 선 비판은 어느 시대에나 존재했지만, 요즘 과학 매체 기자들과 대학의 과학 분야 교수들에게서는 이런 모습을 찾아볼 수 없다. 고차원적 문제를 비판하기 위해서는 자기 분야에 대한 강한 확신과 통계치에 대한 깊은 이해, 높은 수준의 지성 등을 지니고 있어야 한다. 더 바람직하게는 실제 세상에 대한 경험과 지식을 갖추고 있어야 한다. 그래서 나는 이 책을 통해 의심이 드는 부분에 의문을 제기하고 실질적인 해법을 제안하려고 한다. 《블랙 스완》을 읽은 독자라면 의심이 드는 부분에 대해 의문을 제기하는 회의학파에 익숙할 것이다. 특히 22세기 전에 기존 학설과 주장에 통렬한 비판을 제기한 것으로 유명한 섹스투스 엠피리쿠스Sextus Empiricus라는 인물의 이름을 들어 봤을 것이다. 그는 다음과 같은 원칙을 가지고 있었다.

> 말을 하는 사람은 행동해야 한다. 오직 행동하는 사람만이 말을 해야 한다.

수학, 철학, 시, 예술 등의 활동을 하는 것은 개인의 자유지만, 거기서 얻은 지식이 현실에 그대로 적용될 수 있다고 주장해서는 안 된다. 위대한 게임 이론가이자 이스라엘 경제학자인 아리엘 루빈스타인Ariel Rubinstein은 이런 말을 한 적이 있다. "자신의 이론을 연구하고 수학적 접근법을 개발하라. 하지만 현실 세계의 사람들에게 그 이론과 접근법을 어떻게 활용하는 것인지를 가르치려고 들지는 마라. 그들은 스스로 자신에게 필요한 도구들을 선택할 것이다."

모더니즘이 더 진행되고 세상이 기술적으로 더 발전하면서 제작자와 사용자는 점점 더 분리되고 있다. 이어지는 내용에서는 이에 관한 좀 더 깊이 있는 이야기를 하겠다.

## 조명과 강연자

수많은 청중 앞에서 강연을 하는 사람들은 강단에 올랐을 때 왠지 모르게 불안한 감정이 드는 경험을 해 봤을 것이다. 그리고 동료 강연자들이 이런 말을 하는 것을 들어 봤을 것이다. 나 역시 그랬다. 내가 그 이유를 알게 되기까지 10년이 걸렸다. 강단을 향하는 조명이 강연자의 눈을 자극하면서 집중력을 흐트러뜨리기 때문이었다. 흔히 경찰들이 용의자를 취조할 때 용의자의 얼굴 쪽으로 강한 조명을 비추는 것 역시 용의자의 집중력을 흐트러뜨리고 심리 상태를 불안하게 만들기 위함이다. 사람들은 조명 때문에 강연할 때 불안감이 드는 것이라는 데 생각이 미치지 못하고, 그저 강단에 올라 많은 사람 앞에 섰기 때문에 불안해지는 거라고 생각했다. 그 결과, 이같은 상황은 계속해서 반복됐다. 왜 아무도 이런 생각을 하지 못할까? 강연을 하는 사람들은 조명 작업을 하지 않고, 조명 작업을 하는 사람들은 수많은 청중 앞에서 강연을 하지 않기 때문이다.

이처럼 제작자와 사용자가 분리되어서 문제가 발생하는 경우는 한둘이 아니다. 일례로 뉴욕시와 북부 교외 지역을 연결하는 철도인 메트로 노스Metro North 문제를 살펴보면, 객차를 완전히 새롭게 바꾸면서 승객들은 더 현대화되고 더 깔끔하고 더 밝고 더 편리한 열차를 이용할 수 있게 됐다. 새로운 객차에는 충전용 플러그까지 설치됐다. 그런데 객차 벽에 음료수나 커피 컵을 올려놓을 수 있게 만든 작은 돌출 선반이 문제가 됐다. 사람들은 출퇴근하면서 그 선반에 커피 컵을 올려놓고 책을 읽곤 했다. 그런데 객차 설계자는 그 돌출 선반을 약간 기울어지게 만들었다. 아마 그는 메트로 노스를 이용해 본 적이 없거나 열차를 이용할 때 커피를 마시면서 책을 읽어 본 적이 없을 것이다. 객차 설계자는 이 새로운 디자인이 미적으로 더 낫다고 생각했는지 모르겠으나, 승객들은 기울어진 선반에 아슬아슬하게 커피 컵을 올려놓을 수밖에 없게 됐다.

이런 문제는 건축 쪽에서도 쉽게 발견할 수 있다. 건축 설계자들은 사용자의 편의성보다는 다른 건축 설계자에게 자신의 능력을 과시하기 위한 목적으로 설계를 하는 것 같다. 그래서 입주자들을 불편하게 만드는 이상한 건물이 잔뜩 만들어지고 있는 것이다. 그 결과, 입주자들은 결국 많은 시간과 노력을 들여 건물을 개조해야만 한다. 자신이 거주하지도 않을 지역의 도시계획을 담당하는 전문가들 역시 메트로 노스 열차의 기울어진 선반 같은 사태들을 자꾸만 만들어 내고 있다. 일부 어떤 측면에서는 도시 환경 개선이라고 볼 수도 있지만, 대부분의 측면에서는 전혀 그렇게 볼 수 없는 것들이 만들어지고 있다.

전문화라는 흐름은 여러 가지 부수적인 효과를 만들어 내는데, 그 가운데 하나가 바로 노동의 과실과 분리 문제다. 이에 대해 계속 논의해 보자.


## 단순한 해법의 추구

실제 위험에 직접 관여하는 사람들은 단순한 해법을 추구한다. 반면 실제적인 위험에 관여하지 않는 사람들은 단순한 해법을 추구해야 하는 까닭을 제대로 인식하지 못한다. 그 결과, 판단과 책임이 분리된 관료주의 체제에서 관료들이 만들어 내는 해법은 점점 더 복잡해지고 있다. 그들은 그렇게 훈련받아 왔고, 그들의 자리와 환경이 그렇게 하도록 유도하기 때문이다.

책임지지 않는 사람들이 만들어 내는 해법은 점점 더 복잡해진다.
그들은 자신들의 체제가 붕괴될 때까지 계속 그렇게 할 것이다.

실제 결과가 아니라 피상적인 인식으로 평가받는 사람들은 의도적으로 복잡해 보이는 해법을 만들어 낸다. 단순한 해법은 이들에게 별로 이익이 되지 않기 때문이다. 학술지에 논문을 제출해 본 사람들은 내용이 복잡한 논문일수록 채택될 가능성이 높다는 사실을 알 것이다. 책임지지 않는 사람들이 이끌어 가는 체제에서 복잡한 해법을 추구하는 방식이 당연한 것으로 받아들여지면, 결국 다음과 같은 상황에 이르게 된다.

책임지지 않는 사람들은 단순한 해법은 아예 받아들이지 않는다.

## 핵심 이익이 걸려 있지 않을 때
## 두뇌 활동이 무뎌진다

고대 그리스 사람들은 우리가 아픔을 통해 배운다고 말했는데, 즐거움이나 짜릿함을 통해서도 배울 수 있다. 관건은 인간의 두뇌가 자신의 핵심 이익이 걸려 있을 때와 그렇지 않을 때 전혀 다른 양상으로 작동한다는 사실이다. 매우 따분한 일도 자신의 핵심 이익이 걸려 있으면 따분하지 않게 느껴진다. 항공기의 안전을 확인하는 작업은 꽤 단조롭고 지루한 일이지만, 항공기의 안전에 걸려 있는 자신의 핵심 이익을 생각하면 그 작업이 더 이상 지루하게 느껴지지 않는 것과 마찬가지다. 기업의 재무제표에는 해당 기업에 대한 알짜 정보가 담겨 있지만, 이를 꼼꼼히 읽어 보는 것은 너무나도 지겨운 일이다. 그러나 어느 한 기업에 많은 돈을 투자할 계획을 세우고 그 회사의 건실성을 알아보기 위해 재무제표를 읽는다면 전혀 지겹게 느껴지지 않을 것이다.

마약 중독자 중 상당수는 지능이 낮고 반응이 느리다. 마치 외교 정책 전문가를 보는 것 같다. 그러나 마약을 구할 때만큼은 매우 영리하고 민첩하게 반응한다. 약물중독 재활 센터에서 일하는 상담사들은 마약 중독자가 마약을 구할 때 기울이는 노력의 절반이라도 돈을 버는 데 썼다면 백만장자가 됐을 거라고 이야기한다. 부질없는 이야기지만 말이다. 마약 투약의 자극은 마약 중독자를 기민하게 움직이게 하지만, 마약 중독에 빠진다는 것은 결국 지능이 낮다는 증거라고 할 수 있다.

솔직히 말해서 나 역시 나의 핵심 이익이 걸려 있지 않을 때는 두뇌 활동이 무뎌진다. 리스크나 어떤 상황이 발생할 가능성에 대한 나의 판단력은 독서를 통해 얻은 것도 아니고, 철학적 사색이나 과학적 고찰을 통해 얻은 것도 아니고, 지적 호기심을 통해 얻은 것도 아니다. 큰돈을 걸고 직접 투자시장에 뛰어들어서 얻게 된 것이다. 나는 대학생 때까지만 해도 수학이라는 과목에 아무런 흥미를 느끼지 못했다. 그러다가 와튼스쿨에 재학 중일 때 한 친구가 옵션 투자에 대해 알려 준 후 수학적 지식이 필요하다고 자각하게 됐다. 복잡한 파생상품의 구조를 이해하기 위해서는 수학적 지식이 필요했기 때문이다. 와튼스쿨을 졸업한 뒤, 나는 금융 투자 분야에서 일했다. 복잡한 구조의 수익과 리스크 발생 확률을 분석하면서 금융 상품을 거래하는 꽤나 까다로운 일이었다. 누군가 미리 만들어 놓은 지도 같은 가이드도 없었다. 나는 전통적인 정규분포 그래프를 활용하면서 테일 리스크를 무시하는 기존 이론에는 허점이 많으며, 기존 이론으로는 발생 가능한 리스크를 제대로 파악할 수 없다는 것을 본능적으로 깨달았다. 나는 리스크 발생 가능성을 파악하기 위해 스스로 공부하기 시작했다. 그러자 놀랍게도 수학이 재밌어졌다.

금융시장에 나의 핵심 이익이 걸려 있다는 사실을 자각하자 갑자기 나의 두 번째 두뇌가 깨어나 테일 리스크의 발생 가능성을 분석하고 예측할 수 있게 됐다. 이를 비유하자면 이렇다. 갑자기 주변에서 화재가 발생하면 그곳에서 조금이라도 빨리 벗어나기 위해 평소보다 훨씬 더 빠른 속도로 달리게 된다든지, 다운힐 스키를 타다 보면 평소에는 취하지 않던 동작을 자연스럽게 취하게 되는 것처럼 말이다. 금융시장에 참여하지 않을 때 나의 두뇌는 다시 평상시처럼 무뎌졌다. 어쨌든 금융시장을 예측하는 데는 학자들이 만들어 낸 추상적인 이론보다 수학이 더 잘 들어맞았다. 새로운 수학 모델을 직접 만들어야 하는 경우도 있고, 그 모델이 잘못되면 엄청난 손실을 감수해야 하지만 말이다. 실제 금융·경제 문제에 수학 모델을 적용하기 위해서는 먼저 눈앞에 놓인 문제를 정확하게 이해할 필요가 있다.

차에 깔린 아이를 구하기 위해 괴력을 발휘해 차를 들어 올리면, 그 힘은 사고 상황이 마무리된 후에도 계속 유지된다. 이와 마찬가지로 자신의 핵심 이익이 걸려 있는 긴급 상황에서 평소에는 생각지도 못했던 능력을 발휘하는 경우, 그 능력은 상황이 끝난 후에도 계속 유지된다. 항상 긴장해 있거나 준비된 상태를 유지할 수는 없지만 그 능력이 사라지는 것은 아니다. 내가 기존 교육 시스템을 비판하고 그것을 바꾸기 위해 계속해서 투쟁하는 이유가 바로 여기에 있다. 현재의 교육 시스템 안에서는 무능한 사람들이 아이들을 자신과 비슷한 무능한 사람으로 만들어 낼 뿐이다. 적절한 동기만 부여된다면 아이들은 수학을 재미나게 배울 수 있다. 그리고 더욱 중요한 것인데, 그 과정에서 아이들은 자연히 수학을 활용하는 능력을 갖출 수 있다.


## 규제와 사법제도

오늘날 우리를 위협하는 거대한 맹수인 대기업들로부터 시민들을 보호하는 두 가지 방법이 있다. 하나는 법규를 만들어 시행하는 것이다. 사실 여기에는 여러 가지 부수적인 문제들이 따라온다. 시민들의 자유가 제한되고, 법규의 힘을 빌려 정부와 관료 그리고 그들의 인맥이 기업들을 약탈하는 일이 벌어지는 것이다. 또 무엇보다 똑똑한 법률가들 앞에서 법규는 무력화되기 일쑤다. 그리고 기업들이 법규를 관할하는 기관에 소속된 관료들을 채용하여 그들에게 엄청난 연봉을 지급하는 식으로 대응할 수도 있다. 이때 지급하는 높은 연봉은 현직에 있는 관료들에게 미래의 뇌물로 작용할 것이다.

법규는 일단 시행된 후에 대다수 사람에게 불리하다는 사실이 확인되더라도 폐지하기 어렵다. 해당 법규로 이익을 얻는 소수의 강력한 저항과 압박 때문에 정치인들이 법규를 폐지하는 데 나서기를 주저하기 때문이다. 또한 새로운 법규는 대개 기존 법규에 무언가가 더해져 시행되기 때문에 복잡한 법규는 경제 활동에 참여하는 기업들을 옥죄고, 결국 시민들의 삶도 옥죄게 마련이다. 새로운 법이 만들어지면 기업가들은 정부를 움직여 기업 활동을 보호받거나 책임을 면제받는 추가적인 법을 만들어 내도록 한다. 즉 기업들을 규제하는 법을 금세 무력화시키는 것이다.

대기업들로부터 시민들을 보호하기 위한 두 번째 방법은 거래에 큰 책임을 부여하는 것이다. 대기업들의 잘못된 거래에 소비자들이 쉽게 소송을 제기할 수 있도록 제도적 장치를 마련하고, 소송 결과에 막중한 책임을 부여하는 것이다. 전통적으로 영미권에서는 규제보다 사법제도를 통한 문제의 해결을 선호한다. 누가 나에게 해를 끼치면 그 사람에게 소송을 제기해 손해를 복구하는 식이다.

수많은 시행착오를 거치면서 현재에 이르는 동안 법 절차나 판결은 매우 합리적으로 발전했다. 오래전부터 영국연방에 속한 나라의 상인들은 거래할 때 분쟁이 발생하면 각 대륙의 영국연방 관할지에서 관습법에 따라 판결받는 다는 조항에 합의했다. 아시아에서는 홍콩과 싱가포르, 아메리카에서는 뉴욕, 유럽에서는 런던이 선호되는 관할지였다. 관습법이 정신에 관한 것이라면, 규제는 문구, 다시 말해 엄격한 법 적용에 관한 것이라고 할 수 있다.

어떤 대기업이 여러분이 살고 있는 지역을 오염시킨다면 지역 주민들과 함께 그 대기업을 상대로 소송을 제기할 수 있다. 그러면 돈 냄새를 맡은 변호사들이 나서서 소송을 돕는 것은 물론, 평소 이 기업에 적대적이었던 단체들이 함께 나서서 대기업을 공격할 것이다. 그 결과, 환경오염을 유발한 대기업은 막대한 조정 비용을 지불하게 된다. 이 같은 상황을 직간접적으로 경험한 기업들은 환경오염을 유발하지 않기 위해 엄청난 노력을 기울이게 될 것이다.

결국 규제가 무의미하다는 말을 하려는 것이 아니다. 시민들을 보호하기 위해 반드시 규제가 필요한 경우도 많다. 숨겨져 있던 테일 리스크가 너무 늦게 가시적으로 나타나 막대한 환경 파괴를 유발하는 경우를 생각해 보라. 처음부터 소송이 불가능한 경우에는 규제를 적용할 필요가 있다.[10]

어느 사회든 규제는 반드시 필요하지만, 나는 여전히 최대한 자유를 누리는 편을 선호한다. 물론 내가 누군가에게 해를 끼친다면 나는 당연히 책임을 질 것이고 손해를 보상할 것이다. 타인의 자유를 해치지 않는 범위에서 최대한 자유를 누리는 삶의 방식을 '의무론적 자유지상주의'라고 하는데, 이것이 바로 내가 추구하는 삶의 방식이다. 어떤 이들은 자유야말로 개인이 누릴 수 있는 최우선 가치라고 믿는다. 이들은 경제적 이익을 비롯한 그 어떤 이익보

---

10     이와 관련, 랠프 네이더는 약탈적인 기업들로부터 소비자와 시민을 보호하기 위한 법적 장치를 만드는 데 크게 기여했다. 처음 시작에 밝혔듯, 나는 이 책을 그에게 바치는 바이다. 다만 그는 이따금 규제를 강화해야 한다고 주장했는데, 그 주장에는 별로 동의하지 않는다.

다 자유가 더 가치 있다고 믿는다. 자유는 실수를 범할 자유까지 아우른다. 단, 실수로 발생한 손해가 자기 자신에게 제한되는 경우에 한정된다.


## 책임과 존엄성

자신의 판단이나 행동에 책임을 지는 것은 인간으로서의 존재에 관한 문제다. 나는 기계와 인간을 가르는 커다란 차이점이자 인간 사이에서 더 존중받아야 하는 인간을 가려내는 기준이 바로 행동(판단)에 책임을 지는 태도라고 생각한다.

자신의 판단에 책임을 지지 않는다면, 당신은 아무것도 아니다.

나는 인간으로서의 존엄성을 잃는다면 그 누가 그 어떤 업적을 이루어 내더라도 그의 삶을 성공했다고 평가할 수 없다고 생각한다. 판단은 자기가 하고, 실패의 책임은 다른 이들에게 떠넘긴다면 그것은 너무나도 불명예스러운 일이다.

인간으로서의 존엄성을 지키기 위해서는 아무리 절실한 물질적 이득이 생기더라도 절대 해서는 안 되는 일이 있다. 500달러를 준다고 매춘을 해서는 안 된다. 100만 달러, 10억 달러, 1조 달러를 벌 수 있다고 해도 매춘을 해서는 안 된다. 그런가 하면 인간으로서의 존엄성을 지키기 위해 최악의 결과가 예상되더라도 반드시 해야만 하는 일들도 있다. 문명화된 지역에서도 비교적 최근 들어서야 금지된 결투가 바로 그 예다. 러시아의 위대한 시인 푸시킨, 프랑스의 위대한 수학자 갈루아는 결투에 나섰다가 사망했다. 그 외에도 수많은 사람이 자신의 존엄성을 지키기 위해 결투에 응했고, 결국 사망했다. 겁쟁이라는 소리를 들으면서 살아가는 것보다는 죽음을 각오하는 편이 더 낫다고 생각한 것이다. 10대 때 수학 역사상 가장 위대한 방법론을 찾아낸 갈루아 역시 이런 이유로 망설임 없이 결투에 응했다.[11]

고대 스파르타의 어머니들은 싸움터로 떠나는 아들에게 이렇게 말했다. "방패를 들고 돌아오든지 아니면 그 위에 눕혀진 채 오거라." 고대 스파르타에서는 전투에서 사망한 전사를 그의 방패에 눕혀 집으로 데리고 돌아왔다. 전투에서 방패를 버리고 도망가지 않는다면 스파르타의 전사들은 방패를 들고 살아 돌아오거나 죽으면 그 위에 눕혀진 채로 돌아왔던 것이다.

그런데 앞서 언급한 모더니즘이나 지성주의의 흐름 속에서는 이러한 존엄성의 토대가 무너지는 모습이 보인다. 자신의 판단이나 행동에 대한 책임을 회피하면서 존엄성을 지키려는 시도가 행해지고 있다. 워싱턴에 살면서 역겨운 로비를 하는 사람들(예를 들면 사우디아라비아의 이익을 대변하는 로비스트들), 혹은 비윤리적이라는 것을 뻔히 알면서도 말도 안 되는 학설을 주장하는 학자들… 이런 사람들은 자신의 행위에 대한 비난을 받으면 이렇게 항변한다. "내가 보살피고 대학까지 졸업시켜야 하는 자식들이 있기 때문에 어쩔 수 없습니다." 이는 본질적으로 윤리적이지 않은 자신의 행보에 다른 윤리적인 요소를 억지로 끼워 맞추는 것에 지나지 않는다.

자신의 판단이나 행동에 대한 책임은 물론 다른 사람과 집단 전체를 위해 기꺼이 책임이나 리스크를 떠안는 사람들도 있다. 이들은 타인을 위해 자신의

---

11 　결투를 옹호하는 목소리도 존재한다. 직접적인 이해 당사자인 두 사람이 결투를 통해 문제를 해결한다면 여러 사람이 동원되는 싸움은 일어나지 않을 거라고 주장하는 것이다. 이런 개념이 확장되어 결투가 전쟁을 막을 수도 있을 것이라는 주장까지 제기되기도 했다.

핵심 이익을 희생한다. 이렇듯 거창한 희생까지는 아니지만, 자신의 일에 대한 자부심과 존엄성을 지키려는 사람들도 있다. 대표적인 예로 자신의 분야에서 '장인'이라고 불리는 기능인artisan들을 들 수 있다.


## 기능 장인들

어떤 일을 하고 있든 최적화를 추구하고, 기한을 단축하고, 극한의 효율성만을 목표로 하다 보면 그 일이 싫어지게 된다. 이는 우리 사회의 어떤 분야에서든 마찬가지다.

기능 장인들은 자신의 일에 영혼을 불어넣는다.

내가 생각하는 기능 장인의 특징은 다음과 같다. 첫째, 기능 장인이 가장 중요하게 생각하는 것은 자신의 명예다. 경제적 이익은 그다음이다. 물론 이들역시 경제적 이익에 따라 움직이지만 그것이 전부는 아니다. 둘째, 기능 장인은 자신의 일에서 예술성을 추구한다. 이들은 대량생산이나 산업화를 지양하고, 예술가로서의 자세를 지키려 한다. 셋째, 기능 장인은 자신의 일에 영혼을 불어넣는다. 이들은 자신이 작업한 결과물에 아주 미세한 오점이라도 있으면 절대로 팔지 않는다. 품질과 절대로 타협하지 않는 것이다. 이들은 적당히 만들어서 판매하는 것을 대단히 불명예스럽게 여긴다. 넷째, 대부분의 경우 기능 장인에게는 금기가 있다. 경제적으로 더 이익이 되더라도 그 금기를 침범하지 않는다.

라틴어 금언 중 '타락한 자들은 지름길을 추구하고, 덕이 있는 자들은 먼 길을 따른다'Compendiaria res improbitas, virtusque tarda는 의미의 말이 있다. 이것은 효율성을 높이기 위해 일을 적당히 처리하지 않는 기능 장인들이 일하는 방식을 떠올리게 하는 금언이다.

저술가로서 나의 직업에 관해 이야기해 보면, 저술가들은 기능 장인이 되기 쉬운 부류다. 무엇보다 책 판매는 글을 쓸 때 최우선 목표가 아니라 부수적인 목표일 뿐이고, 글을 쓸 때는 그 외에 많은 것들을 신경 써야 하기 때문이다. 영국 소설가 페이 웰돈Fay Weldon은 2000년대 초 유명한 보석 회사인 '불가리'로부터 상당한 돈을 받고 자신의 소설 속에 이 회사의 제품을 비중 있게 등장시켰는데, 이 일로 그 작품은 비평가들과 독자들에게 엄청난 비판을 받았다. 또한 1980년대 영미권 문학가에서는 흔히 잡지들이 해 왔던 관행처럼 제품 광고를 중심으로 소설을 쓰고 그 소설들을 무료로 배포하는 흐름이 잠시 일었는데, 이 역시 호응을 얻지 못하고 금세 중단됐다.

저술 활동에 산업화를 적용하는 방식 역시 전혀 효과적이지 못했다. 만약 내가 저술의 효율성을 높이기 위해 보조 저술가들을 고용해 책을 써 낸다면 독자들은 내 책에 별다른 기대를 갖지 않게 될 것이다. 실제로 폴란드 소설가 저지 코진스키Jerzy Kosinski는 한때 최고의 명성을 누렸으나, 그가 소설을 창작하는 데 보조 작가들의 힘을 빌렸다는 사실이 알려지면서 독자들 사이에서 그를 퇴출시키자는 분위기가 조성됐다. 이처럼 보조 작가를 두고 책을 쓴 저술가 가운데 그런 사실이 밝혀진 뒤에도 살아남은 작가는 거의 없다. 예외적으로 알렉상드르 뒤마Alexandre Dumas는 최대 45명으로 추정되는 집필진을 조직해 150권에 이르는 소설을 출간한 것으로 알려져 있다. 그래서 뒤마의 이름으로 출간된 몇몇 소설에 대해 뒤마는 그저 한 명의 독자일 뿐이라는 우스갯소리가 있을 정도다. 극히 일부 예외를 제외한다면, 보조 작가를 두고도 저술가로 인정받은 경우는 없다.

이스라엘 출신의 성공한 사업가인 요시 바르디Yossi Vardi가 나에게 조언해 준 말이 있다. 내 일을 대신해 줄 보조 인력을 두지 말라는 것이다. 그는 보조 인력을 두면 본능적으로 여유 시간에 흥밋거리를 찾게 되고, 그러면 인생 전체가 흥미 위주로 돌아가게 된다고 지적했다. 여기서 말하는 보조 인력은 내가 해야 하는 본질적인 업무를 대신 해 주는 사람을 의미한다. 내 수업의 시험 채점을 도와주는 대학원생, 회계사, 정원사, 그 외에 내 삶의 여러 측면에서 나에게 도움을 주는 사람들은 그가 말한 보조 인력의 범주에 들어가지 않는다.

사람들이 추구하는 것은 더 많은 업무 시간이 아니라 더 많은 자유 시간이다. 더 많은 자유 시간은 한 사람의 성공을 가늠하는 중요한 척도다. 하지만 보조 인력을 잘못 다루면 보조 인력을 보조하는 데 상당한 시간과 노력을 기울여야 한다. 보조 인력에게 무엇을 어떻게 해야 하는지 가르쳐 주느라 오히려 더 많은 시간과 노력을 빼앗기기 때문이다. 내 경우, 불필요한 회의나 연락을 최대한 배제하면 더 집중해서 일할 수 있고 일 처리에 대한 기준이 높은 데다 이미 상당한 자유 시간을 누리고 있으므로 보조 인력을 두는 것은 좋은 선택이 아닌 것이 분명하다.

정말로 불가피한 경우가 아니라면 보조 인력에게 대신 일을 시키는
방식으로는 자신의 일에 영혼을 불어넣을 수 없다.

멕시코로 여행을 갔다고 가정해 보자. 번역기를 들고 가서 직접 현지인들과 대화하는 경우와 현지에서 떠들기 좋아하는 원어민 한 명을 고용해 그를 통해 현지인들과 대화하는 경우를 생각해 보자. 현지인들은 어느 쪽에 더 큰

신뢰를 느낄까? 보조 인력을 고용하면 그 보조 인력의 신뢰도가 우리 자신의 신뢰도가 된다.

학자들 역시 기능 장인이 될 만한 자질이 충분하다. 그런데 경제학자 중에는 애덤 스미스를 잘못 이해하고는 "인간은 언제나 수입의 극대화를 추구한다."라는 주장을 펼치면서, 정작 그 자신은 이런 주장을 '무료'로 퍼뜨리는 경우가 있다. 인간은 언제나 수입의 극대화를 추구한다고 주장하면서 자신의 연구 결과를 무료로 퍼뜨리는 기능 장인의 행태를 보이는 것이다. 꽤나 모순적인 상황이지만, 어쨌든 학자들 역시 기능 장인이 될 수 있다.

# 진짜 혁신가와
# 가짜 혁신가

혁신적 사업가는 우리 사회의 영웅이다. 이들은 우리를 대신해서 시행착오를 겪는다. 다만 혁신적 사업가의 모습을 한 사람 중에는 풍부한 증시 자금과 벤처 캐피털 시스템을 이용해 개인의 욕심을 추구하는 사례도 있다. 창업의 목표가 처음부터 회사 매각이나 증시 상장을 통한 주가 차익 실현인 사업가들이 바로 그런 경우다. 이런 사람들에게 회사의 장기적인 발전이나 가치 제고는 그리 중요한 관심사가 아니다. 이들은 오직 금전적 이익만 추구한다. 이런 사람들은 혁신적 사업가의 범주에서 제외해야 한다. 나는 이런 사업가들을 볼 때마다 예쁘게 생기고 상품성이 있는 네 살짜리 아이를 오직 돈벌이를 위해 세상에 내놓는 어른들이 떠오른다. 진짜 혁신적 사업가와 오직 개인의 욕심만 추구하는 사업가를 구분할 수 있는 확실한 방법은 없지만, 사업 계획서를 살펴보는 것으로 진짜 혁신가와 가짜 혁신가를 어느 정도 구분해 낼 수 있다.

　회사를 매각한 후 사업가는 전과 다른 마음가짐을 갖게 되고, 회사의 성장세 역시 이전과 다른 양상으로 전개된다. 사업가의 마음에 전형적인 밥 루빈 트레이드의 태도가 자리 잡기 때문이다. 쉽게 말해 '그건 더 이상 내 문제가 아닌데?' 하고 생각하게 된다. 자기 회사를 매각한 사업가들은 일반적으로 이런 식의 생각을 가지고 있다.

　무언가를 만들 때의 능력과 그것을 판매한 이후의 능력은 서로 다른 법이다.

# 자기 일에 대한
# 자부심

　제품이나 기업 이름에 사업주의 이름이 들어가 있는 것은 매우 좋은 메시지다. 무언가가 잘못됐을 때 사업주가 크게 손해 본다는 것을 의미하기 때문이다. 따라서 사업주는 기업 경영에 헌신하고, 제품의 품질을 철저하게 관리한다. 저명한 금융공학자이자 내 친구인 폴 윌모트Paul Wilmott는 자기 이름을 딴 투자 전문지 《윌모트》Wil-mott를 발행하고 있다. 그는 자신이 펴낸 전문지에 엄청난 자부심을 느낀다. 자신의 전문지에 글을 기고할 때 그는 그야말로 혼신의 힘을 쏟는다. 이처럼 사업주가 자신의 제품에 대한 자부심이 크다는 것은 소비자들에게 매우 좋은 신호다. 다만 이러한 자부심을 제대로 통제하지 못하면 오만함이 될 수 있으므로 경계해야 할 필요가 있다.

# 이익만 취하려는
# 사람들

세계적으로 부유하다고 손꼽히는 사람 중 많은 이가 미국 영주권을 취득해서 미국에 거주하고 있지만, 이들 가운데 대부분이 미국 시민이 되는 것을 회피한다. 미국 영주권은 별다른 의무를 수반하지 않으면서 많은 권리를 부여하고, 반납 절차도 비교적 간단하다. 충분히 미국 시민권을 받을 수 있는데도 시민권을 신청하지 않는 사람들에게 그 이유를 물으면, 대부분 세금 때문이라고 답한다. 미국 시민이 되면 그때부터는 해외에 거주하면서 해외에서 소득을 올려도 미국 정부에 세금을 내야 한다. 그리고 일단 미국 시민이 되면 시민권을 포기하는 것이 그리 간단치 않다. 프랑스나 영국은 조세 피난처를 인정하는 등 납세 의무에 여러 예외를 두어서 외국인들이 투자나 최소 거주 기간 등의 요건을 맞추면 시민권을 취득한 뒤 자신이 거주하고 싶은 나라로 이주할 수 있지만, 미국 시민은 어느 곳에 거주하더라도 본국에 납세 의무를 지기 때문에 많은 이가 영주권을 취득하는 데 머무는 것이다.

국가는 이렇게 이익만 취하려는 사람들을 용인해서는 안 된다. 아무런 의무나 책임을 지지 않으면서 권리만 취하려는 이 같은 행태는 비열하다고밖에 볼 수 없다. 어떤 국가에 거주하거나 시민권을 얻음으로써 이익을 취했다면 해당 국가에 대한 의무나 책임도 기꺼이 이행해야 한다.

내 부모님은 프랑스 시민권자다. 그래서 나 역시 프랑스 시민권을 취득할 수도 있었다. 하지만 내가 실제로 미국에 거주하고 있는 만큼, 그것은 옳은 행동이 아니라고 생각했다. 내가 볼 때 그것은 정말로 비열한 일처럼 느껴졌다. 또한 나는 프랑스에 아무런 연대감도 느끼지 않는다. 내 증명사진이 붙은 프랑스 여권은 상상도 되지 않는다. 내가 잠시 염두에 두었던 국적은 그리스와 키프로스다. 과거 헬레니즘 문화권에 속해 있던 레바논 출신인 나는 그리스와 키프로스에 꽤 강한 민족적·사회문화적 연대감을 가지고 있다.

하지만 내가 거주하기로 마음먹은 곳은 미국이었다. 그래서 나는 미국 시민권을 취득했다. 미국 시민권을 취득함으로써 어떤 소리를 듣게 되더라도, 더 무거운 납세 의무가 생기더라도 나는 실제로 거주하는 곳의 시민권을 취득하는 일이 당연하다고 생각한다. 많은 지인이 이런 내 결정을 실수라고 깎아내렸다. 내 소득의 대부분이 미국 이외의 지역에서 발생하기 때문이다. 내가 만약 키프로스나 몰타로 주소지를 옮긴다면 세금을 훨씬 더 적게 낼 수 있을 것이다. 하지만 나는 내가 실제 사는 곳에 의무와 책임을 다하기로 결정했다. 만약 내가 미국 세금 제도에 불만이 있다면(물론 실제로 약간의 불만은 있지만) 나는 도망가지 않고 다른 미국 시민들과 연대해 정부의 잘못을 지적할 것이다.

나는 자신이 이익을 취하는 곳에 대한 책임 또한 부담해야 한다고 믿는다.


# 영웅은 책상에서
# 만들어지지 않는다

용감함이나 금욕주의 같은 전통적인 가치관을 이해하기 위해 반드시 고전주의자를 찾아봐야 하는 것은 아니다. 또한 고전주의를 연구한다는 이유만으로 전문 학자가 될 필요도 없다. 그저 세네카, 카이사르, 마르쿠스 아우렐리우스가 쓴 글을 읽거나 전통적 가치관에 따라 활동하다가 은퇴하고 글을 쓴 몽테뉴의 책을 읽는 것만으로 충분하다. 이외에 용감함이나 금욕주의를 제대로 실행해 본 적도 없는 사람들이 쓴 책은 무시해라. 글이나 책 따위는 머릿속에서 지우고 자신의 삶에서 그런 가치관을 곧바로 실행하는 것도 좋은 방법이다. 소고기를 먹는다고 해서 소 같은 사람이 되지 않는 것처럼 용감함에 관한 책을 읽는다고 해서 용감한 사람이 되는 것은 아니다.

대부분의 사람이 깨닫지 못하지만, 대학 교수들이 가장 잘 가르칠 수 있는 것은 바로 대학 교수가 되는 방법이다. 마찬가지로 자기계발 전문가들에게 배울 수 있는 가장 심오한 지식은 자기계발 전문가가 되는 방법이다. 역사 속 영웅들은 영웅담을 읽는 사람이 아니라 행동하는 사람이었다는 점을 기억하라. 이들은 자신에게 다가오는 위험을 회피하지 않고 그에 맞섰다. 금욕주의를 가르치는 일이 직업인 사람들을 찾아보는 것은 역사적 영웅들의 정신을 이해하는 데 전혀 도움 되지 않는다.[12] 그런 사람들은 금욕주의나 용감함이 무엇인지 모른다. 그런 행동을 해 본 적이 없기 때문이다. 내가 직접 경험한 바에 따르면 대학 교수나 학자들은 알렉산더 대왕, 클레오파트라, 카이사르, 한니발, 율리아누스, 레오니다스, 제노비아 같은 역사적 영웅들이 아침 식사로 무엇을 즐겨 먹었는지 같은 가십거리에 대해서는 풍부한 지식을 가지고 있지만, 영웅들의 용기에 대해서는 제대로 설명하지 못한다. 언론도 마찬가지지만 학계라는 곳이 사회 현장에서 도망 나온 사람들이 머무는 곳이라서 그런 것일까? 내가 보기에 학자라는 사람들은 사회 현장을 변두리에서 지켜보면서 그에 대해 무어라고 말만 할 뿐 그 속으로 뛰어들어 행동할 용기는 없는 사람들이다. 나는 이 책의 마지막 장에서 소위 '이론가'라 불리는 사람들이 얼마나 오래전부터 리스크를 회피하는 행태를 보여 왔는지 이야기할 것이다.

---

12 《안티프래질》을 집필할 당시만 해도 나는 세네카를 온갖 불균형의 전형이자 자기 마음대로 사는 사람이라고 생각했다. 나는 그가 책임지지 않는 사람이라고 생각했는데, 일단 그렇게 생각하자 그의 진짜 모습을 제대로 볼 수 없게 됐다.

# 세계화와
# 소극적 보호주의

앞에서 건축업자들과 실제 거주자들이 분리되어 있다는 이야기를 했는데, 세계화의 영향으로 이 같은 분리 양상은 더욱 심화되고 있으며, 그에 대한 반작용으로 보호주의protectionism도 심화되고 있다. 보호주의는 여러 가지 측면에서 합리적인 이유가 있다. 아울러 경제적인 이유도 있다.

나는 극심한 불균형을 만들어 내는 세계화의 영향으로 결국은 바벨탑의 붕괴 같은 일이 이 세상에 재현될 거라고 생각한다. 이 이야기는 잠시 미루어 두자. 내가 여기서 이야기하려는 것은 노동자들이다. 자신의 손으로 무언가를 만들어 내는 노동자들은 정도의 차이는 있겠지만 모두 어느 정도는 기능 장인의 모습을 지니고 있다. 글로벌 대기업들이 고용한 로비스트들은 현실과는 전혀 다른 엉뚱한 소리를 하지만, 노동자들이 주장하는 보호주의는 경제 논리, 특히 네오클래식 경제학neoclassical economics의 논리에 부합한다. 뿐만 아니라 경제학의 토대인 수학의 관점에서 보더라도 다른 것들을 전부 희생하면서 수익을 극대화하는 방식이 결코 이익이 아니라는 것은 분명한 사실이다. 한편 자신의 가치관을 추구하기 위해 금전적 이익을 포기하는 것은 경제학의 논리에서 보더라도 불합리한 선택이 아니다. 지금까지 경제학 분야의 수많은 연구에서 밝혀졌듯, 우리 인간이 추구하는 것은 금전적 이익에 국한되지 않기 때문이다.[13]

물론 금전적인 관점에서만 보면, 일자리를 수출하는 방식이 사회 전체로 봤을 때에는 더 이익이 될 수도 있다. 그러나 일자리 수출은 사람들이 실제로 원하는 방식이 아니다. 그 이유는 다음과 같다. 내가 책을 쓰는 것은 이 일이 나의 사명이기 때문이다. 칼이 무언가를 자르기 위해 존재하는 물건이라면,

나는 책을 쓰기 위해 존재하는 인간이다. 아리스토텔레스가 '아레테'arete(사람이나 사물에 갖춰져 있는 탁월한 성질—편집자)를 이야기했는데, 나에게 있어 '아레테'는 책을 쓰는 일이다. 물론 집필 자료로 필요한 연구 조사는 중국에 외주를 주고, 집필은 튀니지에 일을 맡긴다면 책을 쓰는 일의 생산성을 높일 수 있을 테지만, 이런 식으로 하면 나의 정체성은 소멸되고 말 것이다.

사람들은 누구나 일하고 싶어 한다. 직업을 통해 자신의 존재를 확고히 할 수 있기 때문이다. 미국 웨스트체스터 카운티의 제화공은 구두를 만들고 싶어 한다. 구두 만드는 일을 통해 돈도 벌고 자신이 만든 상품이 판매되는 것을 보면서 자부심도 가질 수 있기 때문이다. 하지만 소위 말하는 경제적 관점에서만 보면 구두 만드는 일은 중국 공장에 넘기고, 제화공에게는 전직 훈련을 받아 다른 직업을 갖도록 하는 편이 더 나을 수도 있다. 그럼 그는 더 많은 소득을 올리고, 텔레비전을 바꾸고, 옷을 더 많이 사 입고, 새 자전거를 살 수 있을 것이다. 하지만 이 과정에는 무언가가 빠져 있다. 자신의 일에 영혼을 불어넣던 사람에게 "당신의 일은 가치 없으니 다른 직업을 가져라."라고 말하는 것은 잔인한 일이다. 사람들이 정말로 원하는 것은 자신의 진짜 일을 하는 것이기 때문이다.

이 같은 관점에서 생각해 봤을 때 탈중앙화와 분권화는 사회 체제를 안정시킬 뿐만 아니라 사람들에게 있어 직업이 갖는 의미를 더욱 강화하는 효과가 있다.

---

13    스위스의 몇몇 자치 정부는 외국인의 부동산 취득을 금지하고 있다. 이 금지법은 주민 투표 결과에 따라 이루어졌다. 스위스에 거주하지도 않는 외국의 부자들이 스위스의 부동산 가격을 상승시킴으로써 청년 세대들의 시장 참여 기회를 항구적으로 박탈하고, 그 결과로 사회 분열이 일어나는 상황을 막기 위해서였다. 경제적 관점에서 봤을 때 이 같은 결정은 잘못된 것일까? 절대 그렇지 않다. 물론 일부 부동산 개발업자들의 생각은 다르겠지만 말이다.

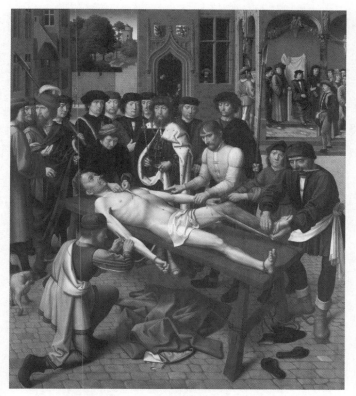

[그림 3] 헤라르트 다비트, 〈캄비세스 왕의 심판〉, 흐로닝어 미술관, 1498년.

## 사회 지도층의 책임

옛날이야기로 이번 장을 마치려고 한다. 이 마무리에 나의 생각은 전혀 담지 않겠다. 법은 위대하다. 그런데 법을 행사하는 판관이 부패하거나 무능하다면 어떻게 해야 할까? 판관들이 자신의 잘못에 대해 아무런 처벌도 받지 않는 경우가 있다. 이때 판관들은 사회의 결속을 해치는 '약한 고리'가 될 수 있다. 역사적으로 이 같은 판관은 언제나 존재해 왔다. 한번은 내 친구가 〈캄비세스 왕의 심판〉The Judgment of Cambyses이라는 그림을 보여 준 적이 있다. 페르시아의 부패한 판관 시삼네스의 일화를 그린 그림이다.

고대 역사가 헤로도토스가 남긴 책에 따르면, 시삼네스가 부당한 판결을 내렸음을 알게 된 캄비세스 왕이 그를 잡아다 산 채로 가죽을 벗기라는 명령을 내렸다. 왕은 시삼네스의 가죽으로 의자를 만들게 하고, 시삼네스의 아들을 새로운 판관으로 임명해서 그 의자에 앉아 판결을 내리도록 했다. 부정한 판결을 내리면 어떻게 될지 항상 염두에 두고 판결을 내리라는 의미였다.

# 《인세르토》 시리즈

불균형이 계속되면 검은 백조가 출현한다 · 서평을 평가하라

지금까지 이 책에서 다루려는 논제들을 간략하게 살펴보았다. 지금부터는 이런 논제들이 《인세르토》 시리즈의 다른 책들과 어떻게 연결되는지 알아보려고 한다. 아담의 갈비뼈에서 이브가 나왔듯, 내 책들은 바로 전작의 내용과 연결되어 있다. 《블랙 스완》은 바로 그 전작인 《행운에 속지 마라》의 일부 내용을 심층적으로 다룬 것이고, 《안티프래질》에서 다룬 상황의 예측 불가능성은 그 전작인 《블랙 스완》에서 다뤄진 주제다. 그리고 이 책은 바로 전작인 《안티프래질》에서 가볍게 다뤘던 내용을 확장한 것이다. 나는 전작인 《안티프래질》에서 '자신의 손실을 다른 사람들에게 전부 떠넘겨서는 안 된다'라고 역설한 바 있다. 개인들 사이에서 형성된 리스크와 수익의 불균형은 사회의 불균형을 초래하고, 이런 불균형은 거대 시스템의 몰락

으로 이어질 수 있기 때문이다.

오늘날 많은 시장에서 시장 참여자들이 밥 루빈 트레이드 방식을 추구하고 있다. 즉 자신의 이익을 추구하면서 손실이나 책임은 다른 사람들에게 떠넘기려 한다. 문제는 이런 불균형이 축적되다 보면 어느 순간 '검은 백조'가 출현한다는 것이다. 이 같은 불균형은 우리 사회 곳곳에서 찾아볼 수 있으며 내 책에서 공통적으로 다루고 있는 문제이기도 하다. 기업 경영자들의 보너스는 연간 단위로 지급되지만 불균형이 폭발하는 상황은 이보다 주기가 훨씬 더 길다. 대략 10년마다 한 번씩 일어나기 때문에 기업 경영자들은 밥 루빈 트레이드 방식을 추구하려는 유혹을 받기 쉽다. 이 같은 불균형의 추구로 '검은 백조'가 출현할 가능성은 더욱 커지고, 시장 시스템이나 사회 시스템은 더욱 취약해진다.[14]

## 이 책에 담긴 이야기

이 책에서 우리는 최근의 주요한 현안들을 다룰 것이다. 윤리와 관련된 문제에 대해서는 가상의 인물인 뚱보 토니의 관점에서 이소크라테스의 논법만큼이나 구체적으로 이야기를 풀어 나갈 것이다. 나는 저명한 철학자이자 나의 훌륭한 토론 상대인 콘스탄틴 샌디스Constantine Sandis와 불균형 문제에 대해 깊이 있는 토론을 자주 해 왔는데, 그 덕분에 상당한 통찰

---

[14]  자신의 리스크나 손실을 타인에게 떠넘기려는 행태는 비단 금융이나 기업에 국한된 것이 아니다. 우리 사회를 구성하는 다양한 집단의 사람들이 이 같은 행태를 추구하고 있다. 미국에서 허리케인이나 홍수 피해가 자주 발생하는 지역에 거주하는 사람들은 정부의 지원금을 받음으로써 오히려 이익을 본다. 이는 곧 다른 지역 납세자들의 손실을 의미한다. 해당 지역의 부동산 개발업자들 역시 이익을 취한다. 유명 방송 프로그램 카메라 앞에서 피해자의 모습을 연기하는 이들은 실제 피해 규모보다 많은 액수를 보상받는 경우가 흔하다.

을 지닐 수 있게 됐다.

내 이야기를 하자면, 내가 법에 관한 책을 집중해서 읽을 수 있는 분량은 고작 일곱 페이지 정도가 전부다. 힘과 정보를 가지고 있는 기업들의 불법 행위에 일반 시민들이 대항할 수 있도록 도와주는 법이 많이 생겨났지만 사실 이런 법은 법조인이나 로스쿨 지망생이 아니라면 흥미로운 주제가 아니다. 랠프 네이더 덕분에 소비자와 시민을 보호하기 위한 여러 가지 법이 만들어졌고, 나 역시 이런 법에 관심을 갖고 꽤 많이 공부했지만 솔직히 말해 법이라는 주제는 너무나도 따분하다. 관련 서적을 읽다 보면 트위터를 비롯한 여러 SNS가 생겨난 것에 너무나도 감사하게 된다. 과학이나 수학과 달리, 법에는 획기적인 무언가가 생겨날 여지가 없다. 법이란 언제나 무겁게 자리 잡고 있어야 하는 것이기 때문이다. 법에 관한 책을 읽는 일은 미국 연방준비제도이사회 이사였던 사람과 식사하는 것만큼이나 지겨운 일이다. 사실 내 평생 두 번 다시 하고 싶지 않은 경험이기도 하다. 이런 이유로 불균형에 대해 논의하더라도 법에 관한 논의는 최대한 짧게 진행하려고 한다.

서론의 첫 문단에서 이미 눈치챘는지 모르지만 나는 고대 신화, 종교 관습, 복잡계 이론, 고대와 중세의 역사, 확률과 리스크 등 본질적으로 흥미를 가질 수 있는 다양한 주제에 관심이 많다. 흥미를 가질 수 없는 일에 매달려 애쓰느니 그냥 다른 사람에게 넘겨 버리는 것이 낫다고 생각한다.

흥미에 대한 이야기가 나왔으니 하는 말인데, 이 책을 쓰면서 함무라비법비석을 직접 보기 위해 프랑스 루브르 박물관을 찾았던 때가 생각난다. 당시 나는 한국인 관광객들과 함께 비석이 전시돼 있는 전시실에 들어갔는데, 비석에 새겨진 문자를 읽을 수 없다는 사실에 스스로에게 꽤 실망감을 느꼈다. 나는 멍하니 해설사의 이야기를 듣고 있어야만 했다. 그 방문이 그저 문화 체험

목적의 여행이었다면 해설사의 이야기를 듣는 것만으로도 충분히 재미있었을 것이다. 그러나 나는 책을 쓰기 위해 취재의 일환으로 함무라비법 비석을 보러 간 것이었다. 비석의 내용을 직접 확인하지도 않은 채 책에 언급한다는 것은 독자들을 속이는 일이라는 생각이 들었다. 게다가 나는 고대 셈족의 철학을 연구하고 있었는데, 당시 언어에 관심을 가질 생각도 못 했다는 점에 당혹감마저 느꼈다. 나는 함무라비법을 기록하는 데 사용된 고대 셈족의 언어를 공부하기로 결심했다. 함무라비법이 무슨 내용인지 직접 확인하고 싶었기 때문이다. 고대 셈어를 공부하느라 이 책의 집필이 상당히 늦어지기는 했지만, 적어도 함무라비법에 관해 이야기할 때는 자신감을 가질 수 있게 됐다.


## 지식인의 거짓말

사실 이 책은 나의 인생 계획에 들어 있지 않았다. 나는 우연한 계기로 이 책을 집필하게 됐다. 《안티프래질》 출간을 마지막으로 한동안은 글쓰기를 그만두고 인생을 즐기기로 마음을 먹었었다. 내게 주어진 시간의 4분의 1 정도는 대학에서 강의를 하고, 그 나머지 시간에는 친구들과 어울려 파스타를 만들어 먹고 운동이나 브리지 게임을 하는 등 19세기 영국 신사들이 그랬던 것처럼 걱정 없는 삶을 살려고 했다.

하지만 이런 여유로운 삶은 고작 몇 주 정도 즐겁게 느껴졌을 뿐이다. 사실 나는 체스나 브리지 같은 보드게임을 하고 멕시코로 여행을 떠나는 등 은퇴 생활을 즐기는 데 아무런 소질도 없었다. 여유 시간이 생겼을 때 고작 수학 퍼즐을 풀다가, 갑자기 수학에 흥미가 생겨서 수학을 통해 문제를 해결하는 방법을 탐구하게 됐다. 몇 년에 걸쳐 그 방법을 탐구하는 동안 누가 거짓말을 하면, 특히 말만 앞세우는 학자들이 그럴듯한 거짓말을 하면 금세 파악할 수 있는 수준에 이르렀다. 나는 일상에서 부딪치는 평범한 사람들에게는 결코 화를 내지 않는다. 오직 '지식인'이나 '전문가'를 자처하면서 아무렇게나 거짓말을 내뱉는 사람들에게만 화가 난다. 심리학자 스티븐 핑커Steven Pinker 같은 사람이 참된 지식을 말하는 것은 광활한 국립공원에서 하이킹 여행을 하던 중 버거킹 점포를 발견하는 것만큼이나 가능성이 희박한 일이다.

나는 소위 지식인이라는 사람들 가운데 누가 거짓말을 하고 있는가에 대해 이 책을 쓰는 내내 계속해서 탐지하려고 했다.


## 출판계 이야기

지금까지 책을 여러 권 쓰면서 출판계에 대해 많은 것을 알게 됐다. 잠시 출판계에 관한 이야기를 하고자 한다. 많은 서평가가 정직하게 자신의 의견을 표출하고 있지만, 출판계는 기본적으로 대중의 사고와 상충하는 부분이 많은 분야라고 생각한다. 물론 출판계는 자신들이 독자들을 대표한다고 표방하지만 말이다. 현실 세계에서 과감하게 리스크를 수용하는 유형의 사람이 책을 쓸 경우, 대중이 재미있다고 여기는 부분과 서평가들이 인기 요소로 꼽는 부분은 서로 다른 경우가 많다. 사실 이 둘이 일치하는 경우는 매우 드물다. 일반적으로 서평가는 리스크를 감수하면서 거래에 직접 참여하는 사람이 아니기 때문에 그렇다.

서평가는 책을 평론하는 사람이지만, 이들이 한 권의 책을 얼마나 여러 번 읽고 평론하는지는 의문이다. 학습의 뿌리는 반복에 있다. 한 권의 책을 깊이 있게 이해하기 위해서는 여러 번 읽어 봐야 한다. 이런 생각은 고대 셈족의 언어에도 표현되어 있다. '미쉬나'mishnah라는 단어가 있다. 탈무드가 구전되기 이전부터 있었던 이 단어의 의미는 '반복'이다. '미쉬나'에서 '미드라쉬'midrash라는 단어가 파생됐는데, 이 단어는 '반복해서 읽는다'는 의미다. '미드라쉬'에서 파생된 '마드라사'madrassa라는 단어는 '학교' 혹은 '배움'이라는 의미다.

책은 독자가 읽는 방식, 독자가 읽고 싶어 하는 방식, 저자가 쓰고 싶어 하는 방식을 중심으로 만들어져야 한다. 책을 만드는 데 있어 서평가의 선호도를 중심으로 삼는 것은 합리적인 방식이 아니다. 출판 시장에서 서평가의 위치는 '나쁜 중개인'에 불과하다. 우버의 영향으로 점차 힘을 잃어 가고 있는 택시 회사들처럼 서평가 역시 중개인으로서의 영향력을 상실해 가고 있다.

정작 돈을 내고 책을 구입하는 것은 독자인데, 서평가들은 책이 어떻게 만들어져야 하는지 자신이 결정해야 한다고 생각한다. 이런 이유로 서평가는 저자에게 무소불위의 권력을 행사한다. 그런 서평가들의 서평이 제대로 된 것인지 판단하려면 서평의 대상이 된 책을 여러 번 읽어 봐야 한다. 그런데 그 누구도 이렇게 하지 않는다. 〈뉴욕타임스〉에 서평을 기고하는 가쿠타니 미치코나 〈가디언〉에 서평을 기고하는 데이비드 런치먼이 오랜 세월에 걸쳐 엉터리 서평을 쓸 수 있었던 이유는 바로 여기에 있다. 이미 은퇴한 가쿠타니의 서평은 특히 더 엉터리였다. 서평은 책의 내용과 연관되어 평가받기보다는 서평 그 자체로 평가받는 경우가 대부분이다. 저자가 서평에 의견을 제시할 수 있다면 좋겠지만, 그런 일은 거의 일어나지 않는다.[15]

---

15    서평가들은 《행운에 속지 마라》를 놓고, '행운은 나쁜 결과로 이어진다'라는 내용의 서평을 썼지만 내가 이 책에서 말하려는 내용은 '행운의 작용은 사람들이 생각하는 것보다 더 크다'라는 것이다. 내 책의 내용에 대한 제대로 된 해석이 나오기 시작한 것은 책이 출간되고 3년이나 지나서였다. 그런데 대부분의 책이 출간 이후 3개월을 넘기지 못하고 시장에서 잊힌다.

나는《인세르토》시리즈의 첫 번째 책《행운에 속지 마라》가 출간된 지 거의 20년이 지난 지금에서야 독자들과 직접 소통할 수 있는 수단을 갖게 됐다.


## 이 책의 구성에 대한
## 정리

이 책의 구성을 간략하게 설명하겠다. 제1부는 서론으로, 모두 세 개 부분으로 구성되어 있다. 제2부의 제1장에서는 대리인 문제agency problem를 다룰 것이다. 일반적인 윤리와 이해의 상충 및 위험 배분의 불균형에 초점을 맞춰 이야기할 것이다. 또한 규모의 문제, 개인과 집단의 차이점, 세계화와 보편주의 등에 대해서도 이야기할 것이다. 제3부의 제2장은 소수의 사람이 자신들의 원칙을 전체 사회에 강요하는 소수에 의한 장악 문제를 다룰 것이다. 제3부에만 덧붙인 부록에서는 집단 움직임의 특징과 집단의 움직임을 설명하지 못하는 사회과학에 대해 간단히 다뤘다. 제4부의 제3장, 제4장에서는 현대 사회에 남아 있는 노예제도의 흔적을 이야기할 것이다. 사람들이 왜 상시 고용 상태로 일하는지, 경제적 독립 혹은 자유를 얻은 사람들이 왜 기업들 앞에서 자기 목소리를 내지 못하는지 이야기해 볼 것이다.

제5부의 제5장에서는 과감한 도전이 수반되는 리스크와 기회에 대해 이야기할 것이다. 실제 경험과 가상 경험의 차이, 예수의 신성과 인간성, 그에 대한 도전, 도널드 트럼프가 선거에서 승리한 요인 등이 다뤄질 것이다. 제6장에서는 바보 지식인들에 대해 이야기할 것이다. 이들은 스스로 책임을 지거나 현실 세계에 참여하지 않는다. 심지어 이들은 자기 책상 자리에 앉아 있을 뿐 자전거를 타고 외출하는 일도 적다. 당연히 현실 세계의 일을 제대로 알지 못한

다. 제7장에서는 위험의 불평등과 소득의 불평등 사이의 차이를 논할 것이다. 부자가 되려면 현실 세계에 뛰어들어 위험을 감수해야 한다. 더불어 정적 불평등과 동적 불평등을 설명하면서, 소득과 책임의 불평등을 만들어 내는 가장 큰 요인은 사업가가 아니라 고위 관료와 대학 교수임을 밝힐 것이다. 제8장에서는 린디 효과를 중심으로 누가 진짜 전문가인가를 이야기해 볼 것이다. 전문가에 대해 평가하는 지식인은 진짜 전문가가 아니다. 시간의 흐름에 따라 진짜 전문가는 살아남고 가짜 전문가는 도태되게 마련이다.

제6부에서는 일상 속에 감춰져 있는 심각한 불균형을 살펴볼 것이다. 제9장에서는 세상의 움직임은 사람들이 생각하는 것보다 단순하다는 사실을 이야기하고, 그 안에 진짜 전문가가 어떤 모습인지 살펴볼 것이다. 그리고 대학의 명성이 갖는 의미를 되짚어 볼 것이다. 제10장에서는 무언가를 팔기 위해 접근하는 사람들 때문에 부자에게 어떤 일이 일어날 수 있는지 생각해 볼 것이다. 제11장에서는 불균형이 초래할 진짜 위협이 무엇인지, 적을 죽이지 않고 손아귀에 넣는 방법은 무엇인지 이야기할 것이다. 제12장에서는 언론계에서 나타나는 대리인의 문제를 논할 것이다. 언론인 사이에서 정보가 어떻게 퍼지는지, 그 과정에서 진실이 어떻게 무시되는지 살펴보겠다. 제13장에서는 도덕을 추구하기 위해 감수해야 하는 리스크에 대해 이야기할 것이다. 사람들 앞에서 옳은 소리를 했다가 비난을 들을 수도 있고, 자선단체나 비정부기관을 믿었다가 오히려 우리가 사는 지구에 좋지 않은 일을 하게 될 수도 있다. 제14장에서는 정치인들에게서 나타나는 대리인 문제, 전쟁과 갈등을 부각시켜 역사를 잘못 인식하게 만드는 역사가의 문제 등을 다룰 것이다. 특히 역사와 관련된 통계는 상당히 왜곡되어 있다. 평화를 이용해서 돈벌이하려는 사람들만 없으면 세상을 복잡하게 만드는 문제들의 상당수가 사라져 세상은 더 안

전한 곳이 될 것이다.

제7부에서는 종교 교리에 대해 선호도의 표출과 책임의 관점에서 생각해 볼 것이다. 무신론자와 기독교인의 차이점은 무엇인지, 살라피즘 추종자가 어떤 사람인지 논할 것이다. 종교에도 대가를 지불해야 한다. 종교는 어느 지역에서는 철학이고, 어느 지역에서는 법이다.

제8부는 책의 마지막 부분으로, 제19장에 이 책의 가장 중요한 주제가 나온다. 제18장에서는 합리성과 책임의 관계에 대해 이야기할 것이다. 합리성을 이야기할 때 가장 중요한 것은 말이나 생각이 아니라 실제 행동이다. 제19장에서는 발생률이 극히 낮은 리스크에 대응하는 것에 관해 이야기할 것이다. 또한 개인에서 전 세계 생태계에 이르기까지 존재의 중요성을 논하고, 집단의 안전을 위해 희생하는 것은 분별 있는 행동이자 용기의 표출이라는 점을 말할 것이다. 에르고드 가정ergodic hypothesis과 사전 예방 원칙도 언급될 것이다.

# 우리 삶과 세상에 존재하는 불균형

| 책임지지 않는 사람들 | 책임지는 사람들 | 자신의 모든 것을 바치는 사람들 |
|---|---|---|
| 자신은 이익만 취하고 책임은 다른 사람들에게 넘긴다. 다른 사람들의 비용으로 자신의 안전장치를 마련하는 셈이다. | 자신의 책임을 회피하지 않고, 리스크 역시 남에게 떠넘기지 않는다. | 다른 사람들을 생각하며, 자신의 책임을 넓은 범위에서 인식한다. |
| 고위 관료, 정책 입안자 | 시민 | 성직자, 기사, 전사, 군인 |
| 컨설턴트, 궤변가 | 상인, 회사원 | 전통적인 개념에서의 선지자, 철학자 |
| 정부와 긴밀한 관계를 맺고 있는 대기업 | 기능 장인 | 예술가, 일부 기능 장인 |
| 대기업 경영자 | 혁신적 사업가 | 혁신가, 혁신적 사업가 |
| 시스템, 이론, 데이터 등으로만 연구하는 과학자, 평론만 하는 학자 | 실험실과 현장에서 연구하는 과학자 | 기존 믿음과는 다른 추론을 검증하기 위해 과감하게 도전하는 과학자 |
| 중앙집권적 정부 | 낮은 수준의 지방자치 정부 | 지방자치 정부 |
| 교열 편집자, 서평가 | 저술가, 일부 편집자 | 일부 저술가 |
| 분석과 예측만 하는 사람들 | 자신의 돈으로 직접 투자에 나서는 사람들 | 자기 삶을 걸고 강한 정치 집단이나 대기업의 비리를 고발하는 언론인, 반군 참여자 |
| 정치인 | 활동가 | 반체제 운동가, 혁명가 |
| 금융인 | 헤지펀드 운용자 | 없음. 이런 부류의 사람들은 세속적인 금융이나 투자에 관심 갖지 않는다. 반면 자신의 사상이나 입장을 지키기 위해 기꺼이 목숨도 내건다. |
| 칭호, 메달, 상, 의식, 영국 여왕과의 티타임, 유명 학회 멤버십, 버락 오바마와의 악수… 같은 것들을 찾아다닌다. | 없음 | 소크라테스, 예수, 성 카타리나, 히파티아, 잔 다르크 같은 인물 |

## 제2부

# 대리인 문제

Skin in the Game

제1장

# 거북이를 잡은 사람이 거북이를 먹어라

새로운 고객은 매일 태어난다·거래 정보는 얼마큼 공개돼야 하는가·
좋은 울타리가 좋은 이웃을 만든다·리스크를 함께 진다

"거북이를 잡은 사람이 거북이를 먹어라." 이는 고대의 금언이다. 이 말은 다음과 같은 일화에서 유래했다. 어떤 마을의 어부들이 거북이 여러 마리를 잡아 요리했는데, 막상 먹으려니 거북이 고기가 너무 맛이 없었다. 간신히 몇 사람만 꾹 참고 먹을 수 있을 정도였다. 때마침 헤르메스가 어부들 옆을 지나갔다. 그리스신화에서 헤르메스는 상업과 풍요, 전령, 행운을 관장하고, 망자들을 지하 세계로 안내하며, 도적들을 수호하는 신으로 나온다. 헤르메스를 본 어부들은 그에게 거북이 고기를 권했다. 어부들이 버리려고 했던 고기를 자신에게 주었다는 사실을 알게 된 헤르메스는 그들 모두에게 거북이 고기를 먹으라고 명령했다. 여기서 다른 사람에게 주려는 음식은 자기 자신도 먹을 수 있는 것이어야 한다는 원칙이 제시된 것이다.

한때 순진한 사고방식을 가지고 있던 나는 위의 이야기로부터 다음과 같은 교훈을 얻었다.

> 당신에게 좋은 일이면 그에게도 좋은 일이지만, 당신에게는 손실이 되는데도 그에게는 아무런 손실도 생기지 않는 그런 행동을 취하라고 조언하는 사람의 말은 항상 경계하라.

물론 처음부터 상대방과 그의 조언의 진의를 알면서 받아들이는 사람은 거의 없을 것이다. 문제는 거래 상대방이 실제 손익 관계를 숨기면서 조언하기 때문에 일어난다. 다른 사람에게 무언가를 팔려는 사람, 자신의 자식을 결혼시키려는 사람, 지인의 취업 청탁을 하는 사람 등은 중요한 정보를 숨기게 마련이다.

오래전 나는 자신을 강연 에이전트라고 소개하는 사람에게 제안서를 받은 적이 있었다. 그 제안서에는 열 개 남짓한 질문이 적혀 있었다. 예를 들어 '주위에서 쏟아져 들어오는 요청을 처리할 시간이 있으십니까?', '출장 일정은 직접 관리하십니까?'와 같은 식이었다. 제안서를 통해 그는 잡다한 일은 다른 사람에게 맡기고 나는 지식을 탐구하거나 내가 중요하게 생각하는 일, 예를 들면 정원 가꾸기, 우표 수집, 지중해의 기원과 역사 탐구, 오징어 먹물을 이용한 요리 같은 것에 더 많은 시간을 투입함으로써 삶을 더 가치 있게 만들라고 말했다. 그는 자기가 다른 에이전트와는 전혀 다르다고 강조했다. 오직 자신만이 그 모든 일을 무리 없이 처리할 수 있으며, 게다가 자신은 책을 많이 읽었기 때문에 지식인들이 무엇을 원하는지 잘 이해하고 있다고 설명했다. 당시만 하더라도 나는 사람들이 나를 지식인이라고 부르는 데 거부감을 느끼지 않았다. 그런데 나는 평소 좋은 일이라며 먼저 제안해 오는 사람들은 경계해야 된다는 생각을 가지고 있었다. 어쨌든 그는 자신을 에이전트로 고용하는 것이 '나에게 좋은 일'이라고 강조했다.

그의 제안을 전적으로 믿은 것은 아니지만, 나는 그를 에이전트로 고용해서 일을 맡겼다. 외국인인 그에게 그의 나라에서 진행될 강연에 관련된 업무를 맡긴 것이다. 그는 에이전트로서 일을 제법 잘 수행했다. 그런데 그를 고용하고 6년쯤 지났을 무렵, 문제가 발생했다. 그의 나라 세무 당국에서 나에게 세금을 추징하겠다고 통보해 온 것이다. 나는 에이전트에게 연락을 취해 예전에 그가 일을 봐주었던 미국 시민권자들 가운데 나와 비슷한 일을 당한 사례가 있느냐고 물어봤다. 그런데 그의 대답은 통명스러웠다. "나는 당신의 세무사가 아닙니다." 그는 자신을 고용했던 미국 시민권자 가운데 나와 비슷한 일을 당한 사례 유무의 여부조차 알려 주지 않았다. 결국 그를 고용한 것은 '나에게 좋은 일'이 아니었다.

적어도 내 경험에 비춰 볼 때, 타인이 나에게 좋은 일이라고 먼저 제안한 일은 언제나 내가 아니라 타인에게 좋은 일이었다. 이런 이들보다는 옵션 거래하는 사람들이 더 솔직하다. 이들은 자기가 이익을 내기 위해 투자할 계획인데 관심이 있으면 함께하자는 수준의 제안을 한다. 기억해라. 조언하는 것처럼 가장해서 무언가를 팔려고 접근하는 사람은 무조건 피해라. 자기는 먹을수 없는 거북이 고기를 남에게 내주는 유형의 거래는 인류의 역사와 함께 이어져 온 거래 방식이다.

# 새로운 고객은
# 매일 태어난다

내가 미국의 한 투자은행에서 일했을 때의 일이다. 그 투자은행은 자사 파트너들에게 다양한 특전을 제공했는데, 그 가운데 하나로 '화이트 슈'white shoe라는 것이 있었다. 파트너들에게 웬만해서는 가입되지 않는 최고급 골프 클럽 이용권을 제공했는데, 그 골프 클럽의 전통이 흰색 골프화를 신는 것이라서 '화이트 슈'라는 이름이 붙었다. 그곳에서 일하면서 나는 그 투자은행의 윤리나 능력에 대한 대중적 이미지가 실제 모습과는 상당히 다르다는 것을 알게 됐다. 특히 판매 부문에서 일하는 사람들은 회사가 과도하게 보유하고 있거나 포트폴리오 관리 차원에서 처분해야 하는 채권을 판매하는 일을 맡아서 했다. 이런 채권을 다른 회사의 딜러들에게 팔 수는 없었다. 그것은 이쪽 회사에서 특정 종목의 채권을 과도하게 보유하고 있다는 신호가 되기 때문이다. 결국 판매 담당자들은 채권을 사 줄 다른 일반 개인 고객들을 찾아야 했다. 이들의 보수는 성과급으로 지급됐기 때문에 그 행보는 다급할 수밖에 없었다. 결국 판매 담당자들은 잠재 고객들에게 최고급 레스토랑에서 가장 비싼 와인을 곁들인 고가의 저녁 식사를 접대하면서 자신이 처분해야 하는 채권을 떠넘겼다. 비싼 저녁 식사를 샀지만, 투자 수익률로만 보면 회사로서는 엄청난 수익을 올린 것이다. 그 투자은행에서 뛰어난 성과로 유명했던 한 판매 담당자는 내게 이렇게 말했다. "어떤 자치 정부의 재무과에서 일하면서 기성복만 사 입던 사람에게 2,000달러짜리 와인을 대접하면 그를 몇 달 동안 내게 큰 부채 의식을 느끼게 됩니다. 그런 감정을 이용해서 나는 그를 통해 10만 달러도 넘는 수익을 올립니다. 그 어떤 시장에서도 이 정도의 수익률을 찾아볼 순 없을 겁니다."

판매 담당자들은 자신이 팔려는 채권이 고객의 포트폴리오를 어떻게 완벽하게 만들 것인지, 그 채권 가격이 왜 오를 것으로 보는지, 따라서 그 엄청난 기회를 놓치면 고객이 앞으로 얼마나 후회하게 될 것인지 열심히 설득한다. 그들은 거래 상대방의 심리를 꿰뚫는 데 전문가다. 고객이 자신의 의지와는 상관없이 거래에 참여하고 그 결정을 운 좋다고 생각하게 만들 줄 안다. 그 투자은행에는 매일 아침 운전사가 모는 롤스로이스를 타고 출근하는 판매 담당자가 한 명 있었다. 엄청난 카리스마를 풍기던 그에게 만약 고객이 잘못된 거래에 응했다는 사실을 깨닫고 화를 내면 어떻게 하느냐고 던진 나의 질문에 이렇게 답했다. "그냥 무시해요. 일일이 대응하지 않아요. 새로운 고객은 매일 탄생한다는 사실을 기억하세요."

고대 로마 사람들 역시 이 점을 잘 알고 있었던 것 같다. "한 번의 거래를 열렬히 기뻐한 다음에 그 거래는 잊어라."라고 말한 것을 보면 말이다.


## 로도스의
## 옥수수 가격

무언가를 팔기 위해 조언하는 것은 기본적으로 윤리적인 행위가 아니다. 본질적으로 판매자의 이익을 위한 것이기 때문이다. 상대방에게 조언하거나 무언가를 판매할 수도 있는데, 이 두 가지 행위는 서로 분리되어야 하는 개념이다. 사실 판매를 위한 조언은 '광고'라고 봐야 한다. 이때 판매자는 구매자에게 자신이 팔려는 상품에 관해 얼마나 많은 정보를 공개해야 할까? 분명히 가격이 떨어질 것을 알고 있는데도 현재 가격으로 판매하는 것이 윤리적인 행위일까?

이러한 의문은 고대에도 존재했다. 고대 그리스의 철학자 디오게네스Diogenes와 그의 제자인 안티파트로스Antipatros의 대화록에도 이에 관한 논쟁이 실려 있다. 특히 정보의 비대칭 문제를 심각하게 인식하고 있었던 안티파트로스는 오늘날 보다라도 파격적으로 여겨지는 수준의 정보 공개를 주장했다. 이두 사람이 남긴 저작물은 현재까지 남아 있지 않지만, 다른 사람들이 남긴 기록에서 이들의 대화나 주장이 어떤 것인지 찾아볼 수 있다. 일례로 키케로Cicero가 남긴 《의무론》De Officiis에는 디오게네스와 안티파트로스가 남긴 정보의 비대칭 문제에 관한 질문이 다음과 같은 이야기로 제시되어 있다.

어떤 상인이 알렉산드리아에서 옥수수를 배에 싣고 로도스에 입항했는데, 마침 로도스에 기근이 들어 옥수수값이 폭등하고 있었다. 그 상인은 알렉산드리아의 많은 상인이 자신의 뒤를 이어 옥수수를 싣고 로도스를 향해 출항했다는 사실을 알고 있다. 그렇다면 이 상인은 이런 정보를 로도스 사람들에게 알려야 할까? 여러분이라면 이런 상황에서 어떻게 하겠는가?

이런 질문을 던지면 금융 트레이더들은 하나같이 비슷한 답변을 내놓을 것이다. 자기가 팔아야 할 상품의 보유분이 얼마나 되는지 공개하지 않고 고객에게 매입을 권유할 거라고 말이다. 물론 동종업계의 다른 트레이더들에게는 그런 식의 판매를 시도하지 않는다. 그런 시도를 했다는 사실이 알려지면 업계 동료들에게 배척당할 것이 뻔하기 때문이다. 하지만 매수자가 누구인지 특정할 수 없는 시장에서의 거래라면 정보를 공개하지 않는 것이 기본적인 태도다.

금융투자업계 사람들 사이에서 자신이 팔려는 상품을 원하는 가격에 사 주는, 시장 어딘가에 있는 익명의 매수자를 '스위스인'The Swiss이라고 부른다. 흔히 자신과 모종의 관계가 형성되어 있는 사람들과 단지 단편적인 거래 외에는 아무런 접점도 없는 사람들에게 각기 다른 방식으로 접근하는 것이 사람들의 일반적인 태도다. 집에서 함께 지내는 반려동물은 절대로 해치지 않지만, 바퀴벌레에게까지 그런 태도를 취할 필요가 없는 것과 마찬가지다.

고대 그리스 시대 디오게네스는 판매자라면 법에서 요구하는 것만큼의 상품 정보를 구매자들에게 공개해야 한다고 주장했다. 한편 안티파트로스는 법에서 요구하는 수준을 넘어서 상품에 관한 정보를 구매자들에게 모두 공개해야 한다고 주장했다. 즉 상품에 관해 판매자가 알고 있는 것은 구매자도 전부 알고 있어야 한다는 뜻이다.

시대, 장소, 상황, 시장 참여자들의 국적 등 다양한 요소가 변하더라도 계속 유지될 입장은 아마도 안티파트로스의 주장일 것이다. 다음을 생각해 보라.

도덕률의 입장은 언제나 법률의 입장보다 확고하다. 법률이 발전을 거듭해서 궁극적으로 되어야 하는 것이 바로 도덕률이다.

쉽게 말하면 다음과 같다.

법률은 바뀔 수 있지만, 도덕률은 바뀌는 것이 아니다.

상당수의 법 규정이 모호하고 해석의 여지가 있다. 그래서 법은 시대나 장소, 상황에 따라 다른 의미로 풀이되기도 한다. 미국의 경우 소비자 보호가 중시되면서 상품에 관한 정보를 최대한 공개하는 법규가 시행되고 있지만, 그렇지 않은 나라도 많다. 증권법도 마찬가지로 미국에서는 아주 오래전부터 배타적인 내부 정보를 활용한 매매를 금지해 왔다. 하지만 유럽에서는 미국보다 훨씬 더 늦게 이 정보를 활용한 매매를 금지했다.

내가 미국 투자은행에서 일하던 때만 해도 투자은행들은 법의 허점을 이용해 돈을 벌어들였다. 일반적인 생각과 달리 법이 꼼꼼할수록 법의 허점을 이용해서 돈을 벌기는 더 쉬워진다.


## 불확실성의 평등

균형과 불균형 문제는 거래 참여자들 사이에 공유되는 정보의 수준과 관련해서도 발생한다. 그렇다면 거래 참여자들 사이에 정보의 비대칭은 어느 정도까지 허용될 수 있을까? 고대 지중해 사람들은 안티파트로스의 입장을 더 많이 지지했다. 오늘날의 사람들도 어느 정도는 안티파트로스의 입장을 지지한다.

영미권에서는 '구매자 위험부담 원칙'caveat emptor이라고 해서 구매자가 상품에 관한 정보를 파악해야 하는 책임을 지는 것이 일반적이었으나, 일명 '레몬법' 같은 소비자보호법이 만들어지면서 구매자 위험부담 원칙 문제가 상쇄되고 있는 상황이다. 레몬법은 달콤한 오렌지인 줄 알고 샀는데 시큼한 레몬이었다는 의미로, '레몬'은 심각한 결함이 있는 자동차를 일컫는 은어다. 내가 구입한 중고 미니 컨버터블만 하더라도 정비소를 수없이 들락날락거릴 정도로 결함이 많았다. 현재 '레몬'은 굴러가는 상품 일체를 지칭하는 일반적인 용어가 됐다.

디오게네스와 안티파트로스의 논쟁에 대해 이야기하던 키케로는 다음과 같은 질문을 던졌다. "상태가 좋지 않은 와인을 파는 상인은 그 사실을 구매자에게 알려야 할까?" 지금은 기업들의 불법 행위에 시민들이 대항할 수 있도록 도와주는 법이 많이 만들어졌고 개인의 소송을 지원해 주는 장치도 많이 마련되어 있으며, 사람들의 인식 또한 전반적으로 정보의 투명성을 추구하는 쪽으로 나아가고 있다. 특히 기업들의 불법 행위에 관한 법은 기업들에 큰 책임을 부과한다. 기업들이 이런 법들 때문에 볼멘소리를 하는 것도 이해할 만하다. 그런데 기업들의 불법 행위에 관한 법 역시 허점이 많은 것이 사실이다. 이에 관해서는 뒤에서 심도 있게 논할 것이다.

이슬람 율법인 샤리아Shariah를 예로 들어 보자. 이슬람 종교인들이 따라야하는 이 법은 상거래와 금융에 관한 내용도 자세히 담고 있다. 샤리아법은 잃어버린 고대 지중해 국가들의 법규와 생활양식을 짐작하게 한다는 점에서 가치가 있다. 샤리아법이 사우디 왕자들의 콧대를 더욱 높게 만들기는 하지만 말이다. 샤리아법은 그리스로마 시대의 법(지중해의 고대 그리스와 고대 로마 속주들에서 시행됐던 법), 고대 페니키아의 상법, 고대 바빌론의 법, 아랍 부족의 상거래 관습 등을 반영하고 있으며, 고대 지중해 국가들과 셈족의 민간전승까지 우리에게 알려 준다. 이런 이유에서 나는 샤리아법을 거래에 관한 인류의 사고방식이 담겨 있는 '역사 박물관'이라 부르고 싶다.

샤리아법에서는 특히 '가라르'gharar를 철저히 금했다. 모든 유형의 거래에서 이를 전면적으로 금지했을 정도다. 가라르는 복합적인 의미를 지닌 단어로, 한마디로 정의하기 어렵다. 굳이 설명하자면 '불확실'과 '기만'이라는 의미로 해석될 수 있으며, 거래 참여자 사이에 정보의 비대칭이 존재하는 상태를 가리킨다. 나는 개인적으로 가라르를 '불확실성의 불평등'이라고 해석한다. 기본적으로 거래는 불확실한 미래를 포함한다. 따라서 거래 참여자 모두 동등한 수준의 불확실성을 가지고 있다면 그것은 공정한 거래다. 거래 참여자들마다 부담하게 될 불확실성이 불평등하다면, 그 거래는 속임수나 마찬가지다.

거래에 참여하는 어느 한편이 거래에 관한 불확실성을 가지고 있는 상황에서 다른 한편은 아무런 불확실성도 가지고 있지 않다면 그 거래는 진행되어서는 안 된다.

거래 참여자 가운데 어느 한편만 거래에 관한 확실성을 갖는다면, 샤리아법은 그 거래가 금지되어야 한다고 규정한다. 그런데 가라르를 금지하는 샤리아법에도 허점 혹은 해석의 여지가 있다. 불확실성의 불평등이나 정보의 비대칭 정도가 약한 수준이라면, 다시 말해 거래 참여자 중 어느 한편이 거래의 미래 향방에 확실성을 갖지는 못해도 약간의 내부 정보만 가지고 있는 수준이라면 가라르가 있는 거래로 인식되지 않는다. 이와 달리 판매자가 거래의 실패에 관해 확실성을 갖는 경우도 있다. 예를 들어 명백하게 불량품인 제품을 판매하는 경우는 가라르가 있는 거래다. 앞서 소개한 로도스의 옥수수 상인은 옥수수를 실은 다른 배들이 알렉산드리아를 출발했다는 내부 정보를 가지고 있었지만, 그렇다고 해서 로도스의 옥수수 가격이 떨어질 거라는 확실성을 가지고 있었던 것은 아니다. 그렇기 때문에 그 상인은 비싼 가격에 옥수수를 팔았더라도 샤리아법을 위반한 것이 아니다. 반면 상태가 좋지 않은 와인을 팔면서 그 사실을 구매자에게 알리지 않은 상인은 샤리아법을 위반한 것으로 규정된다.

앞으로도 계속 논하겠지만, 불균형이나 비대칭에 관한 문제는 너무나도 복잡해서 학파나 집단마다 서로 다른 해석을 내놓는다. 이어지는 부분에서는 이에 대한 탈무드식 접근을 살펴보겠다.

# 라브 사프라와
# 스위스인

　　　　　불균형과 비대칭 문제에 대한 유대인들의 윤리 의식은 투명성을 추구한다는 점에서 디오게네스보다는 안티파트로스에 가깝다. 유대인들은 표면적으로 드러나는 거래 조건의 투명성뿐만 아니라 판매자가 가지고 있는 생각의 투명성까지 추구했다. 중세의 유명한 랍비 라시Rashi가 전해 준 일화 가운데 3세기 바빌론의 학자 라브 사프라Rav Safra 이야기가 있다. 학자이자 상인이었던 라브 사프라가 조용히 기도를 올리고 있던 어느 날, 그에게 좋은 상품이 있다는 얘기를 들은 어떤 사람이 찾아와서 자신이 전해 들은 가격에 그 상품을 사고 싶다고 말했다. 기도하고 있던 사프라가 아무런 대답도 하지 않자 그 사람은 더 높은 가격에 상품을 사겠다고 재차 제안했다. 하지만 사프라는 가격을 올리기 위해 대답을 하지 않은 것이 아니었다. 그는 자기가 처음 정해 놓은 가격에 판매하는 것이 옳은 일이라고 생각했다. 이런 상황에서 사프라는 자기가 처음 정해 놓은 가격에 판매해야 할 것인가, 아니면 구매 희망자가 스스로 제안한 더 높은 가격에 판매해야 할 것인가?

　　이런 상황은 오늘날에도 흔하게 일어난다. 금융 트레이더로서 나 역시 유사한 상황을 많이 겪었다. 나는 대체로 라브 사프라와 비슷하게 생각하는 편이다. 이 장의 앞부분에 언급한, 고객들에게 필요 없는 채권을 팔아 치운 투자은행의 판매 담당자를 생각해 보라. 투자은행에서 일하던 당시, 내가 어떤 종목의 가격을 5달러로 제시하면 고객과 접촉하고 온 판매 담당자는 5달러 10센트에도 팔 수 있을 것 같다는 의견을 제시하곤 했다. 나는 10센트를 더 받는 것이 옳다는 생각이 들지 않았다. 그것은 일을 해 나가는 데 있어 절대로 도움이 되지 않는 방식이다. 고객이 우리가 제시하려던 최초 가격이 5달러라는 사실을 나중에라도 알게 되면 어떻게 되겠는가? 그 굴욕감은 무엇으로도 보상할 수 없다. 금융 상품을 실제 가치보다 비싸게 파는 것은 불량 제품을 소비자에게 떠넘기는 것과 같은 식의 거래 행위다. 만약에 라브 사프라가 같은 제품을 한 사람에게는 비싼 가격에 팔고, 다른 사람에게는 자신이 원래 팔려고 했던 가격에 팔고 난 후 그 두 사람이 서로 아는 사이라면 어떤 일이 일어나겠는가? 그 두 사람이 어느 한 고객의 대리인이라면 어떤 일이 일어나겠는가?

거래에 있어 투명성을 추구하는 것은 단순히 윤리의 문제가 아니라 가장 효과적인 비즈니스 정책이기도 하다. 그리고 이 투명성의 범주는 표면적으로 드러나지 않은 판매자의 생각까지 아우른다.

그런데 만약 구매자가 앞서 언급한 '스위스인'이라면 어떻게 해야 할까? '스위스인'은 나와 아무런 접점도 없는, 시장 어딘가에 있는 익명의 매수자를 지칭한다고 이야기한 바 있다. 시장에는 우리가 정한 윤리 규칙이 느슨하게 적용되거나 아예 적용되지 않는 대상이 존재한다. 이에 대해 칸트는 이렇게 말한 바 있다.

이론은 우리 인간에게 너무 이론적이다.

윤리는 더 명확하게 규정될수록, 즉 덜 추상적일수록 더 효과적으로 작동한다. 그리고 그 반대의 경우일수록 윤리는 제대로 작동하지 못한다. 니체는 이런 말을 했다.

마냥 착하기만 한 사람들이여, 만인을 위한 동정은 당신 자신에게는 학대일 뿐이라오.

뚱보 토니는 니체의 발언들을 읽어 본 후에 니체 같은 사람과는 절대로 논쟁하지 않을 거라고 말했다.


## 보편적인 윤리가
## 존재할 수 있는가

윤리를 적용하는 범위에서 '스위스인'을 뺀다는 것은 그리 간단하게 설명할 수 있는 사안이 아니다. 단순한 지표가 적용되는 것도 아니고, 일반화할 수 있는 것도 아니기 때문이다. 추상적인 관념을 이야기하는 지식인 아닌 지식인들과 대화할 때마다 나는 애를 먹기 일쑤다. 그들의 헛소리와 달리, 절대 도시를 확대한다고 해서 국가가 되는 것이 아니다. 가족을 확대한다고 해서 도시가 되는 것이 아니다. 그리고 유감스럽게도 지구는 커다란 마을이 아니다. 이에 관한 논의는 제3부의 내용 끝에 더한 부록 2에 소개하겠다.

고대 아테네 사람들이 '민주주의'를 말하면서 모든 이의 의견에 동등한 비중을 부여했다고 하지만, 그것은 어디까지나 아테네 시민들에게만 적용되는 규칙이었다. 노예나 외국인 거주자 등 요즘으로 치면 영주권이나 취업 비자를 발급받은 사람들은 투표권을 갖지 못했다. 그런가 하면 고대 로마의 황제 테오도시우스는 로마 시민이 '야만인'과 결혼하면 로마 시민으로서 누릴 수 있는 권리를 박탈한다는 법령을 시행했다. 쉽게 말해 야만인과 결혼하면 멤버십을 빼앗겼다. 고대 유대인들은 세상 모든 사람을 '형제'라고 불렀지만, 당시 사회에 순혈주의가 존재했던 것도 사실이다.

오늘날의 클럽 멤버십과 마찬가지로 고대·중세·근대 사회에서 자유 시민들은 안팎으로 배타적인 권리를 누렸다. 멤버십의 핵심은 배타성에 있다. 고대 스파르타의 시민들은 스파르타를 위해 전쟁터에 나가야 했지만, 그 대신에 훈련을 목적으로 노예를 죽일 수 있는 권리를 가지고 있었다. 한편 고대 지중해 동부와 소아시아 지역의 도시국가들에는 많은 조합이 있었는데, 그 가운데 상당수는 폐쇄적인 멤버십으로 운영됐다. 심지어 장례 조합도 있어서, 장례 조합원들은 장례비를 분담하고 서로 간에 사망한 조합원의 장례식에 참석했다. 오늘날 로마 사람들은 집시와 부랑자들에게 엄청난 규제를 가하고 있기도 하다. 이와 관련하여 미국 인류학자인 데이비드 그레이버David Graeber 교수가 "투자은행인 골드만삭스는 밖에서 보면 금전적 이익만 추구하는 것처럼 보이지만 이 회사를 지배하고 움직이는 이사회는 마치 공산 사회communist community처럼 움직인다."라고 말한 것은 의미심장하다.

우리는 윤리적 행위를 추구하지만, 실제로는 일정한 범위 안에서만 그렇게 한다. 보편적인 윤리가 가능할까? 이 문제에 대해서는 뒤에 좀 더 자세히 논하겠지만, 일단 이론적으로만 보면 가능할 것 같다. 그러나 안타깝게도 현실은 그렇지 않다. 집단의 규모가 커지면 집단은 다시 분화하고, 그 속에서 이해의 상충이 발생한다. 내가 정치제도에 있어 지방자치와 지방분권을 옹호하는 이유도 여기에 있다. 여담이지만, 앞서 '스위스인'이라는 표현을 많이 썼는데, 사실 스위스는 지방자치가 가장 잘 구현된 나라이기도 하다. 어찌 됐든 부족으로 분화되는 것은 나쁜 일이 아니다. 모든 부족을 하나의 체제에 담으려고 하기보다는 분화된 부족들 사이의 조화와 협력을 추구하는 것이 더 나은 방식이다. 그런 의미에서 미국의 연방 제도는 매우 이상적인 체제다.

나는 무분별한 세계화와 중앙집권화된 다민족 거대 국가가 존속하는 것에 회의적인 시각을 가지고 있다. 복잡계 이론의 권위자이자 물리학자인 야니르 바르 얌Yaneer Bar-Yam 박사는 "좋은 울타리가 좋은 이웃을 만든다."라고 지적했다. 그런데 정치인이나 고위 관료들은 이런 점을 인식하지 못하고 있는 것 같다. 규모가 달라지면 상황도 달라진다. 나는 앞으로 이 점을 끊임없이 부각시킬 것이다. 이슬람 시아파, 이슬람 순니파, 기독교도들을 하나의 체제로 묶어놓고, 인류애와 화합의 이름으로 서로 손잡고 찬송가를 부르도록 하는 방식은 실패했다. 그런데도 간섭주의자들은 강압적으로 국가가 성립될 수 없다는 것을 여전히 알지 못하는 것 같다. 사람들의 분파주의 성향을 비난하는 것은 간섭주의자들의 행태 중에서도 가장 바보 같은 짓이다. 간섭주의자들이 조금이라도 영리하다면 사람들의 분파주의 성향을 인정하고 그를 토대로 최선의 결과를 만들어 내려고 해야 한다. 광활한 영토를 통치하기 위해 오스만투르크 제국이 그랬던 것처럼, 부족들을 서로 분리하고 각자의 영역을 인정해 준다면 그들은 서로 갑자기 친밀한 모습을 보일 것이다.[16] 레반트 지역은 이 지역에 아무런 핵심 이익도 가지고 있지 않은 서구(주로 앵글로 색슨 국가의 아랍 지지자arabist)의 개입으로 오래전부터 고통받았다. 그리고 그 고통은 지금도 계속되고 있다. 서구의 아랍 지지자들은 레반트 지역 고유의 문화와 언어를 소멸시킴으로써 레반트 지역을 지중해 문화권에서 떼어 내려고 했다.[17]

규모가 달라지면 상황도 달라진다는 것을 이해하기 위해 그리 멀리 내다볼 필요는 없다. 룸메이트와의 관계보다는 이웃 주민과의 관계가 더 원만할 거라

---

[16]  물론 오스만투르크 제국이 각 부족의 자치권을 관대한 수준으로 인정해 주었던 것은 아니다. 아르메니아인들의 경우, 1890년대와 1915년 오스만투르크 제국에 의해 대학살을 당했는데, 당시 아르메니아의 지식인 라피Raffi는 아르메니아인들이 오스만투르크 제국에서 더 높은 수준의 자치권을 받아 내야 한다고 주장했다. 역사학자들 중에는 라피가 주장했던 것처럼 아르메니아인들이 높은 수준의 자치권을 가지고 있었다면 대학살은 피할 수 있었을 거라고 말하는 이들도 있다.

는 점은 누구나 직관적으로 알 수 있다. 대도시에 거주하면서 군중 속에서 익명성을 갖는 경우와 작은 마을에 거주하며 서로의 동태가 드러나는 경우의 행동 역시 서로 다르다. 예전에 우리 집안의 조상들이 대대로 살던 마을에 잠시 머물렀던 적이 있는데, 그 마을의 주민들이 전부 내 가족처럼 여겨졌다. 그곳에서는 누군가 죽으면 마을 사람들 모두 그의 장례식에 참석했고, 이웃집 개가 시끄럽게 짖어 대서 불만스럽더라도 이웃이 도움을 필요로 하면 기꺼이 나서서 도움을 줬다. 이처럼 모두들 서로에게 관심을 가졌다. 대도시 거주자들 사이에서는 이런 유대를 찾아보기 어렵다. 이론적으로는 대도시 거주자들도 함께 살아가는 이웃이고 서로에게 보편적인 도덕률에 기반한 행동을 취하지만, 친근한 마음을 갖고 있는 것은 아니다. 이 차이는 단순히 규모에서 비롯되는 것으로 보인다.

지성주의가 확산되면서 우리는 자기 자신과 자기가 속해 있는 집단을 구분해서 인식하게 됐다. 말하자면 누군가에게 중요한 일은 그 사람에게만 중요한 일이 된 것이다. 물론 실제로는 사람들의 삶이 이 정도로까지 개인화된 것은 아니다. 내 경우, 핵심 이익을 공유하는 사람들의 범위가 가족, 커뮤니티, 동

---

17  아랍연맹 사무총장을 역임한 아므르 무사Amr Moussa는 '좋은 울타리가 좋은 이웃을 만든다'는 내용의 내 강연에 끔찍하다는 반응을 보였다. 그는 내가 전하려는 메시지가 분파주의를 조장한다고 비난했다. 아랍 지역에서 수니파가 주도하는 나라들의 경우, 자치권을 달라고 요구하는 소수 부족의 시도를 모두 '분리주의'로 매도하는 게 일반적인 대응이다. 그런데 이렇게 말하는 사람들 가운데 다수는 막상 부자가 되면 스위스에 집부터 산다. 다수파에 속해 있는 지도자들에게는 다수의 의견을 따를 것을 주문하는 게 편리한 통치 방식이다. 그리고 이런 사람들은 반대파에게 부정적인 딱지를 붙이는 데 능숙하다. 그래서 쿠르드족이나 마론파, 콥트파가 자치권을 달라고 목소리를 높이면 이들에게 '민족주의자'라는 딱지를 붙이는 것이다. 이라크의 지도자들이 민족자결을 요구하는 쿠르드족의 목소리를 '민족주의'라고 비난하고, 쿠르드족 지도자들이 민족자결을 반대하는 이라크 지도자들의 목소리를 '민족주의'라고 비난하는 것을 지켜볼 때마다 나는 마음이 복잡해진다.

료, 조합까지는 된다. 하지만 내가 살고 있는 도시의 모든 거주자들과 보편적으로 핵심 이익을 공유하게 되지는 않을 것이다.


# 내 것도 네 것도 아닌
# 우리의 것

많은 경제학자가 '공공재의 비극'에 대해 이야기한다. 여기서 공공재란 숲, 호수, 국립공원 등 누구든 향유할 수 있는 공공의 자산을 의미한다. 지역 목축업자들이 조합을 구성한다면, 목축업자들은 과도한 방목을 피하려고 할 것이다. 어부들 역시 과도한 조업을 피하려고 할 것이다. 하지만 목축업자 개개인은 자기 혼자만 과도하게 방목하는 식으로 초과 이익을 거둘 수 있다. 그런데 이 같은 행동은 사회집단을 죽음으로 몰아갈 뿐이다. 사실 집단 속에서 개인의 이익을 추구하는 행동은 제약을 받는 경우가 많다. 그렇지만 이러한 면만 보고 사유재 시스템하에서만 개인의 이익이 극대화될 수 있다고 생각하는 것은 심각한 실수다.

정치학자 엘리너 오스트롬은 집단주의 방식으로 움직여야 집단 구성원 모두의 이익을 극대화할 수 있는 집단의 규모가 있다고 주장했다. 이때 집단의 규모는 절대로 클 수 없다. 대개 멤버십 클럽 정도의 규모다. 서로 다른 규모의 집단은 서로 다른 방식으로 움직인다. 자치단체와 국가가 서로 다른 방식으로 움직이고, 개개인이 속해 있는 소집단과 자치단체가 서로 다른 방식으로 움직이는 것은 바로 이 때문이다. 개개인은 하나의 개인으로 존재하기보다는 큰 규모의 어떤 집단에 속해 있지만, 그 집단은 인류라는 집단보다는 규모가 작다. 그리고 특정 집단 내에서도 다른 이들과 공유하려는 것이 있고 공유하지 않으려는 것이 있다. 또한 외부인을 대하는 일정한 방식도 있다. 아랍의 사막 부족은 이방인이라도 자신들에게 위해를 가하지 않으면 환대하고 호의를 베풀지만, 위해를 가하면 가차 없이 대응한다.

함께 살아가는 공간에 대한 이 책의 정의는 다음과 같다.

> 내가 다른 사람들을 대하는 방식으로 다른 사람들이 나를 대하는 공간이며 머무는 모든 이가 은율을 실천하는 공간.

그런데 여기서 말하는 '공공재'는 교과서에서 차용한 추상적인 개념이다. 그리고 '개인' 역시 명확하게 규정하기 어려운 실체다. '개인'이라고 해도 한 사람의 특정인을 지칭한다기보다는 집단을 지칭하는 경우가 많기 때문이다.

## 당신은
## 어느 쪽인가

조프 그레이엄 Geoff Graham 과 빈스 그레이엄 Vince Graham 형제는 정치적 성향을 구분하는 것이 얼마나 덧없는 일인지에 관해 다음과 같은 풍자를 한 바 있다.

> 나는 미국 연방 수준에서는 자유주의자로 통한다.
> 내가 살고 있는 주 수준에서는 공화당 지지자로 통한다.
> 내가 살고 있는 도시 수준에서는 민주당 지지자로 통한다.
> 그리고 우리 가족과 친구들 사이에서는 사회주의자로 통한다.

어떤 사람의 정치적 성향을 좌우로 가르는 것이 얼마나 우스운 일인지 잘 보여 주는 풍자다.

스위스 사람들은 법규를 철저히 적용하고 준수한다. 이들의 통치 시스템은 좌파든 우파든 정치인들의 성향에 따라 좌우되지 않는다. 예전에 수학자 한스 게르바크Hans Gersbach가 투표한 유권자들의 바람과 다른 식으로 정치 활동을 펼치는 정치인들에게 어떤 식으로 대응해야 하는지에 관해 워크숍을 주최한 적이 있다. 나는 그 워크숍에 참석했다가 스위스와 다른 게르만족 국가들이 정치인들에게 무척이나 큰 책임을 요구하고 있다는 사실에 충격을 받았다. 독일도 미국과 같은 연방 체제임에도 말이다. 이어지는 부분에서는 리스크의 공유 문제를 논해 보려고 한다.


## 같은 배를 탄 사람들

그리스어에는 함축적인 의미를 가진 단어가 많다. 일례로 '신킨디네오'synkyndineo라는 단어는 '리스크를 함께 진다'라는 의미를 가지고 있다. 해상무역이 주요 산업이던 고대 그리스인들에게 있어 이는 중요한 개념이었다. 신약성경 중 유일한 역사서인 사도행전을 보면 사도바울이 배를 타고 시돈에서 크레타를 거쳐 몰타로 가는 대목이 나온다. 그때 바울이 탄 배가 폭풍을 만나자 배에 탄 사람들은 다음과 같이 행동했다.

배에 탄 사람들은 저마다 배불리 음식을 먹은 후 배에 있는 곡식을 바다에 버려 배를 가볍게 했다.

화물을 실은 배가 풍랑을 만나 침몰 위기에 몰리자 화물의 일부를 바다에 던져 침몰 가능성을 줄인 것이다. 이때의 손실은 화물선에 물건을 실은 모든 화주가 동일하게 분담했다. 이 법규의 기원은 기원전 800년으로 거슬러 올라간다. 에게해 해상무역의 중심지였던 로도스섬의 이름을 딴 '렉스 로디아'Lex Rhodia가 그것이다. 렉스 로디아라는 이름의 문서가 남아 있는 것은 아니지만, 렉스 로디아는 여러 고대 문서에 언급되어 있다. 우발적인 사고로 발생한 손실을 해당 사고로 손실을 입을 가능성이 있는 모든 사람이 나누어 가진다는 이 같은 법규는 유스티니아누스 법전에 다음과 같이 소개되어 있다.

> 렉스 로디아에 따르면 침몰 위기의 배를 가볍게 하려는 목적으로 화물을 바다에 던지는 경우, 이 조치는 모두의 이익을 위해 행해지는 것이므로 발생한 손해는 모두가 나누어 갖도록 한다.

사막을 횡단하던 대상들 사이에도 이와 비슷한 규칙이 있었다. 사고나 습격으로 손실이 발생하는 경우, 대상단의 모든 상인이 손실을 동일하게 나누어 부담했다.

영국 최고의 고전문학 연구자인 아먼드 당구르Armand D'Angour는 '신킨디네오'를 라틴어 '콤페리클리토르'compericlitor로 번역한 바 있는데, 영어에는 이에 상응하는 단어가 없다. 굳이 영어로 옮긴다면 '리스크 셰어링'risk sharing 정도가 될 것이다.

# 실제 투자하지 않은 자의
# 조언을 경계하라

새로 나온 책을 홍보하기 위해 나는 텔레비전 방송 프로그램에 출연한 적이 있다. 두 명의 언론인과 앵커 한 명, 그리고 나까지 네 명이 원탁에 둘러앉아 시사 토론을 하는 형식의 방송이었다. 그날의 주제는 마이크로소프트였다. 두 명의 언론인이 먼저 이야기하고, 앵커가 이야기했다. 그리고 내가 말할 차례가 돌아오자, 나는 이렇게 말해 버렸다. "저는 마이크로소프트 주식을 한 주도 가지고 있지 않고, 마이크로소프트 주가가 하락할 것으로 예상한 쇼트 포지션short position을 가지고 있는 것도 아닙니다. 그래서 저는 마이크로소프트에 대해 뭐라고 할 말이 없습니다." 그런 다음 나는 이 책의 시작에서 강조했던 그 말을 덧붙였다. "당신이 어떻게 생각하고 있는지 말하지 말고, 당신의 포트폴리오에 뭐가 들어 있는지 말하십시오." 그 자리에 앉아 있던 사람들은 모두들 당혹스럽다는 표정을 지었다. 사실 언론인이 자기가 어떤 주식을 소유하고 있는지 밝히는 것은 금기시된다. 언론인은 항상 사람들이 잘 모르는 무언가에 대해 의견을 제시할 것을 요구받는다. 이들은 편향되지 않은 '판관'이 될 것을 요구받는다. 공정한 판관이 되지 않는다고 해서 고대 페르시아의 시삼네스처럼 가죽이 벗겨져 죽는 것은 아니지만 말이다.

자신의 유명세나 공신력을 이용해 투자 수익을 내는 방법에는 크게 두 가지가 있다. 하나는 자신이 전망 있다고 판단한 주식을 매수한 다음, 자신이 그 주식을 왜 매수했는지 공개적으로 이야기하는 것이다. 그 주식의 전망이 좋기 때문에 직접 매수했다는 근거는 사람들에게 상당한 신뢰를 준다.[18] 또 다른 한 가지 방법은 어떤 종목의 주식을 매수한 다음 해당 기업이 얼마나 좋은지 지속적으로 홍보하고, 주가가 상승하면 매도하는 것이다. 그런데 이런 행위는 시장 조작으로, 이해의 충돌을 수반하며 사회 전체의 이익을 저해한다. 언론인들이 자신이 투자한 주식에 대해 이야기하지 말 것을 요구받는 이유는 바로 이를 막기 위함이다. 하지만 나는 시장 조작이나 이해 충돌보다도 나쁜 조언을 방치하는 것이 훨씬 더 부정적인 일이라고 생각한다. 언론인들이 특정 종목에 투자할 수 없다면, 이들은 자신의 안전을 위해 언론계에 형성된 일반적인 여론을 따라 기사를 작성할 것이다. 그러면 우리 사회는 하나의 시각만 갖게 될 것이고, 사회 전체가 잘못된 방향으로 나아갈 수도 있다.

내가 어떤 일에 직접 관여하면 그에 따라 이해 충돌이 발생하는 것이 일반적인 현상이다. 그러나 발생한 손해보다는 어떤 일에 직접 관여하는 책임의 중요성이 훨씬 크다. 이해 충돌이 발생하더라도 이를 유발하는 쪽에서 손실의 리스크를 함께 부담한다면 크게 문제될 것이 없다.


## 의료계가 가진
## 불균형

이 책의 서론에서 안타이오스 이야기를 하면서 지식은 탄탄한 토대에서 떨어지면 안 된다고 강조했다. 그런데 의사들은 이런 문제를 거의 겪지 않는다. 의술이나 의약은 철저히 경험을 위주로, 즉 임상을 기반으로 시행되기 때문이다. 경제학자들의 경우 '~라고 가정한다면'이라는

---

18    어떤 상품을 구입한 사람이 말하는 해당 상품에 대한 평가는 더 큰 신뢰를 얻게 마련이다. 얼마 전 나는 테슬라 전기차를 구입했는데, 이웃 주민이 그 차를 구입하고 몇 년 동안이나 자신의 전기차에 만족하는 것을 보고 구입을 결정할 수 있었다. 그 어떤 광고도 실제 소유자의 평가보다 더 큰 신뢰를 줄 순 없다.

말로 얼토당토않은 이론들을 내놓기도 하지만, 의사들은 절대로 이렇게 할 수 없다. 그리고 의사들은 자신의 판단에 대한 책임을 회피할 수도 없다. 그런데 이러한 상황은 역효과를 만들어 내기도 한다. 책임을 전가하는 일이 불가능한 상황에서 의사들이 자신의 불확실성을 환자들에게 전가하는 경우가 생기는 것이다.

> 법체계와 의료 규정이 의사들의 판단을 잘못된 방향으로 이끌어 갈
> 수 있다.

의료 기관이나 의사를 평가하는 제도가 의사들의 판단을 잘못된 방향으로 이끌 수도 있다. 서론에서 콜레스테롤 수치를 낮추려는 의사 이야기를 했는데, 사실 그 이야기는 너무 극단적인 예시다. 좀 더 현실적인 사례로 '암 환자 5년 생존율'에 대해 생각해 보자. 암 치료를 담당하는 병원이나 의사를 평가할 때, 대표적으로 사용되는 기준은 암 환자 5년 생존율이다. 이 기준에 따라 좋게 평가받기 위해 의사들은 어떤 판단을 내릴까? 암 치료를 위한 절제술과 방사선 치료를 떠올려 보라. 통계적으로 절제술을 받은 암 환자의 5년 생존율은 방사선 치료를 받은 환자의 경우보다 낮다. 하지만 방사선 치료는 암세포만 죽이는 것이 아니라 환자의 건강을 전반적으로 악화시키는 부작용을 수반한다. 실제로 방사선 치료를 받은 환자가 20년 넘도록 생존하는 확률은 상당히 낮다. 암 치료에 대한 평가가 20년 생존율이 아닌 5년 생존율을 기준으로 판단되는 상황에서 의사들은 암 환자에게 방사선 치료를 우선적으로 제안할 수밖에 없다. 즉 의료 규정 때문에 의사들은 차선의 대안을 제시하는 식으로 자신의 불확실성을 환자들에게 전가하는 선택을 하는 것이다.

국가의 평가 시스템 때문에 의사들은 자신의 리스크를 환자들에게 전가하고, 현재의 리스크를 미래로 전가하고, 가까운 미래의 리스크를 더 먼 미래로 전가한다.

의사들이 환자를 대하는 태도를 보면 매우 권위 있어 보이지만, 사실 그들의 처지는 상당히 취약하다. 그리고 의사는 환자 본인도, 그의 가족도 아니기 때문에 환자의 건강 상태가 전반적으로 나빠지더라도 그리 동정심을 느끼지 않는다. 환자를 대할 때에 의사의 주된 목표는 소송의 빌미를 만들지 않는 것, 그리고 자신의 경력에 치명적인 오점을 남길 위험을 회피하는 것이다.

이렇듯 자신의 불확실성을 환자들에게 전가하는 의사들의 선택으로 환자들은 치명적인 결과를 감수해야 할 수도 있다. 예를 들어 어떤 사람이 병원에 가서 진료를 받고 혈압이 약간 높다는 진단을 받았다. 혈압이 약간 높다고 해서 위험한 상태라고 할 수는 없지만, 위험한 상태로 전이될 가능성이 전혀 없다고도 할 수 없다. 당뇨병 전 단계나 고혈압 전 단계로 진단받은 사람들은 대부분 건강에 대한 걱정 없이 평상시처럼 활동해도 상관 없다. 물론 건강에 신경 쓰지 않아도 된다는 의미는 아니다. 그런데 환자가 고혈압 전 단계로 진단받았을 때 의사들은 자신을 보호해야 한다는 압박을 받는다. 가능성이 매우 낮기는 하지만, 그 환자에게 아무런 약도 처방하지 않고 돌려보냈는데 환자가 몇 주 후 심혈관계 질환으로 사망하면 의사는 자신의 임무에 부주의했다는 이유로 유가족에게 소송을 당할 수도 있다. 이 같은 상황으로부터 자신을 보호하기 위해 의사들은 약을 처방한다.

고혈압과 관련해서는 특히 '스타틴'Statin을 많이 처방한다. 그런데 현재 스타틴의 안전성에 대해서는 여러 가지로 의심스러운, 혹은 불완전한 연구들만 이뤄진 상태다. 스타틴을 처방하면서 의사는 그 약이 환자에게 장기적으로 심각한 부작용을 초래할 수도 있다는 생각을 마음 한편에 가질지도 모른다. 제약회사들은 자사가 생산하는 약 때문에 발생하는 부작용은 심각하지 않다고 계속 주장할 것이다. 그러나 명확히 확인되지 않은 약물 부작용에 대해서는 심각한 상황을 가정하는 것이 올바른 접근법이다. 그러나 대부분의 경우, 당장 필요하지 않은 약을 복용해서 얻을 수 있는 이득은 부작용으로 생길 리스크에 비해 훨씬 더 작다. 의사들의 입장에서 볼 때 법률적 리스크는 단기간 내 나타날 수 있지만, 환자에게 발생할 부작용은 한참 뒤에나 나타나는 것이다. 의사들이 보이는 이런 행태는 타인에게 리스크를 전가하거나 리스크를 뒤로 미루면서 보이지 않게 숨기는 밥 루빈 트레이드 방식과 다르지 않다.

그렇다면 의료 소비자가 이 불균형 문제를 완화시킬 수 있을까? 직접적으로 그렇게 할 수 있는 방법은 사실 없다. 심각하게 아픈 경우에만 병원을 찾고 가급적 병원을 찾지 않는 식으로 불균형 문제와 엮이는 것을 최소화할 수는 있다. 나는《안티프래질》과 다른 여러 기회를 빌려 위와 같은 제안을 한 바 있다. 심각하게 아픈 사람의 숫자는 매우 적고, 굳이 약을 먹지 않아도 되는 사람의 숫자는 훨씬 많기 때문에 제약 회사들은 후자의 사람들이 더 많은 약을 먹게 만들기 위해 갖은 수단을 강구한다. 제약 회사들의 초점은 더 오래 생존하면서 더 오래 약을 먹어 줄 사람들에게 맞춰져 있다. 이와 관련, 나는 죽은 사람들은 더 이상 약을 먹지 않는다는 말을 들은 적도 있다.

당연한 이야기지만, 의사들은 환자에게 책임 의식을 가지고 있고, 환자들은 의사가 합리적인 치료를 할 것이라고 기대한다. 문제는 행정 시스템이다. 나는 의료계에서 나타나는 책임 불균형의 원인이 행정 시스템에 있다고 생각한다. 지구상의 어떤 지역, 어떤 분야를 보더라도 그리고 역사적으로 어떤 시대를 보더라도 문제는 언제나 행정 시스템에 있었다.


## 다음 장의 이야기

이제까지 대리인 문제와 리스크를 전가하는 문제를 상업적 관점과 윤리적 관점에서 살펴보았다. 이 두 가지 관점이 서로 분리될 수 있다는 가정하에 논의를 진행했다. 또한 규모의 문제를 살펴보았다. 다음 장에서는 사람들이 잘 알아채지 못하는 일상 속 숨겨진 불균형 문제에 대해 심도 있게 살펴보려고 한다. 이런 불균형이 계속 방치되면, 엄청난 괴물이 탄생한다.

제3부

· · · · ·

# 심각한 불균형 문제

Skin in the Game

제2장

# 양보하지 않는 소수가
# 주도하는 사회

⚖

절대 양보하지 않는 소수의 승리·0.3퍼센트를 위한 음료를 우리가
마시고 있는 이유·시장은 쉽게 붕괴될 수 있다

복잡계에서는 구성 요소들 사이의 상호작용을 제대로 파악할 수 없다. 따라서 복잡계의 움직임을 예측하는 것은 사실상 불가능하다. 개체로서 개미들의 행동을 전부 파악하더라도 개미 군집체의 움직임은 우리가 예상하지 못한 방향으로 나아가기도 한다는 점을 생각해 보라. 개미 군집체는 개미들의 단순한 합, 그 이상이다. 복잡계에서는 구성 요소들 사이의 예기치 못한 상호작용으로 전체의 움직임이 완전히 다른 양상으로 전개되기도 한다. 이는 인간 사회에서도 흔히 찾아볼 수 있는 현상이다.

이 장에서 논하려는 것은 바로 이런 현상이다. 특히 이 장에서는 소수에 의한 주도를 논할 텐데, 나는 이 현상이 사회의 모든 불균형 중에서도 가장 심각한 문제라고 생각한다. 전체 인구의 3~4퍼센트 정도만 특정한 행동 양식이나

믿음에 자신의 영혼을 불어넣은 듯 절대로 양보하지 않는 태도를 보여서 나머지 전체 인구가 그들의 방식을 따르게 만들 수 있다. 게다가 일단 이런 상황이 전개되기 시작하면 그때부터 별다른 생각이 없던 사람들은 소수의 행동 양식이나 믿음을 다수의 것으로 인식하기 시작한다. 과학적 직관을 가지고 있는 사람들은 소수의 행동 양식이나 믿음이 다수를 장악하는 상황이 불합리하다고 생각할 수도 있지만, 사실 복잡계에서는 우리의 과학적 직관이나 학식과 판단력이 작용하는 데 한계가 있다. 복잡계에서는 할머니의 오랜 지혜가 올바른 판단으로 이어지는 경우가 더 많다.

어떤 면에서 보면 소수에 의한 장악이라는 현상은 명확한 목표 의식을 지니고 엄격하게 올바름을 추구하는 용기 있는 소수의 사람만 있어도 사회가 올바르게 나아갈 수 있다는 이야기로 해석될 수도 있다.

한번은 뉴잉글랜드 복잡계 연구소NECSI, New England Complex Systems Institute에서 열린 여름 바비큐 파티에 참석한 적이 있다. 나는 그 자리에서 복잡계에서 일어나는 소수에 의한 장악이라는 현상을 절감했다. 연구소 사람들과 내가 바비큐 파티를 위해 테이블을 차리고 있는데, 유대교 율법에 따른 음식인 코셔kosher만 먹는 친구가 파티 장소에 들렀다. 나는 그가 거절할 거라고 생각하면서도 레모네이드를 한 잔 권했다. 그 친구는 코셔 식품으로 확인된 것이 아니면 절대로 먹지 않았기 때문에 의례적으로 권한 것에 불과했다. 그런데 그 친구가 레모네이드 잔을 받아 들더니 확인조차 하지 않고 마셨다. 의아해 하는 나를 보며 옆에 있던 다른 친구가 이렇게 말해 주었다. "이 지역에서 파는 음료는 전부 다 코셔입니다." 음료 용기의 라벨을 살펴보았더니 정말로 코셔 인증 마크인 알파벳 U자가 표시되어 있었다. 코셔 식품에 신경 쓰지 않는 사람이라면 무심코 지나칠 정도로 작은 표시였다. 그 순간, 나는 자신이 무슨 일을 하고 있

[그림 4] 레모네이드 용기의 라벨. 동그라미 안에 알파벳 U자가 들어 있는 코셔 인증 마크가 표시되어 있다.

는지 모르면서 이런저런 행동을 하는 몰리에르의 희극 《평민 귀족》Le Bourgeois Gentilhomme 속 캐릭터가 된 느낌이었다. 나는 언제부터인지도 모르지만 계속 코셔 음료를 마셔 왔던 것이다.

## 땅콩을 제공하지 않는
## 항공사들

그런데 이상하다는 생각이 들었다. 코셔 인구는 미국인 전체의 0.3퍼센트도 안 되는데 거의 모든 음료가 코셔였다니! 도대체 이게 어떻게 된 일일까? 코셔 식품을 반드시 생산·판매해야 하는 상황이라면 코셔 식품을 위한 별도의 생산 시설을 만들어 별도로 재고 관리를 하고, 별도의 판매 코너를 만들고, 별도의 표시를 붙이는 것보다는 모든 식품을 코셔로 만드는 것이 생산자와 판매자 입장에서는 더 나은 선택이다. 다음을 생각해 보라.

코셔 혹은 할랄 식품 소비자는 절대로 비⃫코셔 혹은 비할랄 식품을 먹지 않는다. 하지만 일반인들은 코셔 식품도 먹는다.

이번에는 다음의 경우를 생각해 보라.

장애인들은 일반 화장실을 사용하기 어렵지만, 비장애인들은 장애인용 화장실을 사용할 수 있다.

사실 비장애인은 장애인용 화장실을 좀처럼 이용하지 않는다. 사용해도 되는지 헷갈리기 때문이다. 많은 이가 장애인용 주차 공간처럼 장애인용 화장실도 장애인들만 사용해야 한다고 생각하는데, 사실 그렇지는 않다.

땅콩 알레르기가 있는 사람은 땅콩은 물론 땅콩이 묻은 조리 도구가 사용된 식품도 먹지 못한다. 하지만 땅콩 알레르기가 없는 사람들은 땅콩이 완전히 배제된 식품도 먹는다.

미국 항공사들이 땅콩을 제공하지 않는 것이나 미국 학교들이 땅콩이 완전히 배제된 식품만 급식하는 것은 바로 이 때문이다. 그런데 이 때문에 미국인들이 땅콩에 노출되는 빈도가 줄어들면서 땅콩 알레르기 환자의 수가 더욱 늘어나고 있다.

다음 경우도 한번 생각해 보라.

> 준법 의식이 강한 사람들은 범죄를 저지르지 않지만, 범죄인들은 법
> 을 최대한 활용하려고 한다.

절대로 양보하지 않는 소수와 유연하게 사고하면서 양보하는 다수가 부딪히면 전자가 승리하게 마련이다. 양측의 관계가 심각하게 불균형을 이루고 비합리적이기 때문에 이 같은 비정상적인 결과가 만들어지는 것이다.

이 불균형에서 초래된 웃지 못할 에피소드 하나가 있다. 오래전 내가 친구에게 장난을 쳤던 기억이다. 당시는 대형 담배 회사들의 광고가 미디어 매체에서 사라지고, 담배 회사들은 간접흡연의 위험성을 감추기 위해 애를 쓰던 시기였다. 뉴욕시 정부는 음식점마다 흡연 테이블을 구분해 설치하도록 지시했다. 항공기에도 흡연 구역이 따로 있었다. 미국을 방문한 유럽인 친구와 점심을 먹기로 했는데, 우리가 예약하려는 음식점에 흡연석밖에 남은 자리가 없었다. 우리는 하는 수 없이 흡연석에서 식사를 하기로 했다. 나는 친구에게 흡연석에서 식사를 하려면 담배를 사서 들어가야 하고 담배를 피워야 한다고 말했다. 그랬더니 그 친구는 정말로 그렇게 하려고 했다.

소수에 의한 장악이 가능한지 여부는 두 가지 측면에서 영향을 받는다. 첫째, 물리적 구역이다. 절대로 양보하지 않는 소수가 그들만의 물리적 구역에서 다수와 분리되어 생활하느냐, 아니면 나머지 다수의 사람과 같은 물리적 구역에서 생활하느냐에 따라 완전히 다른 양상이 전개된다. 소수파의 행동 양

식이나 믿음을 따르는 사람들이 분리된 구역에서 그들만의 경제권을 형성하고 살아간다면 그들의 행동 양식이나 믿음이 사회 전체로 퍼져 나가지 않는다. 반면에 소수파 사람이 국가 전체에 확산되어 살아간다면 다시 말해 국가 전체에서 차지하는 비율만큼 주와 도시, 마을 곳곳에 존재한다면, 유연한 다수는 양보하지 않는 소수의 행동 양식이나 믿음에 영향을 받게 된다.

둘째, 비용 구조다. 내가 살고 있는 지역에서 판매되는 모든 레모네이드가 코셔 레모네이드가 된 것은 코셔 레모네이드를 생산하는 비용이 일반 레모네이드를 생산하는 비용과 별반 다르지 않기 때문이다. 사실 몇 가지 첨가물에만 신경을 쓰면 되는 수준이다. 만약에 코셔 레모네이드를 생산하는 비용이 일반 레모네이드보다 훨씬 더 높다면 코셔 레모네이드는 필요한 양만 생산되고 판매됐을 것이다. 예를 들어 코셔 식품의 생산 비용이 일반 식품의 10배쯤 된다면 부유층 거주지 외의 지역에서는 코셔 식품을 찾아볼 수도 없을 것이다.

무슬림에게도 코셔 같은 율법이 있다. 섭식에 관한 무슬림의 율법은 사실상 육류에만 적용된다. 그리고 무슬림과 유대교는 도축에 관한 율법이 서로 거의 비슷하다. 거의 모든 수니파 무슬림에게 코셔는 곧 할랄을 의미한다. 율법상으로는 그렇다. 하지만 할랄의 범위가 훨씬 더 좁기 때문에 반대로 할랄이 코셔를 의미하지는 않는다. 무슬림과 유대교의 도축에 관한 율법은 고대 그리스와 레반트의 전통에서 유래했다. 당시에는 가축의 고기를 구하는 것이 경제적으로 상당히 부담되는 일이었으며, 신에게 감사 드려야 하는 일이었다. 그래서 코셔나 할랄이 만들어진 것이다.

다시 소수에 의한 독재라는 주제로 돌아가 보자. 영국의 경우, 현재 무슬림 신자는 전체 인구의 3~4퍼센트 정도인데, 영국에서 유통되는 육류의 상당 부분이 할랄이다. 뉴질랜드에서 영국으로 수입되는 양고기의 70퍼센트 정도가 할랄이고, 영국 내 서브웨이(미국 샌드위치 브랜드—편집자) 점포의 10퍼센트는 무슬림 소비자들을 감안해 돼지고기를 취급하지 않는다. 무슬림 율법을 위해 돼지고기를 좋아하는 사람들에게서 발생하는 매출을 기꺼이 포기한 것이다. 남아프리카공화국의 무슬림 인구도 영국과 비슷한 수준이다. 남아프리카공화국에서 유통되는 닭고기는 대부분 할랄이다. 영국을 비롯해 기독교 성향이 강한 나라들의 경우, 자신의 뜻과 상관없이 다른 종교의 율법을 따르게 되는 상황에 불만을 갖는 사람들이 나올 수도 있다. 특히 유일신을 믿는 종교의 신자들은 다른 종교의 율법을 따르는 일을 자기 종교의 율법을 위배하는 것으로 인식할 수도 있다. 7세기의 시인 알 아흐탈Al Akhtal은 아랍인이면서 기독교도였는데, 그는 자신의 시에서 자신이 기독교도임을 밝히면서 "나는 무슬림식으로 도축한 고기는 먹지 않는다."라고 쓴 바 있다.

3, 4세기까지만 하더라도 기독교도에게 다른 종교의 율법에 따라 도축된 고기를 강제로 먹이는 것은 그들을 고문하는 방법의 하나였다. 당시 기독교도들은 그런 고기를 먹는 것을 기독교 율법에 심각하게 위배되는 것으로 인식했다. 기독교 순교자들 중에는 다른 종교의 영향으로 더럽혀진 음식을 먹는 것보다 굶어 죽는 편을 선택하는 이도 많았다.

이런 분위기는 단지 식食 문화에 제한되지 않는다. 유럽에서 무슬림 인구가 점점 늘어나면서 다른 영역에서도 무슬림 율법이 확산되고 있다. 그에 따라 국민의 다수인 기독교도의 불만이 커지고 있는 실정이다.

기독교도가 다수인 국가에서는 종교적인 거부감 때문에 할랄 식품이 일정 수준 이상으로 확산되지 못할 가능성이 크다. 그러나 종교성을 내포하지 않은 식습관의 경우, 절대로 양보하지 않는 소수의 식습관이 지배적인 식습관으로 확산될 가능성이 크다. 심지어 경우에 따라 그 수치가 100퍼센트에 근접할 수도 있다. 최근 미국과 유럽에서 유기농 식품 회사들의 매출이 빠르게 늘어나고 있는데, 이 역시 소수에 의한 장악 때문이다. 일부 사람들이 유기농 마크가 없는 식품은 잔류 농약에 오염된 식품이거나 유전자조작GMO 식품이거나 알려지지 않은 위험성을 내포한 식품이라고 생각한다. 이 사람들이 이런 생각을 고수하는 한 이들과 함께 식사하려면 유기농 식품을 먹을 수밖에 없다. 여기에서 말하는 유전자조작 식품은 자연계에서는 일어나지 않을 이종 유전자를 인위적으로 교배해 만들어 낸 식품을 말한다. 이밖에도 조상들의 식습관에서 크게 벗어나고 싶지 않다는 자기방어 차원에서 유기농 식품만 먹으려고 할 수도 있다. 적어도 유기농 마크가 붙어 있다면 그 식품은 유전자조작으로 새롭게 생겨난 식품은 아닐 테니까 말이다.

유전자조작 식품을 생산하는 거대 농업 기업들은 국회의원들을 매수하거나 유전자조작 식품이 안전하다는 연구 결과를 발표할 경우 연구비를 지원하는 식으로 과학자들을 동원해 선전전을 펼치는 등 온갖 방법을 동원해 대다수 사람들의 신뢰를 얻으면 된다고 생각한다. 하지만 이는 대단히 잘못된 생각이다. 바로 과학적 근거로도 설득할 수 없는 소수 사람들의 존재 때문이다. 유전자조작 식품을 먹는 사람들은 비유전자조작Non-GMO 식품도 먹지만, 비유전자조작 식품만 먹는 사람들은 절대로 유전자조작 식품을 먹지 않는다. 따라서 국가 전체에 비유전자조작 식품만 먹는 사람들이 소수 규모로 분포돼 있으면 전체 인구가 비유전자조작 식품만 먹게 되는 것은 시간문제다. 놀랍게도 이들의 숫자가 전체 인구의 5퍼센트를 넘을 필요도 없다.

기업 행사나 결혼식, 사우디아라비아의 체제 붕괴나 탐욕적인 골드만삭스의 파산을 축하하기 위한 파티, 과학자들과 과학계의 내부고발자들에게는 적으로 통하는 최악의 홍보 회사 케첨Ketchum의 레이 코처Ray Kotcher 회장에 대한 공개 비판 행사 같은 이벤트를 주최하는 상황을 상상해 보라. 이런 이벤트를 주최할 때 참석자들에게 일일이 연락해서 유전자조작 식품을 먹을 것인지, 아니면 따로 비유전자조작 식품을 준비해야 할지 물어보겠는가? 만약 내가 이벤트의 주최자라면 모든 음식을 비유전자조작 식품으로 준비하는 것이 편할 것이다. 가격 차이가 그리 크지 않다면 말이다. 미국에서는 유전자조작 식품과 비유전자조작 식품의 가격 차이가 생산 단계에서는 무시해도 될 정도로 작다. 미국에서 식품 가격은 운송과 보관 단계에 따라 크게 달라지는데, 비유전자조작 식품의 수요가 계속 늘어나면서 비유전자조작 식품의 운송 및 보관 비용이 계속 떨어지는 추세다. 그러면서 이런 추세는 비유전자조작 식품 소비를 더욱 가속화하고 있다.

유전자조작 식품을 생산하는 거대 농업 기업들이 높은 이익을 유지하려면 단순히 높은 시장점유율을 유지하는 것이 아니라 97퍼센트 이상의 시장점유율을 계속 유지하는 것을 목표로 삼아야 한다. 그러나 연구인지 선전인지 경계가 모호한 일에 수억 달러의 돈을 쓰면서 스스로 남들보다 똑똑하다고 생각하는 사람들이 이끄는 거대 농업 기업들이 소수에 의한 장악이라는 현상을 제대로 이해하고 있는지 의문이다.

자동차에 기본적으로 장착되는 변속기가 자동변속기가 된 것도 모든 운전자가 자동변속기를 원했기 때문이 아니다. 수동변속기를 사용할 줄 아는 사람들은 자동변속기도 사용하지만, 자동변속기만 사용할 줄 아는 사람들은 수동변속기를 사용할 줄 모르기 때문에 그렇게 된 것이다.

이런 현상은 수리물리학의 '재규격화 집단'renormalization group 개념을 토대로 하는데, 이는 어떤 특성이 전체로 확산되거나 수렴하는 상황을 해석하는 데 매우 효과적인 도구다. 재규격화 집단에 대해 좀 더 자세히 알아보자.

# 재규격화 집단

[그림 5]에는 상자 모양이 나열되어 있다. 하나의 큰 상자에 네 개의 작은 상자가 담겨 있는 구조다. 네 개의 큰 상자가 하나의 그룹을 이루고, 이 그룹은 해석의 필요에 따라 계속 확장된다. [그림 5]에서 밝은 영역은 다수의 선택을 의미하고, 검정색으로 칠해진 영역은 소수의 선택을 의미한다.

큰 상자 하나를 우리 사회를 구성하는 기본 단위인 '4인 가족'이라고 가정해 보자. 그리고 1단계에서 검정색으로 칠해진 작은 상자 하나는 오직 비유전자조작 식품만 먹는 한 명의 가족 구성원이라고 가정해 보자. 1단계에서 열다섯 사람은 유전자조작 식품도 먹고 비유전자조작 식품도 먹지만, 검정색으로 칠해진 한 사람은 오직 비유전자조작 식품만 먹는다. 검정색으로 칠해진 한 사람이 자기 가족에게 비유전자조작 식품을 먹지 않는다면 앞으로 가족과 함께 식사를 하지 않겠다고 선언할 경우 그 4인 가족은 이제 모두 비유전자조작 식품만 먹는 집단이 될 것이다. 그렇게 해서 2단계를 보면 재규격화가 한 차례 진행되어 큰 상자 하나가 전부 검정색이 된다. 그러면 이제 비유전자조작 식품만 먹기로 한 4인 가족이 다른 세 가족과 함께 바비큐 파티에 참석하는 경우를 생각해 보자. 다른 세 가족은 그 가족이 오직 비유전자조작 식품만 먹는다는 것을 알기 때문에 바비큐 파티의 모든 음식을 비유전자조작 식품으로 만들 것이다. 그렇게 이 지역의 모든 가족이 비유전자조작 식품만 먹게 된다면 식료품점은 비용 절감을 위해 비유전자조작 식품만 취급하기로 결정한다. 이런 상황은 지역의 도매점에도 영향을 끼친다. 이런 식으로 점점 더 넓은 영역에서 재규격화가 진행된다.

뉴욕에서 조금 한가한 시간을 보내던 시절, 프랑스 수학자이자 경제학자이

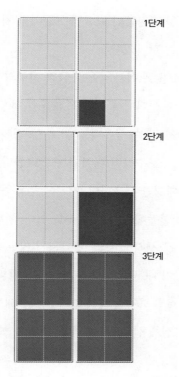

[그림 5] 재규격화 집단 모델. 이 모델은 세 단계로 진행된다. 네 개의 작은 상자가 담겨 있는 네 개의 큰 상자가 있다. 1단계에서는 큰 상자 하나에만 검정색 작은 상자 한 개가 들어 있다. 단계가 진행될수록 소수에 의한 장악이 이루어지는 모습이 도식화되어 있다.

며 내 친구인 라파엘 두아디Raphael Douady의 사무실에 놀러 갔던 일이 생각난다. 두아디는 전형적인 일벌레라서 그를 만나면 조금 쉬면서 일하라는 말을 해주고 싶을 정도다. 그런데 때마침 프랑스 물리학자인 세르주 갈람Serge Galam이 두아디의 사무실을 찾아왔다. 우리는 두아디가 만들어 준 에스프레소를 마시면서 이런저런 이야기를 나눴다. 갈람은 재규격화 개념을 사회와 정치 문제에 처음 적용하고, 이런 주제로 책을 펴내기도 한 유명한 학자다. 나도 그의 책을 가지고 있다. 그는 자신이 정립한 이론을 컴퓨터 모델을 통해 자세히 설명해 주었다. 요지는 소수의 결집층만 있으면 그들의 정치적 주장이 우세한 여론으로 형성될 수도 있다는 것이었다.

정치학자들 가운데 많은 이가 극우나 극좌 성향의 정치인들의 경우 지지 세력이 소수이기 때문에 선거에서 높은 득표율을 얻을 수 없다고 주장한다. 그런데 실제로는 그렇지 않다. 극우나 극좌 성향 정치인을 지지하는 사람들이 절대로 양보하지 않는 소수라면 이야기는 달라진다. 이들은 언제나 극우·극좌 성향의 정치인들에게만 투표한다. 거기에 부동층으로 통하는 사람들이 극우·극좌 성향의 정치인들에게 투표할 수도 있다. 일반인들이 코셔 식품을 (알든 모르든) 먹는 경우를 생각해 보라. 양보하지 않는 소수의 정치적 주장은 언제든지 확산될 수 있기 때문에 결코 무시해서는 안 된다. 갈람의 모델은 종종 기존 정치학 모델이 예측하지 못하는 결과를 도출해 내고는 하는데, 선거 결과에 대한 그의 예상은 실제 설문조사보다 더 정확한 것으로 판명된 바 있다.


## 가장 안전한 선택지

재규격화는 소수에 의한 거부로 이뤄진다. 여기서 말하는 소수는 집단 내 단 한 사람 수준까지 그 규모가 작아질 수도 있다. 호주의 유명한 광고인인 로리 서덜랜드Rory Sutherland는 맥도날드 같은 패스트푸드 체인점이 도대체 왜 계속 늘어나고 있는지 설명하면서 소수에 의한 거부를 언급했다. 패스트푸드 체인점이 계속해서 늘어나는 이유는 그들이 훌륭한 음식을 만들어 내기 때문이 아니라 집단 내 누군가가 굳이 거부할 가능성이 가장 낮은 곳이기 때문이다.[19]

여러 사람이 함께 메뉴를 골라야 할 때 맥도날드는 가장 안전한 선택지다.

생소한 나라를 방문했을 때 무난하게 먹을 수 있는 음식이기도 하다. 나는 이 글을 이탈리아 밀라노 기차역에서 썼는데, 이탈리아 여행이나 음식을 즐기는 사람들이 기분 나쁘게 느끼겠지만 이곳에서 내 입맛에 맞는 몇 안 되는 음식점 가운데 하나가 바로 맥도날드였다. 이탈리아의 맥도날드는 늘 사람들로 꽉 차 있었다. 놀라운 일이지만, 이탈리아 사람들조차 맥도날드가 이탈리아의 다른 수많은 음식점보다 더 안전한 선택이라고 생각한다. 사실 이탈리아 사람들은 맥도날드를 상당히 싫어할지도 모르지만, 그들은 불확실성을 더 싫어하는 것이 분명하다. 피자가 전 세계적으로 인기를 얻는 이유도 마찬가지다. 피자 역시 거부될 가능성이 낮은 메뉴 가운데 하나다. 캐비아 좌파 모임이 아니라면 피자를 주문하는 것은 제법 안전한 선택이다.

서덜랜드는 파티에서 맥주와 와인을 선택하는 것에 관해 이렇게 말했다. "파티 참석자 가운데 여성의 비중이 10퍼센트가 넘으면 맥주만 제공해서는 안 됩니다. 남성들은 와인도 마시죠. 그러니까 이런 경우라면 설거지거리를 줄이기 위해 와인만 내놓으면 됩니다. 혈액형으로 따지면 O형만 준비해 놓는 식이지요."

카자르족은 부족의 종교를 선택할 때 이런 방식을 따랐다. 전설에 따르면 기독교의 주교들과 유대교의 랍비들, 이슬람교의 셰이크들이 카자르족을 찾아와 자신들의 종교를 받아들일 것을 제안하자 카자르족 원로들은 주교들에게 이렇게 물었다고 한다. "당신들이 유대교와 이슬람교 가운데 하나를 선택하라고 강요받는다면 어떤 종교를 선택하겠습니까?" 그러자 주교들은 이렇

---

19    좀 더 설명하자면 예상과 크게 다르지 않은 맛, 고루 낮은 평균과 그 평균에서 별로 벗어나지 않는 맛 정도로 표현할 수 있다.

게 답했다. "유대교입니다." 그다음에는 셰이크들에게 이렇게 물었다. "당신들이 기독교와 유대교 가운데 하나를 선택할 것을 강요받는다면 어떤 종교를 선택하겠습니까?" 그러자 셰이크들은 이렇게 답했다. "유대교입니다." 그래서 카자르족 원로들은 부족의 종교로 유대교를 선택했다.


## 영어는 어떻게
## 국제 공통어가 됐는가

한 글로벌 기업의 독일 본사에서 회의가 열렸다. 회의 참석자들의 국적이 다양하다면 회의를 진행하는 데 사용되는 언어는 거의 틀림없이 영어일 것이다. 이밖에도 전 세계의 많은 비영어권 기업들의 회의에서 투박한 영어가 사용되고 있다. 독일 기업 임직원들이 영어를 사용하는 모습은 독일인들이 보기에도 어색하고 영미인들이 보기에도 어색하지만 말이다. 이런 흐름 역시 이 장의 주제와 맥락을 같이한다. 비영어권 사람이 어색하게라도 영어를 사용할 줄 아는 경우는 많지만, 영어권 사람이 다른 언어를 사용할 줄 아는 경우는 상대적으로 적기 때문에 영어가 공통어로 사용되는 것이다. 프랑스어는 전통적으로 유럽 귀족들이 사용했던 언어로, 외교 무대에서 많이 쓰였다. 그래서 오늘날에도 여전히 국제 공통어의 지위를 가지고 있지만, 정작 오늘날 프랑스 사람들은 다른 나라 사람들과 상거래를 할 때 영어를 즐겨 사용한다. 국제 상거래가 폭발적으로 늘어남에 따라 영어와 프랑스어의 국제 공통어 경쟁에서 영어가 승리한 것이다. 프랑스 정부는 프랑스어가 더 논리적이고 더 아름답다는 점을 강조하면서 프랑스어의 국제적인 지위를 계속 유지하기 위해 노력하고 있지만 별 효과는 없는 것 같다.

이렇듯 영어가 대표적인 국제 공통어가 된 것 역시 소수에 의한 장악이라는 관점에서 분석할 수 있다. 그런데 이 주장은 언어학자들이 제시한 것이 아니다. 예수와 그의 제자들이 활동하던 시기, 레반트 지역과 이집트에서 공통어로 사용된 언어는 아람어였다. 아람어는 페니키아-히브리어를 계승한 셈족의 언어로, 오늘날 아랍어와 비슷하다고 보면 된다. 아람어가 레반트 지역과 이집트에서 공통어로 사용된 것은 셈족의 힘이 막강했다거나 아람어가 특별히 뛰어난 언어라서가 아니었다. 레반트 지역과 이집트에 아람어를 확산시킨 것은 페르시아인이었다. 그 이유는 지극히 단순하다. 페르시아인들이 바빌론을 정복하고 보니 그 지역의 관청에는 페르시아어를 모르고 아람어를 쓸 줄 아는 서기들만 남아 있어서 페르시아인들은 아람어를 자국의 행정 언어로 받아들일 수밖에 없었다. 몇 명 남지 않은 서기들이 아람어밖에 몰라서 책임자가 아람어를 배우게 된 것이라고 이해하면 된다. 나중에 몽골제국의 영역이 레반트 지역까지 확장됐을 때도 레반트 지역에서는 여전히 아람어가 사용되고 있었다는 기록이 남아 있다. 아람어의 동쪽 방언인 고대 시리아어로 기록된 몽골제국의 문서들이 현재까지 남아 있다는 점에서 이 주장은 신빙성을 얻는다. 그런가 하면 아랍인들이 그리스 지역을 지배한 7~8세기 그리스 지역에서는 아랍어가 아니라 여전히 그리스어가 사용됐다. 그리스인들이 아랍어를 전혀 몰랐기 때문이다. 헬레니즘 시대에는 그리스어가 레반트 지역의 새로운 공통어가 됐다. 다마스쿠스 같은 곳에서도 공공 문서는 그리스어로 기록됐다. 이 경우에도 레반트 지역으로 그리스어를 확산시킨 것은 그리스인들이 아니라 로마인들과 레반트 지역 사람들이었다. 신약성서만 봐도 그리스어로 기록된 것이 많다.

캐나다 몬트리올에 사는 프랑스계 캐나다인인 내 친구는 캐나다에서 프랑스어가 점점 밀려나고 있는 것 같다면서 이렇게 말했다. "원래 캐나다에서 두 가지 언어를 한다는 것은 영어를 할 줄 안다는 의미였어. 그런데 이제 두 가지 언어를 한다고 말하면 프랑스어를 할 줄 안다는 의미로 통해."


## 유전자와 언어

레바논의 유전학자인 피에르 잘루아Pierre Zalloua의 도움을 받아 레바논과 시리아 지역의 유전자 데이터를 살펴본 적이 있다. 그 지역 사람들에게서 외래 침략자라 할 수 있는 투르크와 아랍의 유전자는 거의 발견되지 않았다. 투르크가 침략한 영향으로 동아시아와 중앙아시아의 언어가 레바논과 시리아 지역까지 확산되었다는 것은 잘 알려져 있는 사실이다. 투르크들인은 레바논과 시리아 바로 인근 지역에서 아주 오래전부터 살아왔는데도 이 지역에서 투르크인의 유전자를 거의 찾아볼 수 없다는 것은 놀라운 일이다. 잘루아는 3700년 전 가나안 사람들과 오늘날 레바논 사람들의 유전자가 90퍼센트 이상 일치한다는 사실을 밝혀냈는데, 레바논 지역이 수많은 외래 세력의 침공을 받았다는 점을 생각할 때, 이는 쉽게 이해할 수 있는 상황이 아니다.[20] 투르크인이 아시아 언어를 사용하는 지중해인이라면, 프랑스인은 지중해 언어를 사용하는 북유럽인이라고 할 수 있다. 이를 나는 이렇게 정리하겠다.

유전자는 다수에 의한 장악이 일반적이지만, 언어는 소수에 의한 장

---

[20]  지금 영국에서는 노르만족 유전자가 영국인들 사이에 생각만큼 많이 확산되어 있는 것은 아니라는 논쟁이 진행 중이다.

악이 일반적이다.

언어는 더 멀리 이동하지만, 유전자는 그리 멀리 이동하지 못한다.

그렇다면 아리안족이나 셈족처럼 언어를 기반으로 인종을 구분해 온 시도는 상당히 잘못된 기준이라는 이야기가 된다. 이는 독일의 나치가 활용했던 방식으로, 지금도 여전히 활용되고 있는 방식이다. 아리안족의 우월성을 믿던 사람들은 우월성을 주장하기 위해 자신들의 기원이 위대한 고대 문명을 이룩한 그리스에 있다고 강조했는데, 정작 자신들이 열등하다고 생각한 셈족이 그리스인과 유전적으로 서로 매우 가깝다는 사실은 몰랐을 것이다. 최근에 밝혀진 사실이지만 고대 그리스인과 청동기 시대의 레바논, 시리아 지역 사람들은 지금의 아나톨리아 지역에서 분파되어 나왔다. 즉 언어만 서로 다르고 유전자는 거의 비슷하다.

## 종교의 원리주의

기독교가 탄생했으며 기독교도가 다수였던 근동 지역에 이슬람교가 확산된 이유도 두 가지 불균형에서 찾아볼 수 있다. 최초의 이슬람 통치자들은 기독교도를 이슬람교도로 개종시키는 일에 별로 관심이 없었다. 기독교도들에게서 더 많은 세금을 거두어들일 수 있었기 때문이다. 최초의 이슬람 통치자들은 '구약의 백성들' 혹은 '아브라함의 후손들'이라고 불렀던 기독교도들을 탄압의 대상으로 인식하지 않았다. 나의 집안의 조상들은 이슬람 지역에서 근 1300년 동안이나 개종하지 않고 살아왔다. 개종하지 않음으로써 누릴 수 있는 이점이 많았기 때문이다. 일례로 비이슬람교도에게는 전통적으로 병역의 의무가 부과되지 않았다.

앞서 언급한 두 가지 불균형이란 다음과 같다. 첫째, 이슬람 종교법에 따르면 비이슬람교도 남자가 이슬람교도 여자와 결혼하려면 이슬람교를 자신의 종교로 받아들여야 한다. 그리고 태어난 아이의 부모 가운데 한 명이라도 이슬람교도라면 그 아이 역시 이슬람교도가 된다.[21] 둘째, 일단 이슬람교도가 되면 다른 종교로 개종할 수 없다. 배교는 이슬람 종교법에서 가장 큰 범죄로, 배교자는 죽음으로 죗값을 치러야 한다. 유명한 배우인 오마 샤리프는 레바논 출신으로 기독교 집안에서 태어났고 이집트 국적을 가지고 있었는데, 이슬람교도인 여성과 결혼하기 위해 이슬람교로 개종했다. 그는 나중에 이혼했지만, 자기 조상들의 종교로 되돌아갈 수는 없었다.

이집트에는 원래 기독교도의 수가 훨씬 더 많았으나 이 같은 불균형의 법칙이 몇 세기에 걸쳐 적용된 결과, 이집트 기독교 종파 중 가장 큰 종파인 콥트교는 소수파가 됐고 이슬람교가 다수파가 됐다. 이집트뿐만 아니라 어떤 나라에서든 이슬람교도가 다른 종교의 신자들과 결혼하면서 이슬람교도의 숫자는 폭발적으로 증가했다.

반면 유대교에서는 태어난 아이가 유대교도가 되려면 그 어머니가 유대교도여야 했다. 이처럼 확장성이 떨어지는 종교법 때문에 유대교도는 여전히 소수파에 불과하다. 확장성이 극히 떨어지는 종교법을 가지고 있는 또 다른 종교가 근동 지역의 그노시스파Gnosticism 종교다. 드루즈와 야지디, 만다야 이 세

---

21  이슬람 종교법은 지역이나 분파에 따라 그 내용이 조금씩 다르다. 여기에 예시한 종교법을 원문대로 해석하면 '이슬람교도 여자가 다른 종교의 남자와 결혼하면 남자는 이슬람교로 개종해야 한다'가 된다. 물론 이슬람교도 남자가 비이슬람교도 여자와 결혼할 때도 마찬가지다.

종교가 이에 속한다. 일단 그노시스파 종교들은 부족의 소수 원로들 외에는 그 누구도 자기 종교의 지식이나 신비에 접근하는 것을 차단한다. 이슬람교는 부모 가운데 아무나 한 명이라도 이슬람교도면 태어나는 자녀가 이슬람교도 가 되고, 유대교는 어머니가 유대교도라면 태어나는 자녀가 유대교도가 되지 만, 드루즈와 야지디, 만다야는 부모 모두 신자가 아니면 자녀 역시 신자가 되 지 못하고 부족에서 배척당한다.

레바논, 갈릴리, 시리아 북부 등 높은 산이 많은 지역에서는 수니파가 아닌 이슬람 교파와 기독교가 다른 종교와의 접촉 없이 아주 오래전부터 유지돼 왔 다. 하지만 평지가 대부분인 이집트에서는 기독교도와 이슬람교도의 결혼이 비교적 빈번하게 이뤄졌고, 이렇게 몇 세기가 지나면서 종교의 재규격화가 일 어났다. 쉽게 말해 결혼을 통해 점점 더 많은 기독교도가 이슬람교로 개종했다.

앞서 지적했듯, 일단 이슬람교로 개종한 콥트교도는 예전 종교로 돌아갈 수 없었다. 게다가 이집트 통치 세력이 이슬람화됐을 때 많은 콥트교도가 이 슬람교로 개종했다. 그 편이 직업을 구하거나 행정 판결을 받을 때 유리했기 때문이다. 이슬람교와 정통 기독교의 율법은 크게 다르지 않아서 종교를 바꾼 다 해도 생활이 크게 달라지지 않았다. 이런 이유로 이집트의 수많은 기독교 도와 유대교도가 살면서 이슬람교로 개종했다. 이렇게 몇 세대가 흐르는 동 안, 그들의 후손은 조상이 어떤 이유에서 개종했는지 전혀 개의치 않고 자신 은 태어날 때부터 이슬람교도였다고 생각하며 살게 됐다. 이러한 불균형으로 근동 지역의 종교 경쟁에서 이슬람교가 승리한 것이다.

이슬람교가 발생하기 이전에 근동 지역의 종교 경쟁에서 기독교가 승리한 것도 기독교가 다른 종교에 대해 배타적이면서도 적극적으로 개종 정책을 펼 쳤기 때문이다. 기독교가 발생한 초기에 지중해 지역과 근동 지역을 지배하던 로마제국은 제국령 내 여러 종교들에 포용적인 입장을 취했다. 하지만 기독교도들은 로마의 다른 신들을 인정하지 않았다. 로마로서는 그런 기독교도를 좋게 바라볼 수 없었다. 로마제국의 기독교도 박해는 그 원인이 상당 부분 기독교의 배타성에 있다고 할 수 있다. 오늘날까지 전해지는 로마제국의 기독교도 박해 역사는 대부분 기독교의 입장에서 기술된 것이다.

초기 기독교에 대해 로마제국이 어떤 시각을 가지고 있었는지에 관한 기록은 그다지 많이 남아 있지 않다. 반면 로마제국에 박해받고 순교한 성인들에 관한 기록은 오늘날까지 많이 전해지고 있다. 일례로 성녀 카타리나를 들 수 있다. 성녀 카타리나는 이집트 지역에서 포교 활동을 하다가 체포됐는데, 체포된 후에도 로마의 간수들을 계속 개종시키다가 결국 목이 잘려 순교하고 말았다.

그런데 카타리나가 실존 인물이 아니라는 주장이 상당한 설득력을 얻고 있다. 물론 발레리아누스 황제 때 카르타고의 주교였던 성 치프리아노는 실존 인물이고, 그 외에도 무수히 많은 기독교 성인과 순교자에 관한 기록이 남아 있다. 그러나 로마제국 때의 종교 영웅들에 관한 기록은 거의 남아 있지 않다. 심지어 로마제국 시절의 그노시스파 기독교도에 관한 기록은 통째로 삭제된 듯한 인상마저 준다.[22]

'배교자' 율리아누스 황제는 로마제국을 예전의 다신교 체제로 되돌리려고 했으나, 그것은 미국의 사우스 저지 지역에서 프랑스 음식을 팔려는 시도라든

---

22　기독교도가 자신들의 역사 일부를 삭제했으며, 어쩌면 역사를 왜곡했을지도 모른다는 지적이 있다. 그노시스파 기독교가 기록해 놓은 초기 교회의 모습 중에는 지금 우리가 알고 있는 것과 상당히 다른 부분들이 있다. 물론 그노시스파는 비밀스러운 교파로, 자신들의 기록을 외부인에게 보여 주지 않기 때문에 그들의 기록을 살펴보는 데는 한계가 있고, 그들이 공개한 기록이 특정 시기의 모습을 모두 담고 있는지도 의문이다.

지 고무 풍선을 물에 잠기게 하려는 시도와 마찬가지였다. 다시 말해 처음부터 불가능한 시도였다. 지성이 부족해서 다신교를 인정하는 것이 아니다. 지금까지 내가 경험해 온 바를 바탕으로 살펴보면, 다신교를 인정하는 사람일수록 지성이 더 뛰어나고 사고의 범위도 더 넓었다. 반면 기독교 원리주의나 이슬람 살라피즘, 극단적 무신론자 등 문자로 남겨진 교리에 집착하는 사람들은 상대적으로 지성이 뛰어나지도 않고 사고의 범위도 편협했다.

지중해 지역의 종교 역사와 종교 지도자들의 행동이나 사고를 종합적으로 살펴보면 가장 불균형적이고 가장 양보하지 않는 종교가 지배적인 종교가 됐음을 알 수 있다. 민족을 기반으로 하고 어머니가 반드시 유대교도여야 한다는 종교법 등으로 유대교가 소수파에 머물러 있는 반면, 기독교는 다수파가 됐다. 특히 이슬람교는 근동 지역의 승자가 됐다.

사실 이슬람교에도 분파가 많고, 오늘날 우리가 알고 있는 이슬람교는 초기 이슬람교와 그 모습이 크게 다르다. 이슬람교에서도 가장 불균형적이고 양보하지 않는 분파인 수니파가 가장 지배적인 분파가 됐는데, 수니파인 사우디아라비아의 와하비는 19세기에 자신들의 영토에 있던 모든 신전과 사당을 파괴했을 정도다. 와하비의 원리주의는 이슬람국가ISIS의 원리주의와 그 정도가 크게 다를 바 없으며, 오늘날 이슬람교 분파 중에서도 가장 원리주의적이라는 평가를 받는다.


## 결국 분권화다

소위 '지식인'이라는 사람들이 영국의 유럽연합EU 탈퇴, 즉 브렉시트Brexit에 반대했는데, 여기서 분권화의 장점을 하나만 더 언급하고 넘어가겠다. 절대로 양보하지 않는 3퍼센트의 정치 집단만 있으면 소수에 의한 장악을 실현할 수 있다고 했는데, 다만 모든 국가에서 이런 일이 일어나는 것은 아니다. 그런데 만약 모든 국가가 하나로 통합된다면 소수에 의한 장악이 실현됐을 때, 통합된 모든 국가가 심각한 불균형과 비합리성의 영향을 받게 된다. 내가 미국의 국가 시스템인 연방제를 높게 평가하는 이유는 바로 이 때문이다. 기회가 있을 때마다 강조해 왔지만, 미국은 공화국이 아니라 연방국이다. 《안티프래질》에서 언급했듯, 분권화는 다양성을 인정하고 확대하는 매우 효과적인 방식이다.

## 소수가 주도하는
## 가치관

지금부터는 도덕적 잣대의 불균형에 대해 논해 보겠다. 왜 어떤 책들은 출판이 금지되는 것일까? 많은 사람이 적극적으로 반대 의사를 표명하기 때문에 출판이 금지되는 것이 아니다. 대부분의 사람은 책의 내용에 소극적으로 반응하거나 별로 신경 쓰지 않거나 반대 의사를 갖더라도 출판 금지까지 요청하지는 않는다. 그동안의 출판 금지 사례들을 볼 때, 몇 명의 적극적인 활동가만 있으면 어떤 책의 출판 금지 결정을 이끌어 내는 것은 물론, 특정 인물을 블랙리스트에 올리는 것도 가능하다. 위대한 철학자이자 논리학자인 버트런드 러셀Bertrand Russell이 뉴욕시티 대학에서 교수직을 잃게 된 것은 완고하고 비타협적인 어느 한 학부형의 행동 때문이었다. 그의 지나치게 자유로운 삶의 방식과 사고방식을 우려한 한 어머니의 편지가 그를 교수직에서 끌어내린 것이다.

1920년부터 시행된 미국의 금주법도 소수 활동가들의 주도하에 만들어진, 이와 비슷한 사례다. 여담이지만, 금주법은 본래의 의도와 달리 마피아 세력이 본격적으로 힘을 얻는 계기로 작용했을 뿐이다.

한 사회의 가치관은 대다수의 의견인 '여론'이 진화한 결과로 만들어지는 것이 아닌지도 모른다. 한 사회의 가치관은 완고하면서도 비타협적인(양보하지 않는) 소수가 만들어 내는 경우가 더 많다. 시민권도 그렇게 해서 만들어졌다.

종교나 도덕적 가치관 역시 재규격화 과정을 통해 확산될 수 있다. 한 사회의 준법 의식 역시 소수에 의한 장악의 결과로 만들어질 수 있다. 법을 준수하는 사람들이 언제나 법을 따르고, 준법 의식이 약한 사람이 언제나 법을 위반하는 것은 아니라는 점을 생각해 보라. 앞서 할랄 식품이 어떤 식으로 확산되는지 이야기했는데, 할랄에 반대되는 것으로 하람haram이라는 개념이 있다. 하람은 법률과 도덕률 등 여하한 종류의 법을 어기는 행위를 의미한다. 부정한 음식을 먹는 것, 이웃의 아내와 동침하는 것, 돈을 빌려주고 이자를 받는 것(이자 없이 돈을 빌려주는 것은 돈을 빌려주는 사람의 손해를 의미하지만), 살인하는 것 등은 모두 하람이다. 하람은 명백히 잘못된 행위로, 그 행동이 이뤄졌을 시 불균형을 수반한다.

일단 어떤 도덕률이 형성되면, 지리적으로 고르게 분산되어 있으면서 절대적으로 양보하지 않는 소수의 존재만으로 그 도덕률을 사회 전체의 것으로 만들 수 있다. 어떤 사람들은 우리 인류가 보다 더 도덕적이고, 더 선하고, 더 예의 바르고, 더 상냥해질 수 있다고 믿지만 선하지 않은 소수의 사람들이 한 사회의 도덕률을 장악할 수 있다는 점을 생각해 보면 그런 믿음이 실현되기란 여간 어려운 일이 아니다.

그런데 어떻게 생각해 보면 이는 겉으로 보기에 비도덕적인 사회에도 다수의 도덕적인 사람이 존재할 수 있다는 의미로 해석할 수도 있다. 제2차 세계 대전 당시 대부분의 폴란드 사람이 유대인 말살 정책에 동조한 것처럼 생각하기 쉽다. 이와 관련, 역사가 피터 프리츠스키 Peter Fritzsche 는 "왜 바르샤바의 폴란드 사람들은 자기 이웃의 유대인들을 더 많이 도와주지 않았습니까?"라는 질문에 '바르샤바의 폴란드 사람은 대부분 유대인을 도왔다'고 답했다. 프리츠스키는 한 명의 유대인을 돕기 위해서는 7~8명의 폴란드인이 힘을 써야 했지만, 단 한 명의 폴란드인이 유대인 여러 명을 고발하기는 쉬웠기 때문에 폴란드인 대부분이 유대인 말살에 동조한 것처럼 보일 뿐이라고 설명했다. 얼마나 많은 폴란드인이 유대인 말살 정책에 동조했는지에 관해서는 지금도 논쟁이 계속되고 있지만, 나쁜 의도를 가지고 있는 소수가 한 사회에 부정적인 결과를 만들어 내기도 한다는 것만큼은 쉽게 짐작할 수 있는 일이다.


## 소수에 의한 장악이
## 더 안정적인가

어느 시대, 어느 사회를 보더라도 공통적으로 통하는 도덕률이 있다. '남의 물건을 훔치지 마라(적어도 같은 부족 사람들의 물건은 훔치면 안 된다)', '남의 아이를 유괴하지 마라', '다른 사람에게 폭력을 가하지 마라(고대 스파르타의 전사들은 훈련을 목적으로 제한된 숫자의 노예들에게 폭력을 행사하는 것이 허용되기는 했지만 말이다.)' 같은 도덕률을 생각해 보라. 시대가 흐를수록 일반적인 도덕률이 적용되는 대상의 범위는 점점 더 넓어졌다. 다른 계층, 다른 부족, 다른 생물종 등으로 확장된 것이다. 시대와 사회를 관통하는 일반적인 도덕률은 옳고 그름을 명확하게 가릴 수 있다는 특징이 있다. 도둑질을 한두 번만 하는 것, 덜 잔인한 방식으로 살인하는 것은 전부 옳지 못한 일이다. 바비큐 파티에서 돼지고기를 아주 조금만 먹었더라도 코셔를 지키지 못한 것은 분명한 사실이다.

그런데 이런 일반적인 가치관조차 대부분은 소수에 의한 장악의 결과라고 봐야 한다. 다음의 두 가지 명제를 생각해 보라.

> 역설적이기는 하지만, 소수에 의한 장악이 이뤄질 때 도덕률은 더 안정된다. 소수 집단에서 만들어지고 적용 범위가 좁아질수록 도덕률의 예외성은 줄어든다.

> 도덕률은 소수 집단에서 만들어지고 적용될 때 옳고 그름이 더욱 명확해진다.

절대로 양보하지 않는 소수와 유연성 있게 수용하는 다수의 관계에 관해 상상을 해 보았다. 어떤 사람이 사악한 의도를 가지고 있다. 예를 들면 그의 직업은 경제학 교수다. 그는 청량음료 공장에 잠입해 음료에 독을 타기로 결심하고 두 가지 방식을 생각한다. 첫 번째는 맹독인 청산가리를 타는 방식인데, 청산가리를 아주 조금만 넣어도 살인 음료가 된다. 그 공장의 청량음료를 조금만 마셔도 죽게 되는 것이다. 나는 이 방식이 소수에 의한 장악으로 벌어지는 현상에 대응한다고 생각한다. 두 번째는 독성이 약한 물질을 타는 방식이다. 이 경우에는 피해자가 독이 든 청량음료의 절반 이상을 마셔야 죽음에 이른다. 나는 이 방식이 다수에 의한 장악에 대응한다고 생각한다. 그리고 어느 날 저녁, 파티에서 많은 사람이 죽었다. 피해자들을 조사해 보니 죽은 사람들은 모두 그 공장의 청량음료를 마셨다. 이를 볼 때 그 경제학 교수는 첫 번째 방식을 선택한 것이 틀림없다. 두 번째 방식은 예외성이 높고 피해자들의 생존률이 높기 때문이다. 소수에 의한 장악은 예외성이 낮고 결과를 예측하거나 판단을 내릴 때 명확한 결과를 기대할 수 있다.

## 포퍼와 괴델의 모순

예전에 규모가 꽤 큰 파티에 참석한 적이 있었다. 채식주의 식단까지 선택할 수 있었는데, 참석자 가운데 아예 본인 집에서 먹을 것을 싸 온 사람이 있었다. 그는 커다란 쟁반에 은식기들을 놓고, 거기에 음식을 담은 후 알루미늄 포일로 꼼꼼하게 포장까지 해서 가지고 왔다. 극단적인 코셔임에 틀림없었다. 그 사람 바로 옆에 앉아 있었던 나는 프로슈토도 먹고 버터에 구운 고기도 먹었는데, 그는 주위 사람들이 무엇을 먹든지 개의치 않았다. 혼자서 조용히 자신의 원칙을 지킬 뿐이었다.

유대인과 무슬림 소수파(시아이트, 수피, 드루즈, 알라위 같은 종파)들은 자기들끼리 모여서 자신들의 원칙을 지키고 산다. 역사적으로 일부 예외적인 사건들이 있지만 말이다. 만약에 내 이웃이 수니파 살라피주의자였다면, 나와 마주칠 때마다 할랄 식품만 먹어야 한다고 주장했을 것이다. 어쩌면 자신이 거주하는 건물의 모든 사람들, 더 나아가 도시, 국가, 가장 이상적으로는 온 지구의 사람들이 할랄 식품만 먹어야 한다고 생각할 것이다. 종교와 정치의 분리, 신앙생활과 세속 생활의 분리는 전혀 생각할 수도 없는 그들의 신념하에서 하람은 곧 불법이다. 즉 할랄 식품을 먹지 않는 사람은 그들의 기준에서 전부

법을 어기고 있는 것이다.

사람들은 종교적 원리주의자들과 싸우기 위해 공권력에 어느 정도 강제적인 조치들을 허용해 주는 정책들이 도리어 서구의 자유주의를 훼손시키는 것이 아닌지 치열하게 논쟁을 벌이고 있다.

과연 민주주의는 혹은 다수파는 적에게 관대한가? 다음 질문을 생각해 보라. "언론의 자유를 금지하는 당헌을 가진 정당은 언론의 자유를 인정하지 않는 정책에 찬성하는가?" 한 걸음 더 나아가 보자. "관용의 이념하에 성립된 사회라 하더라도 불관용에는 불관용으로 대해야 하는가?"

오스트리아 출신의 논리학자이자 수학자인 쿠르트 괴델은 미국 귀화 시험을 준비하면서 미국 헌법의 모순을 발견하고, 귀화 담당 심사원과 논쟁을 벌였다. 전해지는 이야기에 따르면 귀화 거부의 위기에 처한 괴델을 구해 준 것은 그의 귀화 보증인인 알버트 아인슈타인이었다. 그런가 하면 영국의 과학철학자 카를 포퍼 역시 민주주의 체계의 모순을 지적하곤 했다.

종종 나에게 이런 말도 안 되는 질문들을 하는 사람들이 있다. "회의론에 회의적인 시각을 가져야 하나요?", "위조를 위조하는 것이 가능한가요?" 그럼 나는 카를 포퍼의 방식으로 답한다. 그냥 무시하고 바깥으로 나가 버린다.

다시 "민주주의는 적에게 관대할 수 있는가?"라는 질문으로 돌아가 보자. 이 질문에 답하기에 앞서 소수에 의한 장악이라는 문제를 생각해 봐야 한다. 절대로 양보하지 않는 소수는 민주주의를 장악할 수도 있고 민주주의를 파괴할 수도 있다. 그리고 더 나아가 우리가 살고 있는 이 세상을 파괴할 수도 있다.

나는 우리 사회가 양보하지 않는 소수에게는 불관용, 그 이상의 조치를 취해야 한다고 생각한다. 무엇보다 그들은 은율을 지키지 않는 사람들이다. 자신과 다른 사람들에게 조금도 양보하지 않는 살라피주의자들(이들은 종교 선택의 자유를 부정한다)을 미국적 가치관이나 서구 사회의 원리를 기반으로 대하는 것은 말도 안 된다. 지금 서구 사회는 스스로 죽음의 길로 들어서고 있다.


## 시장과 과학 분야에서 엿보인
## 소수에 의한 장악

이번에는 시장에 대해 생각해 보자. 시장은 시장경제 참여자들의 단순 총합이 아니다. 시장에서 가격은 가장 큰 동기를 가진 매수자와 매도자의 영향으로 움직인다. 특히 금융시장 참여자라면 이 점을 잘 이해할 것이다. 단 한 명의 매도자의 영향으로 가격이 10퍼센트씩 떨어지기도 한다. 꼭 팔아야겠다고 판단한 매도자가 단 한 명만 있어도 가격은 크게 떨어질 수 있다.

시장은 절대 시장이 지닌 힘에 비례해 움직이지 않는다. 주식시장의 주가 총액은 30조 달러가 넘지만, 2008년의 사례에서 볼 수 있듯 0.2퍼센트도 안 되는 매도 주문이 시장 가치를 단번에 10퍼센트나 사라지게 만들 수도 있다. 《안티프래질》에서도 언급했지만, 2008년의 주식시장 혼란은 소시에테제네랄 은행의 숨겨진 부실 거래가 드러나면서 촉발됐다. 그렇다면 시장은 왜 그렇게 비합리적으로 움직이는 것일까? 바로 방향성 때문이다. 일단 방향성이 만들어지면 더 이상 어떻게 할 수 없게 된다. 모두가 팔 것 같은 분위기가 되면 나도 파는 것 외에는 달리 대응할 방법이 없는 것이다. 그래서 나는 주식시장을 이렇게 표현한다.

주식시장은 작은 문 하나만 나 있는 대형 극장과 같다.

극장을 고를 때 출입구의 크기가 아니라 극장의 크기에만 신경 쓰는 사람은 바보다. 만약에 누군가가 극장 안에서 "불이야!"라고 외친다면 사람들 모두 출입구를 향해 달려 나갈 것이다. 이런 상황에서는 이성적으로 대처할 겨를이 없다. 나 역시 무조건 출입구를 향해 달려 나갈 것이다. 주식시장에서 패닉 셀링panic selling이 일어나는 과정도 이와 똑같다.

과학계 역시 소수에 의한 장악이 빈번하게 일어나는 분야다. 이와 관련해 카를 포퍼가 많은 통찰을 남겨 주기는 했지만 그에 관해서는 나중에 다루기로 하고, 여기서는 미국 이론물리학자 리처드 파인만의 관점에서 생각해 보자. 파인만은 당대의 가장 도발적인 과학자로 통하며 세상에 많은 새로운 관점을 제시했는데, 그의 책《남이야 뭐라 하건》에는 과학의 발전을 위해 과학자들이 어떤 사고방식을 지녀야 하는가에 대해 잘 기술되어 있다. 오늘날 우리가 알고 있는 과학은 모든 과학 연구 총량의 합이 아니다. 과학계야말로 극소수의 과학자가 찾아내는 새로운 발견이 전체를 이끌어 가는 분야다. 심지어 무언가 새로운 것을 발견해 내면 기존의 것들은 전부 틀린 것으로 판명 날 수도 있다. 만약에 과학 분야가 다수에 의한 장악이 작용하는 분야였다면 과학이라는 학문은 여전히 중세시대 수준에 머물러 있었을 것이고, 아인슈타인은 남들이 인정해 주지 않아 취미로 자신만의 연구를 했던 한 명의 사회인으로 생을 마감했을 것이다.

# 의지가 있는
# 소수의 힘

알렉산더 대왕은 양이 이끄는 사자 군단보다는 한 마리의 사자가 이끄는 양 군단을 갖는 편이 더 낫다고 말했다. 알렉산더 대왕(혹은 그의 이름을 빌려 이런 말을 지어낸 누군가)은 적극적으로 참여하고 두려워하지 않고 절대로 양보하지 않는 소수의 힘을 잘 이해했던 셈이다. 카르타고의 한니발은 용병 위주로 구성된 소수의 군대만으로 십수 년 동안 로마를 두려움에 떨게 만들었다. 그는 로마를 상대로 스물두 번 전투에 나서 승리를 거두었는데, 단 한 번도 한니발의 군대가 전력상 우위에 있었던 적은 없었다. 한니발 역시 물러서지 않는 소수의 힘을 제대로 알고 있었던 인물이다. 일례로 칸나에 전투에 임할 당시 한니발 휘하의 지휘관인 기스코가 로마군의 군세가 너무 큰 것에 우려를 표하자 그는 이렇게 말했다. "숫자는 중요한 게 아니야. 저렇게 숫자만 많으면 뭐하나. 기스코라는 한 사람의 지휘관이 없는데."[23]

절대로 양보하지 않는 소수의 힘은 전쟁터에서만 의미 있는 것이 아니다. 미국 문화인류학자 마거릿 미드Margaret Mead는 이런 글을 쓴 바 있다. "생각하는 시민들의 작은 모임이 세상을 바꿀 수 있다는 점을 의심하지 마십시오. 지금까지 세상을 바꿔 온 것은 전부 그런 사람들이었습니다." 혁명은 언제나 적극적으로 참여하고 두려워하지 않고 절대로 양보하지 않는 소수에서 시작됐다. 그리고 한 사회의 경제적·도덕적 성장 역시 그런 소수의 사람들로부터 시작된다.

---

23  고대 카르타고에선 사람들의 이름이 그리 다양하지 않았다. 하밀카나 하스드루팔 같은 이름은 너무 많아서 역사학자들을 곤란하게 만들 정도고, 기스코라는 이름 역시 많이 나온다. 카르타고를 배경으로 하는 《살람보》Salambo라는 소설에도 기스코라는 캐릭터가 등장한다.

## 다음 장의 이야기

　　　　　　　다음 장에서는 일상 속 숨겨진 불균형에 대해 이야기해 보겠다. 한 사회의 진화는 투표, 위원회, 시민 참여, 학술 회의 등을 통한 합의로 진행되는 것이 아니다. 앞으로 뛰어나가는 소수의 사람이 불균형을 만들어 내고, 그러한 불균형으로 무게 추가 쏠리면서 진화가 진행된다. 다시 말해 한 사회의 진화 역시 소수에 의한 장악의 결과다. 사회가 진화하는 데 필요한 것은 적극적으로 참여하고 두려워하지 않고 절대로 양보하지 않는 소수다. 사실 우리 사회의 모든 면에는 어느 정도 불균형이 존재한다.[24]

　심지어 노예제도 같은 불합리하고 비상식적인 문제도 우리가 생각하는 것보다 더 광범위하게 존재하고 있는 것이 현실이다. 부록 2에 이어지는 제3, 4장에서는 이런 문제를 논할 것이다.

---

[24] 전체의 약 3퍼센트 정도의 활동가만 있으면 "메리 크리스마스"를 "해피 홀리데이"로 바꿀 수도 있다. 그런데 소수 집단의 숫자가 커지면 오히려 소수에 의한 장악이 어려워진다. 혼합주의 사회가 되기 때문이다. 레바논에는 기독교, 이슬람 시아이트 외에도 아직 사우디아라비아의 순니파에 세뇌되지 않은 이슬람 수니 등등 다양한 신앙을 가진 사람들이 혼재해 살고 있다. 소수에 의한 장악이 일어나지 않은 탓에 레바논 사람들은 서로의 종교를 인정해 주고 있다.

## 집단의 움직임에 관한 몇 가지 상식에 반하는 현상들

《안티프래질》에서 소수에 의한 장악의 효과와 맥락을 같이하는 '비선형성'
이나 '불균형'으로 평균은 아무런 의미도 갖지 못한다고 지적한 바 있다. 이 책
에서는 여기에 다음과 같은 언급을 덧붙이고자 한다.

> 시장 참여자들의 평균적인 행동은 시장의 행동을 이해하는 데 크게
> 도움이 되지 않는다.

시장은 평균적인 시장 참여자들의 합이 아니다. 시장은 시장 자체로 이해해
야 하고, 시장 참여자인 개인 역시 개인 자체로 이해해야 한다. 물론 시장의 총
합은 평균에 상수를 곱한 것이기는 하지만, 평균 개념으로는 시장의 움직임을
예측할 수 없다. 이런 사실은 앞서 재규격화 개념을 통해 충분히 설명했다. 이
사실은 사회과학 현상을 이해하는 데도 도움이 된다. 다음을 생각해 보라.

> 심리학 실험을 통해 개인의 '심리적 경향'을 찾아냈다고 집단행동을
> 이해하고 예측할 수 있는 것은 아니다.

인간의 본성은 다른 인간들과의 거래 관계 밖에서는 절대로 정의될 수 없
다. 인간은 혼자 존재할 수 없기 때문이다. 개인으로서 인간의 행동은 우리에
게 의미 있는 설명을 해 주지 못한다. 인간을 개인으로 놓고 분석하는 것은 전

형적인 실험실 방식의 접근법이다.[25]

집단은 집단으로서 이해해야 한다. 열 명으로 구성된 집단과 39만 5,435명으로 구성된 집단은 본질적으로 다르다. 아예 종이 다르다고 봐도 된다. 두 집단이 서로 같다는 것은 책과 건축물이 서로 같다는 것과 똑같은 말이다. 평균에 초점을 맞추면 집단의 움직임을 이해할 수 없다. 집단의 규모가 달라지면 집단 속에서 일어나는 상호작용의 수준도 달라진다. 따라서 특정한 규모 집단의 평균으로 규모가 다른 집단을 이해하려는 시도는 대부분 실패하게 마련이다. 수학에서는 이를 '차원의 저주'curse of dimensionality라 부른다. 계산의 오차를 고려해야 하지만, 나는 단 한 개체의 차이로 복잡성이 두 배 이상 증가하는 상황도 본 적이 있다. 개체가 1,000개에서 1,001개로 증가하면 복잡성이 10억 배 이상 증가할 수도 있다.

그런가 하면 신경과학 분야는 인간 두뇌의 작용에 대해 과거보다 많은 것을 밝혀냈지만, 아직까지는 분명한 한계가 있다.

두뇌를 구성하는 부분, 예를 들면 뉴런 같은 부분들이 어떤 식으로 작용하는지 이해한다고 해서 두뇌의 작용을 전체적으로 이해할 수 있게 된 것은 아니다.

뉴런이든 유전자든 인간이든 부분과 전체의 움직임은 서로 완전히 다르다. 구성 개체 간의 상호작용이 언제나 선형적인 성격을 보이는 것이 아니기 때

---

25    같은 맥락에서 행동경제학 역시 시장을 예측하고 경제를 이해하고 정책을 만들어 내는 데 있어 전통적인 경제학만큼이나 많은 오류를 범하고 있다. 물론 전통적인 경제학이 훨씬 더 형편없기는 하지만 말이다.

문이다. 예쁜꼬마선충이라는 단순한 구조의 선형동물이 있다. 뉴런을 300개 정도 가지고 있는 동물인데, 우리는 아직까지도 이 동물의 두뇌가 어떻게 작용하는지조차 제대로 분석해 내지 못했다. 개체가 300개에서 301개로 증가해도 차원의 저주 영향으로 복잡성은 두 배 이상 커지는데, 인간 두뇌의 뉴런이 무려 1000억 개에 이른다는 점을 생각하면 그 복잡성은 헤아리기조차 어려울 정도다. '불가능'이라는 말이 어울리는 상황이다.

물론 과학은 계속 발전하고 있다. DNA의 구조도 계속 밝혀지고 있다. 하지만 여전히 제한된 조건하에서 DNA의 부분적인 작용만 파악하고 있을 뿐이다. 실제로 단일 유전자 질환은 그 원인을 꽤 정확히 파악하고 있지만, 조금 더 복합적인 질환은 이야기가 크게 달라진다.

> 한 개체의 유전적 구성을 이해한다고 해서 해당 개체의 행동을 이해할 수 있는 것은 아니다.

이제까지 서술한 내용은 오로지 내 견해를 바탕으로 한 것은 아니다. 위의 내용은 과학자들과 수학자들이 제시한 근거를 토대로 한다.

소규모 집단에서 일어나는 일을 조사하고 그것을 대규모 집단으로 확장하는 식의 접근은 불균형이 일어나지 않을 때나 의미를 갖는다. 물리학자이면서 주로 복잡계에 대해 연구하는 야니르 바르 얌 박사는 '이기적 유전자selfish-gene를 근간으로 한 진화 이론은 일부의 평균을 전체에 적용해 만들어진 이론으로 상당한 오류를 내포한다'고 지적한 바 있다. 이기적 유전자 이론은 리처드 도킨스Richard Dawkins, 스티븐 핑커 같은 학자들로부터 널리 확산됐는데, 나는 이들이 연구하는 학자보다는 언론인에 더 가깝다고 생각한다. 야니르 바르 얌은 지엽적으로 나타나는 특성은 그 좁은 영역 안에서만 의미를 가질 뿐이라며, 이기적 유전자 이론을 증명하는 데 사용된 수학적 방법론은 너무 단순할 뿐 아니라 아예 잘못된 측면이 있다고 말했다. 물론 이기적 유전자 이론에 결정적인 결점이 있다고 지적하는 목소리를 공격하는 사람들도 있다. 마틴 노왁Martin Nowack, E. O. 윌슨E. O. Wilson 같은 사람들이 그렇다.[26]

행동과학의 진보로서 발표되는 이론의 상당 부분이 무의미하다는 뜻일까? 나는 그렇다고 생각한다. 많은 사람이 인종주의자, 차별주의자 혹은 무슨무슨 주의자라면서 고발당하지만 그 가운데 상당수는 명확한 근거도 없는 비판일 뿐이다. 미국 경제학자 토머스 셸링Thomas Schelling은 이미 몇십 년 전에 '세포자동자'cellular automata 이론(물리계나 생물계 등의 여러 가지 현상을 시뮬레이션하는 장場으로 활용된다—편집자)을 활용해 차별주의자가 한 명도 없는 주거지에서도 주민들끼리 계층별로 분리되는 현상이 나타난다는 점을 증명했다.


## 시장 참여자가 아니라
## 시장 구조가 중요하다

시장에서 중요한 것은 시장 참여자가 아니라 시장 구조다. 시장 구조가 훨씬 더 중요하다. 그런데 정치인들과 고위 관료들은 이 점을 잘 모르는 것 같다.

---

26    이들은 이기적 유전자 이론에 반론을 제기하는 사람들을 보면 거의 투견처럼 달려들기 때문에 실명을 직접 거론할 필요가 있다. 이들은 수학적 근거는 살펴보지도 않고(물론 그렇게 할 수 없기 때문이지만) 그냥 짖기만 한다.

시장 구조만 올바르다면 바보들이 잔뜩 참여하더라도 시장은 제대로 작동한다.

뉴욕대학교의 다난자이 고드Dhananjay Gode 교수와 예일대학교의 샤이암 선더Shyam Sunder 교수는 1993년 놀라운 연구 결과를 하나 발표했다. 최적의 매도자와 최적의 매수자를 연결해 주는 프로세스를 만들고 시장 참여자들에게서 지성이라는 요소를 제거했더니, 즉 매도 주문과 매수 주문을 무작위로 내도록 했더니 시장 참여자들이 의도(지성)를 가지고 주문을 내는 경우와 거의 비슷하게 시장이 움직인다는 것이다. 영국 경제학자 프리드리히 하이에크Friedrich Hayek 역시 평소 이와 같은 맥락의 주장을 했다. 오늘날 많은 사람이 '보이지 않는 손'에 대해 말하지만, 정작 보이지 않는 손의 작용은 별로 염두에 두고 있지 않은 것 같다. 끝으로 이런 말을 하고 싶다.

개인 수준에서의 이상 행동은 '비이성적'이라고 할 만한 행동이더라도 집단 수준에서의 효율적인 작용을 위해 필요한 요소일지도 모른다.

그리고 이성론자들을 위해 다음과 같은 말을 덧붙이고 싶다.

개인은 자신이 어디로 가고 있는지 알 필요가 없다. 시장이 알고 있기 때문이다.

시장 구조가 올바르다면 사람들을 자유롭게 풀어 줄 필요가 있다. 그러면 사람들은 스스로 올바른 방법을 찾아 나갈 것이다.

## 제4부

# 늑대와 개

Skin in the Game

제3장

# 합법적으로 다른 사람들을 소유하는 방법

교회에도 히피들이 있었다·회사 인간이 사라졌다·
당신은 늑대인가, 개인가?·잃을 것이 많을수록 약해진다

유럽에서 기독교 교회가 성립된 초기에 순방 수도사라는 성직자들이 있었다. 말 그대로 교인들이 필요로 하는 곳이라면 어디든가는 수도사들이었는데 어떤 교회 조직에도 속하지 않은, 이를테면 프리랜서 수도사들이었다. 그래서 이들은 순전히 방문 지역에 있는 교인들의 도움을 받아야만 계속 활동할 수 있었다. 어떻게 보면 약한 유형의 지속성을 지니고 있었다고 할 수 있다. 어쨌든 교인들은 순방 수도사들에게 끊임없이 음식과 쉴곳을 제공했고, 이들은 계속 활동해 나갈 수 있었다.

그런데 5세기에 이르러 순방 수도사의 숫자가 급격히 줄어들었다. 그리고 지금은 완전히 사라졌다. 기독교 교회의 지도자들이 이들의 존재를 그리 달가워하지 않았기 때문이다. 5세기에 열린 칼케돈 공의회에서 순방 수도사들의

활동이 금지됐고, 8세기에 열린 2차 니케아 공의회에서 다시 한 번 순방 수도사들의 활동을 금지시켰다. 누르시아의 성 베네딕토는 특히 순방 수도사들을 싫어했다. 그는 수도사들이 위계를 갖춘 조직에 소속돼 규율을 따르고 상급 조직과 수도원장의 감독하에 활동해야 한다고 생각했다. 실제로 성 베네딕토의 규율을 보면 제33항에 수도사들에게는 사유물이 허락되지 않고 모든 물품은 수도원장에게 속한다는 내용이, 제70항에는 수도사가 다른 수도사를 때리면 안 된다는 내용이 있다.

교회에서 순방 수도사들의 활동을 공식적으로 금지했던 이유는 무엇일까? 간단히 말해 그들이 너무나도 자유로웠기 때문이다. 그들은 아무것도 소유하지 않았다. 그렇기에 금전적으로 자유로웠고, 무언가를 지키는 일에서도 자유로웠다. 돈에 대해 "꺼져라."라고 말할 수 있었다. 노동소득에 의존해서는 절대로 이런 자유를 누릴 수 없다. 그런데 교회 조직을 이끌어 가야 하는 사람들로서는 조직원들의 완전한 자유를 허용하기 어렵다. 회사를 이끌어 가야 하는 사람들 역시 마찬가지다. 직원들에게 완전한 자유를 준다는 것은 있을 수 없는 일이다. 이 장에서 논하려는 주제가 바로 이것이다. 회사 등 조직의 본질과 직원들의 입장에 대해 이야기해 보려고 한다.

성 베네딕토는 조직의 안정, 행동의 전환, 복종 등의 원칙을 내세우면서 수도사들이 자유로울 수 있는 여지를 모두 없앴다. 그리고 수도사를 선발할 때 1년의 수련기를 거치도록 했다. 수도사 지원자가 충분히 복종적인지 확인하기 위해서였다.

모든 조직은 개인의 자유를 포기하고 조직을 위해 일해 줄 일정 숫자의 인원을 필요로 한다. 조직을 이끌어야 하는 측은 어떤 식으로 이런 사람들을 유지할 수 있을까? 첫째, 개인의 자유를 기꺼이 포기하는 선택을 하도록 실질적인 심리 조건을 만들어 준다. 둘째, 자유를 포기하지 않고 조직의 명령을 거부할 경우, 자신의 핵심 이익을 상실할 수 있다는 점을 인식시킨다. 순방 수도사들은 누군가의 명령을 거부해도 물질적인 면에서 잃을 것이 아무것도 없었다. 반면 마피아 조직원은 조직에 더 이상 충성하지 않을 경우 그 자신의 장례식을 치러야 한다. 장례식에는 그 조직원의 보스가 분명히 참석할 것이다. 일반적인 회사 조직은 회사의 명령을 거부하더라도 직원이 죽음을 당하지는 않지만 다양한 방식으로 핵심 이익이 상실하게 된다.

## 조직에 길들이는 법

여러분이 작은 항공사의 소유주라고 가정해 보자. 여러분은 최신 트렌드에 매우 밝은 사람이다. 업계 컨퍼런스에도 자주 참석하고, 컨설턴트들과 대화도 많이 한다. 전통적인 회사 형태는 구식이며, 회사의 모든 일을 단기 계약자들과 협업하는 형태로 진행하는 것이 훨씬 더 효율적이라고 생각한다. 여러분의 항공사와 계약한 조종사 밥이 있다. 근로 계약서는 매우 꼼꼼하게 작성됐다. 여러분은 계약서에 따라 밥이 여러분의 항공사를 위해 충실하게 일할 것이라고 믿는다. 계약을 어긴다면 밥에게는 상당한 손실이 따른다. 밥은 비행을 도와줄 부조종사를 직접 선발해서 함께 일하기로 했다. 또한 누군가가 조종을 못 하게 되는 경우를 대비해 대체 조종사의 연락처도 알려 주었다.

다음 날 저녁, 독일 뮌헨으로 떠나는 비행 스케줄이 잡혔다. 승객들은 옥토버페스트를 즐기기 위해 여행을 떠나려 한다. 이들은 당연히 이 맥주 축제를 크게 기대하고 있다. 어떤 승객은 1년 전부터 이 여행만 기다려 왔다. 다른 어떤 승객은 이 축제에서 진탕 먹고 마시기 위해 미리 몸을 만들어 놓았다. 그런데 오후 5시, 밥이 전화를 걸어왔다. 자신과 부조종사는 회사와 사장님을 매우 사랑하지만, 내일 비행은 못 할 것 같다고 했다. 사우디아라비아의 대부호가 라스베이거스에서 파티를 주최하는데, 밥의 팀에게 비행을 맡겼다는 것이다. 그 대부호는 밥이 술을 전혀 마시지 않고, 절제된 식습관을 가지고 있으며, 단순히 돈을 벌기 위해 일하지 않는다는 그의 인생 철학이 크게 마음에 들어 밥과 밥의 팀을 자신의 전속 비행 팀으로 고용하고 싶어 했다. 대부호가 제시한 조건이 너무나도 후해서 비행 취소 및 계약 위반에 대한 배상을 치르더라도 받아들일 수밖에 없다고 밥은 말했다.

어찌 됐든 여러분은 곤란한 상황에 처하게 됐다. 다음 날 뮌헨으로 출발할 예정인 승객 중에는 변호사가 다수 포함되어 있다. 특히 은퇴한 뒤 별다른 취미도 없이 단지 시간을 죽이기 위해 소송을 걸어 대는 나이 많은 변호사도 여러 명 있다. 그뿐만 아니라 다음 날 미국에서 비행기가 뜨지 않으면 며칠 전 뮌헨에 간 승객들을 미국으로 태워 올 수도 없다. 항공권은 이미 왕복으로 팔아 놓은 상태다. 그 승객들에게 다른 비행편을 제공하려면 엄청난 비용이 소요될 것이다.

급하게 전화를 돌려 보지만 도저히 대체 조종사를 구할 수 없다. 차라리 대학의 경제학 교수들 중에서 상식 있는 사람을 찾는 편이 더 쉬울 것 같다. 쉽게 말해 가능성이 거의 없다. 여러분의 회사는 재정적 위기를 맞을 것이 분명하다. 파산에 이를지도 모른다. 그런데 갑자기 여러분의 머릿속에 이런 생각이 떠오른다. '밥이 내 노예였다면 이런 일은 일어나지 않았을 텐데.'

밥의 행동은 회사에 고용된 평범한 직원들이 취할 수 있는 행동이 아니다. 월급에 생계를 의존하는 직원들은 밥처럼 기회주의적으로 행동할 수 없다.

밥과 같은 단기 계약자들은 계약 관계 외에는 그 무엇도 두려워하지 않고, 더 좋은 기회가 오면 당연히 새로운 기회를 잡는다. 반면 고용되어 있는 직원들은 조직 내에서의 평판을 중요하게 생각하고 해고 당하는 일을 두려워한다. 회사에 직원으로 고용되어 있는 사람들은 정기적으로 나오는 월급을 매우 중요하게 생각한다. 혹시라도 월급을 못 받게 되는 일이 생기면 너무나도 불안해한다.

회사의 비용을 줄이기 위해 밥과 단기 계약을 하고 일을 맡겼기 때문에 이런 사태가 벌어진 것이다. 만약에 여러분이 밥을 직원으로 고용했다면 갑자기 조종사가 사라지는 일은 없었을 것이다. 물론 직원을 고용하는 것은 비용이 많이 드는 일이다. 딱히 할 일이 없어도 계속해서 월급을 줘야 하고, 인력 배치를 유연하게 할 수도 없다. 한마디로 직원의 존재 자체가 비용 유발 요인이다. 게다가 월급을 받는 사람들은 게으르다. 그렇지만 월급을 받는 직원은 밥의 경우 같은 비상사태를 유발하지 않는다. 직원들은 자신이 생각하는 핵심 이익을 지키기 위해 매일 출근한다. 회사의 신뢰를 저버리면 이들은 그에 대한 책임을 져야 한다. 회사는 많은 비용을 지불하는 대신 안정성을 얻는 것이다.

신뢰성과 안정성은 거래의 추진 동력이다. 별장을 구입하는 것은 호텔이나 숙소를 빌리는 것에 비해 훨씬 더 많은 비용이 소모되는 일이지만, 자신이 원할 때 안정적으로 숙소를 구하기 위해 별장을 구입하는 사람이 많다. 금융 트레이더들끼리 하는 우스갯소리가 있다. "물에 뜨는 것, 하늘을 나는 것, 잠자리 상대는 빌릴 수 있을 때는 절대로 구입하는 게 아니야." 하지만 배와 비행기를 구입하고, 어느 한 명에게 얽매이는 사람은 여전히 많다. 바로 신뢰성과 안정성 때문이다.

계약을 이행하지 못할 경우, 단기 계약자는 손실을 책임져야 한다. 게다가

업계에 나쁜 평판이 퍼질 수도 있다. 그런데 고용 관계가 깨지면 직원들은 훨씬 더 많은 것을 잃게 된다. 그래서 직원들은 일반적으로 리스크 회피 성향이 더 강하다. 직원으로 오래 일했다는 것은 고용자들에게 다음과 같은 신호를 의미한다.

오랫동안 직원으로 일했다는 것은 순종적 성향을 지니고 있다는 강한 증거다.

하루에 아홉 시간씩 회사를 위해 자신의 개인 시간을 포기하고, 언제나 일정한 시간에 일터에 도착하고, 자신의 개인 스케줄을 포기하고, 기분이 나쁘더라도 다른 사람들과 문제를 일으키지 않으면서 몇 년 동안 일했다는 것은 그 사람이 순종적 성향을 지니고 있다는 명백한 증거다. 그런 사람은 조직의 요구를 잘 따르도록 길들여진 사람이라고 할 수 있다.

# 더 이상
# 회사 인간은 없다

직원들은 회사를 그만두더라도 계속 근면한 상태를 유지한다. 직원들은 회사에서 일한 기간이 길수록 회사 조직에 머무는 것에 더 큰 안정감을 느낀다. 이런 경우, 직원을 떠나보낼 때 회사는 '명예로운 퇴직' 형태를 취할 필요가 있다.[27] 직원은 회사의 테일 리스크를 줄여 주고, 회사 역시 그들의 테일 리스크를 줄여 준다. 적어도 직원들은 회사에 소속되어 있는 한 자신의 삶이 안정적일 거라고 생각한다.

S&P500 기준으로 보았을 때 기업들이 이 지수의 상위 그룹에 머무는 기간은 10~15년 정도다. S&P500에 들어갈 정도로 규모가 큰 기업들도 사업 부진이나 합병 같은 요인으로 이 그룹에서 떨어져 나오기도 한다. 그런 경우, 기업에서는 대량 해고가 행해진다. 그런데 20세기까지만 하더라도 기업들의 평균 수명은 60년이 넘었다. 대기업들의 경우, 이 기간은 더 길었다. 대기업에 취업한 사람들은 처음 입사한 기업에서 평생 일하고 은퇴했다. 그래서 '회사 인간'company man이라는 말이 생겨났을 정도였다.

회사 인간은 자신이 일하는 회사에서 자신의 정체성을 찾는다. 그러다 보니 당연히 회사가 자신에게 기대하는 모습을 갖추려고 노력한다. 회사가 바라는 대로 입고, 회사가 바라는 식으로 말한다. 사회생활도 거의 다 자신이 일하는 회사와 연관 있다. 그래서 회사를 떠나야 하는 상황에 내몰리면 그들은 엄청난 불안감과 상실감에 빠져든다. 아마도 도편 추방제로 자신의 보금자리에서 쫓겨나야 했던 고대 아테네 사람들이 느낀 감정과 비슷할 것이다. 회사 인간은 주말이 되면 같은 회사에서 일하는 사람들과 부부 동반 모임을 갖고, 회사와 관련된 이야기를 하며 여가를 즐긴다.

20세기의 대표적인 기업인 IBM은 자사 직원들에게 꼭 흰색 셔츠를 입도록 했다. 옅은 하늘색도 안 되고, 스트라이프 무늬가 있는 흰색도 안 되고, 오직 깨끗한 흰색 셔츠여야 했다. 그리고 감색 정장을 입도록 했다. 정장에 약간의 변형이 들어가도 안 되고, 아주 작은 장식도 허용되지 않았다. IBM은 직원들

---

27    대학교는 교수들에게 종신 재직권을 제공하는 식으로 교수들의 자유로운 의견 표출을 지원한다. 특히 인류학이나 사회과학 같은 이데올로기 학문을 연구하는 교수들에게는 이런 보호 장치가 더욱 필요하다. 그런데 실제로 종신 재직권은 사회적 논란을 빚을 가능성이 낮은, 순종적 성향이 확인된 교수들에게 주로 제공되는 것이 현실이다. 한마디로 잘못 활용되고 있다.

모두가 IBM의 일부분처럼 움직여 주기를 바랐다.

내가 생각하는 회사 인간은 다음과 같다.

> 회사 인간은 회사 인간으로서 행동하지 않으면 커다란 상실감을 느
> 낀다. 회사 인간으로서 행동할 수 있는 것 그 자체가 회사 인간에게
> 핵심 이익이다.

회사는 이런 회사 인간을 가능한 한 법정 퇴직 연령까지 고용했다. 법정 퇴직 연령에 이르러 퇴직한 회사 인간은 충분한 수준의 연금을 받으면서 옛 동료들과 함께 골프를 치는 등 여가 생활을 즐길 수 있을 거라고 기대했다. 이런 시스템은 기업의 수명이 아주 길었던 20세기에는 기대하는 대로 작동했다. 사실 20세기까지만 해도 기업들의 수명은 국가의 수명보다 더 길 것으로 기대됐다.

1990년대까지만 해도 사람들은 회사 인간으로 일하는 것이 안전한 선택이라고 믿었다. 회사가 무너지지만 않는다면 자신이 해고될 일은 없을 거라고 믿었다. 그런데 실리콘 밸리에서 정보통신IT 혁명이 일어나고, 전통적인 기업들은 엄청난 적자에 내몰리게 됐다. 마이크로소프트와 실리콘 밸리의 IT 기업들이 크게 성장하는 사이 IBM에서 회사 인간을 대량 해고하는 일이 일어났다. 이런 일이 곳곳에서 벌어지자 회사 인간들은 자신에게 발생할 수 있는 리스크가 결코 가능성이 낮은 일이 아니라는 인식을 갖게 됐다. 게다가 회사 인간들은 다른 곳에서 직업을 구할 수도 없었다. IBM의 회사 인간은 IBM 밖에서 할 수 있는 일이 별로 없었다. 심지어 그들의 인간적인 매력도 회사 문화 밖에서는 별로 매력처럼 느껴지지 않았다.

이렇게 회사 인간은 사라졌다. 사람들은 이제 어느 회사에서라도 일할 수 있는 '고용될 수 있는 인간'이 되기 위해 노력하고 있다. 개개인으로서는 상황이 더 나빠진 셈이다. 사람들은 전문 기술을 필요로 하는 산업계의 어느 회사에서라도 일할 수 있도록 준비하고 있다. 이제는 지금 일하고 있는 회사에서의 평판뿐만 아니라 업계에서의 평판까지 신경 써야 한다.[28]

## 회사의 존재 이유

본질적으로 '고용될 수 있는 인간'은 역사책에 등장할 만한 유형의 인간이 아니다. 역사적인 사건에 이름을 남기거나 역사가들이 흥미를 가질 만한 대상도 아니다. 노벨 경제학상 수상자 로널드 코스Ronald Coase는 회사에서 일하는 직원이라는 존재에 대해 다음과 같이 말했다.

직원은 태생적으로 회사 바깥보다는 회사 안에서 더 값진 존재다.
즉 시장보다는 회사에 더 값진 존재다.

코스는 학자로서 소신을 가지고 창의적인 관점과 아이디어를 제시해서 우리가 살고 있는 세상에 대한 이해를 높여 준 경제학자다. 그는 사람들이 세상을 직시할 수 있도록 도와주었다. 코스는 시장의 성격과 작용을 정리한 '코스

---

28    몇몇 회사들의 경우, 임원이나 관리자급 직원들에게 차량 지원 같은 복지 혜택을 제공한다. 이렇게 해서 약간의 세금 혜택을 보기도 한다. 그런데 직원들에게 차량을 직접 지원하는 것이 아니라 회사에서 차량 구입비 명목으로 현금을 지급한다면 대개의 경우 새 차를 구입하지 않고 그 돈을 은행에 예치해 둘 것이다. 어떤 회사들은 이런 식으로 직원들의 회사 의존도를 더욱 높이려고 한다.

정리'Coase Theorem라는 이론을 제시했다. 그는 시장이나 경제에 관한 주장은 물론이고, 환경오염에 관해서도 자기만의 확고한 논리를 가지고 있다. 그래서 '코스 정리'를 통해 오직 논리만으로 사람들이 반박하기 어려운 이론을 정립했다.

코스는 회사들이 왜 존재하는지에 관해 고찰한 최초의 학자 중 한 명이기도 하다. 그는 각각의 거래에 대해 조직을 구성하고 협상하고 계약하는 비용이 너무 많이 들기 때문에, 법인을 구성하고 직원들을 고용하고 명확한 직무를 맡기는 편이 비용 면에서 더 낫다는 관점을 제시했다. 자유시장에서는 전문 지식이나 기술이 등장하면 그에 관해 정보가 형성된 뒤 가격이 유동적으로 정해지지만, 회사에서는 직원들의 지식과 기술에 대해 고정된 비용을 지출한다. 따라서 회사들은 비용을 고려해 고용 상태로 두는 직원들의 수와 외부 단기 계약자들의 수를 최적의 상태로 유지하려고 한다.

하지만 코스는 회사의 리스크 측면에 관해서는 별다른 언급을 하지 않았다. 앞의 항공사 사례에서 볼 수 있듯, 상시 고용된 직원의 존재는 리스크 관리 전략의 핵심적인 요소다. 경제학자들이 역사에 관심을 갖는다면 고대 로마 시대에도 관리해야 할 동산과 부동산이 많은 가문들은 가문 외부의 자유인이 아니라 가문 내의 노예에게 재산 관리를 맡겼다는 사실을 알게 될 것이다. 왜 그랬을까? 이는 바로 리스크 관리 전략의 일환이었다. 재산 관리 과정에서 부정이 발생하면 자유인보다는 노예를 가혹하게 벌줄 수 있었기 때문에 노예 쪽에서 부정 사건이 발생하는 경우가 훨씬 더 적었다. 로마 시대에는 노예에게 벌을 내릴 때 법체계를 따를 필요가 없었다. 생각해 보라. 가문의 재산 관리를 하던 자가 가문의 재산을 소아시아의 비티니아로 빼돌리면 가문이 파산에 이를 수도 있다. 하지만 노예의 경우 자신에게 닥칠 최악의 벌을 생각하기 때문에 이 같은 부정을 저지를 가능성이 현저하게 줄어든다.

## 복잡성의 증가

오늘날 점점 더 많은 제품이 하청이나 외부 계약을 통해 만들어지고 있다. 또한 제품을 생산하는 데 있어 점점 더 높은 수준의 전문성이 요구되고 있다. 그런가 하면 특별히 높은 수준의 관심과 관리가 필요한 업무의 경우, 그 어느 때보다 더 상시 고용 직원들의 존재가 중요해졌다. 프로세스 관리 방식이 발전해서 모든 작업이 과거보다 더 원활하고 더 효율적으로 진행될 것 같지만 어느 한 부분에서 문제가 발생할 경우 전례 없이 막대한 비용이 유발되고, 출시일이 지연되는 정도 역시 과거보다 길어졌다. 전체적인 생산 프로세스가 너무나도 복잡해져서 어느 한 부분에서 발생하는 문제 때문에 전체 사업이 멈춰질 수도 있다.


## 해외 주재원은 본사로
## 돌아오고 싶지 않다

기업의 해외 주재원은 상당히 독특한 신분이다. 직원을 기업에 묶어 두는 가장 좋은 방법은 직원에게 높은 임금을 제공하고, 직원이 그 사실을 인식하고 높은 임금을 받을 수 있는 자신의 자리를 잃을까 봐 두려워하게끔 만드는 것이다. 대부분의 다국적기업이 해외 사업장에 주재원을 두고 있는데, 이들은 해외에서 회사를 대표하고 해외 사업을 진행한다. 일반적으로 해외 주재원과 그의 가족들은 해외에서 높은 수준의 생활을 영위한다. 당연히 기업으로서는 큰 비용을 지출할 수밖에 없지만, 해외 주재원을 두는 것은 기업에 매우 효과적인 전략이다. 해외 주재원에 관한 이야기를 조금 더 구체적으로 해 보자.

뉴욕에 본사가 있는 한 은행에서 어느 열대 지역의 나라에 해외 주재원을 파견했다. 해외 주재원은 가족들과 함께 그 나라로 나갔다. 그 열대 나라는 노동자들의 임금이나 물가가 매우 저렴해 은행은 그 주재원에게 멋진 저택은 물론 운전사가 딸린 자동차와 최고급 컨트리클럽 이용권을 제공할 수 있었다. 정원사와 가사 도우미 비용도 주었으며, 1년에 한 차례씩 온가족이 이용할 수 있는 미국행 왕복 퍼스트 클래스 항공권도 제공했다.

그 나라에서 몇 년간 최상류층처럼 살다 보면 주재원은 물론 그의 가족들도 현지에서의 생활에 중독되게 마련이다. 현지에서 일하는 다른 기업의 주재원들과 사회적으로 교류까지 한다면 더할 나위 없이 만족스러운 삶이 될 것이다. 이런 까닭에 그는 그 열대 나라에서 더 오래 머물기를 바라게 된다. 그런데 몇 년 지나면 그곳을 떠나야 한다. 해외 주재원의 경우, 거의 모든 기업이 순환 근무를 원칙으로 하기 때문이다.

현재의 근무지를 떠나야 하는 순간이 오면 많은 해외 주재원이 미국 본사가 아니라 다른 나라의 근무지로 파견되기를 바란다. 미국으로 돌아간다는 것은 상류층으로서의 생활을 상실하게 된다는 것을 의미하기 때문이다. 다시 본사 근무자들이 받는 기본 월급을 받고, 뉴욕 교외의 중산층 주거지에서 매일 지하철을 타고 출퇴근하고, 점심으로는 대부분 샌드위치를 먹게 된다. 열대 나라에서는 사업장에서 가장 높은 사람이었는데, 뉴욕에서는 누군가의 밑에서 일해야 한다는 것도 답답하다. 본사의 사내 정치에도 휘말리게 될 것이다. 본사로 돌아가면 분명히 이렇게 될 것이다. 임원들 사이의 경쟁이 심하고, 그들의 경쟁은 그대로 부하 직원들의 경쟁으로 이어지기 때문이다.

# 자유는 자유롭게
# 얻을 수 있는 것이 아니다

고대 아시리아의 아히카르에서 전해지는 이야기 중 개와 늑대 이야기가 있다. 이 이야기는 나중에 이솝과 프랑스의 작가 라 퐁텐에게 차용되기도 했다. 이야기 속에 개가 굶주린 늑대에게 자신이 누리고 있는 안락함과 풍요를 자랑하는 대목이 나온다. 늑대는 처음에는 부러워하지만, 개의 목에 걸려 있는 개 목걸이를 보고는 이렇게 말하며 도망가 버린다.

"개 목걸이에 묶여서 그렇게 많은 음식을 먹느니, 아무것도 먹지 않겠어." Il importe si bien, que de tous vos repas je ne veux en aucune sorte, Et ne voudrais pas meme a ce prix un tresor.

여러분은 어떤가? 이야기 속의 개가 되고 싶은가, 아니면 늑대가 되고 싶은가?

사실 아히카르의 이야기에는 늑대가 아니라 야생 당나귀가 등장한다. 야생 당나귀는 자유를 선택하지만 나중에 사자에게 잡아먹히는 것이 원전의 결말이다. 자유는 리스크를 수반한다. 자유라는 선택에 책임을 져야 하는 것이다. 자유는 결코 자유롭게 얻을 수 있는 것이 아니다. 실제로는 개 목걸이에 묶여 있으면서도 자신이 자유로운 늑대라고 믿는 사람들이 있다. 자신이 정말로 자유를 누리는 늑대인지 제대로 살펴봐야 한다.

검은머리참새에게는 흥미로운 특징이 있다. 집단에서 싸움을 가장 잘해서 우두머리 위치에 오른 검은머리참새는 머리 부분의 색이 더 짙어진다. 즉 검은머리참새 집단에서는 대개 머리 색이 가장 짙은 수컷 검은머리참새가 우두

[그림 6] 라 퐁텐의 〈개와 늑대〉 우화 삽화. 《La Fontaine book VI》, 1855년.

머리다. 이에 착안해 과학자들은 실험을 했다. 우두머리가 아닌 수컷 검은머리참새의 머리를 검게 염색해 본 것이다. 그런데 그 검은머리참새는 우두머리로 대접받지 못했다. 우두머리처럼 행동하지 못했기 때문이다. 그뿐만 아니라 머리가 검게 염색된 검은머리참새는 다른 검은머리참새에 죽임을 당했다. 이 결과에 대해 전 하버드대학교의 경제학 교수 테리 번햄Terry Burnham은 나에게 이렇게 말했다. "실제 행동이 뒷받침되어야 한다는 것을 새들도 아는 거죠."

한편 개 목걸이에 묶여 있는 상태에 대해서도 오해하는 경우도 있다. 실제로는 안전한 것이 아닌데도 안전하다고 착각하는 것이다. 개의 삶은 즐겁고 안락할 것 같지만 주인에게 버림받는 순간 생존 여부를 장담할 수 없게 된다.

개를 키울 때 대부분의 사람이 선택하는 것은 어리고 귀여운 강아지다. 다 자란 개를 입양하는 경우는 극히 드물다. 그리고 많은 나라에서 유기견은 안락사에 처해진다. 반면 늑대는 생존 능력이 있다. 사람도 마찬가지다. IBM의 사례에서도 볼 수 있듯, 회사에서 버림받은 직원은 좀처럼 예전 같은 생활로 돌아가지 못한다.


## 늑대와 개

회사에 상시 고용된 직원들 중에도 개가 아니라 늑대인 사람이 일부 있는데 이런 사람들의 특징이 있다. 바로 회사 내에서의 평판이나 인기에 연연하지 않는다는 것이다.

대학원을 졸업한 뒤 나는 한 은행의 트레이닝 프로그램에 들어갔다. 1년간의 프로그램을 거친 후에는 그 은행의 직원이 됐다. 그런데 주위를 둘러보니 온통 회사 인간 유형의 직원들뿐이었다. 솔직히 말하면, 그 은행에서 일했던 때는 내 인생에서 가장 기분 나쁜 시기였다. 그러다 금융투자사로 이직해서 트레이더로 일하게 됐다. 새로운 회사에서 만난 사람 중 일부가 늑대 부류였다.

늑대 유형의 한 사람은 세일즈 담당자였다. 회사에서 그의 입지는 확고했다. 그가 회사를 그만두면 회사의 이익이 상당 부분 사라지고 그가 이직할 경쟁사에 고객들까지 빼앗기게 될 그런 사람이었다. 당연히 회사는 그와 고객들 간의 관계성을 낮추고 회사와 고객들 간의 관계성을 높이려고 했기 때문에 그 세일즈 담당자와 회사는 빈번하게 갈등을 빚었지만, 그는 자신의 입지를 확고하게 지켜 냈다. 고객들이 그를 신뢰하고 좋아한 덕분이었다. 그의 고객들은 좋은 친구 같은 그 담당자가 아니라 다른 직원들이 전화를 걸어오면 다시 연락해 달라고 요구할 정도였다. 또 한 사람은 자신이 만들어 내는 이익이 얼마인가를 가장 중요하게 생각하는 트레이더였다. 이 두 사람의 늑대는 회사의 다른 임직원들에게 공손하게 굴지 않고 제멋대로 행동하는 경우가 많아서 회사는 그들의 존재를 부담스러워했지만 확실하게 이익을 냈기 때문에 어느 정도 좋아하기도 했다.

돈을 잘 벌어 오는 트레이더는 다른 직원들에게 무례하게 구는 경우가 많아서 회사는 이들과 다른 직원들의 관계에 특별히 신경 써야 한다. 하지만 회사 역시 좀처럼 수익을 내지 못하는 트레이더에게 가혹하게 구는 경우가 흔하다. 나는 높은 성과를 내던 트레이더가 회사 재무팀 직원에게 크게 화를 내면서 이렇게 말하는 것을 듣기도 했다. "당신이 받는 월급을 벌기 위해 내가 얼마나 바쁜지 알아?" 재무팀은 수익 내는 일을 하는 곳이 아니라는 사실을 지적하며 은근히 비아냥댄 것이다. 하지만 사람들 사이의 관계는 언제든 뒤바뀔 수 있다. 재무팀 직원에게 막말을 했던 트레이더는 나중에 실적이 부진해져서 결국 회사에서 해고당했다. 해고당하기 전 그는 자신이 막말을 했던 재무팀 직원에게 공개적으로 조롱을 받았다. 어떤 행동을 하더라도 개인의 자유지만, 그 자유는 상대방에게도 있다는 점을 알아야 한다. 아히카르의 이야기에 나오는 야생 당나귀처럼 자유는 자유롭게 누릴 수 있는 것이 아니다.

은행에서 금융투자사로 이직할 때, 나는 새로운 회사에서 이익을 내지 못하면 즉시 해고 당할 거라는 말을 들었다. 그런 말을 듣자 두려운 마음이 들었지만 새로운 곳에서 도전해 보기로 마음을 먹었다. 금융투자사에서 내가 처음 맡은 업무는 차익 거래였다. 당시만 하더라도 금융시장은 안정적이었고 거래 참여자도 많지 않았기 때문에 차익 거래로 괜찮은 수익을 낼 수 있었다.

금융투자사에서 일하던 당시 나는 넥타이를 매지 않았는데, 그것 때문에 회사에서 계속 지적을 받았다. 당시만 하더라도 금융인이 회사에서 넥타이를 매지 않는 것은 마치 알몸으로 거리를 돌아다니는 일과 같은 문제로 취급받았다. 넥타이를 매지 않는 것 때문에 지적받을 때면 나는 이렇게 응수했다. "넥타이를 매지 않는 건 내가 건방지기 때문이기도 하고, 그 편이 더 멋지기 때문이기도 하고, 그 편이 더 편하기 때문이기도 합니다."

적어도 금융투자사에서는 직원이 수익만 잘 낸다면 상사에게 뭐라고 말을 해도 괜찮다. 수익과 관계없는 일로 직원과 갈등을 빚어서 수익을 잘 내던 직원이 퇴사하면 상사는 그에 대해 책임을 져야 했고 심지어 해고 당할 수도 있었다. 과감하게 리스크를 감수하고 도전하는 유형의 사람에게 고분고분한 사회적 태도까지 바랄 수는 없는 일이다. 그리고 이런 사람들이 자유를 누릴 수 있다. 역사를 돌아보라. 인류 역사를 돌아봐도 과감하게 도전하는 늑대 같은 사람들이 더 큰 성취를 이뤄 냈다. 의지가 있다면 과감하게 도전하라.

잠시 여기서 사람의 말투에 대해 생각해 보자. 금융투자사의 경우, 업무 지원이나 관리를 담당하는 직원들과 트레이딩을 담당하는 직원들을 서로 분리해 놓을 필요가 있다. 트레이딩을 하는 직원들은 말을 거칠게 하는 경향이 있다. 내가 금융투자사에서 일하던 당시만 해도 다른 사람들 앞에서 말을 거칠게 하는 사람은 동네 건달이나 자신이 어디에도 소속되어 있는 사람이 아니라는 것을 강조하려는 사람들밖에 없었다. 금융투자사 트레이더들은 꼭 뱃사람처럼 말을 거칠게 하는 경우가 많았다. 나 역시 그랬다. 물론 가족과 대화하거나 글을 쓸 때는 그렇지 않았지만 말이다.[29] 트위터 등 SNS에서 말을 거칠게 하는 사람은 자신이 누구의 눈치도 보지 않는 자유인이라는 값비싼 신호를 보낸다. 그만큼 능력이 있다는 신호를 보내는 셈이기도 하다. 항상 점잖게 바른 말을 하는 것은 능력이나 권력이 있다는 신호를 보내는 태도가 아니다. 이런 관점에서 볼 때, 오늘날 말을 거칠게 하는 것은 높은 사회적 지위의 상징과도 같다. 러시아 재벌이 중요한 행사에 청바지를 입고 나타나는 것이나 마찬가지다. 가끔 금융사들이 잠재 고객들에게 회사 견학을 시켜 줄 때 트레이더들과 브로커들은 일부러 전화기에 대고 윽박지르는 모습을 보여 주는데, 이 역시 자신들이 능력 있음을 보여 주려는 행위라 할 수 있다.

물론 말을 거칠게 하는 것은 무식함을 드러내는 증거이거나 낮은 사회계층의 특징일 수도 있다. 그와 동시에 높은 사회적 지위, 권력, 자유, 능력 등을 드러내는 방식이기도 하다.[30] 무소유의 인간인 디오게네스는 알렉산더 대왕에게 자신은 다른 아무것도 필요하지 않으니 제발 앞에 서서 햇빛을 가리지만 말아 달라고 말했다. 이런 태도나 말투는 바로 그의 자유나 능력을 보여 주는 상징이다. "매너를 지키세요."라는 말은 주로 중간 계층 사람들 사이에서 오간다. 그러한 윤리가 나온 것은 그들을 길들이고, 사회 규칙이나 규범을 지키지 않는 것에 불안감을 느끼게 하기 위해서다.

---

29    이 이야기는 꼭 하고 싶은데, 예전에 금융업계에서 일하는 사람에게 다음과 같은 서한을 받은 적이 있다. "존경하는 탈레브 씨, 저도 탈레브 씨처럼 금융업계에서 일하고 있습니다. 그런 입장에서 탈레브 씨에게 조언을 하나 드리지 않을 수 없군요. 지금처럼 말을 거칠게 하는 습관만 버린다면 탈레브 씨 같은 지성인은 분명히 사회에 대한 영향력을 더욱 높일 수 있을 거라고 생각합니다." 나는 다음과 같은 답서를 보냈다. "꺼져 주세요."

30    내 친구인 로리 서덜랜드는 기업 경영자 중 언론인들을 대할 때 일부러 말을 거칠게 하는 사람들이 있다고 말해 주었다. 그들은 절제된 홍보용 말투가 아니라 거친 말투를 쓸 때 자신의 말이 진실이라는 점을 강조할 수 있다고 생각하는 것이다.

# 손실 회피 성향에
# 대하여

먼저 다음 글을 보자.

사람들은 자신이 갖지 못한 것에 대해 걱정하지 않는다. 그들은 자신이 가지고 있던 것을 잃게 될까 봐 걱정한다.

잃을 것이 많은 사람일수록 약해진다. 나는 지금까지 많은 토론회에 참석했는데, 그런 자리에서 노벨 경제학상 수상자 가운데 토론에서 질까 봐 두려워하는 사람들을 여럿 봤다. 특히 나는 예전에 언론에서 공개적으로 노벨 경제학상 수상자 네 명을 사기꾼이라고 지적한 적이 있는데, 그들은 공개적으로 내 언사에 우려를 표명했다. 그들은 왜 유명인사도 아닌 일개 트레이더인 나의 비난에 그토록 민감하게 대응했을까? 더 높은 지위에 오를수록 평판에 더 신경 쓰게 되기 때문이다. 이런 이들은 토론 자리에서 자기보다 못한 사람에게 패하면 더욱 크게 타격을 입는다고 생각한다.

흔히 높은 자리에 오르면 더 강한 권력을 행사하게 된다고 생각하는데, 이는 몇몇 한정된 조건하에서만 그렇다. 미국 CIA 국장은 미국 최고권력자 가운데 한 명이지만, 전 CIA 국장인 데이비드 페트레이어스David Petraeus는 어떤 면에서 보면 트럭 운전사보다도 더 취약한 위치에 있는 사람이다. 자신의 아내 외의 여자와는 데이트도 할 수 없는 사람이기 때문이다. 다른 사람들의 목숨을 빼앗을 수도 있는 위치에 있지만, 개와 마찬가지로 강한 목줄에 묶여 있기는 마찬가지다. 고위 공직에 몸담은 사람들의 상황은 전부 이렇다.

# 예카테리나 대제의
# 재림?

선출직 공직자나 선출직 공직자에게 임명되는 공직자와 정반대 위상을 가지고 있는 사람이 바로 독재자다. 이 글을 쓰고 있는 현 시점에서 보면 세계를 구성하는 주요 세력 사이의 충돌이 이제 막 시작된 것 같다. 특히 북대서양조약기구NATO(이하 나토)와 블라디미르 푸틴이 이끄는 러시아의 충돌이 두드러진다. 그런데 푸틴과 달리 나토 국가들의 대통령이나 총리는 투표로 뽑힌 사람들이다. 그만큼 그들은 유권자들의 눈치를 봐야 하고 자신의 발언이 언론에 어떻게 해석될지 항상 신경 써야 한다. 반면 푸틴은 그와 같은 것들 따위는 전혀 신경 쓰지 않는다. 그의 이런 과감한 태도는 더 많은 추종자를 만들어 낸다. 푸틴을 상대해야 하는 나토 국가의 대통령이나 총리가 의회나 국민의 허락을 받아야 하고 자신이 내리는 모든 주요한 결정을 실시간으로 평가를 받는 목줄에 묶인 사람들이라면, 푸틴은 완전한 자유인이다.

푸틴의 이런 태도는 러시아 국민들만 홀리는 것이 아니다. 시리아와 이집트를 비롯한 레반트 지역의 기독교도들도 푸틴에게 기대를 걸고 있다. 러시아 예카테리나 대제의 함대가 지중해 일대를 장악하고 베이루트에 있는 성 그레고리오 대성당의 종을 울렸던 일이 재현되기를 바라는 것이다. 예카테리나 대제는 오스만투르크의 이슬람 세력으로부터 크림반도를 되찾아 러시아에 편입시킨 인물로, 제왕이 무엇을 할 수 있는지를 보여 준 마지막 차르tsar라고 할 만하다. 예카테리나 대제 이전까지 수니파 오스만투르크 세력은 자신들의 영향력하에 있는 지역에서 기독교 교회가 종을 울리지 못하도록 했다. 깊은 산지에 터를 잡고 사는 기독교 부족 정도만이 교회의 종을 울리는 자유를 누릴 수 있었다. 예카테리나 대제 이후 레반트 지역의 기독교도들은 교회의 종을 마음껏 울렸으나, 이런 자유는 러시아 제국이 무너진 1917년 이후 상실됐다. 그리고 지금 레반트 지역의 기독교도들은 푸틴으로부터 100년 만에 그런 자유가 다시 실현되기를 바라고 있다.

합작 사업을 하더라도 상대 경영자가 고용된 사람인 경우보다는 기업 소유주인 경우에 더 강한 신뢰감을 느낀다. 마찬가지로 다음 해 선거에서 패할 수도 있는 선출직 대통령이나 총리의 말보다는 독재자의 말에 더 끌릴 수도 있다. 푸틴을 지켜보면서 나는 가정에서 길러진 동물은 거친 야생에서 살아남은 짐승을 상대하기가 결코 쉽지 않다는 점을 다시 한 번 느꼈다. 물론 군사력은 나토 동맹국 쪽이 더 강하다. 그러나 방아쇠를 당기는 것은 또 다른 문제다.[31]

역사적으로 봤을 때 소규모 국가들의 특별한 사례이기는 하지만, 독재자들은 자신이 지배하는 나라를 더 좋은 곳으로 만들어야 한다는 분명한 목적의식을 가지고 있었다. 선출직 공직자들이 표면적으로 드러나는 숫자에 집착하는 것과는 대조되는 모습이다. 물론 오늘날 독재자들은 자신에게 주어진 시간이 제한되어 있음을 알기 때문에 국가의 자산을 약탈해 스위스의 비밀 계좌로 열심히 빼돌린다. 사우디아라비아 왕가의 사례처럼 말이다.

---

31    모든 국민에게 투표권을 주는 방식에도 불구하고 얼마 전까지만 해도 선출직 공직자는 대부분 상류층 사람으로, 언론에 별로 신경 쓰지 않았다. 하지만 사회계층의 이동이 활발해지면서 선출직 공직자의 계층이 다양해지고, 투표에서 패배하는 것을 두려워하는 사람이 많아지기 시작했다. 투표에서 패배를 두려워하는 모습을 보였기 때문에 당선되는 사람이 많아졌음은 물론이다.

# 고위 관료들의 문제

## 다음의 이야기를 생각해 보라.

조직의 상급자에게 정성적인 '직무 평가'를 받고, 그 결과에 따라 조직에서의 생존 여부가 결정되는 사람들에게 핵심적인 판단을 맡길 수 없다.

회사의 경영자나 임원들은 직원들을 믿고 직무를 맡겨야 하지만 어려운 결정, 특히 핵심적인 사항을 선택해야 하는 결정까지 맡길 수는 없다. 또 비상 상황에서의 판단을 맡길 수도 없다. 소방관들처럼 비상 상황을 처리하고 그 속에서 자체적으로 판단하는 것이 본래 업무인 경우가 아니라면 말이다. 조직에서 직원들에게 기대하는 것은 상사가 필요하다고 생각하는 직무를 수행하고, 몇 가지 평가 지표를 기준으로 일정 수준 이내에 업무를 처리하는 것 정도다. 그런데 만약 어느 회사에서 조명 기구 판매를 담당하던 직원이 기존 직무보다 훨씬 더 큰 기회를 가져다 줄 새로운 직무를 우연히 담당하게 된다면, 그 직원은 새로운 직무를 포기하거나 혹은 그만두려 하지 않을 것이다.

일반적으로 회사에서 직원들에게 기대하는 것은 비상 상황이 발생하지 않도록 예방하는 것이다. 비상 상황이 일어나면 계획을 변경하고, 그 직원은 자신의 기존 직무가 아닌 새로운 직무에 더 매달리게 된다. 이런 식으로 책임의 분산이 진행되다 보면 회사의 어느 부분에서는 업무가 마비될 수밖에 없다. 이는 국가 수준으로 규모를 확장해서 생각해 보더라도 마찬가지다.

베트남전을 생각해 보라. 대부분의 사람이 잘못된 행동이 취해지고 있음을 알았지만, 멈추기보다는 하던 일을 계속해서 진행하는 것이 더 쉽다고 생각했다. 이런 경우, 사람들은 하던 일을 계속해서 해야 하는 온갖 이유를 만들어 낸다. 이때 흔히 신맛의 포도가 분명한데도 달콤한 포도라고 생각하는 인지 부조화가 수반된다. 사우디아라비아에 취한 미국의 행동 역시 마찬가지였다. 2001년 9월 11일 월드 트레이드 센터에 테러 공격이 발생하자 이 공격에 사우디아라비아 왕실이 어떤 식으로든 관여되어 있는 것이 분명한데도 미국 정부의 그 누구도 사우디아라비아에 적절한 조치를 취하지 않았다. 테러범들이 대부분 사우디아라비아 시민권자였는데도 말이다. 석유 공급과 관련된 세계적인 협력 관계가 깨지는 것이 두려웠기 때문이다. 대신에 미국은 이라크를 공격하기로 결정했다. 그 편이 더 쉬운 일이었기 때문이다.

2001년 이후 진행된 미국의 대테러 전쟁은 마치 질병의 원인은 방치한 채 질병의 징후만 완화시키려는 시도와 같았다. 한심하게도 미국 정치인들과 고위 관료들이 테러의 원인을 방치하는 사이에 테러 집단의 영향력은 점점 커졌다. 국가를 위해 최선의 임무를 수행해야 하지만, 그들은 그렇게 하지 않았다. 결국 미국은 9·11 테러 사태 당시 미성년자였던 사우디아라비아 학생들이 살라피즘을 추종하고 지지하며 훗날 재정적으로 후원하는 어른으로 성장하는 것을 지켜보기만 했다. 게다가 사우디아라비아의 와하비 원리주의자들은 9·11 테러 사태 이후에도 계속해서 동서양 젊은이들에게 자신들의 교리를 주입하고 있다. 미국이 이라크를 공격하고 영국계 아랍인 테러리스트 지하디 존을 비롯한 주요 테러리스트들을 폭사시켰지만, 테러 분자들은 더 넓은 지역으로 확산됐을 뿐이다. 차라리 테러리스트와의 전쟁에 들인 비용과 노력을 와하비의 교리와 살라피즘이 확산되는 것을 막는 데 사용했더라면 실질적으로 테러를 방지하는 데 훨씬 효과적이었을 것이다. 이들은 지금도 시아이트파, 야지디파, 기독교도들을 부정한 사람들이라고 가르치고 있다. 그러나 누군가에게 평가받아야 하는 관료들에게 이런 판단을 기대하기란 어려운 일이다.

2009년 미국에서 발생한 은행 위기의 원인도 같은 맥락에서 파악할 수 있다. 이 책의 도입부에서 오바마 행정부가 밥 루빈 트레이드의 공범이라고 지적했는데, 그들은 은행 위기 상황을 사전에 인지하고도 별다른 조치를 취하지 않았다. 위기의 책임자들과 인맥으로 엮여 있었기 때문이다.

누군가로부터 '평가'받아야 하는 사람들과 실패에 대한 손실을 온전하게 떠안아야 할 사람들이 어떤 식으로 '판단' 내리는지를 기회가 된다면 서로 비교해 보라. 여러분은 이들이 서로 완전히 다른 세상에서 살고 있다는 사실을 깨닫게 될 것이다.


## 다음 장의 이야기

다음 장에서는 자유인이기는 하지만, 그렇게 자유롭지는 않은 사람들의 아킬레스건에 대해 이야기해 보겠다.

제4장

# 내가 책임져야 하는
# 사람들

⚖

내부고발자가 겪는 일·거대 권력에 저항할 때 독신이 유리하다·
테러리즘을 대하는 함무라비법의 자세

여러분이 치명적인 발암 물질이 포함된 제품을 만들면서 그 사실을 오랫동안 숨겨 온, 그래서 수천 명에 달하는 소비자들의 죽음에 책임이 있는 어떤 회사의 직원이라고 가정해 보자. 여러분은 이런 사실을 폭로할 수도 있지만, 폭로한다면 그와 동시에 직업을 잃게 될 것이다. 회사와 공범 관계에 있는 과학자들은 여러분의 폭로가 거짓이라며 언론 플레이를 할 것이고, 회사는 여러분에 관한 부정적인 소문을 퍼뜨릴 것이다.

우리는 몬산토Monsanto(세계 최대의 유전자조작작물을 연구·개발하는 다국적 농업기업 —편집자) 제품의 위험성을 고발한 프랑스 과학자 질에릭 세랄리니Gilles Éric Séralini가 어떤 일을 겪었는지 잘 알고 있다. 몬산토와 한패인 과학자들은 세랄리니의 주장을 연일 반박했고, 과학계에서는 그를 별종 취급했다. 결국 세랄리니는 몬산토와의 소송에서 승리해 명예를 회복했지만, 그러기까지 힘든 시간을 보내야만 했다. 여러분도 회사의 비리를 폭로한다면 회사 측은 언론을 포함한 온갖 수단을 동원해 여러분을 신뢰하기 어려운 사람으로 만들어 버릴 것이다. 과거에 내부고발자들이 어떤 시간을 겪었는지 잘 알려져 있다. 결국에는 자신의 주장이 옳았고 회사가 엄청난 잘못을 저질렀다는 사실을 인정받더라도, 그렇게 되기까지 너무나도 길고 힘든 시간을 홀로 감당해야 했다. 게다가 회사 측에서 퍼뜨리는 나쁜 소문으로 승소할 때까지 다른 곳에서 직업을 구할 수도 없었다.

만약 여러분에게 아홉 명의 자녀들과 병든 노모가 있다고 가정해 보자. 여러분이 회사에 저항하는 동안 가족의 생계는 물론 자녀의 미래까지 흔들릴 것이다. 자녀들은 대학 진학을 꿈꿀 수도 없게 될 것이고, 심지어 당장 오늘의 끼니도 제대로 챙기지 못할 것이다. 여러분이 자신의 양심을 지키고 사회에 대한 의무를 다하는 사이에 자녀들에 대한 의무는 방치될 수 있다. 반대로 회사의 부정에 입을 다물고 있다는 것은 회사와 공범이 된다는 것을 의미한다. 계속 이런 식으로 회사 내부의 그 누구도 나서지 않는다면 앞으로 수천 명의 소비자가 회사의 제품으로 죽음에 이를 수도 있다. 이 사태를 막기 위해 윤리를 지키려고 하면 여러분의 삶과 자녀의 미래가 망가질 수도 있다.


## 영웅에게도
## 약점은 있다

2015년에 나온 영화 〈007 스펙터〉를 보면 주인공 제임스 본드가 자신이 속한 영국 정보기관까지 장악한 거대 조직과 싸우는 이야기가 나온다. 영화에서 제임스 본드는 내부고발자처럼 홀로 싸움을 벌인다. 그의 상사인 Q라는 인물이 본드에게 작전 장비를 조달해 준다. 그런 Q에게 본드가 함께 싸우자고 말하자 Q는 이렇게 답한다. "갚아야 할 주택 대출금이 있어요. 고양이도 두 마리나 돌봐야 해요." 그래도 Q는 결국 거대 조직을 상대로 하는 싸움에 동참한다.

사람들은 성자나 사회의 영웅이 독신이기를 바란다. 그래야 배우자나 자녀를 돌봐야 한다는 압박 없이 사회를 위해 봉사하는 데 전념할 수 있기 때문이다. 진부한 표현이지만, 인류를 가족으로 생각하고 행동해 주기를 바라는 것이 성자나 영웅에 대한 사람들의 마음이다. 소크라테스는 70세가 넘은 나이에 사형을 당했는데, 당시 그에게는 어린 자녀가 있었다. 그는 가족이 있었으나, 가족을 돌보기보다는 학문을 닦고 후배를 교육하는 데 온 힘을 기울였다. 이는 매우 드문 예다.[32]

역사적으로 볼 때도 가족의 존재는 영웅의 약점인 것이 분명하다. 에도 막부 시대 때 일본의 유력한 지방 실권자들은 자신의 가족을 수도인 에도에 보내야 했다. 지방 실권자들의 반란을 막기 위한 일종의 인질이었다. 로마제국과 훈족도 양측 통치자의 자녀를 서로의 궁궐로 보내 성장기를 보내게 했다. 통치자의 자녀는 귀한 손님으로 좋은 대접을 받으며 공부하고 성장했지만, 그들 역시 인질이었던 것은 마찬가지다. 오스만투르크 제국을 지탱하던 큰 축 가운데 하나로 예니체리 군단이 있다. 기독교도 가정의 자녀와 고아들을 데려

---

32    플라톤이 남긴 글에 따르면 소크라테스는 처형 당하는 그 순간까지 고결함을 잃지 않았다. 소크라테스는 판관에게 다음과 같은 말을 남겼다. "저도 가족이 있습니다. 제가 나무나 바위에서 태어난 것은 아니니까요. 사람에게서 태어난 저는 분명히 가족이 있습니다. 그리고 제 아들들도 있습니다. 모두 아테네 시민이죠. 세 명인데, 하나는 이미 10대이고, 나머지 둘은 아직 어립니다. 하지만 그 아이들을 여기에 데려다 놓고 저의 석방을 부탁하지는 않겠습니다."

다 전사로 기른 것이 바로 예니체리다. 예니체리는 부모와의 접촉이 차단되고, 결혼이 금지되어 가족을 가질 수 없었으며, 오직 술탄에게 충성을 다하다 생을 마감했다.

셜록 홈스나 제임스 본드 같은 가상의 영웅조차 독신으로, 이들의 다른 가족은 작품 속에 등장하지 않는다. 가족의 존재는 가상의 영웅에게조차 약점이 되기 때문이다. 그런데 오늘날 대기업들은 기혼 상태인 직원을 선호한다. 부양해야 할 가족이 있고, 여기에 주택 대출금까지 많으면 회사의 지시를 거부하거나 자신의 업무를 게을리할 가능성이 크게 줄어들기 때문이다.

다음 글을 생각해 보라.

> 윤리적인 선택을 하는 데 있어 가족이나 친구 같은 특수한 관계인
> 사람들과 일반 대중 가운데 어느 쪽을 선택해야 하는지에 관한 문제
> 가 개입되어서는 안 된다.

거대한 권력에 저항할 때도 독신인 상태가 유리하다. 고대 기독교의 한 종파인 에세네파는 독신 생활을 권장했는데, 독신이면 당연히 자녀가 생길 가능성이 없으니 에세네파의 교리는 사라질 수밖에 없는 운명이었다고도 볼 수 있다. 그러나 그들의 교리는 오늘날 기독교 교리에 상당 부분 남아 있다. 독신 상태는 기존 체제에 저항하고 새로운 교리를 지켜 내기에 유리한 측면이 있지만, 장기적인 관점에서 봤을 때 종파의 세력을 늘리는 데 있어서는 그리 좋은 방식이 아니다.

경제적 자유는 윤리적 선택의 딜레마에 처하지 않도록 하는 또 하나의 토대다. 하지만 경제적 자유를 이뤄 내는 것은 무척 어려운 일이다. 경제적 자유

를 이룬 것처럼 보이는 사람들 중 실제로 그러한 상태에 이른 사람은 얼마 되지 않는다. 아리스토텔레스 시대에는 자신의 양심을 따를 수만 있다면 자유로운 사람이라고 봤지만, 요즘은 자신의 양심을 따르는 것이 무척이나 어려운 시대다.

지적 자유와 윤리적 자유를 성취하기 위해서는 자신이 책임져야 하는 사람들의 삶이 자신의 선택으로 여타의 영향받는 일이 없어야 한다. 지금 이 세상에 진정 자유로운 사람이 그토록 적은 이유가 바로 여기에 있다. 미국 자동차 회사들이 모두 주적으로 여기는 랠프 네이더가 평범한 가정을 이루고 강아지까지 기르는 상황은 도무지 상상되지 않는다. 물론 독신인 데다 경제적 자유를 이뤘다고 해서 언제나 자유의지에 따른 윤리적인 선택을 할 수 있는 것은 아니다. 다음 내용에서는 이런 문제에 대해 논해 보겠다.

## 비트겐슈타인의 자

지금까지 특정한 개인의 저항 행동에 사회는 은연중에 다양한 측면에서 제재를 가해 왔고, 그렇기에 저항적인 행동을 하기 위해서는 독신 상태를 유지할 필요가 있다는 이야기를 했다. 물론 "당신이 거대 농업 회사의 치부를 드러냈기 때문에 당신 가족에게 보복할 것입니다."라는 식의 직접적인 제재가 가해지지는 않는다. 하지만 내부고발자에게는 분명히 어떤 식으로든 보복이 가해진다. 그러면 내부고발자는 크리스마스 지출을 줄이거나 식비를 줄이는 식으로 대처할 수밖에 없다.

다행스럽게도 나는 경제적으로 자유롭고 윤리적 판단에 있어서도 완전히 자유롭다. 물론 나는 경제적 자유가 없었어도 윤리적 판단을 하는 데 있어 자유를 행사했을 거라고 생각한다. 그렇지만 내게는 내가 책임져야 하는 사람들이 있고, 그들의 삶은 내 행동에 영향을 받는다. 나에게 해를 끼치려는 사람들이 있다면 그들은 당연히 내가 책임져야 하는 사람들에게도 해를 끼치려고 할 것이다. 실제로 거대 농업기업들이 고용한 홍보 기업들은 유전자조작 식품의 안전성에 회의적인 시각을 내보이는 나를 계속해서 공격했지만, 그들은 나의 소득 활동을 방해하지 못했다. 그들은 나에게 '반反과학적 인물'이라는 딱지를 붙이는 데도 실패했다. 적어도 나의 독자들 가운데 수백만 명은 내가 과학을 옹호한다는 사실을 알고 있기 때문이다. 다시 말해 그 같은 공격은 나에게 통하지 않았다. 나를 공격하는 이들은 내 책에서 몇 문장을 골라낸 다음 내 주장이 디팩 초프라Deepak Chopra의 사상과 유사하다고 지적했는데, 나는 오히려 그러한 시도가 디팩 초프라를 논리학자로 만들었다고 생각한다. 나는 그런 시도를 볼 때마다 '비트겐슈타인의 자'가 떠오른다. "탁자를 자로 재는 행위, 그게 탁자의 길이를 재는 행위일까, 아니면 자의 길이를 재는 행위일까?"라는 부분 말이다.[33] 누군가에 대한 비난이 정도를 벗어나면, 비난의 대상이 아니라 비난하는 사람이 욕을 먹는다.

나를 공격하는 사람들은 내가 강의하던 뉴욕대학교로 나를 해고하라는 항의 이메일을 보내라고 대중을 선도했다. 그 때문에 교직원들은 그런 내용의 이메일을 처리하느라 애를 먹었다. 그런데 교직원 중에는 내 이름을 처음 들은 사람도 있었다. 나는 뉴욕대학교에서 1년에 8주짜리 강의 하나만 맡고 있었을 뿐이다. 부정한 집단의 사람들은 자신의 치부를 드러내려는 사람의 가장 약한 부분을 골라 공격하는 방법을 흔히 사용하는데, 주로 그 사람의 가족이

---

[33]     이는 《행운에 속지 마라》에도 언급된 내용이다.

표적이 된다. 랠프 네이더가 GM 자동차의 결함을 폭로했을 때 그의 입을 다물게 하려던 사람들은 그의 노모에게 새벽 3시에 전화를 걸어 대는 식으로 공격했다. 불행히도 그때는 전화 발신자를 추적하기 어려웠다. 랠프 네이더를 심리적으로 압박하기 위한 전술이었지만, 그들은 그의 어머니 역시 투사라는 사실은 몰랐다. 그의 어머니는 자신이 정의를 위한 싸움에 동참하는 것 같아서 오히려 기분이 좋았다고 했다.

나의 적은 비단 거대 농업기업들만이 아니다. 몇 년 전 레바논의 한 대학교에서 나에게 명예박사 학위를 주겠다고 제안해 왔을 때 나는 상대를 존중하는 차원에서 명예박사 학위를 받기로 결심했다. 사실 나는 그런 이름뿐인 학위에 거부감을 느끼는 편이고, 학위 수여식 같은 행사도 너무나 싫어한다. 그리고 내가 봤을 때 명예박사 학위를 수집하는 사람들은 계급의식을 가지고 있는 것처럼 느껴진다. 고대 로마의 카토는 당시 추앙받던 인물이라면 당연히 만들어 전시했던 석상 제작을 거부할 정도로 겉치레를 좋게 보지 않았다. 나역시 카토의 철학을 따르려고 하는 편이다. 그렇지만 나는 레바논 대학교의 호의를 받아들이기로 했다. 이 소식이 퍼져 나가자 평소 살라피즘을 비판하고 소수 이슬람 분파를 지키려고 했던 나의 활동과 레바논을 아랍 문화권이 아닌 지중해 문화권으로 돌려놓아야 한다는 내 주장에 반감을 가지고 있던 여러 이슬람 단체가 레바논 대학교를 공격하기 시작했다.

대학교 운영을 책임지는 학장급 교수들은 외부의 공격에 취약한 편이다. 또 누군가를 즐겨 공격하는 사람들은 대개 상대방의 이러한 약점을 잘 파악해 낸다. 소수에 의한 장악이라는 관점에서 봤을 때, 몇몇 사람이 나에 대해 '인종주의자'라는 근거 없는 부당한 비판을 제기한다면 대학교 측으로서는 부담을 느낄 수밖에 없다. 그 결과, 명예박사 학위를 수여하겠다는 결정을 철회

할 수도 있었다. 사실 대학교에서 일하는 사람들은 지위가 높더라도 다들 고용된 직원에 불과하다. 당연히 평판에 민감할 수밖에 없다. 그런데 살라피즘은 인종으로 결정되는 것이 아니라 본인 스스로 선택한 정치적 활동이다. 그렇기 때문에 살라피즘을 비판한다고 해서 인종주의자라고 비난할 수는 없다. 하지만 이 같은 사실과는 상관없이 인종주의자라는 딱지가 붙은 사람에게 명예박사 학위를 주었다는 소문이 도는 것 자체가 대학교 교직원들에게는 부담이 될 수 있었다.

결과적으로 나에 대한 공격은 무위로 돌아갔다. 우선 내가 그들의 공격에 전혀 위축되지 않았고, 명예박사 학위를 수여하겠다고 발표했다가 근거도 없는 비방 때문에 이를 취소한다면 더 많은 것을 잃게 될 것이라고 본 대학교 측이 학위 수여를 강행했기 때문이다.

선동 당한 다수의 공격은 그리 효과적으로 진행되지 않는다. 선동 당한 다수는 기본적으로 어리석은 사람들의 무리라고 봐도 된다. 게다가 타인에 대한 증오를 발산하는 것을 주된 업으로 삼은 사람들은 다른 모든 일에 무능하게 마련이다. 심지어 증오를 발산하는 일 자체에도 무능하다. 타인에 대한 증오를 발산하는 사람들의 무리에는 윤리 의식이 매우 낮고 사회의 다른 분야에서 거부 당한 사람들이 모여들게 마련이다. 고등학교 때 똑똑하고 현명하고 공부를 잘했던 급우들 가운데 자신은 나중에 커서 공익 제보자들을 비난하는 세계적인 전문가가 되는 것이 꿈이라고 말한 학생이 한 명이라도 있었는가? 아니면 로비나 언론 플레이를 하는 사람이 되는 것이 꿈이라고 말한 학생이 단 한 명이라도 있었는가? 다른 분야에서 실력을 발휘하는 사람은 이런 일을 하지 않는다.

다음을 생각해 보라.

갈등으로부터 자유로우려면 친구가 있으면 안 된다.

고대 그리스의 정치인 클레온은 공직에 나가면서 친구들과의 관계를 모두 끊었다. 개인과 집단의 관계는 명확하게 규정할 수 없는 측면이 많다. 특히 테러 집단과 그 집단의 사주를 받아 자살 테러 공격을 수행하는 개인들 간의 관계는 사람들을 혼란스럽게 만든다. 이어지는 부분에서는 이런 관계에 대해 살펴보겠다.


## 자살 테러 공격을 수행하는 사람들

한 개인의 범죄로 그 범죄자의 가족까지 처벌할 수 있을까? 성경에는 이 질문에 대해 두 가지 답이 나온다. 구약성경의 출애굽기와 민수기를 보면, 아버지의 잘못에 대해 신이 손자와 증손자에게까지 죄를 묻는 내용이 나온다. 그리고 신명기에는 아버지의 잘못으로 아들이 벌을 받아서는 안 되고, 아들의 잘못으로 아버지가 벌을 받아서는 안 된다는 내용이 나온다. 오늘날까지도 이 질문의 답은 확고하게 정립되지 않은 상태다. 그리고 질문의 경계도 모호한 상태다. 일반적으로는 부모의 빚이 자녀들에게 전가되지 않지만, 독일 국민들은 아직도 조부모와 증조부모 때 저지른 전쟁 범죄의 책임을 지고 있다. 고대 사회에서는 부모가 빚을 못 갚는 경우, 그 빚이 자녀들에게 전가되는 일이 일반적이었지만, 희년(50년마다 공포된 해방의 해—편집자) 같이 일정 기간마다 빚을 탕감해 주는 장치도 있었다.

그런데 테러리즘에 대해서라면 이 질문의 답은 명확하다. "당신들이 내 가족을 죽였는데 그에 대한 벌을 받지 않는다면, 당신들은 간접적으로라도 살인에 대한 대가를 치러야 한다." 간접적인 보복은 오늘날처럼 문명화된 사회에서 일반적으로 통하는 규범이 아니다. 하지만 아무런 잘못도 없는데 테러 공격을 당할 수 있다는 것 자체가 정상적인 상황은 아니다. 역사적으로 보더라도 오늘날의 테러 집단 같은 범죄 집단은 존재한 적이 없었고, 오늘날의 테러처럼 처벌하기 어려운 범죄도 거의 없었다.[34]

함무라비법은 부모의 죄가 처벌받지 않은 경우, 죄에 대한 책임을 후대에 물리도록 했다. 부모가 죄를 지으면 아예 처음부터 자녀를 벌하는 조항도 있었다.

> 건축업자가 집을 지었는데, 그 집이 무너져 집주인의 큰아들이 사망하는 사고가 발생하면 건축업자의 큰아들도 죽음에 처한다.

고대 사회에 있어 존재의 최소 단위는 개인이 아니라 가족이었던 셈이다. 일례로 오랫동안 바깥 세계에는 알려지지 않다가 2000년에 개봉한 〈벵고〉Vengo라는 영화를 계기로 세상에 알려진 집시들의 법도 있다. 집시 가운데 누군가가 살인 범죄를 저지르면 범인의 친척 가운데 한 명은 피해자 유족의 가족으로 편입되어야 한다는 것이 그것이다.

자신의 테러를 지하드Jihad(이슬람교 전파를 위해 이슬람교도에게 부과된 종교

---

34    흔히들 테러리스트들이 자살 공격을 성공한 뒤 천국에 들고 수십 명의 처녀와 관계를 맺을 수 있다는 믿음 때문에 자살 공격에 나서는 거라고 말하는데, 이는 사실과 다르다. 대부분의 테러리스트는 영웅적인 죽음을 위해 자살 공격을 한다. 친구들에게 깊은 인상을 남기고 영웅이 될 수 있다는 생각에 맹목적인 태도를 갖게 되는 것이다.

적 의무. 아랍어로 '성전'聖戰을 뜻한다—편집자)라고 믿는, 즉 자신의 자살 공격으로 자신은 손해 보는 것이 하나도 없다고 믿는 테러리스트들의 공격 앞에서 우리는 무방비일 수밖에 없다. 이슬람의 한 종파인 알라위 사람들은 살라피 자살 폭탄 테러리스트들 때문에 공공장소에서 끊임없이 죽어 나가고 있다. 자살 폭탄 테러리스트를 사전에 체포할 수 있는 방법은 사실상 없다. 오직 자살 공격이 행해지기 직전에 감지할 수 있는 것이 전부다. 선량한 시민 중에는 자살 폭탄 테러리스트를 발견하자마자 자신의 몸으로 그를 껴안아 피해를 최소화하려 했던 이들도 있었다. 이들이야말로 진정한 영웅이다.

테러 공격을 행하는 집단에 대해 법규에 의거한 정의를 집행할 방법이 존재하지 않는 경우에는 보복 조치를 취할 수밖에 없다. 단 이때의 보복 조치는 감정적 반응이 철저히 배제된, 오직 테러 공격을 억제하기 위한 수단으로써 행해져야 하며, 최대한 정의에 입각해 설계되어야 한다. 스스로 자랑스러운 일이라 믿으며 다수의 선량한 사람들을 대상으로 행해지는 테러 공격은 억제되어야 한다. 문명사회의 법체계로 억제하는 것이 불가능하다면 차선책을 활용해야 한다. 테러 공격을 억제하지 못하면 피해를 입는 것은 대다수의 선량한 시민이기 때문이다.

자살 공격 테러리스트들의 행동을 억제할 수 있는 또 한 가지 방법은 테러 공격에 따른 손해를 정확하게 산정해 테러리스트들의 남은 가족들에게 배상을 요구하는 것이다. 독일인들이 지금도 조상들이 저지른 전쟁 범죄에 대한 손해를 배상하고 있는 것처럼 말이다. 테러 공격으로 본인이 죽는다고 해서 모든 일이 끝나는 것이 아니라 남은 가족들이 테러 공격에 대한 책임을 무겁게 져야 하고, 테러 공격 자체가 영웅적인 행위나 순교가 아니라는 점을 분명히 해야 테러 공격을 억제하는 효과를 기대할 수 있다.

한 개인의 범죄를 그가 속한 집단의 책임으로 돌리는 일에 크게 불편한 마음이 드는 것도 사실이다. 하지만 적어도 테러 공격을 감행한 범죄자의 남은 가족들이 그 테러 공격으로 경제적 이득을 취하는 일만큼은 막아야 한다. 많은 테러 집단이 자살 공격 테러리스트의 남은 가족에게 경제적으로 보상해 주는 것이 현실이다. 이런 일을 막기 위해서라도 테러리스트의 남은 가족에게 배상을 요구하는 방식을 진지하게 고려해 봐야 한다.


## 다음 장의 이야기

앞선 두 개의 장에서는 자유와 책임 문제를 다양한 측면에서 살펴보았다. 다음 장에서는 올바르게 행해지는 위험 감수 문제를 논해 보겠다.

## 제5부

# 삶 자체가 리스크와 함께하는 것이다

Skin in the Game

제5장

# 가상의 경험이
# 실제가 될 수 없는 이유

⚖️

얼음송곳으로 손바닥 뚫기·아무것도 요구하지 않는 종교는 없다·
도널드 트럼프가 당선된 이유

　　뉴욕의 한 클럽에서 열린 디너 파티에 참석했던 때
가 생각난다. 나는 데이비드라는 남자와 같은 테이블에 앉았다. 그는 차림새
부터 남달랐다. 그날 파티에 참석한 사람들은 하나같이 호르헤 보르헤스나 마
르셀 프루스트의 독자 모임에라도 온 것 같은 차림새였다. 대부분의 사람이
코듀로이 재킷에 애스콧 타이로 멋을 내고, 스웨이드 구두를 신고 있었다. 그
렇게 입지 않은 사람들은 전부 정장을 입고 있었다. 식사를 하던 중 데이비드
가 갑자기 마술을 보여 주겠다면서 식탁에 있던 얼음송곳을 집어 들더니 자
신의 손바닥에 얼음송곳이 통과하는 모습을 보여 주었다. 나중에 알게 됐지만
그는 데이비드 블레인David Blaine이라는 직업 마술사로, 꽤 유명한 사람이었다.
　　나는 마술사라는 직업에 대해 잘 모르지만, 마술은 착시 효과를 이용하는

것이라고 알고 있었다. 마술사는 매우 정교한 연출로 사람들에게 환상을 보여 주는 직업이라고 생각했다. 그런데 파티를 마치고 집에 돌아가다가 충격적인 모습을 목격했다. 자신의 코트를 찾기 위해 기다리고 있던 데이비드가 손수건으로 손바닥에서 흐르는 피를 닦고 있었던 것이다.

그러니까 그날 데이비드가 보여 준 것은 착시 효과가 아니라 진짜로 자신의 손바닥을 송곳이 뚫고 지나가는 장면이었던 것이다. 그는 그 자리에 있던 몇 사람에게 마술을 보여 주기 위해 엄청난 리스크를 감수한 셈이다. 그는 환상술사가 아니라 진짜였다. 사람들에게 진짜를 보여 주기 위해 엄청난 고통과 위험을 감수하는 그런 사람이었다.

그로부터 몇 달 후 데이비드를 다시 만날 기회가 있었는데, 악수할 때 그의 손바닥을 유심히 살펴보았다. 거기에는 깊은 흉터가 남아 있었다.


## 예수도 과감하게
## 도전하는 인간이었다

손바닥의 구멍 흉터를 생각하니, 삼위일체론과 예수의 신성이 떠오른다. '예수는 인간이자 신'이라는 교리는 칼케돈 공의회와 니케아 공의회를 비롯한 여러 공의회에서 정립된 기독교의 교리다. 신학적으로는 예수를 인간으로만 보는 편이 이론의 여지를 차단할 수 있다. 실제로 이슬람이나 유대교에서는 예수를 선지자일 뿐이라고 말한다. 어쨌든 예수는 인간이자 신이라는 교리는 기독교의 중심 교리다. 지금까지 여러 번의 공의회를 거치면서 정통론, 단의론, 단성론 같은 다양한 논리가 정립됐는데, 그 다양한 논리를 관통하는 중심은 예수는 인간이자 신이라는 교리다. 그런데 예수의 신

198

성을 강조한 삼위일체론은 기독교에 남은 다신교의 흔적을 보여 준다. 이슬람 국가에 붙잡힌 많은 기독교도가 처형 당한 것은 바로 이 교리 때문이다.

어쨌거나 예수는 실제 세상에 과감하게 뛰어들었고, 그 결과를 온전히 받아들였다. 예수는 십자가에 매달려 고통받았고, 자신을 희생했고, 죽음을 겪었다. 예수는 도전하는 사람으로 다른 사람들을 위해 자신을 희생했다. 만약에 예수의 신성만 강조된다면 그가 겪은 고통과 죽음, 그가 보여 준 희생은 상당 부분 설득력을 잃을 수밖에 없다. 약간의 인간성을 지니고 있더라도 전지전능한 신이 인간으로부터 물리적인 고통을 받는다는 것 자체가 처음부터 성립될 수 없는 일이기 때문이다. 만약에 예수가 신성만 지닌 존재라면 십자가에 매달려 고통을 받은 일은 인간 마술사들이 보여 주는 환상에 불과한 것이 된다. 인간 마술사인 데이비드 블레인조차 실제로 자신의 손바닥을 송곳으로 뚫었는데 말이다.

동방정교회의 아타나시우스Athanasius 대주교는 인간성에 신성을 부여하는 교리를 더욱 확장했다. 그는 이렇게 말했다. "예수 그리스도는 인간으로서 내려온 신이다. 그렇다면 우리 자신도 신성을 지닐 수 있다." 신성이 인간성과 결합한 전례를 예수 그리스도가 보여 주었으니, 우리 가운데 누구라도 신성을 지닌 성스러운 존재가 될 수 있다는 것이다. 이 같은 인격의 신격화에 대한 가능성이 동방정교회의 중심 교리다.[35]

---

35   이와 관련, 성 요한 크리소스토모스는 다음과 같이 말했다. "신의 아들이 인간성을 지니고 있으니, 우리 인간 역시 신성을 지닐 수 있다. 그 안에 우리가 있으니, 우리 안에 그를 가질 수 있는 것이다."

## 파스칼의 도박

　　　　　　'파스칼의 도박'Pascal's wager이라고 불리는 관념이 있다. 이 관념이 말하는 바는 이렇다. "창조주 신의 존재 여부를 확신할 수 없으면 창조주 신이 존재한다는 믿음으로 살아가라. 정말로 창조주가 존재한다면 제대로 판단한 것이고, 창조주가 존재하지 않더라도 그러한 믿음 때문에 손해 보는 일은 없을 것이다." 이 같은 관념은 신앙을 갖는 데 아무런 책임이나 손실이 수반되지 않는다는 전제하에 만들어졌지만, 사실 신앙을 갖는 것은 그렇게 만만한 일이 아니다. 우리가 살아가면서 무슨 일을 하든 리스크가 수반되게 마련이다. 이 세상에 신자에게 아무것도 요구하지 않는 종교는 없다.


## 꿈은 절대
## 현실이 될 수 없다

　　　　　　꽤 세속적이고 옷도 화려하게 입는 가톨릭 주교들도 논쟁을 좋아하지만, 그에 못지않게 철학자들도 논쟁을 좋아한다. 그런데 철학자들은 리스크를 감수하고 실제 인생에 뛰어드는 유형의 사람들이 아니다. 이들은 관념적인 사람들이다. 예를 들어 사람의 두뇌에 작용해 실제와 똑같은 느낌으로 가상 체험을 하게 해 주는 장치가 있다고 가정해 보자. 어떤 사람이 이 장치를 이용해서 가상 체험을 했다고 해서 그 경험이 실제 경험과 똑같다고는 하기 어렵다. 대학에서 연구하는 철학자 중에는 경험에서 든 느낌이 똑같다면 가상 경험과 실제 경험은 다르지 않다고 주장하는 이들도 있을 것이다.

그런데 나는 왜 가상 경험과 실제 경험이 다르다고 말하는 걸까? 실제 경험은 위험이나 희생을 수반하지만, 가상 경험은 위험이나 희생을 수반하지 않기 때문이다. 위험이나 희생이 완전히 배제된 경험은 진짜 경험이 아니다. 신체의 위험이 배제되더라도 심리적인 위험을 겪기 때문에 가상 경험과 실제 경험이 같다고 반박하는 사람도 있을 것이다. 그러나 실제 경험에서 느끼는 것과 실제와 비슷한 불안과 위험을 느끼는 것은 어디까지나 장치 안에서만 그런 것이다. 장치 안에서 느낀 불안과 위험은 장치 바깥에서는 사라진다. 게다가 이 장치는 돌이킬 수 없이 분명하게 가해지는 손실을 실제로 만들어 내지 못한다. 아무리 현실과 똑같은 느낌을 주는 꿈이라 해도 꿈은 꿈이다. 건물에서 추락하는 꿈을 꾸더라도 잠에서 깨어나면 실제 삶이 계속된다. 무엇보다 꿈에는 일방적이고 돌이킬 수 없는 시간의 진행이 적용되지 않는다는 점에서 현실과는 완전히 다르다. 이 책의 마지막 제19장에서 이런 관념과 에르고드 가정에 관해 좀 더 자세히 논하겠다. 에르고드 가정은 내가 가장 중요하게 생각하는 관념 가운데 하나이기도 하다. 이어지는 부분에서는 겉으로 분명하게 드러나는 단점들이 미치는 효과에 대해 생각해 보겠다.


## 도널드 트럼프가
## 선택된 이유

나는 텔레비전을 보다가 간혹 볼륨을 줄이는 경우가 있다. 도널드 트럼프를 비롯한 미국 공화당 대선 후보들이 처음 텔레비전 토론회에 나왔을 때 그랬다. 소리를 듣지 않는데도 트럼프가 공화당 대선 후보 경선에서 최종적으로 승리할 거라는 생각이 들었다. 언뜻 보기에도 그에게서 여러 가지 단점들이 분명하게 드러났기 때문이다. 그런데 그런 단점들 때문에 그는 '진짜로' 일하는 사람처럼 보였다. 투표하는 대중은, 다시 말해 실제

리스크를 감수하면서 진짜 인생을 살아가는 사람들은 진짜로 일할 것 같은 사람에게 표를 주게 마련이다. 트럼프가 사실은 실패한 사업가라는 논쟁마저도 그에게 유리하게 작용했다. 대중은 결점 없는 성공한 사업가보다는 흉터를 가지고 있는 사업가를 더 신뢰한다. 그에게서 보이는 흠, 흉터, 성격적 결함은 대중이 그를 자신과 똑같은 진짜 사람으로 느끼게 만들었을 뿐이다.[36]

흉터는 진짜 인생을 사는 사람이라는 인상을 준다.
사람들은 뒤에서 분석만 하는 사람과 앞에서 진짜로 일하는 사람을
구분해 낼 줄 안다.


## 다음 장의 이야기

뚱보 토니는 이렇게 말했다. "말하기보다는 행동하라." 말을 했으면 행동이 뒷받침되어야 한다. 말 없이 행동하는 사람이 행동 없이 말만 하는 사람보다 훨씬 더 훌륭하다. 언제나 그렇다.

다음 장에서는 행동 없이 말만 하는 사람들에 대해 살펴보겠다. 소위 지식인이라 불리는 사람들로, 나는 이들이 현대 사회에 숨어 있는 질병이라고 생각한다. 특히 실제로는 뒤에서 분석만 하면서 마치 앞에서 진짜로 일하는 척 흉내를 내는 사람들이 제일 문제다.

---

36  트럼프가 막말을 한다는 평이 있는데, 나는 그의 태도가 그가 언제나 자신이 모든 책임을 감수해 왔다는, 자신의 조직에서 가장 높은 자리에 있었다는 또 하나의 증거라고 생각한다. 평생에 걸쳐 자기보다 높은 자리에 있는 사람을 공손한 태도로 설득하거나 누군가에게 좋은 인상을 주려고 하거나 허락을 받으려 한 적이 없었기 때문에 그런 태도를 갖게 된 것이다. 누군가에게 고용돼 일하는 사람은 단어 선택이나 말투가 그보다 훨씬 더 조심스럽게 마련이다.

# 제6장

# 똑똑해 보이는
# 바보들

현실에 참여하지 않는 사람들·지방 기피증·제대로 운동을 해 본 적 없는 사람들

2014년부터 2018년 사이 인도, 영국, 미국 등지에서는 전통적으로 '지식인'이라 불리던 고위 관료와 언론인의 위상이 크게 떨어지는 일이 잇달아 일어났다. 미국이나 영국의 명문 대학교를 졸업하고 자기들끼리는 서로 매우 온정적이고, 마치 자신들이 모든 정답을 알고 있다는 듯이 사람들에게 무엇을 해야 하고, 무엇을 먹어야 하고, 어떤 식으로 말해야 하고, 어떤 식으로 생각해야 하고, 또 누구에게 투표해야 하는지까지 말해 주던 사람들의 입지가 흔들린 것이다.

소위 현 시대의 지식인을 따른다는 것은 애꾸눈이 장님을 따라가는 것과 마찬가지다. 내가 아는 한 지식인이라는 사람들은 실제로 지식은 별로 없고, 오직 자기들끼리 무리 짓는 일에만 능력이 뛰어난 사람들이다. 그들이 잘하는

거라고는 자기 같은 사람들이 낸 시험 문제를 잘 풀고, 자기 같은 사람들이 잘 썼다고 생각하는 방식으로 논문을 쓰는 것 정도다. 현 시대의 지식인이라는 사람들은 이처럼 너무나도 무능하지만 지금까지 우리는 지식인들이 이런 모습일 거라는 생각을 거의 하지 않고 살아왔다.

현재 심리학 연구 결과의 40퍼센트가량은 과거에 이뤄진 연구의 반복에 불과하다. 일례로 영양학 분야에서는 지난 30년 동안 '지방이 나쁘다'고 말해 왔지만 최근 들어서 지방에 대해 다른 관점을 이야기하고 있다. 경제학의 예측은 그 정확도가 점성술보다 낮다(이 점에 대해서는 《행운에 속지 마라》에서 자세히 다루었다). 2010년 벤 버냉키는 미국 연방준비제도이사회 의장으로 재신임받았는데, 그는 재정 위험에 대해 잘 모른다는 사실이 이미 확인된 바 있는 인물이다. 그런가 하면 의약 분야에서도 똑같은 문제가 계속 반복되고 있다. 이 정도라면 지식인들의 말을 듣는 것보다 조상들의 직관을 따르고 할머니의 조언을 듣는 것이 더 낫다는 생각이 든다. 물론 옛날 지식인들의 지식을 따르는 것으로도 충분하다.


## 과학과 과학주의를
## 구분하지 못하는 지식인

실제 현실의 삶을 살아 본 적 없는 현 시대의 지식인들은 자신들이 다른 사람들에게 살아가는 방법을 알려 줘야 한다고 생각하지만, 사실 이들은 전혀 똑똑하지 않다. 이들은 과학과 과학주의조차 구분하지 못한다. 더 심각한 것은 과학주의를 과학보다 더 과학적이라고 여긴다는 사실이다. 미국 경제학자 캐스 선스타인Cass Sunstein이나 리처드 탈러Richard Thaler

는 다른 사람들의 행동에 자신의 원칙을 강요하는 사람의 대표격이라 할 만하다. 이들은 무엇이 합리적인 행동이고 무엇이 비합리적인 행동인지 그리고 무엇이 일탈 행동인지 분류했는데, 이 같은 분류 자체가 너무 피상적인 논리와 일차원적 모델에 근거해 그 실효성이 의심스럽기만 하다. 현 시대 지식인 중 대다수가 이처럼 어느 한 부분에 대한 자신의 이해를 전체로 확장시키는 오류를 일상적으로 범하고 있다. 특정 집단의 구성원 중 일부의 행동을 집단 전체의 움직임으로 생각하고, 시장 일부의 움직임을 전체 시장의 움직임으로 생각하는 식이다. 이는 개미 몇 마리의 행동을 지켜보고 개미 전체 집단의 움직임을 이해할 수 있다고 주장하는 것과 같이 어리석은 생각이다.

바보 지식인의 숫자는 20세기 중반부터 갑자기 늘어나기 시작했다. 이제는 어느 곳에서나 이런 사람들을 쉽게 찾아볼 수 있다. 평소에 일하면서도 이들과 끊임없이 접하게 된다. 국내총생산GDP의 성장에 따라 대부분의 나라에서 정부의 규모는 한 세기 전에 비해 5~10배 가량 커졌는데, 그 과정에서 바보 지식인은 공공기관에도 많이 진입했다. 물론 전체 인구 규모와 비교하면 바보 지식인의 숫자는 여전히 소수다. 주로 싱크탱크, 언론사, 대학의 사회과학 분야, 지방의 공공기관 등에 소속되어 있는 이들은 다른 분야에서는 좀처럼 자리를 잡지 못한다. 그렇지만 이런 곳에서 일하는 덕분에 사회적으로는 상당한 영향력을 발휘한다.

바보 지식인은 다른 사람들의 행동을 제대로 이해하지 못하면서 자신이 이해하지 못하는 다른 사람들의 행동을 잘못됐다고 평가한다. 이들은 다른 사람들이 어떤 행동을 취해야 하는지 이미 결론을 내려놓고, 결론과 다른 행동을 취할 경우 그 행동을 고쳐야 한다고 주장한다. 특히 평범한 계층의 사람들이 개인적인 이익을 추구하면 "무지하다."라고 비난한다. 바보 지식인은 사람들의 정치 참여가 자신들의 이익에 부합하면 '민주주의'라고 말하지만, 자신들의 이익에 부합하지 않으면 '포퓰리즘'이라고 말한다. 미국의 부자들은 재산에 따라 투표권을 줘야 한다고 주장하고, 인본주의자들은 한 사람이 한 표를 행사해야 한다고 말하고, 거대 농업기업들은 로비가 더 중요하다고 보고, 바보 지식인들은 출신 대학교에 따라 투표권을 줘야 한다고 생각한다. 이들은 명문대 출신이라면 외국인에게도 투표권을 줘야 한다고 생각한다. 자신과 어울릴 만한 사람은 같은 부류의 사람들 외에는 없다고 생각하기 때문이다.

니체 역시 '공부를 했지만 교양이 없는 사람들'의 문제점을 지적한 바 있다. 우리 사회는 자신을 지식인이라 믿는 바보들을 경계해야 한다. 특히 이런 사람들에게 국가 정책을 수립하도록 맡기는 것은 이발사에게 뇌 수술을 맡기는 것과 똑같은 일이다. 바보 지식인들은 궤변을 일삼으면서도 그런 사실을 인지하지 못한다.

## 공부를 했지만
## 교양이 없는 사람들

바보 지식인들은 《뉴요커》 같은 잡지를 꼭 구독한다. 잡지에서 진화니 신경과학이니 인지 편향이니 양자역학이니 하는 분야의 피상적인 지식을 얻을 수 있기 때문이다. 바보 지식인들은 SNS에서 절대로 험한 말을 하지 않는다. 이들은 공개적인 자리에서 '인종 평등'이나 '경제적 평등' 같은 말을 즐겨 한다. 그렇지만 이들이 소수 인종 출신의 택시 운전사 같은 사람들과 어울리는 일은 절대로 없다. 바보 지식인들은 실제 세상일을 하는 법이 절대로 없다. 실제 세상일을 한다는 것은 바보 지식인들에게 매우 생소한 개념이다. 바보 지식인들은 한 번 넘게 TED 강연에 직접 참석하고, 가끔 유튜브로 이 강연을 본다. 그들은 아마도 지난 미국 대선 때 거대 농업기업의 후원을 받는 힐러리 클린턴에게 투표했을 것이다. 힐러리가 당선 가능성이 높아 보이고, 자신과 같은 부류의 인간이라는 판단이 든다는 이유에서 말이다. 그러면서 힐러리 이외의 후보에게 투표하는 사람은 제정신이 아니라고 비난했을 것이다.

바보 지식인들은 근동과 중동을 구분하지 못한다(지중해 동부 연안 지역을 근동이라고 부른다). 바보 지식인들은 자신의 서재 책장에 내가 쓴 책《블랙 스완》을 사서 꽂아 두고 있지만, 증거가 없다는 개념과 없다는 증거의 개념을 제대로 구분하지 못한다. 이들은 유전자조작을 과학이라고 생각하고 그 기술의 위험도를 전통적인 품종 개량 정도의 것으로 인식한다. 일반적으로 바보 지식인들은 일차원적 논리는 금세 이해하지만, 이차원적 논리로 들어가면 상황을 좀처럼 이해하지 못한다. 그래서 이들은 복잡한 상황에서는 완전히 무능해진다.

스탈린의 통치, 마오쩌둥의 통치, 유전자조작 문제, 이라크, 리비아, 시리아, 뇌엽절리술, 도시계획, 저탄수화물 다이어트, 운동 장비, 행동주의, 트랜스지방, 프로이트식 정신 분석, 포트폴리오 이론, 선형회귀, 고과당 옥수수 시럽, 가우스 이론, 살라피즘, 동태확률 일반균형 모델, 주택 정책, 마라톤, 이기적 유전자, 선거 예측 모델, 버니 매도프의 사기, 유의 확률 등등 이 모든 실패는 바로 바보 지식인들의 작품이다. 그런데도 바보 지식인들은 자신들이 지금 차지한 위치가 당연하다고 생각한다.[37]

---

37    이 주제에 관해서는 이탈리아의 경제학자이자 사회학자인 파레토 Pareto가 나보다 훨씬 더 거칠게 언급한 바 있다.

# 바보 지식인들의
# 특징

바보 지식인들은 여행을 다닐 때 어떤 특전이 주어지기를 바라면서 여기저기 가입한다. 사회과학 분야의 바보 지식인들은 통계치를 인용하는 것을 좋아하는데, 그 통계치가 어떤 식으로 도출된 것인지는 알지 못한다. 스티븐 핑커를 비롯한 상당수의 심리학자들이 그렇다. 바보 지식인들은 영국을 방문할 때면 꼭 문학 행사에 참석하고, 입맛에 맞지도 않는 오이 샌드위치를 먹는다. 이들은 스테이크를 먹을 때 꼭 레드와인을 곁들이면서 스테이크에 화이트와인은 절대로 안 된다고 고집한다. 한때는 지방이 위험한 식품이라 생각해서 기피했으나, 지금은 필수 요소라 생각하며 기꺼이 챙겨 먹는다. 물론 지방이 위험하다고 말한 사람도 식품영양학자고, 지방이 필요하다고 말한 사람도 식품영양학자다. 이들은 자신의 주치의가 스타틴을 복용하라고 권하면 자신의 상태를 잘 알아보지도 않고 그냥 복용한다.

바보 지식인들은 에르고드 가정에 대해 알지 못하고, 설명해 줘도 금세 잊어버린다. 바보 지식인들은 이디시Yiddish(중앙 및 동부 유럽에서 쓰이던 유대인 언어—편집자) 말을 모르고, 이디시 말이 필요한 경우가 언제인지조차 관심을 갖지 않는다. 이들은 외국어를 배우려고 마음먹으면 문법부터 공부한다. 이들의 친척 중에는 영국 여왕을 안다는 사람을 지인으로 두고 있는 사람이 한 명 이상 있다. 이들은 프레데릭 다르, 리바니우스 안티오쿠스, 마이클 오크쇼트, 존 그레이, 암미아누스 마르켈리누스, 이븐 바투타, 사아디아 가온, 조지프 드 메스트르가 쓴 책을 한 번도 읽어 본 적이 없다. 이들은 러시아 사람과 술을 마셔 본 적이 한 번도 없다. 이들은 술잔을 깨뜨리거나 의자를 부술 정도로 취하도록 술을 마셔 본 적이 없다. 이들은 그리스신화의 헤카테와 헤카베를 구분하지 못한다. 일부 미국인이 '시놀라'Shinola를 욕으로 생각하면서 쓰던 상황이 떠오르지 않는가?

이들은 직접 책임지고 현실에 참여하지 않는 한 '가짜 지식인'과 '지식인'의 차이를 인식하지 못할 것이다. 이들은 지난 5년간 최소한 두 번은 물리학과 전혀 상관없는 주제에 대해 대화하면서 양자역학을 언급했을 것이다. 바보 지식인들은 다른 사람들과 대화할 때 주제와 무관한 과학계의 유행어를 쓰는 것을 좋아한다. 어떤 주제에 관해 대화할 때 너무 과도하게 이론적으로 들어가는 것도 이들에게서 흔히 나타나는 문제다.

## 이 장의 결론

바보 지식인들은 항상 평판에 신경을 쓰며, 좋은 평판을 받기 위해 말과 행동을 조심히 한다. 이들의 가장 큰 특징은 제대로 운동해 본 적이 없다는 것이다.[38]

---

[38] 바보 지식인들은 자신 같은 사람이 극소수라는 점을 인식하지 못하고 자신들에 대한 비판을 '모든 타인에 대한 비판'이라고 생각한다. 그러면서 이들은 자신들의 특권 의식이 비판받는 것을 참지 못하며 다른 사람들은 자신보다 열등하다고 생각한다. 하지만 이런 사고방식은 결국 이들에 대한 비판으로 돌아갈 뿐이다. 바보 지식인들에 대한 나의 비판에 리처드 탈러는 이렇게 말했다. "탈레브라고 불리지 않는 바보 아닌 자들이 많지는 않을 것이다." 탈러는 유전자조작이나 우버 같은 최신 트렌드에 민감한 캐스 선스타인의 동료다. 이들은 자신과 같은 바보들은 전체 인구의 1퍼센트, 아니 0.1퍼센트도 안 된다는 것을 모르는 것 같다.

## 다음 장의 이야기

　　　　　나는 이 장의 내용을 2016년 미국 대선 전에 나의 SNS에 포스팅한 바 있다. 이 내용에 대한 반응에서 나는 바보 지식인들은 풍자를 이해하지 못하고 문자 그대로 받아들이는 사람들이라는 점을 다시 한 번 확인할 수 있었다. 이제 풍자는 이쯤에서 멈추자. 다음 장에서는 바보 지식인들이 너무나도 잘못 이해하고 있는 주제, 바로 경제적 불평등에 대해 논해 보겠다.

제7장

# 불평등과
# 책임

부자보다 고액 연봉의 월급쟁이를 더 싫어한다·불평등 현상은 하나의
장면이 아니다·피케티의 주장은 틀렸다·탐욕스러운 고위 공직자들

불평등에는 두 가지 유형이 있다. 하나는 용인할 수
있는 불평등으로, 예를 들어 세상 사람들 다수가 영웅으로 인정하는 사람들과
의 격차다. 아인슈타인, 미켈란젤로, 은둔의 천재 수학자 그리고리 페렐
만Grigori Perelman 같은 사람들과의 격차는 받아들이기가 그다지 어렵지 않다. 유
명한 사업가, 예술가, 밥 딜런, 소크라테스, 인기 있는 요리사, 로마 황제들…
사람들은 이런 영웅들을 보면 오히려 '팬'이 된다. 이들을 닮으려 하고 존경한
다. 이들과의 격차 때문에 부정적인 감정이 생기는 일은 없다.

다른 하나는 용인하기 어려운 불평등으로, 나와 별다를 것 없어 보이는 사
람들과의 격차다. 기반이 되는 시스템을 소유하고 있거나 부동산 임대 소득을
올리고 있거나 특권을 차지하고 있는 사람들은 질투의 대상이 된다. 사람들은

이들의 삶을 보며 부럽다는 생각을 가질 수는 있어도 결코 이들의 팬이 되지는 않는다. 은행 임원, 부유한 고위 관료, 대기업의 자문을 맡은 전직 국회의원, 성공한 경영자, 텔레비전에 종종 출연하는 고소득 전문직 종사자 같은 사람들이 이 범주에 들어간다. 사람들은 이들을 보며 부럽다는 생각만 하는 것이 아니라 상대적 박탈감을 느낀다. 특히 이들이 타고 다니는 비싼 자동차라도 보면 그 괴로움은 더욱 커진다. 이들의 존재로 자신의 존재가 작아지는 것 같기 때문이다.[39]

큰 부를 소유한 자본가들에 대해서는 사람들의 반응이 엇갈린다. 현 샌프란시스코 연방준비은행 총재인 존 윌리엄스 John C. Williams가 발표한 논문에 따르면 미국의 노동자 계급은 부자들을 좋게 생각하고 자신의 롤모델로 생각한다. 부자들이 텔레비전에 나와서 하는 이야기를 귀담아듣고, 그들이 제시하는 규범을 기꺼이 따른다. "이게 부자들이 생각하는 방식이래."라고 말하는 식이다. 윌리엄스의 논문에 따르면 미국 사회학자 미셸 라몬트 Michèle Lamont가 미국의 블루컬러 노동자들은 대상으로 심층 면담을 진행했는데, 면담에 응한 노동자들은 고액 연봉을 받는 전문직들에게 분노를 표했지만 큰 부자들에게는 의외로 별다른 분노를 표하지 않았다.

미국의 대중(사실상 모든 나라의 대중)은 많은 돈을 버는 월급쟁이들을 너무나도 싫어한다. 스위스만 해도 몇 년 전 기업 경영자들의 임금을 일정 수준 이하로 제한하려는 입법을 추진했다. 결국 그런 법이 시행되지는 않았지만, 스

---

39    부동산 임차료가 높은 나라에서는 부의 축적이 '제로섬 게임'으로 인식된다. 부자가 된다는 것이 다른 사람들의 재산을 가져오는 일로 여겨지는 것이다. 반면 부동산 임차료가 낮은 나라들에서는 부의 축적이 부의 창출로 인식된다. 오바마 행정부 이전의 미국도 이 범주에 들어갔다. 이런 나라에서는 부자가 된다는 것이 모두에게 이익을 만들어 주는 일로 여겨진다.

위스 사람들이 많은 돈을 버는 월급쟁이를 얼마나 싫어하는지 잘 보여 주는 사건이다. 그런데 아이러니하게도 스위스 사람들은 다양한 수단으로 부자가 된 사람을 존경하는 국민성을 가지고 있기도 하다.

부동산 임대업과 국가에서 허가하는 사업권이 주요한 부의 취득 수단인 나라들에서는 부의 축적이 제로섬 게임으로 인식된다. 이런 나라에서 일반 대중은 규제에 묶여 경쟁력을 갖지 못하는 사이, 정치인들이나 고위 관료들 그리고 이들과 특수관계에 있는 사람들은 규제에서 벗어나 부를 축적한다.[40] 부자가 되는 것은 많은 사람의 부를 빼앗는 것으로 생각된다. 반면 미국 같은 나라에서는 부의 축적이 제로섬 게임으로 인식되지 않는다. 다른 사람의 것을 가져오지 않아도 부자가 될 수 있기 때문이다. 오히려 부자들이 부를 축적하는 과정에서 다른 사람들의 부가 창출되기도 한다. 하지만 평등의 문제는 미국에서도 제로섬 게임으로 인식된다.

내가 보기에 사람들이 화내는(혹은 화를 내야 하는) 대상은 높은 자리에 앉아 고소득을 올리며 책임지는 일에서는 면제된 사람들이다. 잘못된 판단을 내리더라도 지위가 떨어지지 않고, 소득이나 재산이 줄어들지 않으며 실업급여를 타는 일도 없는 그런 사람들 말이다. 대통령 후보 시절 도널드 트럼프를 비방하던 사람들은 그의 결점을 결격 사유로 보고, 그가 파산에 이르렀던 일과 10억 달러에 이르는 개인 자산을 잃었던 일 등을 널리 퍼뜨리려고 했지만, 정작 그 일을 알게 된 유권자들은 트럼프에게 화를 내는 일을 멈췄다. 트럼프가 자신의 잘못된 판단에 책임을 지고 재산을 잃기도 하는 사람으로 비쳐지

---

40    규제가 복잡한 나라들에서 공무원들은 은퇴 후 기업들에 규제를 피하거나 규제를 이용해 돈을 벌 수 있는 방법을 알려 주는 컨설턴트로 활동한다. 자신들이 만든 규제를 이용해 돈을 버는 것이다.

면서 그에게 느끼던 용인하기 어려운 불평등에 대한 분노가 사라진 것이다.

높은 자리에 앉아 높은 소득을 취하면서도 책임지는 일에서는 면제된 사람들은 자신이 이끄는 기업의 경영 성과에 아무런 영향도 받지 않는다. 월급쟁이 경영자들이 그 대표적인 예다. 이들은 리스크를 뒤로 미루고, 영업 성과를 조작하고, 연봉과 보너스를 챙기고, 은퇴하거나 이직한 후에 뒤로 미룬 리스크가 드러나면서 영업 성과가 나빠지면 자신의 후임자들을 비난한다.

이 장에서는 우리 사회의 불평등을 다양한 관점에서 살펴보겠다. 우선 그 첫 번째 순서로 불평등을 정적static 불평등과 동적dynamic 불평등으로 구분할 것이다. 이 둘의 차이를 만들어 내는 것은 판단과 책임의 문제다.

다음을 생각해 보라.

진정한 평등은 확률의 평등이다.

그리고 다음도 생각해 보라.

판단과 책임이 동시에 작동하는 방식이 시스템의 부패를 막는다.

## 정적 불평등과
## 동적 불평등

경제학자들은, 특히 자신의 판단에 아무런 책임도 지지 않는 경제학자들은 변화하는 무언가를 분석하고 예측하는 일을 매우 어려워하며, 변화하는 대상도 '변화하지 않는다'는 가정하에 분석하고 예측하려고 한다. 이들은 복잡계 이론에 매우 취약하고, 발생률이 낮은 상황의 발생 가능성에 제대로 대응하지 못한다. 확률 이론을 깊이 있게 고찰하기 위해서는 수학적 방법론과 개념화를 활용할 수 있어야 하는데, 경제학자들은 이 부분에도 취약하다. 경제학자들은 에르고드 가정에 대해 거의 생각하지 않는다. 기계적으로 논문을 만들어 내는 직업인일 뿐인 가짜 학자와 이 세상의 일을 이해하는 진짜 학자를 구분할 때 나는 그가 에르고드 가정을 이해하고 있는지를 기준으로 삼는다.

이제 정적 불평등과 동적 불평등에 대해 생각해 보자.

> 정적 불평등은 불평등을 한 장의 사진으로 인식한다. 여기에는 삶의 과정에서 앞으로 일어날 수 있는 변화가 반영되지 않는다.

10퍼센트 정도의 미국인이 일생 동안 최소 1년은 상위 1퍼센트의 소득 구간에 들어가고, 절반 이상의 미국인이 일생 동안 최소 1년은 상위 10퍼센트의 소득 구간에 들어간다.[41] 유럽인의 소득 상황과 비교하면 동적인 양상을 띠며, 이 사실만 보면 유럽이 미국보다 더 평등한 곳처럼 여겨진다.

현재 미국에서 가장 부유한 500대 가문 가운데 90퍼센트는 지난 30년 사이에 이 목록에 새롭게 진입했다. 반면 프랑스에서 가장 부유한 500대 가문 가운데 60퍼센트 이상은 상속을 통해 30년 이상 이 목록에 머물고 있으며, 유럽에서 가장 부유한 500대 가문 가운데 30퍼센트 이상은 100년 이상 이 목록에

---

41    39퍼센트의 미국인이 일생 동안 최소 1년은 상위 5퍼센트의 소득 구간에 들어가고, 56퍼센트의 미국인이 일생 동안 최소 1년은 상위 10퍼센트의 소득 구간에 들어가고, 73퍼센트의 미국인이 일생 동안 최소 1년은 상위 20퍼센트의 소득 구간에 들어간다.

포함돼 있다. 특히 이탈리아의 플로렌스에서는 몇몇 가문이 5세기 이상 동안 도시에서 최고 부자의 지위를 유지하고 있다.

동적(에르고드형) 불평등에는 미래와 과거의 변화 요소들이 반영된다.

사회 하층부에 있는 사람들을 위로 조금 끌어올리는 것만으로는 동적 평등 상태를 만들어 낼 수 없다. 동적 평등 상태를 만들어 내기 위해서는 부자가 될 수 있는 기회를 넓게 만들고 부자 계층이 순환되도록 유도해야 한다.

상위 1퍼센트의 부자들이 자신이 내린 판단의 결과로 현재 위치에서 떨어져 나갈 수 있는 리스크가 존재하는 사회가 더 평등한 사회다.[42]

소득과 재산에 있어 상위 1퍼센트의 부자가 계속 바뀌는 사회가 역동적이고 평등한 사회다. 일단 부의 상위 1퍼센트 이내에 들어가면 그 지위를 계속 유지할 수 있는 사회는 역동적인 사회도 아니고 평등한 사회도 아니다. 동적 평등을 수학적으로 이야기하면 다음과 같다.

동적 평등 상태에서는 에르고드 가정이 구현된다. 이때는 시간이 흐르더라도 발생 가능성이 계속해서 유지된다.

---

42    별도의 완충 장치 없이 부자 계층이 순환되는 데 마르코프 연쇄Markov chain(미래의 사건이 과거에 의존하지 않고 오로지 현재 상태에만 따라 결정될 때 마르코프 성질을 가진다고 말한다—편집자)가 적용되는 사회가 동적 평등의 사회다.

이쯤에서 에르고드 가정에 대해 짧게 이야기해 보자. 현대 사회의 지식인이라 불리는 사람들에게 생소한 개념일 것이다. 제19장에서도 자세히 설명하겠지만, 에르고드 가정을 토대로 생각해 보면 심리학 실험을 통해 도출된 확률과 합리성에 관한 결론이 대부분 잘못됐다는 것을 알 수 있다. 사회적 평등과 관련해 내가 말하는 에르고드 가정의 개념은 다음과 같다.

미국 전체 인구의 1퍼센트가 백만장자라고 가정해 보자. 이들 중에는 과체중인 사람도 있을 것이고, 키 큰 사람도 있을 것이고, 유머 감각이 있는 사람도 있을 것이다. 그다음 중하층의 숫자는 미국 인구에서 가장 큰 비중을 차지하는데, 이들 중에는 요가 강사도 있을 것이고, 제빵사도 있을 것이고, 정원 관리 컨설턴트도 있을 것이고, 스프레드시트 개발자도 있을 것이고, 댄스 강사도 있을 것이고, 피아노 조율사도 있을 것이고, 스페인어 강사도 있을 것이다. 일반적으로 자산의 불평등이 소득의 불평등보다 심각하지만, 미국인들의 소득과 자산을 계층별로 구분했을 때 미국 사회가 에르고드 가정이 구현된 사회라면 미국인 한 사람은 평생 동안 사회계층의 비중과 똑같이 소득과 자산 수준의 오르내림을 겪게 된다. 즉 일생을 100년이라 가정했을 때 평범한 미국인이 일생의 60년은 중하층으로 살고, 일생의 10년은 중상층으로 살고, 일생의 20년은 블루컬러 노동자로 살고, 일생의 1년은 상위 1퍼센트 백만장자로 사는 식이다.[43, 44]

나는 에르고드 상태와 반대되는 개념을 '차단 상태'absorbing state라고 부른다.

---

43    사회 평균적으로는 에르고드 상태가 유지되더라도, 사회 구성원 개인의 수준에서는 에르고드 상태가 불완전하게 진행될 수도 있다. 어떤 사람은 1년 넘게 상위 1퍼센트의 백만장자로 살고, 어떤 사람은 1년보다 훨씬 더 짧은 기간 동안 상위 1퍼센트의 백만장자로 사는 식이다. 하지만 에르고드 상태의 사회에서 누구는 1퍼센트 백만장자가 될 가능성이 0퍼센트고, 누구는 1퍼센트 백만장자가 될 가능성이 100퍼센트라는 식으로는 진행되지 않는다.

차단 상태의 사회에서는 사회 구성원들이 자신이 속한 계층에서 떨어지지도 않고 벗어날 수도 없다. 어떤 과정을 거쳐 현재 부유층이 되었다면 그곳에서 떨어지는 일이 거의 없고, 현재 빈곤한 계층에 처해 있다면 아무리 노력해도 그곳을 벗어나는 것이 거의 불가능한 식이다. 이 같은 사회에서는 사람들이 부자를 보며 분노하는 것이 정당하다.

차단 상태의 사회에서는 기득권을 가진 부유층이 지위를 유지하는 것을 국가가 나서서 지원해 준다. 대표적인 국가로 프랑스를 들 수 있다. 프랑스 정부는 대기업과 경영자, 주주들을 지원하고 그들의 추락을 막는 것을 당연하게 생각한다. 심지어 프랑스는 기득권층인 부유층이 더 큰 규모의 부를 취할 수 있도록 정부 차원에서 지원해 주기도 한다. 그런데 한 사회에서 부유층의 추락이 없다는 사실은 낮은 계층의 상승이 거의 불가능하다는 것을 의미하기도 한다.

## 피케티 그리고
## 만다린 계층의 반란[45]

'만다린'Mandarins이라고 불리는 계층이 있다. 프랑스 작가 시몬 드 보부아르Simone de Beauvoir의 소설을 계기로 조명받게 된 계층이다.

---

44    나는 《행운에 속지 마라》에서 철학자 존 롤스John Rawls가 제시한 '무지의 장막'이라는 개념을 소개한 바 있다. 롤스가 무지의 장막이라는 개념을 통해 말한 정의로운 사회 역시 에르고드 상태의 사회를 의미한다. 정의로운 사회는 정적 평등이 아니라 동적 평등이 구현되는 사회다.

45    해당 내용에서는 다소 기술적인 이야기를 할 것이다. 경제학자들의 오류에 별 관심이 없는 독자들은 해당 내용을 그냥 건너뛰기 바란다.

원래 만다린은 청나라 고위 관료 및 그들의 언어를 지칭하는 단어였다. 나는 만다린 계층의 존재를 오래전부터 알고 있었는데, 최근 들어 프랑스 경제학자 토마 피케티Thomas Piketty의 저술과 강연에 대한 그들의 반응을 보면서 그들이 어떤 사고방식을 가지고 있는지 더욱 분명하게 깨닫게 됐다.

피케티는 자본에 대한 도발적인 책을 통해 자신이 카를 마르크스를 따른다는 점을 분명히 했다. 나는 그의 책이 프랑스 이외의 지역에서는 주목받지 못할 때 친구가 프랑스어판을 줘서 알게 됐다. 당시만 하더라도 사회과학 분야에서 자신의 생각을 바탕으로 책으로 낸다는 것은 그 자체로 높게 평가받았다. 그의 책《21세기 자본》은 자본소득이 노동소득보다 훨씬 더 빠르게 성장하며, 재분배와 세금 정책 등으로 이러한 불평등을 해소하지 않는다면 현재의 자본주의 체제는 붕괴될 수 있다고 경고한다.

그런데 자본소득의 성장이 노동소득의 성장보다 훨씬 더 빠르다는 그의 주장은 명백히 틀렸다. '지식 경제'가 얼마나 폭발적으로 성장하고 있는지 생각해 본다면 이런 말을 하지 못할 것이다. 직접 투자를 해 본 사람들 역시 이런 말에 동의하지 않을 것이다.

특정 기간 동안 불평등이 심화됐다고 주장하려면 해당 기간에 사회 최상층부에 있는 사람들이 변함없이 자신의 자리를 유지하고 있었음을 보여 줘야한다. 하지만 피케티는 그런 사실을 보여 주지 않았다. 피케티는 경제학자로, 대체로 경제학자들은 동적 사회현상을 파악하는 데 취약하다. 그의 주장의 문제는 그것만이 아니다. 그가 사용한 방법론 자체에도 결함이 있다. 그는 세계의 불평등이 점점 커지고 있다고 주장했지만, 그가 자신의 주장을 뒷받침하는 데 사용한 방법론은 수학적으로 그리 정교하지 않았다. 그의 책을 접했을 무렵, 나는 논문 두 편을 발표했다. 하나는 라파엘 두아디와 함께 쓴 것이고, 다른 하나는 나의 연구 동료인 안드레아 폰타나리Andrea Fontanari, 파스칼 치릴로Pasquale Cirillo와 함께 쓴 것인데, 둘 다 《피지카 A》Physica A(통계역학 관련 잡지―편집자)에 실렸다. 둘 다 상위 1퍼센트 부의 변화에 기반한 불평등의 계량화에 관한 논문이었다. 유럽의 불평등을 계량화할 때 유럽 전체를 기준으로 삼아 도출해 낸 불평등은 개별 국가들의 불평등을 합한 것보다 더 크게 나타났다. 개인 간의 불평등에 국가 간의 불평등이 더해지기 때문이다. 내가 발표한 논문들은 과학적 논리와 증거를 토대로 작성됐다. 나는 이론의 여지를 없애기 위해 내가 활용한 과학적·수학적 방법론을 분명하게 제시했다.

유럽의 불평등을 계량화할 때 유럽 전체를 기준으로 삼으면 불평등 상황이 실제보다 훨씬 더 심각하게 나타난다는 점이 간과되는 이유는 불평등을 연구하는 경제학자들이 불평등에 익숙하지 않기 때문이다. 불평등 문제를 해결하기 위해서는 정규분포의 꼬리 부분에 조치를 취해야 한다. 꼬리 부분이란 정규분포 그래프를 그렸을 때 좌우 꼬리 쪽에 나타나는 낮은 확률의 영역을 의미한다. 부자들이 존재하는 영역이 바로 이 꼬리 부분이다.[46]

사회의 불평등이 심각할수록, 승자 독식 구조가 심화될수록 사회는 통상적인 정규분포에서 조금 벗어난 모양을 나타낸다. 경제학자들은 이러한 변화를 나타내기 전의 통상적인 정규분포를 가정해서 분석한다. 사실 어느 사회든 부자가 된다는 것은 승자 독식 구조가 작용한다는 것을 의미한다. 그리고 이런 구조에 대한 통제는 대개 기득권층을 보호하는 쪽으로 진행된다. 통제를

---

[46]    통계학자로서 나의 전공은 팻 테일 fat tail 유형의 정규분포에 대한 분석이다. 통상적인 정규분포에서 시간에 따른 변화는 중앙부의 모양에 영향을 받지만, 팻 테일 유형의 정규분포에서 시간에 따른 변화는 테일 부분의 모양에 영향을 받는다. 이 설명이 무슨 말인지 이해하기 어려울 수도 있다. 어쨌든 수학적으로 설명하면 이렇다.

설정하는 사람들부터가 기득권층인 고위 관료들이기 때문이다. 따라서 불평등을 완화시키려면 꼬리 부분에 있는 부자들의 기득권을 깨뜨리는 방향으로 통제가 행해져야 한다. 이 같은 유형의 통제를 가장 잘 행하는 나라가 바로 미국이다.

그런데 진짜 문제는 학자들이 아니다. 문제 그 자체도 결코 문제가 아니다. 문제를 대하는 사람들이 문제를 만들어 낸다. 진짜 문제는 자신의 소신을 밝힌 피케티가 아니라 피케티의 주장에 대한 만다린 계층의 반응이다. 이들은 불평등이 확산되고 있다는 '증거'가 제시되자 그 증거가 제대로 된 것인지 확인도 하지 않고 흥분하는 반응을 보였다. 그런데 그 증거라는 것이 실제로는 가짜 뉴스뿐이었다. 거기에 경제학자들은 한 술 더 떠서 피케티의 박식함을 칭송했다. 이들은 피케티가 발자크와 제인 오스틴에 대해 알고 있다고 목소리를 높였다. 발자크와 제인 오스틴에 관한 피케티의 언급이 지극히 짧다는 것은 상관없었다. 그러면서 경제학자들은 내가 제시한 논문은 무시했다. 이들이 내 논문을 언급하는 경우는 "탈레브는 너무 오만하다."라고 이야기하기 위해서일 뿐이었다. 그래도 내 논문이 틀렸다는 이야기는 하지 못하고 내가 오만하다는 이야기만 했으니, 어떤 면에서는 칭찬이라고 받아들일 수 있겠다는 생각이 든다.

대중적으로 유명한 경제학자이자 지식인인 폴 크루그먼Paul Krugman은 다음과 같은 글을 기고했다. "누군가가 피케티의 주장에서 명백한 경험적 혹은 논리적 오류를 발견했다면 그 사람은 그 자체로 잘못된 것이다. 피케티는 자신이 해야 할 일을 했을 뿐이니까!" 그 후 내가 크루그먼을 직접 만날 일이 있어서 피케티의 오류에 대해 지적했더니, 그는 그냥 자리를 피해 버렸다. 물론 내가 싫어서 피한 것은 아니라고 생각한다. 그가 예전에 스스로 인정했듯, 확률이나 조합이론 쪽에 약하기 때문에 피한 거라고 생각한다.

크루그먼이나 피케티 같은 사람들은 자신들의 주장으로 손해 보는 일이 전혀 없다. 사회의 불평등을 지적하면서 이들의 사회적 위상은 더욱 높아진다. 미국의 대학 시스템이나 프랑스 사회가 전복되는 일만 없다면 이들은 계속해서 월급을 받을 것이다. 상황이 나빠졌을 때 책임지는 것은 대다수 평범한 국민이다. 칼로 살아가는 사람은 칼로 죽음에 이르고, 리스크를 남들에게 전가하는 사람은 그 리스크 때문에 실패할 수 있지만, 대학이나 공공기관에서 월급을 받는 경제학자들은 그렇게 될 위험이 전혀 없다.[47]

이번 섹션에서 피케티 이야기를 따로 다룬 이유는 사실을 왜곡하고, 사회적으로 억눌려 있는 사람들과 부정한 의도로 연대하고, 이런 방식을 통해 자신들의 이익을 강화하려는 만다린 계층의 행태가 피케티의 책에 대한 과도한 찬사를 기반으로 구체화됐기 때문이다.

---

[47] 팻 테일 유형의 정규분포는 승자 독식 구조가 더 강화됐음을 의미한다. 이 경우, 부가 부를 창출하는 상황이 더 심화되며, 그에 따라 불평등 역시 더 심화된다. 꼬리 부분 이외의 영역에서 부자가 될 가능성은 더욱 낮아지고, 부자는 더욱 부자가 되는 것이다. 피케티가 불평등한 상황으로 지적한 것이 바로 이 부분이다. 80/20 법칙의 세계에 100명의 사람들이 살아가고 있는데, 한 명의 최고 부자는 더욱 부자가 되고, 하위 50명에게는 부의 변화가 없는 상황을 생각해 보라. 이런 세계는 제로섬 세계가 아니다. 한 명의 부자가 더 큰 부자가 된다고 해서 하위 50명의 재산이 줄어들지 않듯, 한 명의 최고 부자를 없애더라도 하위 50명의 재산이 늘어나지는 않는다. 오히려 소수 부자들에 대한 통제를 통해 하위 50명의 부를 늘리는 방향으로 정책을 행하는 것이 더 옳은 방법이다.

# 질투는 자신과 비슷한
# 사람에게 향한다

보통 시민들은 부자들에 대해 지식인들이나 고위 관료들만큼 강한 질투를 내보이지는 않는다. 질투는 사회계층을 몇 칸씩 건너 뛰어서까지 만들어지지 않는다. 보통 시민들은 부자들을 질투하기보다는 자신의 생활을 더 낫게 만드는 일에 더 관심이 많다. 부자들을 질투하는 건 부자들 바로 아래 계층 사람들이다. 피케티의 주장에 가장 적극적으로 반응하는 사람이 대학 교수들과 정부 고위 관료들인 이유도 여기에서 찾을 수 있다. 대학과 정부 기관에서 평생 동안 일자리와 소득을 보장받는 사람들이 부자들에게 가장 큰 불만을 갖는다.

내가 그동안 다양한 계층의 사람들과 대화를 나누어 본 결과, 가장 적극적으로 부자들의 재산권을 빼앗으려고 하는 사람들은 부자들 바로 다음 계층에서 일하며 부자들과 자신의 처지를 직접적으로 비교하는 사람들이라는 결론을 내리게 됐다. 역사적으로 볼 때도 공산주의 운동에 가장 먼저 참여한 사람은 부자들 바로 아래 계층의 사람들이었다. 오늘날에도 마찬가지다. 부자들을 질투하고 부자들에게 불만을 갖는 것은 사우스 앨라배마의 트럭 운전사가 아니라 명문대를 졸업하고 뉴욕이나 워싱턴에서 일하며 특권 의식을 가지고 있는 소위 지식인들이다. 대표적으로 폴 크루그먼이나 조지프 스티글리츠Joseph Stiglitz 같은 사람을 들 수 있다. 이들은 자신보다 '덜 똑똑한' 사람들이 훨씬 더 많은 재산을 가지고 있는 것이 부당하다고 생각한다.

아리스토텔레스는 질투라는 감정은 자신과 비슷한 사람들을 대상으로 생겨나기 쉽다고 말했다. 낮은 계층 사람들이 큰 부자를 질투하는 경우는 거의 없다. 또한 "선지자도 자신의 고향에서는 선지자로 인정받지 못한다."라는 말을 생각해 보면, 질투는 지리적으로 가까운 사람들 사이에서도 생겨나기 쉽다. 이 말이 예수의 말에서 기원했다고 생각하는 사람이 많은데, 이 말을 맨 처음 한 사람은 아리스토텔레스다. 아리스토텔레스는 질투에 대해 다음과 같이 시적으로 서술했다.

구두장이는 구두장이를 질투하고, 목수는 목수를 질투한다.

그런가 하면 프랑스 철학자 장 드 라 브뤼에르Jean de La Bruyere는 질투에 대해 이렇게 썼다. "질투는 같은 직업 사이에서, 같은 능력 사이에서, 같은 처지 사이에서 만들어진다." L'emulation et la jalousie ne se rencontrent guere que dans les personnes du meme art, de meme talent et de meme condition.

앞서 언급한 미셸 라몬트는 논문을 쓰기 위해 미국의 블루컬러 노동자들을 대상으로 심층 면담을 진행했지만, 피케티는 프랑스의 블루컬러 노동자들이 원하는 바가 무엇인지 직접 확인한 적이 없다. 아마도 직접 물어봤다면 그들이 원하는 것은 더 맛있는 맥주, 새로운 식기세척기, 더 빠른 통근 열차라고 대답했을 것이다. 생전 마주칠 일 없는 부자들을 그들의 지위에서 끌어내리는 것을 원한다고 답하는 노동자는 거의 없을 것이다. 물론 지식인들이 부자가 되는 것에 '약탈'이라는 프레임을 씌울 수도 있으며, 노동자들이 이에 호응해 부자들을 죽이자고 나설 수도 있다. 프랑스 혁명 당시 그랬던 것처럼 말이다.[48]

## 불평등, 부, 사회계층

　　　　　　　　　지식인들이 불평등 문제에 과민하게 반응하는 이유는 그들이 세상을 수직적인 구조로 인식하기 때문이다. 이들은 다른 사람들 역시 세상을 그렇게 인식할 거라고 생각한다. 실제로 대학에서 이루어지는 사회문제에 관한 토론은 거의 다 수직적 사회구조를 다룬다. 그러나 현실 세계를 살고 있는 사람들은 그런 일에 그렇게까지 신경 쓰지 않는다.[49]

　옛날에는 질투가 증폭되는 일이 적었다. 옛날 부자들은 다른 부자들과 접하는 기회가 매우 적었고, 그래서 다른 부자들과 경쟁하는 일도 별로 없었다. 부자들은 자신이 소유한 땅에 머물면서 자신에게 의존하는 하인이나 지역민들에게 둘러싸여 살았다. 아주 가끔 큰 축제가 열릴 때나 도시로 나갈 기회가 있을 때 다른 부자들을 접하는 정도였다. 옛날 부자의 자녀들은 대부분의 시간을 하인들의 자녀와 어울리면서 보냈다.

　상업이 발달하고 도시가 확장되면서 같은 계층의 사람들끼리 어울리는 일이 잦아졌다. 산업화 이후에는 부자들이 대도시로 몰려들면서 아예 같은 계층끼리 같은 주거 지역에서 모여 살기 시작했다. 그러면서 충분히 부유한 사람들도 다른 부자들과 자신을 비교하면서 열등감을 느끼게 됐다. 자연히 계층 내에서도 다른 이들에게 뒤처지지 않으려는 경쟁이 심화됐다.

　이제 부자들은 다른 부자들하고만 어울려 산다. 그들에게 있어 가난한 사

---

48　　영국 국회의원들이 의정 활동에 배정된 예산으로 자기 집 텔레비전이나 식기세척기 따위를 구입했다가 적발된 적이 있다. 이에 영국 국민들이 격분하자 한 의원이 이렇게 항변했다. "100만 파운드쯤 가져다가 채권을 구입한 것도 아닌데!" 하지만 대중이 더 크게 반응하는 것은 채권이 아니라 텔레비전이다.

49　　기술적으로 논란의 여지가 있으나, 정적 관점이 아니라 동적 관점으로 보면 부유세 시스템하에서 더 많은 세금을 내는 사람은 사업가가 아니라 월급쟁이다.

람들은 교과서나 다른 매체를 통해 간접적으로 접하는 존재가 됐다. 앞에서도 언급했지만, 나는 소수 인종 출신의 택시 운전사와 어울리거나 다른 서민 계층과 함께 운동하는 지식인이나 고위 관료를 한 번도 본 적이 없다. 그들에게 있어 빈민과 서민은 자신이 이끌어야 할 대상일 뿐이다. 상황이 이런데도 그들은 빈민과 서민에게 가장 좋은 일이 무엇인지 자신들이 제일 잘 알고 조언도 해 줘야 한다고 믿는다.

## 공감대와 집단의식

이 책의 앞부분에서 사람들의 도덕률은 보편적으로 행사되기 어렵다는 말을 했다. 도덕률을 행사하는 대상의 규모나 범위가 있게 마련이다. 일정한 규모나 범위를 벗어나는 대상에 대해서는 도덕률을 지켜야 한다는 의무감이 옅어진다. 그런데 사람들 사이의 공감대 역시 일정한 규모나 범위 이내에서 형성되며, 같은 계층의 사람들일수록 공감대가 형성될 가능성이 더 커진다.

전통적으로 상류층에서는 다른 상류층 가문이 몰락할 경우, 그 가문의 어린 자녀들을 데려다 양육하고 후원하며 나중에 성인이 되면 집안의 중요한 일을 맡기곤 했다. 물론 도시 내 모든 몰락한 가정에 대해 이렇게 할 수 있었던 것은 아니다. 이는 집단 내에 형성된 일종의 보호장치로, "당신 가문이 몰락하면 우리가 당신 가문의 후대를 지원할 테니, 우리 가문이 몰락하면 당신들이 우리 가문의 후대를 지원해 주시오."와 같은 내용으로 요약할 수 있다.

# 호도의 수단으로
# 전락한 데이터

　　　　　　피케티가 의욕적으로 쓴《21세기 자본》을 보면 도표가 잔뜩 들어 있다. 그런데 데이터가 현실의 모든 것을 반영하지 못한다는 사실을 우리 모두 잘 알고 있다. 나는 통계학자이지만 전작인《블랙 스완》을 쓸 때 도표를 거의 사용하지 않았다. 아주 명백한 사실을 도식화할 때만 도표를 사용했다. 흔히 사람들은 반론의 여지가 많고 논리적이지도 않은 주장을 할 때 온갖 종류의 데이터와 도표를 끌어다 쓴다. 명백하게 옳은 주장을 할 때에는 많은 데이터를 첨부할 필요가 없다. 한두 개의 데이터만으로도 충분하다. 실제로 나는 '검은 백조'가 존재한다는 주장을 하면서 단 하나의 도표(극도로 큰 편차가 존재한다는 사실을 증명한 도표)만을 제시했을 뿐이다.

　수익을 내고 있을 때, 금융 트레이더들은 말을 길게 하지 않는다. 만약 그들이 길게 설명하고 온갖 이론과 차트를 들이민다면 그것은 그들이 수익을 내고 있지 못하다는 사실을 의미한다.

　확률, 통계, 데이터 과학은 관찰을 토대로 정립되지만, 이 요소들이 지나치게 많이 제시된다는 것은 관찰이 부재하다는 것을 의미하기도 한다. 실증을 위한 데이터는 몇 개만으로도 충분하다. 대부분의 경우 특정 상황을 나타내는 단 하나의 데이터만으로도 충분히 설명할 수 있다. 거액의 투자금을 운용한다는 것을 증명하고 싶으면 운용 계좌를 보여 주면 된다. 거실에 있는 비싼 가구, 서재에 걸려 있는 500달러짜리 그림, 주방에 있는 은수저를 일일이 보여 줄 필요는 없다. 경험적으로 봤을 때 어떤 주장을 하기 위해 방대한 양의 도표를 덧붙이는 책은 조심할 필요가 있다. 거짓 주장을 덮기 위한 시도일 수 있기 때문이다. 하지만 통계학을 공부한 적이 없는 대중은 도표가 많이 덧붙여져 있으면 저자가 옳은 이야기를 하고 있다고 쉽게 믿어 버린다. 복잡함으로 오류를 덮으려는 시도가 성공하는 것이다.

스티븐 핑커 역시 《우리 본성의 선한 천사》를 쓰면서 모호한 주장을 복잡한 데이터로 덮는 방법을 사용했다. 그는 자신의 책에서 '우리 인류는 현대에 이르러 폭력을 덜 행사'하고 있으며, 이는 '현대적인 법과 제도들 때문'이라고 주장했다. 나와 나의 동료 파스칼 치릴로는 핑커가 제시한 데이터를 검증해 보았다. 우리는 핑커가 자신이 사용한 숫자들의 의미도 제대로 이해하지 못한다는 결론을 내렸다. 그는 마음속으로 이미 결론을 내린 후 그 결론을 뒷받침하는 것처럼 보이는 데이터를 찾아 자신의 책에 삽입했을 뿐이다. 그는 실증적인 데이터를 먼저 수집하고 데이터들을 엄격하게 계산하는 식으로 접근하지 않았다. 하지만 그래서 뭐 어떻단 말인가. 일반 대중과 바보 지식인들은 그의 책에 찬사를 보내고 있는데 말이다.

## 공직자들의 윤리

이 장의 마지막 부분에서는 불평등보다 더 나쁜 불공정 사례들을 이야기해 보려고 한다. 예를 들어 어떤 판단을 내리더라도 자신은 아무런 손해도 입지 않는 자리에 있는 고위 공직자들이 민간 부문으로 자리를 옮기면서 부자가 되는 사례들 말이다.

오바마 전 대통령은 대통령직을 떠난 첫 해에 출판업계 한 곳에서만 총 4000만 달러의 돈을 벌어들였다. 많은 이가 그 같은 행태에 분노했다. 반면 경제에 대한 국가 통제를 주창하던 그의 지지자들은 트럼프 행정부에 입각한 사업가들과 투자가들을 비난하면서, 동시에 오바마의 행태를 옹호하는 모습을 보였다. 그들은 돈을 좇는 일 자체를 탐욕으로 인식하면서도 어이없게도 상업 활동 이외의 수단으로 돈을 버는 일은 탐욕이라고 생각하지 않는다. 나는 부자가 공직에 들어서는 것과 공직에 있던 사람이 공직을 떠난 뒤 부자가 되는 것은 서로 너무나도 다른 일이라고 설명해 왔는데, 내 이야기에 귀를 기울이는 사람은 별로 없었다. 부자가 된다는 것을 정적 관점으로 바라보면 이 두 경우가 비슷해 보일지 몰라도, 동적 관점으로 바라보면 그 둘은 너무나도 다르다.

공직에 들어서는 부자들은 무언가 능력이 있다는 점을 이미 검증받은 상태에서 공직에 들어서는 셈이다. 물론 부자가 되는 길은 매우 다양하고 운도 많이 작용하지만, 적어도 현실 세계에 직접 부딪히면서 무언가를 이루어 냈다는 점만큼은 부인할 수 없다. 두 가지 경우 중 하나를 골라야 한다면, 생명이나 재산 등 자신의 중요한 것을 걸고 현실에 참여해 보고 실패도 해 보고 그러면서 재산의 일부를 잃고 그에 동반되는 고통도 느껴 본 사람들이 공직에 들어서는 편이 더 바람직하다고 생각한다.

공직자들의 윤리에 관해 나는 이렇게 생각한다.

공직을 축재에 활용하는 것은 명백히 비윤리적인 행위다.

공직에 들어서는 사람들에게는 나중에 민간 부문으로 자리를 옮기고 일정액 이상 소득을 올리지 않겠다는 서약을 받은 후, 그 서약을 이행하도록 강제해야 한다. 일정액 이상의 연봉은 국고로 환수하는 식으로 말이다. 우리 사회를 위해서는 그래야 한다. 공직은 사명감으로 임해야 하는 자리다. 사회에 기여한다는 사명감과 만족감을 느끼는 대신에 적은 액수의 월급을 받도록 되어 있는 것이 공직자다. 나중에 부자가 되겠다는 전략의 일환으로 공직에 들어서려는 사람들은 사전에 걸러 내야 한다.

예수회 사제들은 매우 똑똑하고 학식까지 높아서 골드만삭스 같은 곳에 채용되면 엄청난 실적을 낼 수 있을 테지만, 나중에 골드만삭스에 입사해서 돈을 많이 벌겠다는 생각으로 예수회에 들어가는 사제는 아무도 없다. 사실 대부분의 공직자는 은퇴할 때까지 공직에 머문다. 한편 산업계를 관장하는 부처의 공직자들은 공직에서 경력을 쌓은 후 민간 부문으로 이직하는 경향을 보인다. 농식품, 재무, 항공우주 그리고 사우디아라비아와 관련 있는 산업이 대표적이다.

고위 공직자들은 산업계에 유리한 방향으로 규정을 만드는 데 상당한 영향력을 행사한다. 그래서 JP모건 같은 곳으로 자리를 옮겨 기존 연봉의 몇 배를 받을 수 있는 것이다. 그런가 하면 고위 공직자들은 산업계에 적용되는 규정을 최대한 복잡하게 만들려는 경향을 보인다. 그래야 규정을 알고 있다는 사실만으로도 고액 연봉을 받으며 민간 부문으로 이직할 수 있기 때문이다. 공직에 있을 때 산업계에 유리한 방향으로 규정을 만들고, 나중에 민간 부문 대기업으로 이직해 고액 연봉을 받는 것이 암묵적으로 행해지는 방식으로 민간 부문의 상납 고리가 형성돼 있다. 일단 상납 고리에 들어간 공직자는 공직자로서의 사명감보다는 이 고리를 유지하는 것을 중요시하게 마련이며, 후임자들이 이 고리를 부수지 않도록 관리하는 데 온 신경을 쓰게 된다.

바보 지식인이자 인맥을 중시하는 관료로 대표할 수 있는, 오바마 행정부 시절 미국 재무부 장관을 지낸 티모시 가이트너Timothy Geithner는 재직 당시 금융업계에 퍼 준 막대한 구제금융의 대가로 현재 금융업계에서 큰 보상을 받고 있다. 그는 은행들에 엄청난 규모의 구제금융을 공급해 주었는데, 그 덕분에 당시 은행 경영자들은 금융 위기 상황에서도 역사상 최대 수준의 보너스를 챙겨 갈 수 있었다. 사실 납세자들이 낸 세금으로 보너스를 챙겨 간 셈이다. 가이트너는 재무부 장관을 그만둔 이후 금융 회사 경영자가 되어 막대한 연봉을 받고 있다.

## 다음 장의 이야기

　　　　　　　자기만의 영역을 가지고 있는 전문가들이 있다. 전기 기사, 치과 의사, 포르투갈어 불규칙 동사 전공 학자, 대장내시경 어시스턴트, 런던의 택시 기사, 대수기하학 학자 같은 사람들이 이 범주에 들어간다. 물론 어떤 사람을 전문가로 보는가 하는 시각에는 나라마다 약간의 차이가 있다. 언론인, 중앙부처 고위 공무원, 임상 심리사, 경영 이론가, 출판사 임원, 거시경제학 학자 등은 자기만의 영역을 가지고 있는 전문가 범주에 들어가지 않는다. 그렇다면 다음을 생각해 보라. 누가 진짜 전문가인가? 누가 전문가와 비전문가를 구분할 수 있는가? 초전문가는 어떤 사람인가?

　전문가 여부를 판단하는 것은 시간이다. 혹은 린디 효과에 따라 전문가인지 그 여부가 판단된다. 다음 장에서는 이에 대해 알아보겠다.

# 제8장

# 린디 효과와
# 진짜 전문가

린디 치즈 케이크가 유명한 이유·오직 시간만이 답해 준다·
음식은 신선한 것을 먹고 법은 오래된 것을 활용하라·전문가와 할머니

 

 

뉴욕 브로드웨이 인근에 '린디'Lindy라는 음식점이 있다. 치즈 케이크로 유명한 가게인데, 과학자들과 수학자들 사이에서는 그곳에서 정리된 어떤 법칙 때문에 이름이 잘 알려져 있다. 가게의 위치상 린디에는 브로드웨이에서 공연하는 배우들이 많이 들르는데, 그곳을 찾는 배우들의 주된 화제는 '누가 공연을 얼마나 오래 하는가'다. 그런데 배우들이 하는 이야기를 정리해 보면, 초연 이후 100일 동안 공연이 지속될 경우 뒤이어 100일 동안 공연이 지속되고, 200일 동안 상연된 공연은 이후 200일 동안 더 이어진다고 했다. 이를 통계적으로 정리한 것이 바로 '린디 효과'다.

이와 관련, 독자 여러분에게 꼭 하고 싶은 말이 있다. 린디 효과는 보편적으로 적용할 수 있는 매우 유용한 법칙이지만, 린디의 치즈 케이크는 명성만큼

그렇게 맛있지 않다. 내가 보기에 그 가게는 조만간 문을 닫게 될 것 같다.

사실 린디 효과와 유사한 수학적 정리는 많다. 그런데도 이 이론이 특별히 의미 있다고 여겨지는 것은 린디 효과에는 취약성fragility 이론과 반취약성antifragility 이론의 개념이 포함돼 있고, 수학자 이도 엘리아자르Iddo Eliazar가 린디 효과의 확률 구조를 정립하고 검증했기 때문이다. 취약성 이론은 린디 효과와 맥락을 같이하는 이론이다. 동료 연구자들과 나는 취약성 이론을 '무질서에 대한 민감도'sensitivity to disorder라고 규정한 바 있다. 예를 들어 내 책상에 놓여 있는 도자기로 만든 올빼미는 질서가 잘 잡혀 있는 차분한 상태를 좋아한다. 반면에 충격, 이동, 변화, 지진, 험한 취급, 비행기 여행, 전쟁터의 포격 같은 것은 싫어한다. 내 책상 위의 도자기 올빼미에게 이 같은 무질서 상태는 장점이 하나도 없다. 취약성을 지니고 있는 것은 스트레스에 비선형적으로 반응하며, 한계점에 이르기 전까지는 강한 충격을 받을수록 더 불균형적으로 반응한다.

그런데 시간이 흐를수록 무질서는 심화된다. 시간의 흐름에 따른 붕괴에 저항해서 존재하는 것을 우리는 '생존했다'고 표현한다. 무질서에 저항하는 능력이 높을수록 생존 가능성은 커진다.

> 취약성을 지닌 것들은 변동성 및 다른 스트레스들에 불균형적인 반응을 보이며, 그에 따른 붕괴 및 손실이 일어난다.

확률에 있어 시간과 변동성은 동일한 효과를 만들어 낸다. 그리고 취약성 이론은 무언가를 결정짓는 유일한 요인이 시간이라는 개념으로 연결된다. 사상, 인간, 창작물, 자동차 모델, 과학 이론, 책 등이 살아남을 수 있는지 여부를 결정하는 것은 시간이다. 〈뉴욕타임스〉에 논평을 기고할 정도로 유명한 사람이 쓴 책은 출간된 직후에는 실제 원고의 수준보다 높이 평가받으며 인기를 끌 수도 있지만, 그 책이 계속 생존할지 여부는 시간이 흐르면서 결정된다. 일반적으로 그렇게 출간된 책의 5년 생존율은 췌장암 환자의 5년 생존율보다 낮다.

## 누가 '진짜' 전문가인가?

오래된 선문답이 있다. '그가 전문가인지 누가 판단하는가?', '감시자를 감시하는 사람은 누구인가?', '판관을 판결하는 사람은 누구인가?' 린디 효과는 이런 질문들에 답을 제시한다. 바로 '살아남는 자들'이다.

우리의 판단이 옳았는지 여부는 시간이 말해 준다. 위험에 노출됐는데도 살아남는 것들은 그만한 이유가 있게 마련이다. 그런데 철저하게 위험을 회피해서 살아남은 사람들도 있다. 취약성 이론의 검증을 받는 것 자체를 피하는 것이다. 이렇게 살아남은 사람들은 어느 순간 갑자기 무너져 내릴 수 있다. 게다가 이런 상황에는 많은 부수적인 피해가 동반되게 마련이다.

린디 효과에 대해서는 《안티프래질》에서 꽤 자세히 다루었으니, 참고하기 바란다. 이 책에서는 간략하게 짚고 넘어가겠다. 어떤 존재의 생존이 끝나는 경우는 두 가지로 구분해 볼 수 있다. 첫째, 노화로 생존이 끝나는 경우다. 오랜 시간이 흘러 제 수명이 다해 생존이 끝나는 것이다. 둘째, 사고로 생존이 끝나는 경우다. 물론 자연계에서는 물리적 존재의 생존이 끝나는 데 이 두 가지 모습이 복합적으로 작용한다. 즉 노화를 겪으면서 사고에 제대로 대응하지 못해 생존이 끝나는 일이 일반적이다. 여기서 사고는 외부적인 것일 수도 있고, 내부적인 것일 수도 있다. 사다리에서 떨어지거나 곰의 습격을 받는 경우가 외부적인 사고라면, 인체 장기의 기능 부전이나 순환계 문제를 겪는 경우는 내

부적인 사고라 할 수 있다. 그런가 하면 린디 효과가 적용되지 않고 남은 수명이 상수로 정해지는 경우도 있다. 예를 들어 20년을 산 악어와 40년을 산 악어가 같은 서식지에 살고 있는데, 그 서식지가 40년 뒤에 황폐화될 것이 분명하다면 두 악어의 남은 기대수명은 린디 효과와 상관없이 똑같이 40년이 된다.

린디 효과를 짧게 정리하면 다음과 같다.

> 어떤 존재의 생존이 유지될 경우, 이 존재의 기대수명은 지금까지의 생존 기간에 비례해 길어진다.

린디 효과가 제약 없이 적용되는 대상은 불멸의 속성을 지닌 것들이다. 사상, 책, 기술, 절차, 기관, 정치 체계 같은 것들 말이다. 여기서 책은 시간의 흐름에 따라 낡아 버리는 물리적인 종이책을 의미하는 것이 아니라 책의 내용을 의미한다. 출판사에서 어떤 종이를 사용하느냐에 따라 종이책은 매우 빠르게 낡을 수도 있는데, 다행스럽게도 린디 효과와 종이의 질은 무관하다.

린디 효과를 고려할 때, 전문가라고 불리는 사람들이 영원히 전문가라고 불릴 수 있을지는 알 수 없는 일이다. 다른 전문가를 평가한다는 초전문가들의 존재 역시 필요하지 않다. 끝없는 질문을 유발하는 "거북이 아래 다른 거북이가 있다."라는 유형의 문제를 해결하게 된 것이다.[50] 한마디로 린디 효과는 시간이 흐른 뒤에 생존해 있는 사람이 전문가라고 본다.

---

[50] 어떤 사람이 논리학자인 버트런드 러셀에게 "우리가 살고 있는 이 세상은 거대한 거북이 위에 올려져 있다."라고 말했다. 그 말을 들은 러셀이 이렇게 물었다. "그럼 그 거북이는 어디 위에 올려져 있나요?" 그러자 그 사람은 이렇게 대답했다. "다른 거북이 위에 올려져 있습니다." 이 이야기는 끝없는 질문과 대답으로 이어지는 유형의 문답을 상징한다.

## 고대의 린디 효과

고대 사람들도 린디 효과와 비슷한 개념을 가지고 있었다. 이처럼 린디 효과는 수천 년 동안 존재하며 그 효과를 검증받은 개념이다. 소크라테스 이전 시대의 사상가인 코린트의 페리안드로스Periander of Corinth는 지금으로부터 2500년도 더 전에 이런 글을 남겼다. "음식은 신선한 것을 먹고, 법은 오래된 것을 활용하라." 그런가 하면 '현자'라고 불린 스페인의 알폰소 10세는 다음과 같은 신조를 가지고 있었다. "장작은 오래된 것을 때라. 와인은 오래된 것을 마셔라. 책은 오래된 것을 읽어라. 친구는 오래된 친구와 어울려라."

넓은 시야와 뛰어난 통찰력을 가진 영국 역사가 톰 홀랜드Tom Holland는 이렇게 말했다. "내가 로마인들에 관해 가장 감탄하는 것은 최신의 것을 숭배하는 경향을 완전히 무시했다는 점이다." 그는 또한 이런 글을 썼다. "로마인들은 자신들의 정치 체제를 선택할 때 명분보다 실효성을 기준으로 했다." 내가 이 책의 헌사에서 론 폴Ron Paul을 그리스인들 사이의 로마인이라고 말했는데, 바로 이런 이유에서 그렇게 부른 것이다.

## 누가 누구를
## 평가하는가

앞서 언급했지만, 나는 대학교에서 강의를 맡을 때 1년에 8주짜리 강의 하나만 맡는다. 거의 그렇다. 그 정도 강의를 맡으면 강의를 구실로 외출하기도 편하고, 간간이 비 오는 뉴욕 거리를 걸을 기회도 생긴다. 또한 1년에 8주 정도의 강의라면 사람들과의 관계에 너무 얽매이지 않고 지적 독립성을 유지할 수 있다.

　지금은 사임했지만, 내가 출강하던 대학의 학장이 내게 이런 말을 해 준 적 있다. "트레이더로서, 저술가로서 당신은 다른 트레이더나 저술가들로부터 평가를 받을 겁니다. 그리고 여기에서는 학자로서 다른 학자들에게 평가를 받지요. 이렇듯 인생은 동료들로부터 평가받는 과정이라고 할 수 있습니다." 너무나도 역겨운 소리다. 나는 인생에서 아무런 리스크도 지지 않는 이런 사람들의 사고방식에 지금도 익숙하지 않다. 이들은 실제 세상이 어떻게 움직이는지 모르고, 실제 세상 사람들을 움직이는 방식이 무엇인지 모른다.

　트레이더들이 왜 다른 트레이더들의 평가를 의식해야 한단 말인가? 트레이더들은 오로지 실적으로 평가받는다. 그리고 돈을 벌면서 법과 윤리 규정을 위반하지만 않으면 된다. 법과 윤리 규정을 지키는 한, 오히려 다른 동료 트레이더들에게 긍정적인 평가가 아니라 부정적인 평가를 받는 편이 더 낫다. 나와 오래 알고 지낸 한 트레이더가 나에게 해 준 말이 있다. "같이 일하는 동료들이 자네를 좋아한다면, 그건 자네가 뭔가 잘못하고 있다는 걸 의미해."

　나는 이렇게 생각한다.

　동료들의 평가에 자신의 운명이 크게, 혹은 직접적으로 영향받지 않는 사람, 그런 사람을 '자유인'이라고 부를 수 있다.

　저술가로서 나는 다른 저술가들과 편집자들, 서평가들의 평가를 의식하지 않는다. 내가 의식하는 것은 오직 독자들의 평가다. 그것도 오늘의 독자들이 아니라 내일의 독자들, 모레의 독자들의 평가를 의식한다. 다시 말해 나를 평가할 수 있는 것은 오직 시간뿐이다. 나는 미래 독자들의 숫자가 얼마나 될 것인지에만 의미를 둔다. 〈뉴욕타임스〉의 서평을 기준으로 요즘 유행하는 책들을 골라서 읽는 독자들은 내 관심사가 아니다. 리스크를 감수하면서 현실에 참여하는 사람으로서 나는 시간의 흐름에만 관심을 갖는다. 누가 누구를 속이고 있는지, 누가 진짜 전문가인지는 결국 시간이 밝혀 준다.

> 유일하게 중요한 것이자 우리가 유일하게 의식해야 하는 것은 미래
> 사람들의 평가다. 현재 사람들의 평가가 아니다.

다시 한 번 말하지만, 자유인은 다른 사람들과의 논쟁에서 이길 필요가 없다. 실제 삶에서 최종적인 승자가 되는 것이 중요하다.[51]

## 영국 여왕과의
## 티타임

물론 동료들에게 좋은 평가를 받으면 여러 가지 명예를 얻을 수 있다. 저명한 학회의 회원이 될 수도 있고, 노벨상을 받을 수도 있고, 다보스포럼 같은 유명한 국제 행사에 초청받을 수도 있고, 영국 여왕과 티타임을 가질 수도 있고, 하나같이 유명한 사람들만 참석하는 세계 최고의 부자들이 여는 파티에 초청받을 수도 있다. 이런 파티나 행사는 정말 많이 열

---

51    물론 사람들이 미래에 항상 진보를 이루어 내는 것은 아니다. 사람들이 추구하는 변화 중에는 변화 그 자체를 위한 변화도 많다. 건축물, 음식, 생활 방식 같은 것들에 일어나는 변화는 진보와 정반대 방향으로 가는 경우가 꽤 있다. 《안티프래질》에서도 언급했지만, 너무 잦은 변화는 기존에 일어난 진보의 긍정적인 효과를 이끌어 내는 데 오히려 방해가 된다. 진화가 이루어지기 위한 변화는 적정한 수준이어야 한다. 변화가 너무 잦으면 진화가 이루어질 수 없다.

린다. 그리고 이런 자리에 참석하는 사람들은 언제나 지구를 구하고, 북극곰을 살리고, 아이들을 돌보고, 산과 사막을 보호하자는 주장을 한다. 텔레비전 방송용으로 딱 좋은 주장이다.

그런데 이런 활동이 린디 효과에 영향을 끼칠 수 있는 것은 아니다. 오히려 린디 효과에 부정적인 영향을 끼치는 편이다. 유명인들의 파티에 참석해서 파티 참석자들에게 좋은 인상을 주려고 애쓰는 식으로는 긍정적인 린디 효과를 만들어 내기 어렵다.

> 함께 어울리는 지금의 동료들은 좋은 협력자가 될 수는 있어도, 최
> 종 판단자는 아니다.[52]

---

[52]  금융 트레이더들은 어떤 기업에 대한 언론의 좋은 평가를 해당 기업에는 부정적인 신호라고 인식하는 경향이 있다. 나는 실제로 이를 일찌감치 경험했다. 내가 트레이더로 일하기 전인 1983년《비즈니스위크》에 실린 IBM을 칭송하는 특집 기사를 보고 IBM의 주식을 샀다가 주가가 크게 떨어지는 일을 직접 겪은 것이다. 그나마 나는 주가가 더 떨어질 거라고 판단하고 IBM 주식에 대해 옵션 거래를 해서 손실을 줄일 수 있었다. 그 일을 계기로 어떤 기업에 대한 언론인들의 칭찬은 일단 의심하고 볼 일이자 기업에 대한 저주가 될 수 있다는 생각을 갖게 됐다. 1983년《비즈니스위크》에 특집 기사가 게재된 이후 IBM은 무려 15년 동안 주가가 하락했고, 거의 파산 직전까지 갔다. 이런 맥락에서 상을 주거나 칭찬하는 사람들이 얼마나 정확히 판단하고 그렇게 하는지는 의문이다. 진짜 실력자나 전문가는 언론으로부터 무시 당하거나 공격 당하는 경우가 더 많다. 주로 음식점에 투자하는 투자 전문가 브라이언 힌치클리프 Brian Hinchcliffe가 한 말이 있다. 그는 최고의 식사 분위기 상, 최고의 웨이터 서비스 상, 최고의 발효 요거트 상, 최고의 무알콜 음료 상 등 어느 부문에서 최고라는 상을 받은 음식점들은 시상식이 개최되기도 전에 문을 닫는 일이 비일비재하다고 했다. 여러 세대를 관통할 작가의 책을 읽고 싶다면, 일단 노벨 문학상 수상자의 책은 빼놓고 생각하는 것이 좋다. 진짜로 그렇다.

# 논문 출판사로 전락한
# 학문 기관들

동료들의 평가보다 더 좋지 않은 것이 있다. 대학 관료들, 즉 대학 학장급 교수들의 평가다. 이들은 다른 교수들이 무엇을 하고 있는지 제대로 알 수 없는 위치에 있으면서, 겉으로 보이는 신호만 보고 다른 교수들을 평가한다.

서로 아는 교수들끼리 좋은 평가를 내린다고 해서 어떤 연구에 긍정적인 린디 효과가 만들어지는 것이 아님에도 대학의 평가자인 학장급 교수들은 이를 중요하게 생각한다. 그러나 이런 식으로 진행된 연구는 대학의 높은 자리에 있는 사람들을 기분 좋게 만들어 준다는 것 외에는 별다른 의미가 없다.

그래도 자연과학은 어떤 식으로든 다른 응용과학에 도움이 된다. 따라서 여기서는 사회과학에 대해서만 생각해 보겠다. 사회과학 분야의 연구를 평가하는 이들은 거의 다 같은 학회에 있는 사람들로, 같은 집단 내에서 서로를 평가하는 식으로는 퇴보를 막기 어렵다. 그런가 하면 거시경제학은 검증 자체가 불가능한 이론이 많이 만들어지는 분야다. 거시경제학 분야에서 발표된 이론이 실제로 작동하는지 누구도 알 수 없는 경우가 많다.

누군가가 미친 소리를 하면 사람들은 그 사람이 미쳤다고 생각할 것이다. 그러나 스무 명쯤 되는 사람들이 함께 학원을 설립하고 그 스무 명이 전부 미친 소리를 옹호하면 그 학원은 대학이 될 수도 있다.

대학교는 결과에 책임을 지는 사람이 아무도 없기 때문에 내용 없는 연구 결과들만 반복해서 배출해 내는 '논문 출판사'로 전락하려는 경향이 있다.

지금 대학교들은 논문을 발표하고 인용하는 데 있어서 운동 경기와 유사한 경쟁을 하고 있다. 위대한 철학자 비트겐슈타인은 일찌감치 이런 무의미한 경쟁을 경고한 바 있다. 그는 철학 분야에서는 가장 늦게 공부를 끝내는 사람이 승자가 될 거라면서 이렇게 말했다.

　경쟁이 가미되는 순간, 지식은 파괴되기 시작한다.

　지금 대학교 사이에서 행해지는 사회과학 분야의 여러 연구들은 무의미한 외형 경쟁에 초점이 맞춰져 있다. 게다가 연구를 진행하는 학자들은 자신들에게 급여와 연구비를 대주는 사회나 학생들의 이익과는 상관없이 학자 자신의 이익을 위한 활동에 집중하고 있다. 마피아들의 방식처럼 집단을 이뤄 사적 이익을 추구하는 다양한 활동을 하고 있는 것이다. 이들 집단은 폐쇄적으로 운영되기 때문에 집단 안에서 어떤 일이 일어나고 있는지 외부인들로서는 알기 어렵다. 경제학을 안다는 것이 경제 활동에 대해 안다는 것을 의미하는 것이 아닌데도 경제학자들은 경제 활동에 관한 수많은 이론들을 만들어 냈다. 하지만 이는 대부분 근거 없는 주장일 뿐이다. 한 명의 자녀를 대학교에 보내기 위해 부모들은 수십 년 동안 근면하게 일하고 절약하며 돈을 모아야 하는데, 대학 교수들은 그 돈을 받아 무의미한 활동을 하고 있을 뿐이다. 지금 미국 대학교들에서 행해지는 교육은 미국이 독립한 직후와 비교해 봤을 때 그다지 진보하지 않았다. 학생들이 공부하는 교재의 제목만 최신 유행을 따라 바뀌었을 뿐이다.

　하지만 한 줄기 희망도 있다. 졸업생들이 무의미한 외형적 경쟁을 위한 연구와 엉터리 연구에 기부금을 끊기 시작한 것이다. 물론 터무니없기는 하지만 실험적인 시도에는 여전히 기부금이 전달되고 있다. 이런 분위기가 계속되면 대학교의 자정작용을 기대해 볼 수도 있을 것이다. 예전에는 엉터리 연구를 하는 거시경제학자들과 사회학자들이 급여와 연구비를 당연하게 받을 수 있는 시대였지만, 이제는 대학교들이 전문 직업 과정과 직접적으로 경쟁해야 하는 시대가 됐다. 대학교들이 제공하는 낡은 교육만으로 괜찮은 직업을 구할 수 있던 시대는 이제 끝나 가고 있기 때문이다.

## 자신의 핵심 이익을 건 주장

자신이 가진 것 중 가장 큰 것을 걸고 하는 주장이나 설득은 믿음이 간다. 반면 잘못되더라도 아무런 책임이나 손실이 발생하지 않는 상황에서 하는 주장이나 설득은 믿음이 가지 않는다. 대학에서 발표되는 논문은 대부분 후자의 경우에 해당한다. 무언가를 자랑하는 것까지는 인간적인 일이라고 생각할 수 있다. 내용의 실체가 자랑하는 바보다 크다면 문제될 것은 없다. 자랑할 것이 있다면 자랑하라. 단 실체보다 과장해서 자랑하지는 마라.

동료들의 주장과 반대되는 주장이 담겨 있는 연구 결과는 신뢰해도 된다. 특히 반대되는 주장을 제기한 사람에게 대중적 비판이 가해지거나 재정적 손실이 발생하는 경우에는 더욱 강하게 신뢰해도 된다.

여기에 한마디 덧붙이고 싶다.

이미 대중적으로 잘 알려져 있는 사람이 대중의 비판을 받을 것이 분명한 견해를 밝힐 때, 그 견해가 헛소리일 가능성은 매우 낮다.[53]

# 엉터리 연구를
# 걸러 내는 법

학자들 개인의 이익을 위해 엉터리 연구만 계속하는 행태를 바꿀 수 있는 방법이 있다. 바로 연구에 대한 외부 지원을 전부 중단해서 학자들이 다른 직업에 종사해서 소득을 올리게 한 후 학자 개인의 돈과 시간을 희생해서 연구를 진행하도록 하는 것이다. 학문적 연구에 대해 고정관념을 가지고 있는 사람들은 "이게 무슨 말도 안 되는 소리냐!"라고 반박하겠지만, 역사적인 발견이나 통찰은 상당 부분 직업 연구자가 아닌 사람들에 이루어졌다. 실제로 의미 있는 연구 결과를 도출해 내기 위해서는 실제 직업에 최소한 10년간은 종사해야 한다. 렌즈 제조사, 특허청, 마피아, 카지노, 우체국, 교정청, 병원, 리무진 대여 회사, 군대, 경찰청, 법률 회사, 농업 회사, 음식점, 소방서, 등대 같은 곳에서 충분히 오래 일해야 진심으로 연구하고 싶은 분야와 연구 아이디어가 생긴다.

이는 무의미한 엉터리 연구를 통해 생계를 이어가는 학자들을 걸러 낼 수 있는 방법이기도 하다. 나는 우는 소리나 해대는 직업 연구자들을 동정할 마음이 전혀 없다. 경쟁이 치열하고 그에 따라 당연히 스트레스도 심한 금융·투

---

53    대중에게 잘 알려져 있는 명사들 중에는 나에게 혐오감을 주는 사람도 있고, 신뢰를 주는 사람도 있다. 리스크를 감수하고 과감하게 자신의 견해를 밝히는 사람들이나 자신의 인기가 떨어질 게 빤한 주장을 하는 사람들은 후자다.

자업계에서 나는 23년간 일하면서 따로 시간을 내 관심 분야를 공부하고 연구하고 책도 썼다. 그래서 직업 연구자들이 힘들다고 하는 소리에 공감하기 어렵다. 아니, 전혀 공감할 수 없다.

여느 직업인들이 이익 배분에 동기를 부여받는 것처럼 과학자들에게도 동기부여 및 포상이 필요하다는 의견이 지배적이지만, 이는 잘못된 생각이다. 과학은 그런 식으로 발전하지 않는다. 앞서 언급했지만, 과학은 소수에 의한 장악 방식으로 발전하는 분야다. 극소수의 혁신가가 새로운 발견을 이루어 내고, 다른 과학자들은 그 혁신가를 추종하면서 기존 연구들을 반복하고 있을 뿐이다.


## 과학 분야의
## 린디 효과

현실에 참여하는 것을 회피하면서도 살아남은 존재는 린디 효과, 혹은 생존 구조를 크게 왜곡하는데 이는 과학 이론에 있어서도 마찬가지다. 카를 포퍼는 과학이란 기존 가설을 확인하기 위한 것이 아니라 기존 가설을 부정하기 위한 것이라고 말했다. 즉 과학 그 자체가 소수에 의한 장악을 기반으로 린디 효과를 만들어 내는 주요인이 된다는 것이다. 포퍼가 동역학을 공부했거나 어떤 존재의 리스크 측면을 바라본 것은 아니지만, 그의 말에 따르면 과학 이론에도 린디 효과가 적용된다고 할 수 있다.

과학은 연구실에 홀로 틀어박혀 특이한 생각을 하는 연구원들이 만들어 낸 독특한 과학적 방법론 때문에 작동하는 것도 아니고, 자동차 공장의 품질관리부에서 일하는 것이 더 적절할 것 같은 과학계 관료들이 인정한 표준적인 접근법 때문에 작동하는 것도 아니다. 과학 역시 취약성을 지닌 이론들이 도태되고 현실 세계에서 검증받은 이론들이 활용되는 린디 효과를 기반으로 작동한다.

　당연한 말이지만, 과학 이론은 현실에서 활용될 수 있어야 한다. 현실에서 활용될 수 없는 이론은 부정되고 도태된다. 어떤 이론이 도태되는가는 국가나 학교에서 결정할 수 있는 것이 아니다. 현실에서 오랫동안 활용되어 온 이론이 앞으로 더 오랫동안 활용될 것으로 기대되는 이유는 바로 이 때문이다. 오스트리아 과학철학자인 파울 파이어아벤트Paul Feyerabend가 과학적 발견에 대해 쓴 글을 읽어 본 사람은 어떤 과학적 발견도 이 사실에서 벗어날 수 없다는 것을 알 것이다. 현실에서 활용되지 않으면서 단순히 오래되었다고 해서 인정받을 수는 없다. 과학 이론 역시 린디 효과를 적용받는다는 사실에 반론의 여지는 없어 보인다.

　과학에 관한 포퍼의 의견에서 '옳은'이라는 말은 '유용한', '해가 되지 않는' '사용자를 보호하는' 등으로 바꿀 수 있겠다. 포퍼는 '옳다'라는 말을 '틀리지 않다'라는 개념으로 썼다. 포퍼의 말은 다음과 같이 해석할 수도 있다. '무언가가 살아남기 위해서는 위험 속에서도 잘 살아남을 수 있어야 한다.' 즉 소멸되지 않아야 한다. 어떤 사상이 존속되기 위해서는 진실 게임이 아닌 생존 게임 속에서 살아남을 수 있어야 하며, 그 사상을 받아들인 사람들의 생존에 도움이 되어야 한다. 위험을 통제하고, 그 사상을 따르는 사람들을 보호하는 사상만이 존속된다. 어떤 미신적 믿음은 몇 세기에 걸쳐 존속되기도 하는데, 그것은 그 믿음을 받아들인 사람들의 생존에 도움이 되기 때문에 가능한 일이다. 이를 기술적으로 표현하면 다음과 같다.

어떤 사상이 존속되기 위해서는 사상이 볼록성convex(반취약성)을 지니고 있어야 하거나 아니면 적어도 어딘가에서는 취약성을 줄이는 효과를 만들어 내야 한다.


## 실증적 혹은 이론적?

학자들은 자신의 연구를 이론적인 것과 실증적인 것으로 구분한다. 여기서 실증적인 연구는 의도적으로 만들어진 조건하의 실험실에서 행해지는 연구, 혹은 '통계적으로 유의미한 결과'를 찾기 위해 컴퓨터에서 데이터를 들여다보는 작업 등을 말한다. 의학 외에 몇몇 분야에서는 실증적 연구를 '임상 연구'라고 부르는데, 임상 연구는 과학의 범주에 포함시키지 않는 것이 일반적이다. 많은 학문 분야에서 실증적 연구가 배제된다.

이처럼 실제 세상에서 행해지는 시도는 시간의 흐름 속에서 린디 효과를 적용받으며 존속 여부에 따라 평가를 받는다. 사람들이 리스크를 감수하면서 실제로 어떤 시도를 행하여 그 시도가 몇 세대를 거친 후에도 여전히 효과를 인정받는 경우, 그러한 시도는 사람들에게 일반적으로 수용되는 방식이 된다. 즉 할머니가 손주들에게 알려 주는 방식이 되는 것이다.


## 할머니 대 학자

집안 어른들의 조언을 받아들이면 90퍼센트의 경우, 옳은 선택을 할 수 있다. 반면에 심리학자나 행동과학자들이 발표한 연구 결과를 받아들이면(과학만능주의 때문인지 아니면 처음부터 잘못된 연구였기 때문인지, 그것도 아니면 세상이 험하기 때문인지 몰라도) 그것이 옳은 선택일 확률은 10퍼센트 미만으로 떨어진다. 다만 심리학자나 행동과학자들이 발표한 연구 결과가 집안 어른들의 조언과 같은 경우에는 그 선택이 옳을 가능성이 크게 높아진다. 이런 상황에서 심리학자나 행동과학자가 존재해야 할 이유가 있을까?[54]

2008년 전 세계적으로 가장 저명한 저널들에 실린 100건의 심리학 연구를 재현하려는 시도가 행해졌는데, 성공한 연구는 그중 39건에 불과했다. 이 39건의 연구들 가운데 제한된 실험 조건을 넘어서까지 유효성을 갖는 연구는 10건 미만으로 추측된다. 이와 유사한 시도가 의학과 신경과학 분야 연구들에 대해서도 행해졌는데, 결과는 더 좋지 않았다(제18, 19장에서 이와 관련된 내용을 좀 더 자세히 다룰 것이다). 많은 사람이 집안이나 집단의 연장자들이 던지는 경고나 조언을 '비이성적'이라고 폄하하는데, 이는 확률에 관한 오해에서 비롯된 잘못된 인식이다.

아주 오래전에 출판된 책 중에 지금도 읽히는 것들이 있는데, 이런 책들만 린디 효과를 거치며 생존한 것이 아니라 이런 책을 읽는 사람들의 생존율 역시 높다.

물리학의 경우, 고대 조상들의 지식 수준은 현저하게 떨어진다. 그러나 인간의 본성에 관한 지식이라면 우리 조상들도 오늘날 못지않은 수준이었다. 이런 이유에서 사회과학이나 심리학에 관한 고대의 지식이 오늘날까지 전해지고, 지금도 많은 가르침을 주고 있는 것이다. 고전이라고 해서 무조건 추종할

---

[54]    심리학 연구의 재현성에 관해 P 값의 메타 분포를 직접 분석한 바 있는데, 그 분석에서도 심리학 연구의 통계적 중요성은 최소 10분의 1 이하로 떨어졌다.

필요는 없다. 오늘날에 이르러서도 일반적인 조건하에서 여전히 들어맞기 때문에 고대의 지식을 받아들이는 것이다. 키케로, 세네카, 마르쿠스 아우렐리우스, 에픽테토스, 루시앙 등 고대 로마와 후기 헬레니즘 시대의 철학자들과 주베날, 오라스 등 중세 시인들, 라 로슈푸코, 보브나르그, 라 브뤼에르, 샹포르 등 중세 프랑스의 윤리사상가들, 그리고 독자적인 영역을 구축한 신학자 보쉬에, 철학자 몽테뉴, 인문학자 에라스무스 등등 이들의 통찰은 린디 효과를 통해 검증받았고, 오늘날 사회에서도 여전히 적용되고 있다.


# 인류의
# 오래된 지혜들

인류의 오래된 지혜를 돌아보면서 이 장을 마치려고 한다. 아래 설명할 아홉 가지 내용은 내가 혹은 다른 누군가가 체계적으로 연구한 내용이 아니다. 단지 내가 상식 수준에서 알고 있는 지혜들을 관련 있는 구절과 함께 정리해 놓은 것이다.


### 1. 인지 부조화

미국 심리학자 레온 페스팅거Leon Festinger가 처음으로 정리한 심리학 이론이다. 기존 믿음에 배치되는 현실을 부정하는 사고나 자신이 가질 수 없는 포도는 맛없는 포도일 거라고 판단하는 사고를 가리킨다. 신맛의 포도 이야기는 고대 아시리아의 아히카르 이야기에 처음 등장했으며, 이솝을 통해 유명해졌고, 나중에 라 퐁텐이 자신의 책에 싣기도 했다.

## 2. 손실 회피 성향

이익에 따른 기쁨의 크기보다 손실에 따른 고통의 크기가 더 크다는 심리학 이론이다. 고대 로마의 역사가 티투스 리비우스는 "사람들은 좋은 감정을 나쁜 감정보다 덜 강하게 느낀다." Segnius homines bona quam mala sentiunt라고 쓴 바 있다. 고대 로마의 세네카가 남긴 서찰들에도 손실 회피 성향에 관한 내용이 꽤 많이 담겨 있다.

## 3. 부정의 길

우리는 무엇이 옳은지보다는 무엇이 그른지를 더 쉽게 판단할 수 있다. 바로 이런 이유에서 황금률보다 은율이 더 명확하게 다가오는 것이다. 고대 로마의 퀸투스 엔니우스는 "선함도 좋지만, 악함이 없는 것만큼 좋은 건 아니다." Nimium boni est, cui nihil est mali라고 말했다. 키케로도 이와 비슷한 말을 했다.

## 4. 현실 참여와 책임

이디시 언어로 전해 내려오는 속담 중 "다른 사람의 치아로 씹을 수는 없는 법이다."라는 말이 있다. 아라비아의 속담을 정리한 르네상스 시대의 사상가 스칼리체르의 책에는 "가려운 곳을 가장 잘 긁을 수 있는 건 자기의 손톱이다." Non scabat caput praeter unges tuo, Ma bihikkak illa difrak라는 말이 나온다.

## 5. 반취약성

반취약성에 관한 고대 격언은 많이 남아 있는 편이다. 여기서는 키케로의 말을 소개하겠다. "정신을 놓으면 벌에게 쏘일 수도 있다." 마키아벨리와 장자크 루소도 정치 체계에 관해 비슷한 의미의 말을 한 바 있다.

### 6. 시간의 중요성

"손 안의 새 한 마리가 나무 위의 새 열 마리보다 낫다." xasfour bil ʻid ahsan min xasra xalsajra 레반트 지역 속담이다.

### 7. 집단 광기

니체는 이렇게 말했다. "인간이 개인으로 있을 때는 광기가 발현되는 일이 거의 없다. 그러나 집단, 당파, 국가 수준에서는 빈번하게 광기가 발현된다." 니체는 고전주의자로 통하기 때문에 나는 그의 통찰을 오래된 지혜로 구분했다. 플라톤 역시 집단 광기에 대해 여러 차례 언급했다.

### 8. 적은 게 많은 것이다

고대 로마의 시인 푸블릴리우스 시루스는 "논쟁이 지나치면 진실이 사라진다." Nimium altercando veritas amittitur 라고 말했다. 영국 시인 로버트 브라우닝이 1855년 발표한 시에는 "적은 게 많은 거야."라는 구절이 있다.

### 9. 과신하지 마라

고대 그리스의 시인 테오그니스는 "확신에 모든 것을 잃었고, 경계심에 모든 것을 지켜 냈다." Fiducia pecunias amici 라고 말했다. 고대 그리스의 희극 작가 에피카르모스는 "항상 맑은 정신을 유지하고 항상 경계하라."라고 말했다. 그리고 이들에 대해 연구한 에라스무스는 이렇게 말했다. "과신 때문에 돈을 잃게 된 것이다."

## 성공의 역설

뉴욕의 한 투자은행 대표가 그리스로 휴가를 갔다가 그곳에서 한 어부와 대화를 나누게 됐다. 이 어부가 대규모 투자를 해서 사업 규모를 키우면 크게 성공할 거라는 판단이 든 대표는 어부에게 그 같은 내용의 제안을 했다. 그러자 어부는 크게 성공하면 자신에게 어떤 좋은 일이 생기느냐고 물었다. 대표는 뉴욕에 회사를 설립하고, 많은 돈을 벌고, 그리스 같은 곳에서 휴가를 즐길 수 있게 될 거라고 대답했다. 그 대답을 들은 어부는 웃을 수밖에 없었다. 자신은 이미 그리스에서 휴가를 즐기고 있었기 때문이다.

이와 유사한 이야기는 많다. 다음은 몽테뉴의 책에 나오는 이야기다. 고대 그리스의 피로스 왕이 이탈리아로 원정을 떠나려고 하자 그의 신하인 시네아스가 이렇게 물었다.

"그런 원정을 떠나시려는 이유가 무엇입니까?"

피로스가 대답했다.

"나는 이탈리아의 군주가 되고 싶소."

"이탈리아의 군주가 되고 싶으신 이유는 무엇입니까?"

"갈리아와 스페인으로 원정을 떠나고 싶기 때문이오."

"그것이 원정의 목표입니까?"

"그다음에는 아프리카를 정복하고, 그런 다음에는 편안히 쉬고 싶소."

왕의 대답을 들은 시네아스는 이렇게 말했다.

"왕께서는 이미 편안하게 쉬실 수 있지 않습니까? 그런데 왜 그 같은 위험한 원정을 떠나시려 합니까?"

몽테뉴는 이 이야기를 소개한 다음 만물의 본성에 관한 고대 로마의 시인

루크레티우스의 통찰을 인용해서 '인간의 욕심에는 끝이 없어서 스스로 파멸할 때까지 높은 곳을 추구한다'고 지적했다.

제6부

• • • • •

# 다시 대리인 문제

Skin in the Game

제9장

# 의사는 의사처럼
# 보이면 안 된다

겉만 보고 무엇을 알 수 있는가·남들이 쉽게 이해하지 못하는 방식으로
말하는 사람들·화려한 수사를 펼치는 자들이 숨기고 있는 비밀

어떤 병원에 직급이 똑같은 외과 의사 두 명이 있었
다. 첫 번째 의사는 드라마에 나오는 유능한 외과의의 전형적인 외모를 지니
고 있다. 마른 몸에 얇은 은테 안경을 끼고, 피부는 하얗고 손가락은 얇으며,
말투와 몸짓은 정제되어 있고 은발 머리카락은 단정하게 빗어 넘겼다. 그의
책상 뒤 벽에는 아이비리그 졸업장이 걸려 있다. 학부와 메디컬스쿨 모두 아
이비리그 대학을 나왔다.

두 번째 의사는 푸줏간에서 일할 것만 같은 외모를 지니고 있다. 뚱뚱한 몸
에 손마디는 투박하고 말투는 거칠며 머리는 텁수룩하다. 셔츠 한쪽은 바지에
서 삐져나와 있고, 목에 살이 너무 쪄서 셔츠 윗단추를 잠그지도 못한다. 말할
때 억양에 거의 신경 쓰지 않고, 심한 충치가 있었는지 금니까지 있다. 벽에 졸

업장을 걸어 놓지 않은 것을 보면 유명한 대학교를 나온 것 같지도 않다. 두 번째 의사 같은 외모의 배우가 있다면 사설 경호업체에서 일하다가 은퇴한 중년 남자, 혹은 뉴저지의 음식점에서 삼대째 요리사를 하고 있는 중년 남자 역할 정도가 딱 어울릴 것이다.

그런데 만약 내가 나의 치료를 담당해 줄 의사를 선택해야 한다면, 나는 선입관을 극복하고 두 번째 의사를 선택할 것이다. 그뿐만 아니라 내가 선택할 수 있는 의사가 첫 번째 유형의 의사들뿐이라면 나는 두 번째 유형의 의사를 찾아 다른 병원으로 갈 것이다. 왜 그럴까? 두 의사의 직급이 똑같다면 두 번째 유형의 의사는 지난 세월 동안 수많은 사람의 선입관을 극복할 정도로 뛰어난 실력을 가졌다는 것을 의미하기 때문이다.

다른 분야에서도 마찬가지다. 해당 직업군에서 전문가처럼 보이지 않는 외모의 사람이 성공한 위치에 있다면 그 사람은 자신의 실력이 정말로 뛰어나다는 것을 증명해 온 것이 분명하다. 일의 성과는 그 사람의 외모를 보지 않지만, 함께 일하는 동료들이나 고객들만이 그의 외모를 보고 선입관을 갖는다.

평가를 거치지 않고 곧바로 결과가 나오는 성격의 일이라면 외모는 별로 중요하지 않다. 그러나 다른 사람들의 '평가'를 기반으로 결과가 나오는 성격의 일이라면 외모가 끼치는 영향은 정말로 크다. 대기업 임원들을 떠올려 보라. 그들은 조금이라도 다른 이미지를 가지면 조직에서 배척이라도 당할 것처럼 모두가 똑같은 외모를 지니고 있다. 외모뿐만 아니라 말투와 사용하는 어휘마저도 똑같다. 그런데 그것이 그들의 일이다. 많은 사람이 오해하는데, 혁신적 사업가와 대기업 임원은 전혀 다른 부류의 사람이다. 다른 사람들이 기대하는 모습을 보여 주는 것, 다른 사람들이 기대하는 행동을 행하는 것, 이것이 대기업 임원들의 일이다.

외모에 능력이 투영되는 분야도 분명히 존재한다. 스포츠의 경우, 운동을 잘할 것 같은 외형을 지닌 선수들이 대개 운동을 잘하고 뛰어난 성과를 낸다. 그러나 대부분의 분야에서 해당 분야의 전문가처럼 보이지 않는 외모를 지니고 있는 사람이 성공을 일궈 냈다면 그 사람에게 탁월한 능력이 있다고 봐도 된다.

미국 대통령 중에는 배우 출신도 있다. 로널드 레이건은 사람들이 대통령에게 기대하는 이미지를 잘 보여 주었다. 그런데 정말로 뛰어난 배우는 연기를 하면서도 사람들이 그것이 연기라는 것을 인식하지 못하게 만든다. 버락 오바마가 바로 그런 경우다. 그가 가지고 있는 아이비리그 졸업장과 주제 의식 넘치는 연설이 합쳐지면서 매우 강렬한 이미지가 만들어졌다.

토머스 스탠리가 쓴 《백만장자 불변의 법칙》이라는 책에도 언급됐지만, 부자들 중에는 부자처럼 보이지 않는 사람이 많고, 부자처럼 보이는 사람들 중에는 부자가 아닌 사람이 많다. 실제로 은행에서 프라이빗뱅킹private banking을 담당하는 직원들은 고객의 외모만 보고 그의 자산 규모를 판단하지 말고, 페라리를 몰고 다니는 사람들을 쫓아다니지 말라는 교육을 받는다. 다른 예로 내 친척들이 많이 살고 있는 레바논의 한 마을에서 마을 주민 한 사람이 후손들에게 수억 달러 규모의 유산을 남겼다. 그런데 그 사람은 마을에서 내 친척들과 마찬가지로 자신이 직접 기른 채소를 먹고 직접 담근 술을 마시며 소박한 삶을 살았다. 겉보기에는 소박한 농부였는데, 실제로는 엄청난 자산가였던 것이다.

다음부터는 소설을 고를 때 애스콧 타이로 멋을 내고 서재에서 심각한 표정을 짓고 있는 자신의 사진을 표지에 인쇄해 놓은 작가의 소설은 일단 피해라. 정말로 실력 있는 도둑은 겉보기에 도둑처럼 보이지 않는다는 점을 기억해라. 도둑처럼 보이는 도둑들은 거의 다 감옥에 가 있다.

다음 글을 생각해 보라.

> 본질적인 역량을 잊어버린 단체나 기업을 보면 소속된 사람들이 대
> 부분 이상한 전문용어를 사용하고 사무실 외관에만 신경 쓰며 자신
> 들의 외모를 중시한다. 그런 사람들과 이야기를 나누어 보면 정작
> 자신들의 일에 관해 의미 있는 답을 하지 못한다.

## 그린 럼버 팰러시

이 장의 주제 역시 린디 효과와 맥락을 같이한다.
이에 관한 라틴어 속담을 소개한다. "예쁜 사과가 맛이 더 좋은 건 아니다." Nec
pulchrum pomum quodlibet esse bonum "반짝인다고 해서 전부 금은 아니다." Non teneas
aurum totum quod splendet ut aurum 이런 고대의 지혜가 전해지고 있는데도 살아가면
서 우리가 이런 지혜를 완전히 이해하는 데는 50년도 넘게 걸리는 것 같다. 소
비자들은 계속해서 겉만 번지르르한 상품들에 속아 넘어간다. 나에게는 '옷을
멋들어지게 빼입은 금융 트레이더는 절대로 믿지 않는다'는 일종의 규칙이 있
다. 그리고 다음과 같은 규칙도 있다.

> 분명한 실적을 내 왔으면서 남들이 쉽게 이해하지 못하는 방식으로
> 일하는 트레이더에게 일을 맡긴다.

남들이 쉽게 이해할 수 있는 방식으로 일하는 트레이더가 아니라 쉽게 이

해할 수 없는 방식으로 일하는 트레이더에게 일을 맡긴다는 것은 무슨 소리일까?

내가 《안티프래질》에서 소개한 '그린 럼버 팰러시'green lumber fallacy라는 이야기가 있다. 여기서 '그린 럼버'는 베어 낸 지 얼마 되지 않은 목재를 뜻한다. 어떤 사업가가 목재 판매업으로 많은 돈을 벌었는데, 그는 평생 동안 '그린 럼버'가 베어 낸 지 얼마 되지 않은 목재가 아니라 초록색으로 색칠한 목재라고 알고 사업을 해 왔다. 반면 '그린 럼버'가 무엇인지 제대로 알고, 자신이 판매하는 다른 목재들에 대해서도 아주 자세하게 알고 있던 다른 목재 사업가는 파산에 이르렀다. 이 이야기를 통해 전하려는 메시지는 실제 세상에서 성공하기 위해서는 지성인의 소양이 아니라 성공하는 데 필요한 능력이 요구된다는 것이다. 물론 지성인의 소양이나 사업에 관한 꼼꼼한 지식이 아무런 의미가 없다는 말은 아니다. 하지만 바보 지식인들이 중요하다고 생각하는 것이 어떤 분야에서 성공하는 데 핵심적인 요소가 아닐 수 있다는 점은 염두에 둘 필요가 있다.

어떤 분야가 됐든 숨겨진 요소들은 린디 효과를 거치면서 드러나게 된다.

그리고 다음과 같은 말을 덧붙이고 싶다.

바보들도 확신을 가질 수 있을 정도로 구체적이고 명확하게 설명할 수 있는 사업 방식은 바보들을 속이기 위한 방식일 뿐이다.

대학에서 투자 분야를 가르치는 내 친구 테리가 자신의 강의에 두 명의 연사를 초청했다. 한 명은 전형적인 투자은행 책임자의 외모를 가지고 있는 사람인데, 학생들에게 특강을 하러 올 때도 고급 정장을 입고, 비싼 시계를 차고, 반짝이는 구두를 신고 있었다. 특강 내용은 학생들이 금세 알아들을 수 있을 만큼 쉬웠다. 다른 한 명은 푸줏간 주인이라고 해도 믿을 만한 외모를 가지고 있는 사람이었다. 학생들은 그의 특강 내용을 좀처럼 이해하지 못했다. 그는 자기가 무슨 말을 하고 있는지조차 모르는 듯한 인상을 주었다. 테리가 나중에 학생들에게 두 연사 가운데 누가 더 성공한 투자가 같은지 묻자 거의 모든 학생이 첫 번째 연사를 선택했다. 그런데 사실 첫 번째 연사는 투자은행에서 해고 당해 당시 직업이 없는 상태였고, 두 번째 연사는 수억 달러의 자산을 가진 성공한 투자가였다.

지금은 고인이 된, 불굴의 아일랜드계 뉴요커이자 금융 트레이더이며 내가 초년 시절에 일한 투자은행의 회장인 지미 파워스Jimmy Powers의 이야기다. 사회적으로 큰 성공을 거둔 그는 지역 전문대를 중퇴한 데다, 심지어 브루클린에서 갱으로 활동한 적도 있었다. 그는 임직원들과 회의할 때면 이런 식으로 말하곤 했다. "이건 이렇게 됐고, 또 그건 그렇게 됐지. 그게 그렇게 됐으니 다 잘된 거야." 그가 무슨 말을 하는 건지 다들 좀처럼 이해할 수 없었다. 그러나 우리 가운데 누구도 그런 점에 개의치 않았다. 우리 투자은행은 엄청나게 수익을 내고 있었기 때문이다. 나는 일하면서 그의 말투에 익숙해졌고 그의 말이 무슨 의미인지도 알게 됐다. 당시 나는 이미 알아듣기 쉬운 말을 하는 사람일수록 사기꾼일 가능성이 크다는 점을 배워서 깨닫고 있었다.

## 화려한 사업 계획서

문학작품은 문학작품처럼 보이면 안 된다. 프랑스 소설가 조르주 심농은 10대 때 언론사에서 기자로 일하기 시작했는데, 그곳에서 일하면서 또 다른 프랑스 소설가 콜레트에게 '소설을 쓰려면 소설 속에 나오는 그 어떤 것에도, 그 어떤 의상이나 식물이나 자연에도 불완전한 가정이나 관계를 집어넣으려는 유혹을 떨쳐 내야 한다'는 점을 배웠다. 이는 모두 글을 화려하게 꾸미려는 사람들의 습관이다. 심농은 콜레트의 가르침을 전적으로 수용했다. 그래서인지 그의 소설은 《권력과 영광》의 작가이자 영국 소설가 그레이엄 그린의 작품 같은 느낌을 준다. 군더더기 없는 상황 묘사 덕분에 이야기에 나오는 현장을 현실감 있게 느낄 수 있다. 그의 소설 속 주인공인 매그레 반장이 비 오는 파리 거리에서 몇 시간이고 잠복근무하는 장면을 읽고 있으면 나 역시 비를 맞으며 파리 거리에 나와 있는 기분마저 든다. 매그레 반장은 심농의 많은 소설에서 주요한 등장인물로 나온다.

그런데 내용을 화려하게 꾸미려는 유혹은 사업과 과학 분야에도 만연해 있다. 많은 사람이 사업은 사업 계획서를 통해 진행되고, 과학은 연구 계획서를 통해 진행된다는 생각을 가지고 있다. 그런데 절대 그렇지 않다. 투자자를 구슬러 돈을 끌어내려는 사람들은 사업 계획서를 화려하게 작성한다. 앞에서도 언급했지만, 이런 분위기가 형성된 것은 사업을 시작하는 많은 사람이 자신의 사업을 빠르게 부풀려 매각하는 것, 그 자체를 목표로 삼기 때문이다. 무언가를 팔려면 포장을 잘해야 한다. 그러나 다른 사람들의 돈으로 무엇을 해 보려는 것이 아니라 본질적인 사업에 집중하려는 사업가들은 사업 계획서를 앞세우지 않는다. 마이크로소프트, 애플, 페이스북, 구글 등 현재 성공한 기업으로 손꼽히는 기업들을 보면 자신의 사업에 모든 것을 바치고 모든 책임을 스스로 감당한 사업가들로부터 시작됐고, 그들의 힘으로 성장했다. 그러자 자연히 대규모 투자금이 뒤따랐다. 만약에 이런 기업의 창업자들이 창업 초기부터 투자금을 끌어내는 데 집중했다면 아무리 긍정적으로 생각하더라도 창업자들 개인 수준의 작은 성공을 거두는 데 머물렀을 가능성이 크다. 기업이 성공하는 데 있어 거액의 투자금을 유치하는 것은 최우선 조건이 아니다. 투자금이 성공하는 기업을 만드는 것이 아니기 때문이다. 그리고 이는 과학에도 그대로 적용된다.


## 화려한 옷을 입는
## 주교들

나는 사회과학에도 관심이 많다. 나는 어떤 상황에서든 아이디어가 떠오르면 관련된 수학적 증명과 함께 그것을 종이에 메모하고 따로 정리해 둔다. 나중에 책을 쓸 때 활용하기 위해서다. 그런데 사회과학 분야의 논문 중에는 피상적인 내용만 다루거나 무의미한 서술이 잔뜩 들어있는 논문이 너무 많다. 경제학 분야도 마찬가지다. 별다른 내용 없이 다른 사람들의 논문을 지나치게 많이 인용한 논문이 매우 많다. 이런 논문들은 형식이나 겉모습이 전부라 해도 과언이 아니다. 그런데 형식이나 겉모습이 중시되는 분위기 때문인지 내가 작성한 논문들에 대한 비판도 내용이 아니라 겉모습에 집중되고 있다. 요즘 사회과학이나 경제학 분야의 논문들은 내용보다는 발표 자체에 의미를 두는 분위기이고, 다른 분야에 새로운 통찰을 전해 주는 일도 거의 없다.

논문을 작성하거나 시험에 통과하는 기능적 측면에만 관심을 갖는 학자들에게는 아무것도 배울 것이 없다.

시간이 흐를수록 사람들은 과학만능주의에 깊이 빠져들고 있다. 이런 분위기는 형식이나 겉모습이 중시되고, 과학은 복잡할수록 좋다는 일반적인 인식과 맞물려 있다. 그런데 이런 일반적인 인식에도 나름의 논리는 있다. 기독교의 주교가 왜 화려한 옷을 입는지 아는가? 고대부터 지중해 사회에서는 높은 사회적 지위를 가진 사람일수록 더 큰 위험을 감수하고 더 큰 책임을 지는 것을 당연시했다. 오늘날 미국에서는 위험과 책임의 성격이 물리적인 것에서 경제적인 것으로 변했다. 아랍 문화권에서도 아주 오래전부터 경제적 위험을 감수하는 것이 명예로운 일로 인식됐다. 하지만 아무런 위험도 감수하지 않는 관료나 사제가 가장 높은 자리를 차지하는 사회 역시 옛날에도 있었다. 물론 지금도 존재한다. 힌두 문화권에서는 브라만 계급이 가장 높은 지위를 차지했고, 켈트 문화권에서는 드루이드Druid들이 가장 높은 지위를 차지했다. 어쩌면 서로 사촌 관계일지로 모를 드루즈Druze 문화권에서도 마찬가지였다. 이집트에서는 율법 학자들이 가장 높은 지위를 차지했다. 여러 중국 왕조에서는 시험을 치르고 뽑힌 관료들이 가장 높은 지위를 차지했다. 전후 프랑스도 빼놓을 수 없다. 아무런 위험도 감수하지 않는 사회 최상층부 관료들과 사제들이 자신들의 지위를 지키기 위해 사용한 방식은 어느 사회를 보더라도 똑같다. 극도로 복잡하고 정교한 의식을 만들어 사람들에게 그 의식을 따를 것을 요구하고, 화려한 겉치장을 하고, 이를 기반으로 자신들의 우월성을 사람들에게 확인시켰다.

자신이 직접 위험을 감수하고 책임을 지는 전사나 도전자들이 이끌어 가는 사회에서도 지식인 계층은 의식을 중요시한다. 화려한 의식이 없으면 지식인들은 그저 지식을 전달하는 사람에 그칠 뿐이다. 다시 말해 사회에서의 지위가 크게 낮아진다. 그리스정교회 주교들이 어떤 옷을 입고 다니는지 한번 보라. 그들이 입고 다니는 황금색 옷은 위엄의 과시 그 자체다. 그들에게 있어 위엄을 보이지 않는 주교는 더 이상 주교가 아니다. 그나마 종교인들이 화려한 예복을 입고 다니는 것은 별다른 문제를 만들어 내지 않는 편이다. 그러나 과학자나 사업가들은 절대로 자신이 하는 일을 화려하게 꾸며서는 안 된다.

이어지는 부분에서는 이런 내용을 좀 더 자세히 이야기해 보겠다.

수억 달러의 자산을 가지고 있는 허술한 외모의 사람보다는 페라리에서 내리는 세련된 외모의 사람이 더 부자처럼 보인다. 그리고 과학만능주의가 진짜 과학보다 더 과학적으로 보인다.

진짜 지식인은 지식인처럼 보이지 않는다.


## 고르디우스의 매듭

성과를 바란다면 복잡한 겉모습에 얽매여서는 안 된다. 알렉산더 대왕에 관해서는 많은 이야기가 전해지는데, 그중에 유명한 것으로 '고르디우스의 매듭'Gordian Knot이 있다. 알렉산더 대왕이 원정대를 이끌고 프리기아의 도시 고르디우스에 진입했다. 그곳의 신전에 너무 복잡해서 도저히 풀 수 없는 매듭이 지어져 있는 수레가 봉납되어 있었는데, 그 복잡한 매듭을 푸는 사람이 당시에 '아시아'라고 불리던 지역, 그러니까 소아시아, 레반

[그림 7] 안토니오 템페스트, 〈고르디우스의 매듭을 자르는 알렉산더 대왕〉, 메트로폴리탄 미술관, 1608년.

트, 중동 지역을 지배하게 될 거라는 신탁이 전해지고 있었다. 그 수레와 신탁에 관해 들은 알렉산더 대왕은 신전으로 가서 매듭을 풀려고 했으나 도저히 풀 수 없었다. 그러자 그는 매듭을 어떤 방식으로 풀어야 하는지 그 방법에 관한 신탁의 제한은 없지 않느냐고 말하고는 칼을 뽑아 매듭을 잘라 버렸다. 아무리 똑똑한 학자라도 그렇게 과감한 방법을 사용하지는 못할 것이다. 그리고 바보 지식인들 역시 마찬가지다.

환자가 두통을 호소하며 병원을 찾았을 때 우선 아스피린을 먹거나 일단 하룻밤 잠을 푹 자 보라는 처방이 나온 것은 비교적 최근의 일이다. 얼마 전까지만 해도 환자가 두통을 호소하면서 병원을 찾으면 의사는 복잡한 검사부터

해 보자고 했다. 다들 그것이 과학적인 접근법이라고 생각했다. 시급을 받는 전문직이 아니라 대학에서 종신 고용을 보장받는 학자들은 복잡한 해법을 먼저 생각하는 경향이 있다.


## 인간은 그렇게까지
## 이지적인 존재는 아니다

독일의 저명한 인지심리학자 게르트 기거렌처 Gerd Gigerenzer와 영국 인지과학자 헨리 브라이튼 Henry Brighton은 인간의 '이지적' 능력에 관해 리처드 도킨스와 다른 견해를 밝힌 바 있다. 이들은 야구 선수가 공을 어떻게 잡는지에 관한 리처드 도킨스의 해석을 다음과 같이 반박했다.

리처드 도킨스는 이렇게 주장했다. "야구 선수는 공의 궤적을 토대로 낙하지점을 계산해 내기라도 한 것처럼 움직인다. 잠재의식 속에서 일종의 수학적 계산이 진행되는 것이다." 그러나 여러 실험 결과에 따르면 야구 선수는 훈련을 토대로 공을 잡는 능력을 갖게 된다. 처음에는 시각 훈련이 필요하다. 시각 훈련은 가장 쉬운 단계로, 공이 가장 높은 점을 찍고 내려오는 순간이 언제인지 파악할 수 있도록 해 준다. 그다음에는 공에 시선을 고정하고 공을 향해 달려 나가기 시작한다. 공을 바라보는 각도가 계속 상수를 유지하도록 달리는 속도를 조절하는 법을 배우는 것이다.

리처드 도킨스의 주장대로라면 자연현상에 대한 인간의 반응은 처음부터 계산에 따라 결정된다고 봐야 한다. 그러나 실제로 그렇지 않다. 자연현상에 대한 인간의 반응은 각각의 목적에 적합한 방식의 훈련을 통해 만들어진다. 야구 선수들의 경우도 마찬가지다. 어떻게 해야 공을 잡을 수 있는가는 캐치볼을 해 보기도 전에 알 수 있는 것이 아니다. 직접 훈련이나 체험을 함으로써 알게 되는 것이다. 직접적인 훈련이 아니라 상상을 하거나 계산만 하는 선수들은 다른 선수들과의 경쟁에서 밀려나게 된다. 제18장에서 따로 논하겠지만, 종교적 믿음 역시 인생의 여러 문제를 해결하는 과정에서 체험적으로 갖게 된다. 신앙은 누가 알려 줄 수 있는 성격의 것이 아니다. 어떤 판단을 내리기 위해 사전에 계산식을 푸는 방식으로 인간이 가질 수 있는 성격의 능력이 아니다. 이는 처음부터 불가능한 일이다. 우리가 할 수 있는 것은 훈련이나 체험을 통해 위험을 인지하고 그에 대해 필요한 조치를 미리 취하는 것 정도다.

## 복잡한 해법으로
## 생기는 문제

자신이 감당해야 할 합당한 위험이나 책임을 회피하려는 사람들은 항상 복잡하고 중앙화된 해법을 추구한다. 반면에 자신이 직접 위험을 감수하고 책임을 지는 사람들은 단순한 해법을 추구한다.

다음을 생각해 보라.

복잡한 해법을 제안하도록 교육받고, 선택받고, 보상받는 사람들은 단순한 해법을 제안할 이유가 없다.

게다가 복잡한 해법으로 발생하는 문제들에 대한 해법 역시 복잡해지기 때문에 문제는 더욱 복잡해진다.

복잡한 문제에 대한 해법이 복잡해지면서 문제는 더욱 심각해진다.

우리 사회의 지식인들은 복잡한 해법을 제안하도록 훈련받았고, 또 복잡한 해법을 제안하는 것이 자신들에게 유리하다는 생각을 가지고 있다. 그런데 우리 사회의 많은 문제는 대부분 이들이 제안하는 복잡한 해법 때문에 생겨났다. 지식인들은 결과를 기반으로 보상받는 것이 아니라 대중의 인식을 기반으로 보상받기 때문에 쉽고 단순한 해법을 제안하는 일이 이들에게 유리할 리 없다. 게다가 복잡한 해법을 제안하더라도 그에 따른 여러 부작용을 책임질 필요가 없다. 기술 분야를 보더라도 고객에게 복잡한 해법을 제안하는 것이 기업의 수익성을 높이는 데 더 유리하다.


## 쌀과 비타민

두통을 호소하는 사람에게 뇌 수술은 아스피린보다 더 과학적이지 않은 처방이다. 말하자면 뉴욕 JKF 공항에서 뉴어크 공항까지 60킬로미터 남짓한 거리를 비행기로 이동하는 것은 비효율적인 방식이다. 여기까지는 대부분의 사람이 수긍할 것이다. 그러나 이 같은 합리성은 다른 분야로까지 확장되지 않는다. 많은 사람이 과학만능주의를 과학보다 더 과학적이라 생각하고, 폰지사기 Ponzi Scheme(다단계 금융 사기)를 진짜 투자라고 믿으며, 과학적 증거보다는 광고나 선전이 더 옳다고 믿는다. 잘 포장된 선동이나 사기를 진실이라고 생각하는 것이다.

앞서 제2장과 제4장에서 다룬 유전자조작 식품 문제로 돌아가 보자. 이번에는 '골든 라이스'Golden Rice라는, 유전자조작으로 만들어진 쌀을 살펴볼 것이다. 많은 개발도상국 국민들이 영양실조 혹은 영양 결핍으로 고통받고 있다. 내 동료 학자인 야니르 바르 얌 박사와 조 노먼Joe Norman 박사는 이 문제의 원인이 '운송'에 있다고 보고 있다. 실제로 전 세계 식품 생산량의 3분의 1가량이 버려지고 있는 실정이다. 유통이나 배분 시스템을 개선하는 것만으로도 지구상의 영양실조나 영양 결핍 문제를 거의 해결할 수 있다는 것이 이들의 주장이다. 이들에 따르면, 유전자조작으로 새로운 품종을 생산해 낼 필요도 없다. 토마토만 하더라도 가격의 80~85퍼센트는 운송, 저장, 폐기 비용에 따라 책정된다. 그렇다면 가격의 15~20퍼센트에 해당하는 생산 영역이 아니라 운송과 저장 영역에 조치를 취하는 것이 더 효과적인 해법이 될 것이다.

하지만 과학만능주의자들의 생각은 이와 다르다. 이들은 지구상의 영양실조나 영양 결핍 문제에 다음과 같이 접근한다. 첫째, 사람들에게 끼니를 굶는 아이들의 사진을 보여 주며 동정심을 유발하면서 이 같은 조치에 따르는 논쟁을 원천적으로 차단한다. 끼니를 굶는 아이들을 돕는 일에 그 어떤 문제라도 제기하는 사람은 천하의 못된 인간으로 만드는 것이다. 둘째, 자신들이 제안하는 방법에 대한 비판은 전부 아이들을 돕는 일에 반대하는 것으로 몰아붙인다. 셋째, 자신들이 많은 돈을 벌 수 있는 과학 기반 사업을 해법으로 제시한다. 지구의 환경이나 생태계에 큰 부작용을 초래하더라도 그들은 그런 결과에 신경 쓰지 않는다. 넷째, 과학에 관해 아무런 지식도 없으면서 '과학적인 것처럼 보이는' 해법에 반대하는 목소리를 향해 화를 내는 언론인과 명사들을 동원해 선전전을 펼친다. 다섯째, 자신들이 제안한 방법에 문제를 제기하는 과학자들의 명단을 작성하고, 그들의 입을 막기 위해 그들의 평판을 깎아내리거나 그들의 직업을 위태롭게 만드는 다양한 시도를 한다.

개발도상국의 영양실조나 영양 결핍 문제에 대해 과학만능주의자들이 제안한 방법은 비타민을 함유한 쌀, 바로 골든 라이스를 생산해서 공급하자는 것이었다. 하지만 나와 내 동료들은 그 바보 같으면서도 위험한 해법을 다음과 같은 이유에서 지켜보고만 있을 수 없었다. 첫째, 골든 라이스는 인류가 농경을 시작한 이래 계속 해 오고 있으며 그 안전성이 검증된 이종교배가 아니라 유전자조작을 통해 만들어지는 품종이다. 골든 라이스 생산으로 지구 환경과 생태계에 무슨 일이 일어날지 아무도 모른다. 취약성은 규모에 따라 크게 달라질 수 있다. 실험실에서 골든 라이스를 연구하는 것과 이 제품을 대규모로 경작하고 공급하는 것은 전혀 다른 문제다. 앉아 있던 의자에서 떨어지는 것과 20층 건물에서 땅으로 떨어지는 것은 서로 전혀 다른 문제라는 점을 생각해 보라. 내 동료들과 나는 골든 라이스로 사회에 얼마나 큰 위험이 발생할 수 있는가에 대해 추론한 결과를 제시하기도 했다. 둘째, 골든 라이스를 옹호하면서 제시된 논문들에는 통계학적 방법론상의 오류가 있고, 리스크에 대한 연구도 제대로 진행되지 않았다. 셋째, 비타민을 함유한 유전자조작 식품인 골든 라이스보다 훨씬 더 단순하면서도 좋은 해법이 있다. 개발도상국에서 영양실조나 영양 결핍을 겪고 있는 사람들에게 기존 품종의 쌀과 함께 비타민 알약을 주면 어떨까? 과학만능주의자들은 우리가 제안한 이 방법이 반과학적이라고 비난했다. 넷째, 유전자조작은 많은 부작용을 유발한다. 일례로 유전자조작 농약은 해충만 죽이는 것이 아니라 토양의 유익한 미생물까지 다 죽이는 부작용을 초래했다.

그런데 나와 내 동료들이 근거 없는 비난을 들으면서까지 유전자조작 식품을 반대할 필요는 없었던 것 같다. 영양실조나 영양 결핍 문제를 겪고 있는 사람들에게 유전자조작 식품을 보급하는 사업은 제2장에서 논했던, 절대로 양보하지 않는 소수의 반대로 저지됐기 때문이다.


## 평가의 왜곡

　　　　　　　숫자로 표시되는 실제 성과로 평가받는 것이 아니라, 다른 사람들이 인식한 평판이나 간접적인 지표로 평가받는 일에는 반드시 평가의 왜곡이 일어나게 마련이다. 그런데 기업들은 일반적으로 이런 방법으로 직원들을 평가한다. 나 역시 트레이더로 투자은행에서 일하던 당시, 이런 간접적인 지표들로 평가받았다.

그중 가장 기억나는 지표는 '총 영업일수 가운데 수익을 낸 영업일수의 비중은 얼마인가?'였다. 꾸준한 수익의 중요성을 강조하기 위해 이런 평가 지표를 넣은 것 같은데, 이 지표를 접한 직원들은 수익을 내는 영업일수의 비중을 높이기 위해 위험을 숨기는 선택을 하기 쉽다. '검은 백조'의 출현 가능성이 높아지는 것이다. 러시안 룰렛은 다섯 번 돈을 따다가 한 번만 실패해도 사망에 이른다. 은행은 100분기 연속 흑자를 내다가 단 한 분기에 적자를 내서 파산에 이르기도 한다. 나는 위험을 숨기거나 뒤로 미루는 식으로 연속적인 흑자를 내는 것보다는 위험을 처리해 나가면서 간헐적으로 흑자를 내는 편이 훨씬 더 낫다고 생각한다. 투자은행에서 일하던 당시, 나는 '수익을 낸 영업일수의 비중'을 기준으로 평가받기를 거부했고, 회사 측은 나에게 그 지표를 적용하지 않기로 했다.

실제 성과나 결과가 아니라 간접적인 지표들을 통해 평가가 이루어지면 사람들은 오로지 지표에 부합하기 위해 과정을 조작하게 되고, 그 결과 개인의 평가와 기업의 성과 모두에 있어 왜곡이 발생한다.


## 사치품으로서의
## 전통적 교육 시스템

미국 명문 대학교 졸업장은 아시아 신흥 부자들이 추구하는 궁극의 사치품이 되고 있다. 하버드대학교 졸업장은 그들의 사회적 지위를 상징하는 루이비통 가방이자 카르티에 시계인 셈이다. 학생들이 내는 대학교 등록금은 거의 다 관료들, 부동산 개발업자들, 교수들 그리고 사회에 기생하는 다른 여러 부류에게 돌아간다. 특히 젠더학, 비교문학, 국제경제학 등의 분야는 대학교 외에는 존재하지도 않는데, 이런 분야에도 끊임없이 학생들의 등록금이 흘러 들어가고 있다. 미국 명문 대학교의 등록금은 중산층에게 버거운 수준이다. 미국 대학생들의 학자금 대출은 지대를 추구하는 이런 부류에게 자동적으로 이전된다.

사실 어떻게 보면 학생들이 내는 대학교 등록금은 '인생에서 앞으로 나아가기 위해서는 그럴듯한 대학교 졸업장을 가지고 있어야 한다'는 사회적 협박이 이끄는 갈취에 불과하다. 그런데 교육 시스템 덕분에 사회가 발전하는 것이 아니라는 증거는 어렵지 않게 찾을 수 있다. 사실 오히려 그 반대다. 사회가 발전하고 부가 증대되면서 정규 교육 시스템의 수준이 높아지는 것이다.[55]

---

55    과학 저술가나 전문 전기 작가들이 쓰는 과학자들의 일대기를 보면 이들 개개인은 영웅으로 묘사되고 엄청난 과학 발전을 이뤄 낸 것처럼 보이지만, 실제로는 그렇지 않은 측면이 더 크다.

## 대학의 명성

앞서 이야기했듯, 지금까지의 성과가 동일하다는 조건하에서는 사치품으로서 대학교 졸업장을 가지고 있는 사람보다 가지고 있지 않은 사람이 더 유능하다고 봐야 한다. 사회의 많은 편견을 이겨 내면서 지금의 성과를 이루어 낸 것이기 때문이다. 게다가 하버드대학교 졸업장이 없는 사람이 대하기도 더 편하다.

일반적으로 학사 학위라고 하면 대학교 이름을 가지고 많은 편견이 만들어진다. MBA에서 공부하면서 나는 어떤 집단에서든 상위 10~20퍼센트 이내에 들지 못하면 시간 낭비를 하고 있을 뿐이라는 이야기도 들었다. 하지만 수학의 경우는 다르다. 학교 이름이 별로 중요하지 않다. 일정한 수준만 넘어서면 순위 10위권 대학이든 100위권 대학이든 별로 차이가 없다.

연구 논문도 마찬가지다. 수학이나 과학 분야의 논문은 '아카이브' 사이트(arXiv.org)에서 검색하는 것만으로도 충분히 좋은 논문을 찾아서 활용할 수 있다. 그러나 재무학 같은 분야는 명성 있는 학술지에 실린 논문이 아니면 별 의미가 없다. 어떤 학술지에 실렸느냐가 해당 논문의 유일한 평가 기준이 되기 때문이다. 그런데 이 분야의 논문은 마치 이야기가 잔뜩 꼬여 있는 소설을 읽는 것처럼 읽기에 결코 쉽지 않다.


## 진짜 체육관은 체육관처럼
## 보이지 않는다

학교의 명성이 만들어 내는 선입견은 취약성을 가리기도 하고, 진정한 의미의 학습이 무시되는 결과로 이어지기도 한다. 이런 상황을 볼 때마다 나는 헬스클럽이 떠오른다. 대부분의 사람이 헬스클럽을 고를 때 멋진 인테리어나 고급 운동 장비를 유일한 판단 기준으로 삼는다. 더 복잡하고 더 과학적으로 생긴 장비들이 있어야 좋은 헬스클럽이라고 인식하는 것이다. 그러나 과학적으로 보이는 것들은 대부분 진짜 과학이 반영된 것이 아니라 과학만능주의에서 비롯된 착각에 불과하다. 복잡하고 과학적으로 보이는 헬스클럽에 가입비를 내는 것은 사실 부동산 개발업자들에게 돈을 뿌리는 짓이나 마찬가지다.

진짜 운동을 하는 사람들은 과학적인 장비가 기초 단계에서만 의미 있다는 사실을 잘 안다. 대개 이런 사람들은 삶의 많은 측면에서 '진짜'를 추구한다. 근육의 일부만 사용하도록 만들어진 과학적인 장비들에 계속 의지하다 보면 오히려 우스꽝스러운 몸매가 만들어지고, 체력은 전반적으로 더욱 나빠진다. 오직 특정 장비들로 기른 근육만 발달하기 때문이다. 그런 장비들이 어울리는 곳은 체육관이 아니라 재활 프로그램을 운영하는 병원이다. 몸 전체의 근력을 높이는 데 있어 가장 효과적인 장비는 바벨이다. 게다가 바벨은 매우 단순하면서도 저렴하다. 바벨 운동을 할 때 우리가 배워야 할 것은 바벨을 들어 올리고 내릴 때 다치지 않는 방법 정도다. 바벨은 2500년 전부터 사용되어 온 운동기구로, 린디 효과를 생각했을 때 인류가 인정한 최고의 운동기구인 셈이다.

여러분이 진짜로 운동을 하고 싶다면 조깅이나 워킹할 때 신는 운동화와 너무 화려하지 않은 편안한 바지, 적당한 무게의 바벨만 갖추면 충분하다. 나는 이 장의 집필을 마친 다음에 사흘 정도 휴가를 다녀올 계획인데, 내가 살펴본 호텔 홍보물에는 멋진 운동 장비들과 예쁜 색깔의 주스가 담긴 유리병, 자연을 배경으로 한 수영장 사진이 실려 있었다. 투숙객들이 건강까지 챙길 수 있는 호텔이라는 점을 강조한 것이다. 그런데 그 홍보물에는 바벨 사진이 나와 있지 않았다.

　진짜 체육관이 체육관처럼 보이지 않는다는 것을 감안하면, 진짜 운동 역시 사람들이 일반적으로 생각하는 운동과는 다를 것이라는 추론이 가능하다. 그리고 진정으로 강한 체력을 갖고 싶다면 체력 운동의 수준을 극한까지 높여야 한다. 적당히 힘든 수준으로 운동해서는 체력을 높일 수 없다.


## 다음 장의 이야기

　　　　　　　이 장에서는 겉모습을 더 비중 있게 추구하고, 겉모습만으로 선입관을 갖는 행태 때문에 발생하는 여러 가지 문제들을 의학, 과학, 운동 영역 등 다양한 관점에서 살펴봤다. 다음 장에서는 부자가 됐을 때 사람들의 사고방식이 어떻게 달라지는지 알아보자.

제10장

# 독약은 금잔에
# 담겨 나온다

⚖

미쉐린 음식을 먹는 이유·사우디아라비아의 석유는 발견되지 않는
편이 나았다·진보가 항상 내일을 만들진 못한다

자신이 직접 책임을 지고 현실에 참여했던 사람들
도 부자가 되면 그런 삶의 방식을 저버린다. 직접 무언가를 선택하거나 실행
하지 않고 다른 사람들이 제안하는 선택에만 관심을 기울이면서 자신의 삶을
불필요할 정도로 복잡하게 만들고, 스스로 불행한 길을 찾아간다. 여기서 말
하는 '다른 사람들'이란 부자가 된 사람들에게 무언가를 팔려고 하는 사람들
을 말한다. 오직 부자들에게 무언가를 팔아서 이익을 취하겠다는 목적만 가지
고 접근하는 사람들의 제안을 받아들이는 것은 부자들에게 좋을 리 없지만,
그 결과 문제가 발생하더라도 어느 누구도 부자를 피해자로 인식하지 않는다.
무언가를 팔려는 사람은 대부분 부자가 아니고, 피해를 입은 사람은 부자이기
때문이다.

친구와 저녁 식사 약속을 하고, 나는 그리스 이민자 가족이 경영하는 작은 그리스 식당에서 식사를 하자고 제안했는데, 친구는 미쉐린 가이드에서 별 세 개를 받은 음식점에서 먹자고 계속 고집을 부렸다. 하는 수 없이 친구가 원하는 음식점에서 식사를 하게 됐다. 그런데 그곳에서 식사하는 사람들은 전부 어딘가 모르게 경직되어 있는 것 같았다. 그리고 하나같이 넥타이를 매고 있었다. 매우 적은 양의 복잡하게 생긴 요리들이 계속해서 나왔는데, 요리마다 서로 상반된 맛들이 섞여 있어서 무슨 맛인지 느끼려면 미각에 엄청 집중하면서 먹어야 했다. 식사를 하는 건지 아니면 요리 학교 입학시험을 보는 건지 헷갈릴 지경이었다. 식사를 하는 내내 한 번도 생각해 본 적 없는 예술에 대한 강의를 듣는 듯한 기분이 들기도 했다.

　　솔직히 그곳의 요리는 내 입맛에 맞지 않았다. 물론 한두 가지 정도 입에 맞는 요리가 나오기도 했지만, 워낙 양이 적어서 아쉽기만 했다. 요리가 한창 나오고 있는데 소믈리에가 찾아와 우리가 마시게 될 와인에 대해 뭐라고 설명해 줬다. 하지만 그가 무슨 소리를 하는 건지 도대체 알아들을 수 없었다. 나는 불편한 기색을 감추기 위해 엄청난 에너지를 소모해야만 했다. 게다가 그곳의 빵은 따뜻하지도 않았다. 미쉐린 별 세 개짜리 음식점에서 차가운 빵이 나와도 되는 건가 하는 생각이 들었을 뿐이다.


## 비싸 보이는 해법에
## 치르는 대가

　　　　　　　　　나는 다소 허기진 상태로 그 음식점에서 나왔다. 차라리 편안한 장소에서 평소 먹던 음식(신선한 재료로 만든 피자나 육즙이 잔뜩 배어 있는 햄버거 같은 음식)을 먹는 편이 훨씬 나았을 거라는 생각이 들었다. 이런 음식들은 가격도 미쉐린에서 인정한 음식점의 20분의 1에 불과하다. 불행히도 우리는 미쉐린 음식점의 비싼 가격을 감당할 능력이 있었고, 미쉐린에서 훌륭하다고 평가받은 요리사가 행한 복잡한 실험의 희생자가 됐다. 실제로 사람들의 입맛에는 그런 실험적인 요리보다 시칠리아의 할머니들이 해 주는 요리가 더 맛있을 것이다. 그러다 문득 부자들은 '모두가 노리는 표적'이라는 생각이 떠올랐다. 세네카의 비극에도 나오듯, 도둑은 가난한 집에 들어가지 않는다. 그리고 '독약은 금잔에 담겨 나오는 법'Venenum in auro bibitur이다.

사람들을 속이려면 먼저 그들을 복잡한 구조로 끌고 들어가야 한다. 사기꾼들은 가난한 사람들에게 이런 복잡한 구조를 소개하지 않는다. 제9장에서도 이야기했듯, 학자나 관료들은 쉬운 해법이 있더라도 그것을 무시하고 가능한 한 복잡한 해법을 제시한다. 게다가 부자들에게는 전문가나 컨설턴트 같은 사람들이 빈번하게 접근한다. 이들의 일은 자신의 의뢰인에게 '비싸 보이는' 해법, 즉 복잡한 해법을 제시하는 것이다. 재무 컨설턴트, 다이어트 어드바이저, 피트니스 전문가, 라이프스타일 코치, 수면 카운슬러, 호흡기 전문 치료사 같은 직업들을 생각해 보라.

대부분의 사람에게는 필레미뇽보다 햄버거가 더 맛있는 음식이다. 햄버거가 지방이 더 많기 때문이다. 그러나 사람들은 일반적으로 필레미뇽이 더 좋은 음식이라고 생각한다. 더 비싸기 때문이다.

보다 즐겁게 살고 싶다면 갈라 디너 같은 행사에는 참석하지 않는 것이 좋다. 두 시간 동안 경직된 자세로 앉아서 식사해야 하는 데다 분명히 앉은 자리에서 왼쪽에는 부동산 개발업자의 아내가 앉아 있을 것이고, 오른쪽에는 정치 로비스트가 앉아 있을 것이기 때문이다. 그리고 아마도 부동산 개발업자의 아내는 네팔에 다녀왔다는 자랑을 할 것이고, 로비스트는 발리에서 휴가를 보낸 이야기를 할 것이다. 그것도 끊임없이 말이다.


## 감당하기에는
## 지나치게 큰 것

부동산 분야도 마찬가지다. 대부분의 사람은 주택 밀집 지역에 거주할 때 더 행복하다. 적어도 나는 그렇다고 확신한다. 주택 밀집 지역에 거주하면 더 많은 사람들과 교류하고, 더 큰 안정감을 느낄 수 있기 때문이다. 하지만 일단 많은 돈을 벌면 독채로 떨어져 지어진 거대한 저택에 살아야 한다는 압박 아닌 압박을 받는다. 그런데 그런 저택에 살다가 어느 날 저녁, 주위에서 아무런 소리도 들리지 않는 적막감을 실감하고 나면 여기가 과연 사람이 사는 곳인지 하는 의문마저 든다.

거대한 저택에 소수의 직계가족만 거주하는 것은 역사적으로 처음 나타난 거주 형태다. 얼마 전까지만 해도 거대한 저택에는 집사, 요리사, 정원사, 가정부, 가정교사, 파산한 친척, 마부, 악기 연주자 같은 사람들이 함께 사는 것이 일반적이었다. 오늘날 부자들은 거대한 저택에서 외롭게 살아간다. 그 넓은 집에서 적막한 일요일 저녁을 혼자 보내는 것이 얼마나 우울한 일인지 평범한 사람들은 모를 것이다.

프랑스의 윤리학자 보브나르그는 '작은 것이 좋다'고 말했다. 개인이 감당하기에 지나치게 큰 것은 좋지 않다는 의미다. 그는 로마가 작은 도시였을 때는 모든 사람이 로마를 사랑했지만, 거대한 제국이 되자 그 누구도 사랑하기 어려운 곳이 됐다는 글을 남겼다.

부자가 된 사람들 중에는 기존 생활 방식을 계속 유지하고, 원래 살던 작은 집에서 계속 머무는 사람들도 있다. 큰 집으로 이사를 가는 일이 오히려 삶을 불행하게 만들고, 그전에 살던 집에서 계속 사는 것이 더 안락하고 행복하다는 것을 직감적으로 아는 것이다.

자신의 선택이 무엇을 의미하는지 제대로 이해하고 선택하는 사람은 극소수다. 그래서 사람들은 자신에게 무언가를 팔려고 의도적으로 접근하는 이들에게 끌려다니는 경우가 많다. 이런 점을 생각할 때 가난한 편이 더 나은 것 같기도 하다. 어떤 면에서 보자면 사우디아라비아도 석유가 발견되기 이전의 가난했던 시절이 더 나았다. 지금의 사우디아라비아에는 그들을 자신이 원하는 방향으로 끌고 가려는 외국인이 너무 많이 살고 있다. 석유와 함께 그런 이방인들이 사라진다면 사우디아라비아는 지금보다 훨씬 나은 곳이 될 것이다.

부자가 됐는데 전보다 스스로 선택할 수 있는 것이 줄어들었다면 무언가 크게 잘못됐다고 생각하라. 부는 우리에게 더 다양한 선택권을 주는 것이어야 한다.

## 사교 목적의 관계를 위한 조언

진짜 친구를 만들고 싶다면 무엇보다 자신의 돈부터 숨겨야 한다. 자신의 학식이나 학벌도 숨길 수 있다면 숨겨야 한다. 순수한 사교 목적의 친구 관계가 유지되기 위해서는 서로 재산이나 학식을 두고 경쟁이 벌어지거나 열등감을 갖는 일이 없어야 한다. 사교 목적의 대화를 하는 데 있어 기본은 상호간의 불균형을 감추는 것이다. 중세 이탈리아의 외교관이었던 발다사레 카스틸리오네 Baldassare Castiglione 는 적어도 대화할 때는 대화 참여자들이 서로 평등해야 한다며, 평등이 깨지면 대화도 깨진다고 말했다. 사교 목적의 대화와 인간관계에서는 서열이 나뉘면 안 된다. 세상에 누가 대학 교수와 저녁 식사를 하고 싶어 하겠는가? 그 대학 교수가 대화의 기술을 제대로 이해하고 있는 경우가 아니라면 말이다.

사교 모임은 경쟁과 서열이 배제된 공간이어야 한다. 이 영역에서는 전체의 즐거움이 개인의 이익에 우선해야 한다. 물론 외부의 영향력으로 사교 모임 내부에 긴장이 형성될 수는 있지만, 이것은 또 다른 문제다. 정치학자 엘리너 오스트롬은 부족이라는 집단에 대해 정의를 내리면서 부족 내에서는 서로 경쟁이 없어야 한다고 지적한 바 있다.

## 진보가 항상 발전을
## 수반하는 것은 아니다

이번에는 진보에 대해 생각해 보자. 사람들은 자신이 속한 사회가 계속 부유해지기를 바란다. 혹은 자신이 속한 사회에서 빈곤이 사라지기를 바란다. 그런데 여러분이 내리는 선택은 여러분 자신의 것인가, 아니면 여러분에게 무언가를 팔려는 사람들의 것인가?

음식점 이야기로 돌아가 보자. 만약에 누가 나에게 200달러를 내고 피자를 먹을 것인지, 아니면 6.95달러를 내고 복잡한 프랑스 코스 요리를 먹을 것인지 물어보면 나는 200달러를 내고 피자를 먹는 것을 선택할 것이다. 거기에 9.95달러짜리 말벡 와인을 곁들인다면 더할 나위 없이 좋을 것이다. 나는 미쉐린 음식점에서 무언가를 먹는 일이 정말로 불편하다.

이처럼 더 정교한 작업과 더 많은 비용이 더해져서 오히려 불편함이나 불만이 유발될 수도 있다. 이에 대해 경제학자들은 '마이너스 효용'negative utility 혹은 '부의 효용'이라는 개념을 제시했다. 마찬가지로 한 개인의 부가 늘어나고 한 국가의 국내총생산량이 계속 증가하면 어느 시점부터는 불행이 함께 증가할 수도 있다. 그리고 이런 현실을 제대로 직시하기 위해서는 타인이 제시하는 선택을 배제할 수 있어야 한다.

많은 사회가 계속해서 더 풍요로워지고 있는데도 일정한 시점 이후부터 불행이 커지는 이유는 사회가 만들어 주는 풍요와 안전을 당연한 것으로 인식하기 때문이다. 200달러짜리 피자를 파는 음식점이 생긴다면 돈이 많은 사람들이 그 음식점 앞에 몰려들 것이다. 하지만 평범한 피자를 200달러나 받을 수는 없으니 그 피자집은 매우 복잡한 과정을 거쳐 복잡한 피자를 만들어 낼 것이다. 사회가 풍요로워지면 새롭게 무언가를 팔려는 사람들이 계속 나타난다. 그리고 그런 사람들 때문에 불편함과 불행의 크기 역시 풍요와 행복만큼이나 커진다. 때로는 전자가 더 크게 나타날 수도 있다.


## 다음 장의 이야기

다음 장에서는 우리 삶에 나타나는 실제 위협에 대해 이야기해 보겠다. 그리고 그 과정에서 역사적으로 존재했던 위협 전문가 집단, 바로 '암살단'에 대해 살펴볼 것이다.

제11장

# 말보다
# 행동을 하라

⚖

거부할 수 없는 제안·나는 목숨 걸고 책을 쓰고 있다·
민주주의와 암살의 역사·현대판 기게스의 반지

　　　　최고의 적은 내가 자신의 약점을 쥐고 있다는 사실
을 분명하게 알고 있는 적이다. 그는 내가 자신의 약점을 공개하지 않는 한 나
의 이익을 위해 행동할 것이다. 나에게 있어서는 이미 죽어 버린 적보다는 나
의 이익을 위해 행동하는 적이 이상적인 적이다. 이런 개념은 중세의 비밀결
사체인 아사신 Assassin이 활용한 전술과 연결된다. 이번 장에서는 이에 관해 이
야기해 보려고 한다.

　영화 〈대부〉를 보면 등장인물 중 한 사람인 영화 제작자의 침대에 그가 가
장 아끼던 말의 머리가 잘린 채 엄청난 양의 피와 함께 놓여 있는 충격적인 장
면이 나온다. 영화 속 이야기는 이렇다. 한 시칠리아계 남자 영화배우가 어떤
영화에 출연하기를 바랐다. 그 영화의 배역에 잘 맞는다는 평가를 받아 그는

잔뜩 기대하고 있었다. 그런데 영화 제작자의 예전 여자친구와 사귄 전력 때문에 영화 제작자가 그의 캐스팅을 무조건 반대했다. 영화 제작자는 남자의 '올리브 기름이 잔뜩 발라져 있는 듯한 목소리'가 마음에 들지 않는다고 말한다. 그런데 남자 배우는 대부가 이끄는 마피아와 관계 있는 사람이었다(내가 보기에 이 이야기는 프랑크 시나트라의 삶에서 모티브를 가져온 것 같다).

대부가 이끄는 마피아 조직은 영화 제작자에게 고문 변호사를 보내 그 남자 배우를 캐스팅할 것을 부탁하지만, 단박에 거절 당한다. 그리고 나서 바로 앞서 언급한 침대 위에 놓인 말 머리 장면이 등장한다. 결국 그 배우는 영화에 캐스팅된다. 영화 제작자가 더 이상 마피아의 요청을 거부할 수 없었던 것이다. 내가 알기로 '거부할 수 없는 제안'이라는 표현이 유명해진 계기는 바로 〈대부〉의 말 머리 장면이다. 그런데 〈대부〉에 나온 마피아의 협박은 단순한 엄포가 아니라 진짜 협박이다.


## 테러리즘의
## 두 가지 유형

요즘 사람들이 테러리즘과 테러리스트에 대해 많이 이야기하는데, 테러리즘은 두 가지 유형으로 구분해 인식해야 한다. 첫 번째 유형은 적과 민간인을 구분하지 않고 무차별적으로 공격하는 테러리즘이다. 그리고 두 번째 유형은 자신의 적들에게만 테러리즘이라고 불리는 민병 조직으로부터 발발하는 테러리즘이다. 두 번째 유형의 테러리즘을 행하는 단체들은 '레지스탕스'나 '자유의 투사들'이라는 이름으로 불리기도 한다.

첫 번째 유형의 테러리즘은 군사적 목적보다는 자신들의 메시지를 전달하거나 사람들을 해치고 사회를 혼란에 빠뜨리는 것 그 자체를 목적으로 행해 진다. 때로는 자신이 믿고 있는 천국에 확실하게 가기 위한 목적에서 행해지 기도 한다. 알 카에다와 이슬람국가를 비롯한 대부분의 수니파 지하디스 트_Jihadist_가 이 범주에 들어간다. 오바마 전 대통령이 지원한 시리아의 '온건' 반 군 역시 이 범주에 포함된다. 이들은 자신이 적(이교도)이라고 선언한 민간인 들을 죽이는 일에 엄청난 희열을 느낀다.

두 번째 유형의 테러리즘은 군사적 목표물이나 적군 세력의 지도자들만을 표적으로 삼는다. 아일랜드공화국군, 대부분의 이슬람 시아이트 저항 조직, 프랑스에 저항했던 알제리 독립 세력, 나치에 대항했던 프랑스 레지스탕스 조 직 등이 이 두 번째 범주에 들어간다.

한때 근동과 중동에서 세력을 떨쳤던 아사신 조직은 그 기원과 운영, 강령 에 있어 로마제국 시절의 유대인 시카리_Sicarii_ 조직의 것을 대부분 받아들였 다. 이 조직은 유대인의 땅에 주둔하고 있던 로마 군인과 로마에 협력하는 유 대인들을 '시카리'라는 이름의 칼로 암살해서 이런 이름이 붙었다. 이들은 로 마 군인과 로마에 협력하는 유대인들이 자신들의 성전과 땅을 더럽힌다고 믿 었다.

나는 레바논의 베이루트에 있는 프랑스계 고등학교를 졸업했는데, 그 고등 학교에는 '졸업생 명사 명단'이라는 것이 있다. 고맙게도 그 명단에 내 이름이 올라 있기도 하다. 그런데 나를 제외하고 그 명단에 있는 모든 사람이 암살 공 격을 받았거나 암살로 사망한 상태다. 나 역시 상당수의 살라피즘 추종자들에 게 적으로 인식되고 있다. 언젠가는 암살 공격을 받거나 암살로 사망한 사람 들 명단에 내 이름이 포함될지도 모르겠다. 나는 목숨을 걸고 이 책을 쓰고 있 는 셈이다.

## 아사신 조직

오늘날 사람들에게는 암살단으로 유명한 아사신 조직이지만, 사실 그들에게 암살은 그리 자주 사용되는 수단이 아니었다. 암살은 최후의 수단이었고, 그보다는 적을 포섭하는 방식을 선호했다. 말하자면 포섭되지 않는 적만 죽였던 것이다.

1118년 셀주크튀르크의 술탄으로 등극한 아흐마드 산자르는 술탄이 된 직후에 자신을 찾아온 아사신의 평화 사절단을 내쳤다. 당시 셀주크튀르크는 오늘날의 터키, 이란 그리고 아프가니스탄 일부를 다스리던 제국이었다. 하루는 아흐마드 산자르의 침실 바닥에 단검이 꽂혀 있는 일이 발생했다. 전설에 따르면 그 단검에는 편지도 함께 꽂혀 있었는데, 아흐마드 산자르의 심장에 단검을 꽂는 것보다 침실 바닥에 단검을 꽂는 수준에서 멈추는 편이 '우리가 원하는 길'이라는 내용이 담겨 있었다. 이는 아사신이 자신들의 메시지를 보내는 전형적인 방식이다. 술탄의 목숨은 언제라도 취할 수 있으니 자신들의 존재를 인정하고 서로 평화롭게 지내자는 것이었다. 그리고 그렇게만 한다면 술탄을 해칠 일이 없을 거라는 메시지이기도 했다. 실제로 침실의 단검 사건 이후 아흐마드 산자르와 아사신은 서로에게 적대 행위를 취하지 않았다. 이 일화에서 보듯, 아사신은 말로 위협하지 않았다. 예나 지금이나 말로 하는 위협은 자신감 부족 혹은 나약함의 증표일 뿐이다. 즉 아무런 의미도 없는 일이다.

11세기부터 14세기까지 세력을 떨친 아사신 조직은 이슬람 시아이트파에서 갈라진 집단으로, 이슬람 수니파와 사이가 매우 좋지 않았다. 시아이트파와 수니파의 관계는 지금도 여전히 그렇다. 사람들이 흔히 알고 있는 것과 달리 아사신 조직은 템플기사단과 협력하는 일이 많았고, 십자군과 같은 편에서서 싸우기도 했다. 아사신과 템플기사단은 약자를 보호해야 한다는 원칙 등 서로 비슷한 가치관을 공유했다. 실제로 템플기사단의 신조에 아사신의 가치 관이 상당 부분 영향을 끼친 것으로 알려져 있다. 대표적인 예로 템플기사단 의 맹세에는 '나는 약자와 병자, 빈자를 존중하고 보호할 것이다'라는 문구가 있다.

아사신은 이슬람의 영웅 살라딘에게도 아흐마드 산자르의 경우와 비슷한 메시지를 보낸 바 있다. 쿠르드족 출신이면서 시리아의 통치자였던 살라딘은 십자군으로부터 예루살렘을 수복한 인물이다. 아사신은 살라딘이 먹을 음식 에 독을 넣고, 음식에 독이 들어 있다는 정보를 알려 주기도 했다.

'상대편 지도자를 암살함으로써 전쟁을 막는다', '침대 옆에 단검을 꽂아 두 고 오는 식으로 평화 관계를 만들 수 있다'는 것이 아사신의 철학이었다. 그들 은 그런 식으로 사람들의 생명을 지키려 했고, 소수의 명확한 표적을 공격함 으로써 무고한 다수의 피해를 막으려고 했다.[56]


## 메시지 전달을 위한
## 공격

자신을 너무 괴롭혀서 죽이고 싶을 만큼 미운 상대 가 있을 때 어떤 사람들은 그 사람을 장례식장으로 보내 줄 청부업자를 생각 한다. 풍문에 따르면 실제 그리 많지 않은 비용으로 청부업자를 고용할 수 있

---

[56]  오늘날 전해지는 아사신에 대한 기록은 대부분 아사신의 적들이 만들어 낸 것으로, 상당 부분 부정적인 왜곡이 가해진 것으로 보인다. 아사신이 마약에 취해 몽롱한 상태로 암살에 나섰다 는 것이나 아사신이라는 명칭이 마약 '해시시'에서 유래했다는 이야기는 사실이 아닐 것이다.

다고 한다. 약간의 비용을 더 지불하면 '사고로 사망한 것처럼' 위장할 수도 있다. 그런데 정치나 군사 부문에서 일해 본 현명한 참모라면 정치적 혹은 군사적 목적으로 적의 지도자를 암살할 때, 사고로 사망한 것처럼 위장하지 말고 분명한 의도를 드러내는 식으로 암살하라고 조언할 것이다.

나는 연구 동료인 마크 위즌본Mark Weisenborn, 파스칼 치릴로 등과 함께 역사적 사례를 중심으로 인류의 폭력에 대해 연구·분석해 보았다. 스티븐 핑커는 인류가 현대에 이르러 과거보다 폭력을 덜 행사하고 있다고 주장했는데, 우리는 그의 주장이 사실인지 검증해 보고 싶었다. 그 과정에서 인류 역사상 발생한 전쟁이나 침략 횟수, 당시 상황이 공격한 쪽과 공격 당한 쪽 양측 모두의 목적에 따라 매우 과장되어 있다는 사실을 알게 됐다. 중세 시대에 일어난 몽골의 유럽 침공만 하더라도 공격한 몽골 측은 자신들의 힘을 과장하기 위해, 공격 당한 유럽 측은 적인 몽골의 힘을 과장하기 위해 침공 상황을 부풀려서 기술했다. 사실 당시 몽골은 정복지의 사람들을 죽이기보다는 복속시키려 했고, 복속을 쉽게 이루어 내기 위해 공포심을 이용했다.

그리고 몽골의 침공을 받은 유럽 지역에 거주하던 사람들의 유전자를 분석해 보니 몽골의 유전자가 예상보다 많이 발견되지 않았다. 몽골의 침공으로 유럽에 몽골의 유전자가 확산됐다기보다는 새로운 문화가 전파됐다고 표현하는 편이 더 옳을 것이다. 물론 유럽 전역에 아시아인의 유전자가 확산되어 있기는 하다. 하지만 유전자가 확산된 주된 요인은 전쟁이 아니라 기후 변화다. 기후 변화로 기존 경작지와 목초지가 파괴되면서 대대적인 인구 이동이 일어나 유전자가 확산된 것이다.

비교적 최근인 1982년에 벌어진 시리아의 하마 학살Hama massacre도 마찬가지다. 현 시리아의 대통령인 바샤르 알 아사드의 아버지 하페즈 알 아사드가 대통령이었을 당시 하마를 근거지로 대정부 투쟁을 벌이던 지하디스트들에게 무차별 폭격을 가해 많은 사람을 죽음에 이르게 만든 하마 학살 역시 사망자 수가 실제보다 수십 배나 부풀려졌다. 처음에는 2,000명이라던 희생자 수는 현재 최대 4만 명이라는 주장이 제기되고 있다. 그렇다고 그사이 하마 학살에 관한 새로운 정보가 나온 것도 아니다. 희생자 수가 과하게 부풀려진 이유는 시리아 정부와 그 상대편인 이슬람 원리주의 조직 양측이 희생자 숫자가 많은 편이 자신들에게 유리하다는 판단을 내렸기 때문이다. 그래서인지 하마 학살 희생자 수는 시간이 흐를수록 계속 늘어나고 있다. 이와 관련해서 제14장에서는 역사학자들이 역사를 해석하고 자신의 논리를 주장하는 과정에서 실제 증거를 얼마나 무시하고 있는지에 대해 이야기해 보겠다.

## 민주주의와 암살

이제 민주주의에 대해 생각해 보자. 민주주의 체제는 권력자들에게 영원한 권력을 보장하지 않도록 설계되어 있다. 그리고 민주주의 체제하의 권력자들은 자기 스스로 권력을 특수관계자들에게 나누어 주거나 부정한 돈을 받고 나누어 주기도 한다. 민주주의에서 확실한 사실이 하나 있다면 최상층 권력자가 계속 바뀐다는 점이다. 18~19세기에 활동한 독일 정치인 에른스트 츠 뮌스터Ernst zu Münster는 당시 러시아 체제에 대해 다음과 같은 풍자를 남긴 바 있다. "절대주의는 암살에 의해 완화될 수 있다."

오늘날 민주주의 사회의 정치인들은 잘못된 판단을 내리거나 실패하더라도 목숨을 잃거나 다치거나 재산을 잃을 위험이 거의 없다. 재임 기간도 거의 보장된다. 게다가 대통령이나 국회의원의 재임 기간은 점점 더 길어지는 추세다. 사회가 안정적이고 기대수명이 늘어나면서 이렇게 되고 있다. 프랑스의 캐비아 사회주의자caviar socialist('캐비아 좌파'로도 불린다. 말로는 사회주의를 주장하면서 호화로운 생활을 즐기는 이중적 좌파를 일컫는다—편집자) 프랑수아 미테랑Francois Mitterrand은 무려 14년 동안이나 대통령직을 수행했는데, 이는 왕정 시절 프랑스 왕들의 재임 기간보다 더 길다. 뿐만 아니라 그는 재임 기간 동안 대부분의 프랑스 왕보다 강한 권력을 휘둘렀다. 그런가 하면 '현대의 황제'라 할 수 있는 미국 대통령은 적어도 4년 동안 대통령직에 머문다. 디오클레티아누스 황제 이전의 로마는 전제주의가 아니기는 했지만, 고대 로마에서는 1년에 네 번이나 황제가 바뀐 해도 있었고, 1년에 세 번 황제가 바뀐 해도 있었다. 이를 볼 때 고대 로마에서는 전제주의에 대한 방어기제가 잘 작동했던 것 같다. 시민들에게 나쁜 황제로 인식된 칼리굴라나 카라칼라, 엘라가발루스, 네로 같은 황제는 근위병이나 최측근에게 암살 당했다. 네로의 경우 연이은 암살 시도에 위협을 느낀 나머지 자살했다. 로마가 제국이 된 이후 400년 동안 자연사로 생을 마감한 황제는 3분의 1도 안 된다. 자연사로 기록된 죽음 중에는 정말로 자연사한 것인지 의심되는 죽음도 여럿 있다.


# 카메라는
# 강력한 무기다

이제는 카메라의 존재로 더 이상 '거부할 수 없는 제안'을 하기 위해 말의 머리를 자르거나 누군가를 암살할 필요가 없다. 삶의 영역이 좁은 지역사회에 한정되어 있던 옛날에는 한 사람의 행동에 대한 소문이 금세 전체 지역사회로 퍼졌다. 그래서 사람들은 행동을 조심할 수밖에 없었다. 하지만 오늘날 사회가 복잡해지고 넓어지면서 익명성에 기대어 마음껏 못된 행동을 하는 사람들이 많아지고 있다. 그런데 카메라만 있으면 다른 사람들에게 피해를 주는 부적절한 행동을 곧바로 멈추게 할 수 있다. 정보화 사회에서 누군가의 부적절한 행동을 카메라로 찍었다는 것은 그 사람의 삶과 미래를 손아귀에 쥐고 있다는 것을 의미하기 때문이다. 부적절한 행동이 담긴 사진이나 동영상이 어떤 결과를 초래할지 예측할 수 없어서 사진이 찍힌 사람은 불안한 상태로 살아가게 된다.

나는 카메라가 비문명적이거나 비윤리적인 행동을 멈추는 데 매우 효과적인 도구라는 사실을 몇 번이나 직접 체험했다. 뉴욕에서 지하철을 탔을 때의 일이다. 어느 출구로 나가야 할지 몰라 몇 초 정도 안내도를 쳐다보며 서 있었는데, 갑자기 어떤 사람이 "왜 길을 막고 서 있느냐?" 하며 나에게 화를 냈다. 1920년대 같았으면 곧바로 주먹이 나갔겠지만, 나는 주머니에서 휴대폰을 꺼내 그 사람의 사진을 찍으면서 이렇게 말했다. "길을 잘 몰라서 안내도를 보는 건데, 뭐가 문제라는 거야?" 그는 깜짝 놀라더니 손으로 얼굴을 가리고 멀리 달아나 버렸다. 또 이런 일도 있었다. 주차하려고 후진하는데 어떤 사람이 내가 주차하려던 자리에 먼저 자기 차를 댔다. 나는 "예의에 어긋나는 일 아니냐?" 하고 항의했으나 그 사람은 빈정거릴 뿐이었다. 이번에도 나는 휴대폰을 꺼내 그 사람의 얼굴과 그의 자동차 번호판을 찍었다. 그랬더니 그는 차를 몰고 주차장을 빠져나갔다.

이런 일은 또 있다. 우리 집 근처에 숲이 있는데, 그 숲에서는 자전거를 타는 일이 금지되어 있다. 숲의 환경을 보호하기 위한 조치다. 그런데 주말만 되면 어느 두 사람이 그 숲에서 자전거를 탔다. 내가 그 숲에서 산책하는 시간과 그 두 사람이 자전거를 타는 시간이 비슷해서 항상 그들과 마주쳤는데, 그럴

때마다 이 숲에서는 자전거를 타면 안 된다고 아무리 말해도 소용없었다. 결국 나는 그 두 사람이 자전거를 타고 나타났을 때 그들의 사진을 찍기 시작했다. 그들이 분명히 알아볼 수 있도록 과장된 태도로 사진을 찍었다. 그들은 나에게 항의했지만, 그 후로 다시는 숲에 자전거를 타고 나타나지 않았다. 물론 나는 그들의 사진을 전부 지웠다. 그 사진을 인터넷에 공개함으로써 대중의 공격을 유도하는 것은 범죄가 될 수 있기 때문이다.

인터넷이 존재하지 않았던 과거에 누군가의 나쁜 행동은 그 사람의 주위 사람들 사이에서만 소문났고 적절한 수준에서 비난이 가해졌다. 그러나 지금은 인터넷을 통해 수많은 사람에게 소문이 퍼져 나가고 필요 이상의 비난이 가해질 수 있다. 이는 주위 사람들 사이에서 나쁜 평판이 나는 것과는 차원이 다른 문제로 비화될 수도 있다.

플라톤의 《국가론》에 소크라테스와 글라우콘이 '기게스의 반지'ring of the Gyges를 주제로 대화한 것을 담아 놓은 부분이 있다. 기게스의 반지는 반지를 낀 사람을 투명하게 보이게 하는 힘을 지닌 전설의 반지다. 소크라테스와 글라우콘의 대화는 인간이 올바른 행동을 하는 이유가 다른 사람들이 지켜보기 때문인지 아니면 그 사람의 본성 때문인지에 관한 것이었다. 참고로 소크라테스는 후자를 지지했다. 나도 소크라테스와 생각이 같다. 사실 도덕은 다른 사람들이 보기 때문에 행하는 것이 아니다. 때론 도덕을 실행하는 행동이 많은 사람을 불쾌하게 만들 수도 있다. 소크라테스가 자신이 옳다고 생각하는 일을 행하다가 동시대 사람들로부터 죽음에 처해졌다는 사실을 생각해 보라. 이에 관해서는 책의 후반부에 따로 논하겠다.

제12장

# 사실이 진실이고
# 뉴스가 가짜다

단 1분짜리 발언만 물고 뜯은 언론들·신뢰 없는 정보는 아무도 사지
않았다·다수가 온라인상에서 실시간으로 전하는 뉴스·토론의 품격

　　　　　2009년 여름, 나는 영국 보수당 대표를 맡고 있던
데이비드 캐머런David Cameron과 한 시간 정도 대담을 했다. 당시 그는 그다음 해
에 있을 영국 총선을 한창 준비하고 있었다. 여담이지만 그는 2010년 총선에
서 승리를 거두고 영국 총리가 됐다. 대담 주제는 '어떻게 해야 우리 사회를 더
욱 건강하게 만들 수 있는가?'였다. 우리는 분권화와 책임이 뒤따르는 사회 시
스템에 관해 이야기했다. 우리는 '검은 백조'가 나타나지 않는 사회를 만들어
야 한다고 말했다. 60분짜리 대담에서 59분은 이런 이야기를 한 것 같다. 나는
언론 앞에서 내가 평소 생각하던 바를 제대로 이야기할 수 있어서 기분이 좋
았다. 그날 캐머런과의 대담은 언론의 큰 관심을 받아서 많은 기자가 우리의
대담을 취재했다.

대담을 마친 후, 사람들과 함께 런던의 소호로 자리를 옮겨 식사를 하던 중 내 친구가 내게 전화를 걸어왔다. 친구는 영국의 모든 언론이 나를 '기후변화를 부정하는 사람'이라고 소개하면서 내가 기후변화론을 음모론으로 치부했다는 내용의 기사를 내보내고 있다고 전해 주었다. 영국 언론이 60분짜리 대담 가운데 59분 동안 이루어진 대화는 무시하고, 겨우 20초 정도 언급된 나의 발언 하나를 원래의 뜻과는 다르게 왜곡해 전달하면서 그 발언이 마치 그날 대담의 주제인 것처럼 보도한 것이다. 전체 대담을 시청하지 않고 언론의 보도로 우리의 대담을 접한 사람들은 캐머런과 나의 대담을 의도한 바와는 다른 내용으로 받아들일 것이 분명했다.

그날 나는 기후변화에 대응하는 데 있어 좀 더 신중할 필요가 있다는 의견을 제시했을 뿐이다. 일반 사람들을 상대로 기후변화에 대응하기 위한 행동을 설득하기 위해 너무 복잡한 모델을 제시할 필요는 없으며, 인과관계가 명확하게 규명되지 않은 일이라도 부정적인 결과를 유발하는 사실이 분명하다면 일단 멈춰야 한다고 말했다.

내가 일하는 금융 분야에서든, 기후 분야에서든 미래를 예측하는 인간의 능력에는 한계가 있게 마련이다. 대체로 후행적인 분석을 통해 무엇이 문제였는지 파악할 수 있을 뿐이다. 생각해 보자. 우리 인류가 살아갈 수 있는 곳은 지구라는 행성 단 하나뿐이다. 적어도 내가 아는 한은 그렇다. 따라서 인간이 배출하는 물질과 기후변화 사이에 아무런 관계가 없다는 주장을 하려면, 오염 물질이나 전에 없었던 새로운 물질을 배출하는 사람들은 그런 주장을 뒷받침할 수 있는 증거를 내놓아야 한다. 나는 우리가 잘 모르는 일에 대해서는 좀 더 보수적일 필요가 있다고 생각한다.

이 같은 주장이 담긴 《블랙 스완》을 출간했을 때 찬사를 보냈던 영국 언론이 똑같은 주장이 되풀이된 캐머런과의 대담은 정반대 논조로 보도했다. 총선을 몇 개월 앞두고 유력한 차기 총리 후보인 캐머런에 대해 비판적인 논조로 보도하다 보니 나에 대해서까지 부정적으로 보도한 것이라는 생각이 들었지만, 왜곡된 보도로 내 주장이 잘못 전달된 것은 참을 수 없었다.

나는 왜곡된 기사를 내보낸 언론들에 정정 보도를 요구했고, 정정 보도가 이루어지지 않을 경우 법적 조치를 취하겠다고 분명히 밝혔다. 그런데 〈가디언〉 측의 기자가 정정 보도가 아니라 나와 〈가디언〉 사이에 의견 불일치가 있다는 내용으로 보도문을 작성해 줄 용의가 있다며 연락을 취해 왔다. 하지만 그 일은 단순히 의견 불일치 정도가 아니라 명백한 왜곡이었기 때문에 나는 그 제안을 받아들이지 않았다. 영국 언론은 독자들에게 노골적으로 잘못된 내용을 전달하고 있었다. 이런 사실을 모르는 독자들은 자신이 읽는 신문이 세상의 이야기를 충실히 전달하고 있다고 믿기 쉬운데, 조금만 자세히 살펴봐도 그렇지 않다는 사실을 알 수 있을 것이다.

언론 분야에도 대리인 문제가 있다. 이탈리아 밀라노에서 음식을 먹고 음식점 주인에게 택시를 불러 달라고 하면 음식점 주인은 자가용 택시 영업을 하는 자신의 사촌을 부를 것이고, 그 사촌은 내게 바가지를 씌우려고 할 것이다. 〈가디언〉 기자는 그런 밀라노의 음식점 주인과 다를 바 없다. 자신이 투자했거나 자신에게 리베이트rebate를 주는 제약사의 약을 더 많이 팔기 위해 일부러 오진을 하고 과잉 처방을 하는 의사와도 다를 바 없다.

# 언론 분야의
# 대리인 문제

우리가 흔히 언론이라고 말하는 일방적인 전달자로서의 언론은 역사가 그리 오래된 유형의 정보 전파 시스템이 아니다. 원래 정보는 중앙 매체를 거치지 않고 사람들 사이의 대화를 통해 자연스럽게 전달됐다. 로마제국 사람들은 시장에서 누군가에게 정보를 듣고 자신이 들은 정보를 다른 사람들에게 이야기해 주는 식으로 정보를 전파했다. 로마제국 이발사들은 이발을 하고, 수술을 하고, 중요한 정보를 팔았다. 술집도 정보가 전파되는 중요한 장소였다. 지중해 동부의 그리스와 레반트 지역에서는 장례식장이 정보가 전파되는 중요한 장소였다. 고대 지중해 동부 지역의 경우 장례식장은 한꺼번에 많은 사람이 모여 오랜 시간을 보내는 장소였다. 이런 전통은 지금도 이어지고 있다. 그리스정교회 방식으로 진행되는 장례식장에 한번 다녀오면 해당 지역사회에 대한 중요한 정보는 기본이고 시시콜콜한 정보까지 거의 다 알게 된다. 누구네 아들이 어떤 시험에서 낙제했다는 정보까지 알게 되는 식이다. 이런 상황에서 정보 전달자의 신뢰도는 결정적인 의미를 갖는다. 같은 장소에서 사람들을 한 번은 속일 수 있어도 두 번 속이는 일은 사실상 불가능하기 때문이다.[57]

텔레비전이나 신문 같은 매체를 통한 일방적인 정보 전달 방식이 큰 영향력을 발휘한 때는 20세기 중반부터 2016년 미국 대통령 선거 직전까지다. 이 같은 방식은 만다린 계층의 힘으로 통제되고 조작될 수 있다. 그런데 2016년

---

57    고대에도 잘못된 소문이 퍼져 나가는 일이 있었지만, 오늘날처럼 빠른 속도로 확산되지는 않았다. 무엇보다 소문을 빠르게 확산시킬 수 있는 수단이 없었기 때문이다.

미국 대선을 기점으로 정보에 대한 실시간 피드백이 이뤄지는 소셜 네트워크를 통한 정보 전달이 활성화되면서, 정보 전달은 사람들 사이의 대화를 통해 자연스럽게 이뤄지는 방식으로 되돌아갔다. 린디 효과를 생각해 보면 대화를 통한 정보 전달 방식이 더 좋다는 것으로도 해석할 수 있다. 소셜 네트워크를 통한 정보 전달의 경우, 과거 시장과 술집에서 정보를 주고받던 때와 마찬가지로 정보 전달자의 신뢰도가 결정적인 의미를 갖는다.

텔레비전이나 신문 같은 매체에 있어 대리인 문제는 구조적인 사안이다. 매체 종사자들의 이익과 대중의 이익은 상충되는 경우가 많다. 밥 루빈 트레이드가 발생할 여지가 많은 것이다. 캐머런과의 대담에 관한 영국 언론의 보도에서 내 발언이 왜곡된 것 자체도 문제지만, 더 큰 문제는 캐머런과 나눈 대담 내용의 99퍼센트가 아예 무시됐다는 것이다. 대중은 나와 캐머런이 나눈 대화의 99퍼센트는 아예 알 수도 없으며, 나머지 1퍼센트만 왜곡된 채 전달받았다. 이런 구조적인 문제를 가지고 있는 시스템은 결국은 붕괴될 수밖에 없다.[58]

오늘날 언론인들은 독자들의 평가보다 동종업계에서 일하는 다른 언론인들의 생각을 더 중요하게 여긴다. 이 사실만 보더라도 언론계에 있어 대리인

---

58 　대중의 이익을 대변하지 않는 일방적 미디어의 파멸을 생각하면 온라인 미디어 매체 고커닷컴 (Gawker.com)의 파산이 떠오른다. 사람들의 내밀한 사생활을 폭로해서 수익을 올리던 고커닷컴의 주된 먹잇감은 리벤지 포르노의 젊은 희생자들이었다. 이들은 사회 경험이나 재력이 빈약했기 때문에 고커닷컴의 폭력에 제대로 대응하지 못했다. 그러나 고커닷컴은 비싼 변호인단을 고용할 능력이 있는 유명인의 사생활을 폭로했다가 결국 파산에 이르고 말았다. 고커닷컴이 파산했을 당시, 상당수의 언론인이 '표현의 자유'를 외치며 고커닷컴을 옹호했으나, 대중은 사생활 폭로로 피해를 입은 유명인 편에 섰다. 여기서 표현의 자유라는 개념이 왜 등장했는지 나는 도저히 이해할 수 없다. 고커닷컴 파산 사태를 지켜보면서 나는 오늘날 언론이야말로 대리인 문제의 상징적인 영역이 아닐까 하는 생각을 갖게 됐다.

문제는 구조적이라는 것을 알 수 있다. 외식업계의 경우, 음식점 경영자들은 다른 음식점 경영자들의 생각이 아니라 손님들의 평가를 중요하게 여긴다. 손님들의 평가에 따라 이익이 달라지기 때문이다.

사실 경영 환경이 나빠지고 직업이 불안정해질수록 다양성과 차별화를 추구해야 한다. 오늘날 직업적으로 가장 불안정한 사람은 언론인이다. 직업이 불안정하기 때문에 동종업계의 분위기에 그토록 크게 신경 쓰는 거라는 생각도 든다. 언론인들이 로비에 취약한 것도 직업이 불안정하기 때문이다. 거대 농업기업들이나 시리아 전쟁에 대한 언론의 논조만 보더라도 이를 짐작할 수 있다. 브렉시트, 유전자조작 식품, 푸틴 러시아 대통령에 대해 주류에서 벗어나는 논조로 기사를 작성했다가는 언론계에서 퇴출되기 십상이다. 미투MeToo 고백이 오히려 응징의 대상이 되는 곳도 바로 언론계다.


## 토론의 윤리

토론에 있어서의 은율에 대해 생각해 보자. 토론할 때 상대방의 발언이나 주장을 비판할 수는 있다. 토론 참가자의 발언은 쉬운 공격 대상이 된다. 저술가이자 소위 말하는 '합리주의자'인 샘 해리스Sam Harris 같은 협잡 토론가들은 상대방의 전체적인 주장보다는 일부 발언을 공격 대상으로 삼는다. 이들은 상대방의 입장이나 주장을 애써 무시하면서 특정 발언만을 꼬집어 문제 삼는다. "저 사람이 뭐라고 말했는지 보세요."라고 떠드는 식이다. 그리고 이런 방식은 다른 종교를 공격할 때도 즐겨 사용된다. 지금과는 완전히 다른 환경에서 작성된 종교 기록의 문구 자체를 시대와 사회에 적합하지 않다며 공격 대상으로 삼는 것이다.

어떤 글을 쓰더라도 문구 자체를 문제 삼는 사람들의 공격을 피할 순 없다. 정치인, 협잡 토론가, 언론인은 어떤 사람의 어떤 글에서도 문제가 되는 문구를 찾아내 공격할 수 있다. 프랑스 정치가 아르망 리슐리외, 작가 볼테르, 그리고 프랑스혁명 당시 검열관으로 이름 높았던 탈리랜드는 '어느 누가 쓴 어떤 글이라도 몇 줄만 읽어 보면 그 작자를 묻어 버릴 부분을 찾아낼 수 있다'라는 문장으로 요약되는 사고방식을 가지고 있었다. 그런가 하면 도널드 트럼프는 이런 말을 했다. "사실이 진실이고 뉴스가 가짜다." 아이러니하게도 그는 기자회견에서 이런 발언을 했고, 언론은 그가 전하고자 했던 의미를 상당히 왜곡해서 보도했다.

카를 포퍼는 토론할 때 상대방이 무엇을 말하는지 분명하게 이해한 뒤에 자신의 견해를 이야기했다. 상대방의 주장이 무엇이고 그가 전하려는 구체적인 메시지가 무엇인지 청중에게 상대방을 대신해 설명해 주기라도 하는 것처럼 상대방의 주장을 직접 말해 보고 상대방에게 이를 확인받은 뒤에야 상대방의 주장을 논파하는 식이었다. 프리드리히 하이에크는 《케인스와 케임브리지 학파에 대한 반론》Contra Keynes and Cambridge이라는 책을 썼는데, '반론'이라는 단어가 담긴 책을 쓰면서도 케인스의 주장을 왜곡하려는 시도를 전혀 하지 않았다. 사실 케인스는 자신의 의견에 반대되는 의견을 내는 사람들을 과도하게 공격하는 경향이 있었는데, 케인스의 그런 성격 때문이었는지도 모른다.

8세기 전에 토머스 아퀴나스가 쓴 《신학대전》은 질문을 던지고, 그 질문에 대한 찬성과 반대 의견 및 정리 등을 기술하는 식으로 진행됐는데, 이 과정에서 교회의 입장과 그 입장에 대한 반론의 약점이 상당 부분 지적됐다. 이 같은 논의 방식은 탈무드에서도 볼 수 있는데, 그 기원을 찾아보면 로마시대까지 거슬러 올라간다.

법정에 출두해 특정한 의도를 가지고 일부 사실을 제외하거나 왜곡하는 위증자들이 있다. 나는 이런 위증자들이 범죄자와 다를 바 없다고 생각한다. 고대 사회에서 거짓말을 했다가 들통난 사람은 발언의 영향력을 완전히 상실당했다. 거짓말하는 것은 지역사회를 붕괴시킬 수도 있는 일이었기 때문이다. 특히 누군가를 근거 없이 모략한 사람은 지역사회에 머물 수조차 없었다.

'호의의 원칙'principle of charity이라는 말이 있다. 지식인들 사이의 신사협정이라고도 말할 수 있는 이 원칙은 누군가의 주장을 해석할 때 완전하게 그 사람의 입장에서 해석해야 한다는 의미로 요약할 수 있다. 호의의 원칙은 린디 효과로 검증된 매우 바람직한 원칙이다. 구약성서 이사야서 29장 21절에는 이런 내용이 나온다.

> 말 한마디로 사람을 죄인으로 만들고, 성문에서 옳은 말을 하는 자
> 를 덫에 걸리게 만들고, 아무런 이유도 없이 정의를 저버린다.

다른 이를 모함하거나 중상하는 사람은 사악한 사람이다. 고대 바빌론에서는 무고죄를 범했다가 적발되면 무고의 내용과 똑같은 범죄를 저지른 것으로 처벌받았다.

철학 분야에서 호의의 원칙이 구체적으로 언급되기 시작한 것은 60년쯤 전부터다. 고대부터 지켜져 오던 토론의 윤리가 깨졌기 때문에 이 원칙이 등장한 것으로 보인다.

## 다음 장의 이야기

　　　　　　다음 장에서는 가치관을 이용한 돈벌이에 대해 살펴보고자 한다. 도덕을 말하는 자들이 실제 그들 자신은 도덕적인 삶을 사는가를 반문하고, 자신의 이익을 위해 혹은 이익에 따른 책임을 회피하기 위해 어떻게 도덕을 이용하는지 그 적나라한 행태를 이야기하겠다.

제13장

# 도덕을 팔다

당신이 진정 나를 비난할 수 있는가?·도덕을 말하는 자의 삶은 전혀
도덕적이지 않다·거짓으로도 흉내 낼 수 없는 유일한 가치·이 시대
청년들에게 고한다

고대 스파르타의 입법자로 유명한 리쿠르구스Lycúrgus
는 스파르타에도 민주주의를 도입하자는 사람들의 요구에 이렇게 말했다.
"당신네 가문에서 먼저 민주주의를 실현한 후에 요구하시오."

나는 문화계의 아이콘이자 저술가인 수전 손택을 만난 일을 영원히 잊을
수 없을 것 같다. 마침 손택을 만난 날, 프랑스의 위대한 수학자 브누아 망델브
로를 만나기도 했기 때문에 그 날짜까지 정확하게 기억하고 있다. 2001년
11월의 일이었다. 손택과 나는 뉴욕의 한 라디오 방송에 게스트로 초청됐다.
서로 접점이 전혀 없던 손택과 내가 같은 방송에 출연하게 된 것은 방송 담당
자의 머리에 갑자기 내 이름이 떠올랐기 때문이었다. 방송을 하다가 내가 금
융 트레이더라고 이야기하자 그녀는 "나는 금융시장 시스템에 반대하는 입장

입니다."라고 말하더니 아예 나를 등지고 앉아 버렸다. 그것은 꽤 불쾌한 경험이었다. 자신이 정중하게 대접을 받고 싶다면 남에게도 정중하게 대해야 한다. 게다가 손택의 비서로 보이는 사람은 내가 유아 살해범이라도 되는 것처럼 경멸적인 시선으로 쳐다보기까지 했다. 그런 상황에서 나는 화를 내지 않기 위해 그녀의 입장을 이해해 보려고 애썼다. 아마도 그녀는 한적한 시골 공동체에서 생활하면서, 자신이 먹을 채소를 직접 기르고, 글을 쓸 때는 종이와 연필을 사용하고, 물물교환이 이뤄지는 직거래 장터에서 필요한 물건을 구하는 그런 삶을 살고 있기 때문에 금융시장 시스템을 싫어하는 것이 분명하다고 내 멋대로 생각해 버렸다.

그로부터 2년 후, 나는 그녀의 부고를 전해 들었다. 망자에 대해 나쁘게 얘기하는 것은 부적절하다고 생각해서 지난 15년 동안 이런 이야기를 하지 않았다. 하지만 이제는 충분히 시간이 지났다고 생각한다. 사실 그녀는 미국 출판업계에서 탐욕스러운 사람으로 정평이 나 있다. 출판사를 압박해서, 오늘날로 치면 소설 한 권의 판권을 넘겨주는 대가로 수백만 달러의 돈을 받아 내기도 했다. 그녀는 자신의 친구와 함께 뉴욕에 있는 고급 맨션에 살았는데, 그 맨션은 나중에 2800만 달러에 팔렸다. 금융시장 시스템에 반대하는 사람의 삶과는 전혀 반대되는 삶을 살았던 것이다. 아마도 그녀는 금융시장 관계자들을 경멸함으로써 자신이 더 고결한 위치에 오를 수 있다고 생각했던 것 같다. 실제로는 그녀 자신도 돈을 좇았으면서 말이다.

> 버몬트나 아프가니스탄 북서부 같은 곳에 있는 오두막이나 동굴에 거주한다거나 시장 시스템과 동떨어진 삶을 사는 것도 아니면서 시장 시스템을 반대한다고 말하는 것은 부도덕하다.

여기에 한마디 덧붙이고 싶다.

　자신이 도덕적이라고 말하는 삶의 방식을 온전하게 따르지 않으면
　서 도덕을 말하는 것이 훨씬 더 부도덕하다.

자신의 이미지, 사적 이득, 직업적 성공, 사회적 성취 따위를 위해 도덕을 이
용하는 사람들이 있다. 그리고 자신이 취하는 이익에 따른 책임을 회피하기
위해 도덕을 이용하는 사람들이 있다. 이 장에서는 그런 사람들에 대해 이야
기해 보겠다.

　물론 손택과 달리 자신이 옳다고 말하는 그대로의 방식으로 살아가는 사람
들도 있다. 랠프 네이더의 삶은 수도사의 삶을 닮았다. 그를 지켜보면 16세기 수
도사들이 그렇게 살았을 거라는 생각이 든다. 프랑스 사상가이자 실천가인 시
몬 베이유Simone Weil도 좋은 사례다. 프랑스의 유대인 부유층 출신인 그녀는 노
동자 계층을 제대로 알기 위해 1년 동안 자동차 공장에서 직접 일하기도 했다.


# 공적 모습과
# 사적 모습

　　　　　　간섭주의자들이 그렇듯, 이론가들 중에도 자신의
이론이 현실에서 어떤 상황을 만들어 내는지 관심 갖지 않는 사람들이 있다.
이들은 자신의 이론이 옳다는 판단이 들면 그것이 사회적으로 어떤 영향을
끼치게 될지 제대로 살펴보지도 않고 다른 사람들 앞에서 그 이론을 주장한
다. 그리고 자신은 옳은 주장을 하는 사람이기 때문에 도덕적으로 우월하다는

자부심을 갖는다.

그런가 하면 빈민들을 돕겠다면서 '가난한 사람들을 위한' 자선 행사나 국제 회의에 열심히 참석하는 사람들도 있다. 이런 행사나 국제 회의는 무척이나 많기 때문에 여기에 참석하는 것만으로도 매우 바쁘게 지낼 수 있다. 실제로 가난한 사람들을 한 번도 만나지 않았으면서 그들을 적극적으로 돕는 사람이 될 수 있는 것이다. 이들에게 있어 가난한 사람은 현실에서 교류하는 사람이 아니라 자신이 하는 활동의 추상적인 대상일 뿐이다. 심지어 가난한 사람들을 돕는 행사에 열심히 참석했기 때문에 현실에서 마주치는 가난한 사람들은 무시해도 된다고 생각하는 경우도 있다. 거대 농업기업과 대기업의 친구인 힐러리 클린턴이 자신을 보좌하는 정부 요원들을 함부로 대한다는 것은 이미 잘 알려져 있는 사실이다. 얼마 전에는 사회주의자이자 환경 운동가로 유명한 캐나다 사람이 식당에서 일하는 웨이터에게 막말을 한 일도 있었다. 그 사건이 일어났을 무렵, 그는 공평함, 다양성, 공정성 등에 대해 강의하면서 돌아다니고 있었다.

부유한 부모를 둔 아이들은 주로 특권층이 다니는 애머스트컬리지 같은 곳에 다니면서 특권의 문제점에 대해 토론한다. 인도 출신의 작가이자 정치논평가인 디네시 디수자Dinesh D'Souza는 이런 학생들에게 다음과 같은 제안을 했다. "지금 당장 대학교 행정실로 가서 소수집단 학생들을 더 뽑자고 요구하는 건 어떨까요?"

사회정의를 위해 행동하지 않는 사람들은 사회정의를 구현하기 위한 행동에 모두 참여할 수 있는 시스템을 만들어야 한다고 주장함으로써 행동에 나서지 않는 자신을 방어한다. 그러나 그렇게 말하는 것 자체가 부도덕한 일이다. 이는 누군가가 바로 앞에서 물에 빠져 죽어 가는데, 그 사람을 구해 줄 시스템을 만들고 다른 사람들이 구조에 나서기 전까지는 그를 구하지 않겠다고 말하는 것과 똑같다. "다른 사람들이 저 사람을 구하는 일에 나서면 나도 저 사람을 구하는 일에 나설게요." 물에 빠져 죽어 가는 사람을 앞에 두고 이런 말을 한다고 생각해 보라.

나는 이렇게 생각한다.

자신의 주장과 실제 생활이 상충되면 부정되는 것은 주장이다.

따라서 도덕을 주장하려면 도덕적인 행동이 뒷받침되어야 한다.

실제 생활이 도덕적이지 않다면 그는 도덕적인 사람이라고 할 수 없고 도덕을 주장해서도 안 된다.

도덕의 영역만이 아니라 자신이 전달하려는 정보를 이야기할 때 역시 실제 행동이 뒷받침되어야 한다. 즉 미국산 자동차를 팔려는 영업 사원이 미국산 자동차가 좋다고 말하면서 실제로 자신은 일본산 자동차를 타고 다닌다면, 그 영업 사원은 절대 미국산 차를 팔 수 없을 것이다.

## 도덕을 이용한 장사

아르헨티나에서 카자흐스탄에 이르기까지 전 세계 거의 모든 호텔의 욕실에는 '환경보호에 동참해 주세요'와 비슷한 내용의 문구를 담은 스티커가 붙어 있다. 투숙객들이 이를 보고 수건을 아껴 써서 수건

세탁물이 적게 나오면 환경보호에도 물론 도움이 되지만 호텔측의 비용도 절감된다. 상품을 판매하는 측이 어떤 캠페인을 한다면 결국 그 행위가 자신들에게 이익이 되기 때문에 캠페인을 진행하는 것이다. 물론 호텔들도 환경보호에 대한 공헌 의지가 있다. 그러나 자신들에게 이익이 되지 않는 환경 캠페인까지 진행할 리 없다. 빈곤, 특히 어린이들의 빈곤이나 열악한 환경, 과거 식민지 시절의 피해자들, 박해받는 성 소수자들을 위한 활동은 도덕을 팔아먹는 부정한 자들의 마지막 피난처가 될 가능성이 있다.

　도덕적 활동을 광고하지 마라. 도덕적 활동을 투자 전략으로 삼지도 말고, 비용 개념으로 접근하지도 말고, 영업 활동처럼 행하지도 마라. 옛날 기록을 보면 누가 도덕적 활동을 했다는 내용이 별로 나오지 않는다. 도덕적 활동이 좋은 거라면 린디 효과에 비춰 생각해 봤을 때 분명히 아주 오래전부터 많은 기록이 남겨졌어야 한다. 그런데 왜 별로 없는 것일까? 사람들이 오래전부터 도덕적 활동을 공개적으로 행하는 것에 부정적인 인식을 가지고 있었기 때문이다. 마태복음 6장 1~4절에 언급된 예수의 가르침을 생각해 보라. 선행이 은밀하게 행해져야 한다는 것은 오래전부터 가져온 보편적인 인식이었음이 분명하다.


　선행을 행할 때 다른 사람들이 보는 앞에서 행하지 않도록 조심하라. 선행하는 모습을 다른 사람들에게 보였다면 하늘에 계신 아버지에게 보상받지 못할 것이다. 어려운 사람을 도와줄 때 위선자들이 그러는 것처럼 회당과 사람들이 많은 거리에서 요란스럽게 행하지 마라. 분명히 말하는데 그들은 그들이 받을 보상을 이미 다 받았다. 그러니 너희들은 어려운 사람을 도와줄 때 오른손이 하는 일을 왼손도 모르게, 은밀하게 행하라. 그러면 그 모든 일을 다 보고 계시는 아버지께서 너희에게 보상해 주실 것이다.

## 내실과 겉모습, 무엇을 추구할 것인가

버크셔 해서웨이의 부회장 찰리 멍거Charlie Munger는 이런 말을 한 적이 있다. "생각해 보세요. 당신 커플이 실제로는 세계 최고의 연인이지만 남들이 생각하기에 세계 최악의 연인인 쪽과 실제론 세계 최악의 연인인데 남들이 생각하기에는 세계 최고의 연인인 쪽, 어느 쪽을 선택하겠습니까?" 이는 아주 오래전부터 인류가 끊임없이 생각해 온 명제다. 라틴어 경구에도 '겉모습보다는 내실'esse quam videri이라는 말이 있다. 고대 로마의 키케로와 역사가 살루스티우스도 이런 고민을 했다. 물론 마키아벨리라면 그의 성격을 고려했을 때 내실보다는 겉모습 쪽을 선택했을 것이다.

## 도덕의 거래

돈만 충분히 지불하면 죄가 모두 사라졌다는 선언을 들을 수 있었던 때가 있었다. 교회에서 면죄부를 팔았던 것이다. 9~10세기에 면죄부가 노골적으로 판매됐고 그 후에도 오랫동안 돈을 받고 죄를 사해주는 행태가 지속됐다. 16세기 종교개혁을 촉발한 가장 직접적인 원인은 바로 면죄부 판매라는 것이 역사가들의 일반적인 해석이다.

성직이나 교구를 파는 것은 교회가 많은 돈을 금세 모을 수 있는 방법이었다. 이를 사는 사람도 추후 지속적인 수입을 올릴 수 있었기 때문에 파는 쪽과 사는 쪽 모두에게 만족을 주는 거래였다. 면죄부도 마찬가지다. 교회는 비용한 푼 안 들이고 돈을 벌 수 있었고, 면죄부를 사는 사람은 재산의 일부를 떼어 주는 대신에 천국의 한 자리를 얻을 수 있었다. 비록 그것이 사실이 아니라 그들의 믿음에 불과하더라도 그들은 충분히 만족했다. 게다가 면죄부와 관련, 중세 교회는 무한한 발권력을 가지고 있었다. 그런데 이런 행태는 교회법을 위반하는 것이다. 속세의 재화와 영적 권리를 바꾸는 것은 처음부터 성립될 수 없는 거래였다. 실제로 이익을 얻는 것은 고위 성직자였으나, 명목상으로는 신의 비위를 맞추고 천국의 한 자리를 얻는다는 이 같은 개념은 기독교가 부정한 다신주의의 교리이기 때문이다.

누군가가 어떤 자선단체에 100만 달러를 기부했다고 가정해 보자. 분명히 그 돈의 일부는 100만 달러가 기부됐다는 사실을 알리기 위한 홍보비로 지출될 것이다. 또한 자선단체는 그 돈의 일부를 자신들의 업무비, 행사비로 지출할 것이다. 어느 나라에 심각한 지진 피해가 발생했으니 기부해 달라는 내용을 담은 우편물을 발송하는 비용으로도 쓸 것이다. 중세 시대에 성직과 면죄부를 사는 행위와 오늘날 공개적으로 기부하는 행위에는 어떤 차이점이 있을까? 나는 중세 시대에 성직과 면죄부를 사는 행위가 오늘날에 이르러 자선단체에 대한 공개 기부 행위로 되살아났다고 생각한다.

소정의 금액을 내고 만찬을 즐기거나 마라톤 대회에 참가하는 것은 분명히 자기 자신을 위한 행위인데도 그 앞에 '자선'이라는 단어가 붙으면 사람들은 자신이 세상에 기여했다는 믿음을 갖게 된다. 굳이 공개적으로 기부하지 않아도 얼마든지 세상을 위해 기여할 수 있는데, 사람들은 공개적으로 기부한다. 어떤 부자들은 기부의 대가로 건물에 자신의 이름을 새기기도 한다. 10억 달러의 재산을 가지고 있는 사람이 100~200만 달러 정도 돈을 쓰는 것은 별일 아니다. 그 정도 돈을 공개적으로 기부함으로써 자신의 이름을 세상에 남길 수 있다니 남는 장사가 틀림없다. 그것도 천국에 들어갈 수 있는 착한 사람으로 말이다. 공개적으로 기부하는 모든 사람이 나쁘다고 말하려는 것이 아니다. 기부하는 사람들 중에는 주변인의 참견이나 사회적 압박을 못 이겨 자신의 이름을 공개하는 경우도 분명히 있다.

도덕은 장식품이 될 수 없다. 거래나 장사의 대상이 될 수 없다. 도덕을 행하려면 자신이 직접 책임과 리스크를 지고 현실에 뛰어들어야 한다. 특히 도덕적인 행위를 통해 자신의 평판을 높이고 싶다면 더욱 그래야 한다.


## 도덕적 행동은
## 거창할 필요가 없다

도덕은 보편성을 지닌 것으로, 개인의 이익과 집단의 이익이 상충될 때는 집단의 이익을 위한 행동이 도덕적인 행동인 경우가 대부분이다. 도덕은 자기 자신 혹은 돈이 많은 사람들에게 이익을 주기 위해 행해지는 것이 아니다. 다른 사람들에게 무시 당하는 사람들, 자선단체들이 신경 쓰지 않는 사람들에게 도움을 주는 일이 도덕적인 행동이다. 도덕적 행동은 거창한 필요가 없다. 친구가 한 사람도 없어서 외로워하는 사람에게 커피를 한 잔 사 주고 대화하는 것도 훌륭한 도덕적 행동이다.

# 비난받는
# 도덕적 행동

나는 도덕적 행동 중에서 가장 가치 있는 것은 남들에게 비난받는 도덕적 행동이라고 생각한다. 도덕적 행동을 행하면 대부분 주위 사람들에게 찬사를 받지만, 드물게 비난을 받는 경우가 있다. 이런 도덕적 행동을 행하기 위해서는 진심과 매우 큰 용기가 필요하다. 도덕적으로 옳지만 대중의 지탄을 받을 것이 분명한 불편한 상황으로 뛰어드는 것이야말로 완벽한 도덕이다.

용기는 우리가 거짓으로 나타낼 수 없는 유일한 가치다.

지하디스트들은 시리아 반군과 한편으로, 이들이 원하는 것은 시리아에 살라피즘 와하비 국가를 세우는 것이다. 시리아 내전에서 행해지고 있듯 이교도들의 목을 자르는 것을 당연하게 생각하는 지하디스트들에게 대적하는 쪽은 '아사디스트'Assadist 혹은 '영유아 살인자들'이라고 불리며 비난을 들었다. 이런 흑색선전을 담당한 것은 카타르가 자금을 대는 세력인데, 시리아 정부군에게 독재자를 옹호하고 아기들을 죽인다는 이미지가 덧씌워지면서 언론에서는 지하디스트 반군의 본질을 밝히려는 시도를 하지 못하고 있다. 아사디스트나 영유아 살인자들에게 대적하는 쪽을 나쁘게 말했다가는 대중의 비난을 받을 것이 뻔하기 때문이다.

대중의 비난을 무릅쓰고 진실을 밝히는 것은 도덕적 행동 그 이상의 것이다. 많은 경우 찬사를 듣는 것이 아니라 비난을 듣고 나쁜 평판이 형성되기 때문이다. 대중이 싫어하는 옳은 말을 하는 언론인은 직장을 잃을 수도 있다. 이런 선택을 하는 데는 매우 큰 용기가 필요하다. 이는 가장 지고한 수준의 도덕이라고 할 수 있다. 그러나 대부분의 경우, 언론인들은 하고 싶은 말이나 해야 할 말이 있어도 참거나 적당한 수준에서 멈춘다. 나는 이런 낮은 수준의 도덕은 오히려 부정적이라고 생각한다. 다수의 폭력에 호응하는 비겁함을 드러내는 것이기 때문이다.


## 리스크를 감수하고
## 사업을 하라

나에게 와서 이렇게 말하는 청년들이 있다. "저는 인류를 돕고 싶습니다. 제가 무엇을 해야 할까요? 저는 빈곤을 퇴치하고, 세상을 구하고 싶습니다." 정말로 숭고하면서도 원대한 포부다. 그런 청년들에게 나는 다음과 같이 제안한다. "도덕적 행동을 한다고 주장하는 사람들을 쫓아다니지 마세요.", "임대 수익을 추구하는 행위를 하지 마세요.", "사업을 시작하세요. 작게라도 무언가 자신의 사업을 시작해 보세요."

리스크를 감수하고, 사업을 하라. 부자가 될 필요까지는 없지만 어쨌든 돈을 벌고, 그렇게 번 돈을 다른 사람들을 위해 사용하라. 우리 사회에 가장 필요한 사람은 도전하는 사람이다. 거시적 통계, 추상적인 범지구적 목표, 사회에 위험을 전가하는 사회공학… 이런 것들을 추구하지 마라. 세상에 기여하는 가장 확실한 방법은 사업을 하는 것이다. 이것이 경제를 활성화하는 가장 효과적인 방법이다. 설사 실패하더라도 사회적으로는 별다른 손실이 발생하지 않는다. 자선단체를 설립하고 활동하는 것도 도움이 될 수 있으나 사업을 하는 것보다는 세상에 대한 기여도가 낮다. 아무리 긍정적으로 보더라도 자선단체는 일부 사례를 제외하고는 결국 사회의 도움을 받는 기관이다.

　도전하는 용기는 최고의 덕이다. 우리 사회에 필요한 존재는 도전하는 사업가다.

제14장

# 역사 기록상의
# 평화와 전쟁

팔레스타인 투쟁을 종용하는 원리주의자들·역사는 역사로 봐야 한다·
우리는 왜 전쟁의 시대를 더 강렬하게 기억하는가·역사학자는 정밀과
학자가 아니다

인간 집단 사이에는 전략적 적대 행동과 상호 협력
의 조합을 근간으로 하는 평화 메커니즘이 작동한다. 여기에 간섭주의자들이
개입하면 그 메커니즘이 깨져 버린다. 그런데도 간섭주의자들은 자신들이 평
화를 성립시키는 데 도움이 될 거라고 생각한다. 게다가 서론에서 지적했듯,
간섭주의자들이 잘못된 판단을 내리더라도 그 대가는 그들이 아닌 우리가 부
담하기 때문에 설사 실패하더라도 이들은 계속해서 또 다른 평화 메커니즘에
개입하려고 한다.

바보 지식인들과 그들의 친구들이 개입하지 않았다면 이스라엘과 팔레스
타인 사이의 문제는 진작에 해결됐을지도 모른다. 적어도 팔레스타인 사람들
은 현재보다 훨씬 더 나은 생활을 하고 있었을 것이다. 이스라엘과 팔레스타

인 사이의 문제는 벌써 70년째 계속되고 있는데, 좁은 주방에 너무 많은 요리사가 몰려들어 요리를 만들겠다고 덤벼드는 상황이 벌어지면서 오히려 문제가 더욱 복잡해지고 있다. 게다가 그 요리사들은 대부분 자신이 만든 요리를 먹지도 않을 사람들이다.

일정 구역의 사람들을 가만히 놓아두면 그 사람들은 안정을 위해 서로 협약을 맺고 협력하게 마련이다. 이는 민족이나 국가에도 그대로 적용된다. 자신이 사는 구역에서 발생하는 문제들에 대한 결과를 고스란히 받아들여야 하는 사람들은 지정학적 문제, 이념, 종교 원리 같은 것보다는 실제 생활을 더 중시하게 마련이다. 오늘 식탁에 오를 음식의 질, 냉장고 속의 맥주나 무알콜 발효 음료, 가족과 함께 나들이 가기에 적절한 날씨가 훨씬 더 중요한 문제다. 또 가족이나 지인들이 보는 앞에서 다른 누군가에게 모욕 당하지 않는 것도 중요하다.

팔레스타인 사람들의 투쟁을 부추기는 이슬람 원리주의자들은 대중 앞에 나서지 않고 카펫이 깔린 안전한 장소에 앉아 선동 방송만 해 댄다. 분명히 그들의 냉장고에는 무알콜 발효 음료가 잔뜩 들어 있을 것이다. 반면 그들의 선동에 휘둘리는 팔레스타인 사람들은 난민 수용소에서 살아간다. 팔레스타인 사람들이 1947년 유엔의 권고안을 받아들였다면 지금보다 훨씬 더 나은 생활을 하고 있을 것이다. 그러나 이들은 그 대신 유대인과 십자군을 지중해로 밀어내라는 선동을 수행했고, 그 결과 난민 수용소의 텐트에서 살아가게 되었다. 이슬람 원리주의를 내세우면서 이들을 선동한 사람들은 팔레스타인에서 수천 킬로미터나 떨어진 곳에서 사는 아랍 정치인들이었다.

기회는 또 있었다. 1948년 팔레스타인 전쟁 이후 팔레스타인 사람들이 평화협정안을 받아들였다면 지금 훨씬 더 나은 생활을 하고 있을 것이다. 하지만 이번에도 이슬람 원리주의가 등장했다. 그러다 1967년 중동전쟁이 발발했다. 지금의 팔레스타인 사람들은 중동전쟁 이전으로 돌아갈 수만 있다면 그 자체로 다행이라고 생각할 것이다. 그러다가 1992년 이스라엘과 팔레스타인 사이에 오슬로 평화협정이 맺어졌다. 평화는 주변국들의 중재만으로 이루어질 수 없다. 평화협정이 유효하기 위해서는 당사자들이 평화의 필요성을 절감하고 상황을 주도해야 한다. 주변 세력이 주도해서 맺어진 평화협정은 금세 깨지게 마련이다.

인간은 서로 협력하려는 본성을 지니고 있지만 외부 세력이 어설프게 개입하면 협력하는 일이 오히려 어려워진다. 미국 국무부에서 일하는 다른 나라들을 돕고 싶어 하는 사람들에게 안식년과 같은 유급 휴가를 준다면, 그래서 세계 각 지역의 분쟁에 개입하는 것이 아니라 취미 생활에 몰두하도록 만든다면, 세계 각 지역의 평화를 유지하는 데 오히려 도움이 될 것이다.

간섭주의자들은 이 세상의 모든 문제를 지정학의 문제로 인식한다. 이 세상을 저마다의 이해관계를 가진 다양한 사람들이 모여 사는 곳으로 인식하는 것이 아니라 거대 세력의 투쟁이 벌어지는 곳으로 인식하는 것이다. 시리아 내전이 길어지고 러시아의 국력이 소진되면, 물론 미국 국무부로서는 그 편을 선호하겠지만 그럴수록 고통받는 것은 시리아 국민들일 뿐이다.

정치인들이 억지로 이끌어 내는 평화는 진정한 평화가 아니다. 모로코, 이집트, 사우디아라비아 정부는 친親이스라엘 정책을 펼치고 있지만, 이들 나라의 국민들은 유대인들에게 노골적으로 적대감을 드러내고 있다. 반면 이란 정부는 이스라엘과 서방 세계에 적대적인 정책을 펼치고 있지만, 대다수의 이란 국민은 서방 세계에 우호적이고 이스라엘에 대해서도 별로 적대적이지 않다. 그러나 분쟁 지역에 아무런 연고도 없고 역사를 책으로만 공부한, 그러면서도 복잡계의 움직임에 대해 제대로 알지 못하는 바보 지식인들은 정부 사이에 평화협정이 맺어지면 국가 사이에도 평화가 성립된다고 잘못 생각하고 있다.


## 대리전이 아니다

다른 나라에서 일어나는 분쟁에 대해 잘 모르고 해당 지역에 아무런 연고도 없는 사람들, 이를테면 워싱턴의 관료들이나 바보 지식인들은 다른 나라의 분쟁을 '지정학' 개념을 통해 이해하려고 한다. 이들에게 중동의 분쟁은 이란과 사우디아라비아의 싸움, 미국과 러시아의 싸움, 수니파와 시아파의 싸움으로 인식될 뿐이다.

세상 사람들은 레바논 전쟁이 이스라엘과 이란 문제 때문에 발생했다고 알고 있다. 그런 식으로 기사를 보도한 기자들 때문이다. 《블랙 스완》에서도 언급했지만, 레바논 전쟁을 취재하기 위해 실제 레바논으로 간 외신 기자들은 전쟁에 관한 정보를 레바논 현지 사람들에게서 얻은 것이 아니라 다른 외신 기자들에게서 얻었다. 기자들끼리만 아는 정보가 기자들 사이에서만 순환됐던 것이다. 이렇게 레바논에 아무런 연고도 없고 전쟁의 결과로 그 어떤 이득이나 손실도 보지 않는 사람들이 진지한 고민 없이 기사를 작성했다.

이 지역에 생활 기반을 둔 사람들에게 레바논 전쟁은 무언가를 결정하기 위한 것이자 각자 믿는 더 나은 삶을 위한 것이었다. 레바논 사람들이 다른 나라들의 지정학적 이해를 위해 자신의 생명과 삶의 기반을 희생해 가며 싸운 것이 아니다. 어느 곳에서든 실제 삶을 살아가는 사람들이 진짜로 원하는 것은 일상의 행복이자 평화다. 결코 갈등이나 전쟁이 아니다.

역사는 역사로 봐야 한다. 소위 지식인이나 어떤 단체에서 말하는 역사 해석은 쳐다보지도 않는 것이 바람직하다.


## 사자는
## 극소수일 뿐이다

《안티프래질》을 쓰던 당시, 나는 남아프리카공화국에서 시간을 보낸 적이 있다. 책을 쓰면서 몇 차례 사파리 투어를 가기도 했다. 사파리 투어를 가는 사람들의 목표는 바로 '사자를 발견하는 것'이다. 일주일 내내 사파리 투어를 다니는 동안 사자는 딱 한 마리 봤을 뿐이다. 다른 사람들도 마찬가지였는지 사자 한 마리가 나타나자마자 인근에 있던 다른 모든 투어 차량이 사자 주위로 몰려들어 교통 체증이 발생했을 정도다. 사람들은 사자를 뜻하는 줄루어인 "쿠루"kuru를 외치면서 마치 금광이라도 발견한 것처럼 환호성을 질렀다.

사파리 투어를 다니는 동안 나는 기린, 코끼리, 얼룩말, 멧돼지, 임팔라 그리고 임팔라 또 임팔라 등 동물들을 많이 봤다. 사자를 찾으러 돌아다녔지만, 평화로운 동물들만 잔뜩 본 것이다. 다른 투어 팀의 사정도 마찬가지였다. 어떤 사람은 이런 농담을 건네기도 했다. "저기 산 너머에도 기린 두 마리, 임팔라 세 마리가 있을 겁니다." 그 말을 들으며 인간 세계에서와 마찬가지로 동물의 세계에서도 평화롭고 협력적인 동물들이 다수고 다른 동물들을 해치는 맹수는 극소수라는 사실을 깨달았다. 우리 사파리 투어 팀은 커다란 물웅덩이 근처에서 캠핑을 했는데, 오후 늦은 시간이 되자 다양한 동물들이 물웅덩이로 몰려들어서 모두 함께 물을 마셨다. 같은 종의 동물들끼리 힘을 합쳐 다른 종의 동물들을 몰아내는 모습 같은 것은 없었다. 그렇게 서로 어우러져 물을 나누어 마시는 동물들을 보고 있자니 낮에 보았던 사자가 생각났다. 비상시에 대비하는 위험대응팀이라면 사자의 존재를 항상 경계해야 하지만, 평범한 시민이라면 사자가 언제 나타날지 신경 쓰고 살 필요는 없다. 사자는 극소수이기 때문이다.

'정글의 법칙'은 사실 협력의 법칙이라고도 할 수 있다. 정글의 법칙을 단순히 약육강식으로 해석하는 것은 경계할 필요가 있다. 심지어 정글에서는 맹수들이 먹잇감을 대할 때조차 일종의 규칙과 절제가 있다.


## 응급실이 북적여도
## 대부분 평화롭게 살아간다

인류의 역사는 대부분 평화의 역사였다. 인류 역사의 흐름을 요약해 보면, 평화로운 분위기가 유지되다가 이따금 전쟁이 일어났다 정도로 정리할 수 있다. 그런데도 인간은 전쟁 같은 두드러진 사태에 더 강한 자극을 받기 때문에 빤히 보이는 통계치조차 무시하고 전쟁이 실제보다 더욱 빈번하게 일어났다고 생각하는 경향이 있다. 드물게 일어나는 위험한 사태를 실제보다 더 위험하게 인식하는 이 같은 경향은 일상을 안전하게 영위하기 위한 방어기제일 수도 있지만, 학문을 하는 사람들은 이런 경향을 극복할 필요가 있다.

국제 관계에 대해 공부하다 보면 국제 관계라는 것이 대부분 전쟁을 통해 발현되고, 국가는 서로 싸우게 되어 있고, 국가나 세력 사이의 협력은 강력한 공통의 적이 나타났을 때나 상대적으로 더 강한 국가나 세력이 협력을 요구할 때만 이뤄진다는 인식을 갖기 쉽다. 유럽연합을 기반으로 진행 중인 유럽 국가들 간의 평화와 협력은 유럽이 야성을 잃었기 때문에 잠정적으로 연합이 유지되고 있는 것일 뿐이며, 유럽연합은 미합중국이나 과거 소비에트 연방과는 다르다는 해석이 있을 정도다.

역사에 관한 책들을 읽어 보면 평화로운 시기보다는 전쟁이 벌어진 시기를 더 많이 다루는 것이 일반적이다. 그런데 역사에 관한 책을 쓰는 사람은 누구일까? 역사학자, 외교학자, 정치학자 같은 사람들이다. 물론 이런 사람들이 바보는 아니다. 그러나 정밀과학자가 아닌 이상, 어떤 대상을 분석할 때 편향성에 빠져들기 쉽다. 역사나 외교에 관해 연구하면서 완전히 객관적이고 정량적으로 접근하는 경우는 드물다. 다음과 같은 이유들을 생각해 보라.

첫째, 과거의 기록을 연구할 때 통상적인 평화보다 비통상적인 전쟁에 더 많은 관심을 갖게 되고, 자연히 더 많이 언급하게 된다. 심지어 과학 연구를 하더라도 효과가 있고 제대로 작동하는 긍정적인 결과보다는 효과가 없고 제대로 작동하지 않는 부정적인 결과가 훨씬 더 많이 주목받는 것이 사실이다. 역사나 외교처럼 본질적으로 비정량적인 분야에서는 편향성이 발생할 가능성이 더 크다.

둘째, 역사학자나 외교학자는 정밀과학자가 아니기 때문에 수학적 분석이나 숫자를 연구의 중심에 두지 않는다. 이탈리아가 통일되기 이전 5세기 동안 전쟁이 빈번하게 발생했던 것이 사실이다. 그래서 역사학자나 외교학자들은 통일로 이탈리아에 평화가 찾아왔다고 말하기도 한다. 하지만 이탈리아에서 전쟁으로 사상자가 많이 발생한 것은 통일 이후의 일이다. 통일 이후 제1차 세계대전에 참전해서 전사한 이탈리아인은 통일 이전 5세기 동안 일어난 내전에서 나온 전사자 수를 모두 합한 것의 거의 10배에 달한다. 이탈리아가 통일되기 이전에 벌어진 내전에는 상비군과 용병단만 참전했을 뿐, 평범한 시민들은 전쟁이 벌어지고 있다는 사실조차 모른 채 평화롭게 생업에 종사했다. 이런 사실을 지적해도 여전히 "이탈리아는 통일 이전이 더 불안정한 시기였다."라고 주장하는 사람들이 있다. 상황의 발생 빈도만 생각하고 강도는 고려하지 않는 것이다. 적은 돈을 자주 잃는 것이 단번에 파산하는 것보다 더 불안정하다고 말할 사람들이다.[59]

셋째, 사람들도 전쟁이나 갈등의 역사에 더 큰 흥미를 갖는다. 그렇다 보니 독자들을 염두에 두고 책을 쓰는 역사학자나 외교학자들은 일상적인 협력의 역사를 다루기 어렵다. 상인, 이발사, 의사, 환전상, 배관공들이 서로 협력하면서 살아가는 이야기는 독자들의 흥미를 끌기 어렵다. 역사학 분야에서 최고 권위를 인정받는 프랑스 아날 학파Annales school는 '역사란 모든 삶의 기록'이라고 표명했지만, 이런 방침을 토대로 책을 쓰는 사람은 거의 없다. 이런 글을 쓰고 있지만, 나 역시 일상적인 삶의 기록이 따분하다는 점까지 부인하기는 어렵다.

넷째, 앞에서도 언급했듯 나는 마크 위즌본, 파스칼 치릴로와 함께 역사적으로 발생한 인류의 폭력에 대해 연구·분석을 했는데, 그 결과 전쟁이나 침략 횟수, 상황이 공격한 쪽과 공격을 당한 쪽 모두의 목적에 따라 매우 과장되어 있다는 사실을 알게 됐다. 게다가 전쟁 상황과 결과에 관한 숫자는 계속해서 부풀려지고 있다.

---

59    이에 관해서는 《행운에 속지 마라》에도 언급했다. 이런 사고방식을 가진 사람들은 생각보다 많다. 대형 투자은행에서 전체 영업일수 252일 가운데 251일 동안 이익을 냈다고 발표하는 것은 많은 경우 좋은 소식이 아니라 나쁜 소식이다. 이런 발표를 하는 투자은행이 있다면 경계해야 한다. 그런데 트레이더로 일해 본 경험이 없는 사람들은 이 말이 무슨 소리인지 이해하는 것조차 어려울지도 모르겠다.

역사학자나 외교학자들 가운데는 언론인이 꽤 많은 편이다. 언론인은 본질적으로 통상적이지 않은 사건에 주목하는 경향이 있다. 물론 이들이 학술적인 연구를 할 때 더 높은 기준으로 사실을 확인해서 최대한 객관성을 추구할 수도 있다. 하지만 과거의 기록을 확인하고 분석한다고 해서 완성된 연구가 나오는 것은 아니다. 기록되지 않은 자료와 사실이 있기 때문이다. 현재 러시아만 보더라도 일방적으로 편향된 기록을 공개하는 경우가 많다. 학자들은 공개되지 않았거나 누락된 기록까지 염두에 둘 필요가 있다. '검은 백조'에 대한 기록이 없다고 해서 '검은 백조'가 존재하지 않는 것은 아니다. 과거의 기록은 불완전할 수밖에 없다. 역사를 분석하려는 사람들은 언제나 이 점을 염두에 두어야 한다. 심지어 누락된 기록이 더 중요할 수도 있다. 역사서를 읽을 때 기록되지 않은 사실과 자료를 고려하지 않는 것은 어떤 도시의 종합병원 응급실만 들여다보고 그 응급실의 상황을 해당 도시의 삶이라고 생각하는 것과 똑같은 일이다.

역사학자나 외교학자는 대부분 역사와 외교를 책으로 배운 학생이었다는 점을 항상 기억해야 한다. 미국 국무부에서 일하는 공무원 역시 마찬가지다. 국무부의 공무원은 도전하는 사업가나 행동가가 아니라 역사학자나 외교학자에게 역사와 외교를 배운 학생들 중에서 나온다. 예일대학교 도서관에서 옛날 자료를 뒤적이는 것을 좋아하는 사람들은 조금만 느리게 판단하고 행동해도 많은 돈을 잃거나, 심지어 생명을 잃을 수도 있는 일에 적합한 사람들이 아니다. 이 말이 무슨 말인지 이해하지 못할 것 같은 사람은 그냥 대학에서 계속 학문을 하는 것이 낫다.

스페인의 아랍인들, 비잔틴 제국의 투르크인들, 비잔틴 제국의 아랍인들, 이 세 부류의 사람들에 대해 이야기하면 대부분의 사람이 서로 다른 세력들

간의 다툼을 떠올릴 것이다. 물론 여기 나열된 세력들 사이에 다툼이 있기는 했다. 그러나 이들이 서로 같은 영역에 머물렀던 것은 바로 상업 활동 때문이었다.

그리스정교회 교인인 나는 이슬람이 주류인 레바논에서 생활한 적이 있는데, 그곳에서 서로 다른 종교인들이 협력하는 모습은 일상적인 풍경이었다. 어쩌면 이슬람 수니파 세력과 멀리 떨어져 있어서 그런 모습이 가능했던 것인지도 모른다. 경제생활을 위해 다른 종교 세력과 타협하고 협력하는 모습은 절대로 이상한 일이 아니다. 과거의 역사에서도 흔히 찾아볼 수 있는 모습이다. 아메리카 대륙이 발견되기 이전까지 인류 상업 활동의 중심지는 동방이었다. 비잔틴의 대공 루카스 노타라스는 "교황의 삼중관보다는 투르크족의 터번이 더 낫다."라고 말했다. 이런 사고방식은 인류의 역사에 끊임없이 나타난다. 에페소(현 지역명은 에페수스다—편집자) 지역에서 활동했던 성 마르코나 투르크와 교역했던 발칸 지역의 가톨릭 농부들을 생각해 보라.

독자들 중에서 아는 사람은 알겠지만, 나는 내전이 한창일 때 꽤 오랫동안 레바논에서 살았다. 전쟁의 와중에도 평범한 사람들은 소위 '그린 라인'Green Line이라고 불리는 구역에 인접한 곳이 아닌 곳에서도 전쟁 상황을 의식하지 않고 평화롭게 살아갔다. 하지만 레바논 내전에 대해 책으로만 읽은 사람들은 실제 모습과는 전혀 다른 식으로 그 시기를 이해하고 있을 것이다.[60]

## 다음 장의 이야기

제6부에서는 책임지지 않는 대리인들이 유발하는 우리 사회의 여러 가지 불균형에 대해 생각해 보았다. 책임지지 않는 대리인

들은 우리 사회를 오염시키고 온갖 왜곡을 만들어 낸다. 그런데 그런 사람들이 가장 많이 존재하는 곳이 바로 종교계다. 여기서 말하는 것은 신앙이나 믿음으로서의 종교가 아니라 조직으로서 종교다. 이어지는 부분에서는 세상의 종교에 대해 생각해 볼 것이다. 이제부터 합리성과 책임에 관해 내가 가장 말하고 싶은 내용이 본격적으로 나올 것이다.

---

60     물론 학습의 기본은 독서다. 카이사르와 폼페이우스의 관점에서 쓰인 로마 역사나 펠로폰네소스 반도에서의 힘의 균형, 빈을 중심으로 진행된 외교술 등등 앞으로는 이런 주제를 다룬 역사서 말고 자신이 관심을 두고 있는 시대의 법과 관습, 그 시대 사람들의 일상적인 생활상을 담은 기록을 찾아봐라. 이것이 역사를 정확하게 파악하는 방법이다. 나는 30년 전쯤 폴 벤느 Paul Veyne, 필립 아리에스 Philippe Ariès, 조르주 뒤비 Goerge Duby 등이 쓴 《사생활의 역사》 시리즈를 우연히 읽은 뒤 요즘도 틈나는 대로 이 책을 계속해서 읽고 있다. 특히 1권 고대 로마편은 침실에 두고 즐겨 읽는다. 엠마뉘엘 르 로이 라뒤리 Emmanuel Le Roy Ladurie가 쓴 《몽타이유》, 페르낭 브로델 Fernand Braudel의 걸작 《지중해》도 역사를 제대로 알고 싶어 하는 사람들에게 추천할 만한 책이다.
    한편 베니스를 중심으로 일어난 지정학적 갈등에 관한 책보다는 베니스에서 이루어진 상거래에 관한 보고서를 읽는 것이 과거의 역사를 이해하는 데 더 도움이 되고 재미도 있다. 베니스에서 이루어진 상업 활동을 자세히 다룬 책은 꽤 많다. 술탄이나 황제에게 초점을 맞춰 작성된 역사서는 독자들에게 그리 많은 것을 알려 주지 않는다. 그런 역사서를 읽는 것은 바보 지식인들이 즐겨 읽는 《뉴요커》 기사를 읽는 것만큼이나 무의미한 일이다.
    고대 그리스의 식문화를 소개한 제임스 데이비드슨 James Davidson의 《코르티잔과 피시케이크》 Courtesans and Fishcakes, 잘 알려지지 않은 프랑스에 관한 사실을 알려 주는 그레이엄 롭 Graham Robb의 《프랑스의 발견》 The Discovery of France도 읽어 볼 만하다.

## 제7부

# 종교, 믿음
# 그리고 대리인 문제

Skin in the Game

제15장

# 사실 그들도
# 믿음에 대해 잘 모른다

⚖️

말을 복잡하게 하는 사람은 지식의 적이다·종교관은 모두 다르다·법인
가, 종교인가?·최소한의 자유로운 신념과 원칙

내 삶의 처세훈이 있다. "수학자들은 사물과의 관계
성을 규명하고, 법학자들은 법 구조를 규명하고, 논리학자들은 추상적인 작동
인자를 최대한으로 규명한다. 그런데 말을 가지고 장난치는 사람들은 한심한
인간들이다."

똑같은 말을 서로 다르게 해석하면서 대화를 이어 나갈 수는 있다. 이런 대
화가 커피숍에서 이뤄진다면 문제 삼을 이유는 없다. 그러나 무언가 의미 있
는 결정을 내리기 위한 대화라면, 특히 어떤 조직의 정책을 결정하는 대화라
면 더더욱 같은 말을 두고 해석의 차이로 논쟁을 계속 이어 나가는 것은 바람
직하지 않다. 소크라테스는 복잡한 논쟁을 이어 나가기보다는 상대방에게 그
발언이 의미하는 바가 무엇이냐고 직접 물었다. 궤변가들이 장황한 수사에 치

중할 때, 소크라테스는 장황한 수사를 풀어내고 실질적인 의미를 중시하는 방향으로 대화를 이끌어 간 것이다. 소크라테스 이후 우리는 말이나 글에 있어 실제 의미를 중시하는 사조를 따르게 됐고 계약법도 정립했지만, 그럼에도 여전히 말의 의미를 복잡하게 이해하려는 사람들이 존재한다. 시의 의미가 복잡해지는 것은 상관없다. 그러나 시를 쓰는 일이 아닌데도 말의 의미를 복잡하게 만드는 사람은 지식의 적이라고 할 수 있다.

## 종교의 역사

종교에 대한 사람들의 정의나 생각은 무척이나 다양하다. 종교를 대하는 태도 역시 마찬가지다. 초기 유대교 교인과 초기 이슬람 교인에게 종교는 법 그 자체였다. 히브리어로 '딘'Din은 법을 의미하고, 아랍어로 '딘'Din은 종교를 의미한다. 초기 유대교 교인들에게 유대교는 자기들만의 종교였지만, 초기 이슬람 교인들에게 이슬람은 모든 사람이 따라야 하는 종교였다. 고대 로마인들에게 종교는 기복祈福과 사회 교류의 수단이었다. 로마인들은 종교 행사와 의식을 중요시했다. 이들은 다른 종교의 신앙을 존중했는데, 이는 지중해 동쪽 지역과는 꽤 다른 모습이다. 고대에 국가의 법은 법대로 존재했을 뿐이다. 사람들은 법보다 종교의 율법을 중시했다.

기독교는 종교가 성립된 이후 오랫동안 국가의 법과 거리를 두었고, 나중에야 아주 낮은 수준에서 국가의 법과 관계를 맺기 시작했다. 근세까지도 종교재판에서 판결이 내려지면 그 판결을 국가의 법정에서 최종적으로 확인하고 형을 집행하는 식으로 법 절차가 진행됐을 정도다. 5세기에 편찬된 테오도시우스 법전은 로마제국령 내의 여러 법을 집대성했을 뿐만 아니라 기독교의 법도 아울렀다. 테오도시우스 법전은 로마제국령 내의 법들을 집대성했기 때문에 기본적으로 다신론을 토대로 한다. 또한 울피아누스와 파피니아누스 등 고대 로마 법학자들의 논리를 상당 부분 받아들였는데, 이들 모두 다신론 옹호자였다. 현재의 레바논 베이루트에는 원래 고대 로마의 법학원이 있었다. 일설에 따르면 기독교도들이 베이루트의 로마 법학원을 폐쇄했다고 하는데, 지진이 발생해 법학원 건물이 무너지기 전까지 베이루트의 법학원은 폐쇄된 적이 없다.

히브리어나 아랍어와 달리 고대 기독교도들이 사용한 아람어에는 종교를 의미하는 단어와 법을 의미하는 단어가 따로 있었다. 예수는 "카이사르의 것은 카이사르에게 돌리고, 하나님의 것은 하나님에게 돌려라."라고 말함으로써 종교와 세속을 분리시켰다. 그런가 하면 기독교도들은 이 세상이 종말을 맞은 뒤 '하나님의 왕국'이 올 것으로 믿었다.[61] 이와 달리 이슬람교나 유대교는 정치와 세속을 명확하게 구분하지 않았다. 물론 기독교도 순수한 영성을 추구하던 초기 교회의 모습에서 벗어나 로마제국 말기에는 레반트와 소아시아 지역의 다신론적 요소를 많이 받아들였다. 아우구스투스 황제 이후 로마 황제는 기독교의 최고 사제 자리를 겸임했는데, 테오도시우스 황제 이후에는 로마의 주교가 기독교의 최고 사제를 맡는 것으로 바뀌었다. 공식적으로 확인된 것은 아니지만 이런 전통 때문에 가톨릭 교황이 현재까지 로마에 머물고 있는 것이다.

오늘날 유대교는 민족문화로 자리 잡은 듯하다. 유대교는 과거처럼 그 율

---

[61]  이집트의 콥트기독교도는 수백 년 동안 수니파 무슬림들에게 박해받아 왔지만, 콥트교단은 이집트에 콥트교를 위한 안전한 자치 구역을 만들어야 한다는 주장에 반대하는 입장을 견지하고 있다. 지상에 정치체를 구성하는 것은 기독교가 추구하는 바가 아니라는 이유에서다.

법이 법의 지위를 갖는 것도 아니고, 이스라엘 지역만의 종교도 아니기 때문이다. 아르메니아정교, 시리아 기독교, 칼데아 기독교, 콥트교, 마론교도 마찬가지다. 그런가 하면 로마가톨릭과 그리스정교는 의례를 중요시하는 종교로 변모했고, 의례를 배제하고 순수한 초기 교회의 영성으로 돌아가자는 사조가 나타나면서 개신교가 등장했다. 아시아의 불교, 힌두교 등은 현재 인생을 살아가는 데 도움을 주는 철학이 됐다. 이들 종교는 윤리를 중시하고, 우주에서 인간의 존재를 탐구한다. 인도의 힌두교는 바로 이웃 국가인 파키스탄이나 이란의 이슬람과는 전혀 다른 성격을 가지고 있다.

종교와 세속이 분리되어 있지 않은 지역에서는 국가와 민족, 종교의 호칭 역시 명확하게 분리되어 있지 않다. 아랍인들이 '유대'라고 말할 때는 민족을 지칭하는 것이 아니라 유대교 교리를 지칭하는 것이다. 종교를 바꾼 유대인은 아랍인들에게 더 이상 유대인이 아니다. 반면에 유대인들에게 유대인은 어머니가 유대교인인 사람을 지칭한다. 나머지 전 세계 사람들에게 유대인은 유대 민족을 지칭한다.

세르비아, 크로아티아, 레바논 등에서는 평상시의 종교와 전시의 종교가 서로 완전히 다르다.

레반트 지역의 소수 기독교 종파들은 이 지역의 아랍인들과 달리 신정일치 형태를 띠지 않는다. 기독교 지역에서 신정일치 형태가 나타난 경우는 비잔틴 제국을 제외하면 거의 없다. 종교개혁을 추진한 장 칼뱅Jean Calvin이 이런 시도를 했을 정도다. 기독교 지역에서는 언제나 세속과 교회가 분리되어 존재했다. 드루이드, 드루즈, 만다야교, 알라위파, 알레비 등 신비주의 종교인 그노시스파 종교의 경우, 일부 원로를 제외하면 같은 부족 사람들도 종교적 비밀에 접근하는 것 자체가 차단됐다. 종교적 비밀을 발설하면 그 사람은 부족에서 배척 당하거나 추방됐다.

오늘날 유럽연합의 무능한 관료들이 종교에 접근하는 모습을 보면 너무 어리석다는 생각밖에 들지 않는다. 이들은 살라피즘을 하나의 종파로 인식한다. 그래서 이들의 성전 건축을 허가해 준 것이다. 그러나 사실 살라피즘은 다른 종교에 무관용적 태도를 취하고 이교도에 대한 폭력을 조장하며 서구의 법체계를 배척하는 이슬람의 정치체다. 이들은 유럽에서 자신들의 활동을 인정해 주는 서구의 법체계마저 배척한다. 앞서 우리는 양보하지 않는 소수가 전체 사회를 어떻게 장악하게 되는지 살펴보았다. 암이 발견되면 다른 장기로 전이되기 전에 적절한 치료가 행해져야 한다.

살라피즘은 구소련의 종교 탄압과 본질적으로 비슷해 보인다. 이들은 이교도의 행동과 사고 모두를 통제해야 한다고 생각한다. 살라피즘과 구소련의 종교 탄압은 타당성, 정확성, 현실성 등이 전부 결여된 잔혹한 시도로, 무엇이 더 나쁜지 판단하기 어려울 정도다.


## 믿음 대 믿음

다음 장에서도 이야기하겠지만, '믿음'은 인식론적인 것일 수도 있고 비유적인 것일 수도 있다. 그래서 종교적인 믿음과 비종교적인 믿음을 구분하기 어려운 것이다. 종교와 관련된 문제 중 가장 많이 논의되는 것은 믿음에 관한 문제다. 단순히 보여 주기 위한 믿음도 있고, 기능적으로 활용하기 위한 믿음도 있다. 믿음이 종족이나 부족의 생존을 위해 활용되는 경우가 그러하다. 경전의 문구에 지나치게 집착하는 믿음도 있다. 살라피즘을 추종하는 원리주의자가 평범한 기독교인과 대화를 나눈다면 살라피즘 원리주의자는 기독교인도 원리주의자라고 생각할 것이고, 기독교인은 살라피즘 원리주의자를 보며 경전을 비유적으로 해석하는 일이 자주 있다고 생각할 것이다. 살라피즘 원리주의자도 오늘날의 상황에 맞게 적절하게 변화를 주어 경전을 해석한다고 보는 것이다. 기독교, 유대교, 시아이트 이슬람교 등은 더 이상 경전을 문구 그대로 해석하지 않는다. 사실 경전이 작성된 수백, 수천 년 전과는 크게 달라진 사회에서 살아가는 교인들로서는 다시 해석하는 편이 합리적이다. 경전을 문구 그대로 해석하려는 원리주의는 지나치게 경직된 이념이다.

영국의 역사가 에드워드 기번Edward Gibbon은 종교와 관련해 다음과 같은 글을 남겼다.

> 로마 세계에 퍼져 있던 다양한 유형의 숭배는 당대 사람들에게 모두 똑같이 믿음으로 인정받았다. 그리고 당대 철학자들에게 모두 똑같이 허상일 뿐이라고 여겨졌다. 또 당대 통치자들에게 모두 똑같이 유용한 것으로 인식됐다. 다른 종교들에 대한 관용은 종교의 자유를 낳았을 뿐만 아니라 종교들 사이의 화합까지 만들어 냈다.

## 교회 없는 종교
## 그리고 자유 지상주의

로마의 콘스탄티누스 대제가 기독교를 공인하고 반세기가 지난 뒤, 새롭게 로마 황제가 된 '배교자' 율리아누스는 로마를 예전과 같은 다신론 제국으로 만들고 싶어 했다. 그는 그 과정에서 완전히 잘못된 방법을 선택했다.

어렸을 때부터 독실한 기독교인이었던 율리아누스는 다른 종교들 역시 기독교 같은 체계가 필요할 거라고 생각했다. 그래서 각각의 종교에 주교 자리를 만들고 정기 예배 일정을 정해 주는 식으로 기독교와 동일한 체계를 만들었다. 하지만 종교는 저마다 중요하게 생각하는 의식이나 체계가 따로 있다. 이것이 사라지면 더 이상 기존 신자들이 따르던 종교가 아니게 된다. 다신론을 추구한다면서 모든 종교를 기독교의 틀 속에 집어넣으려고 한 율리아누스의 시도는 완전히 잘못된 것이었다. 그러나 뛰어난 전술가이자 용감한 전사이기도 했던 율리아누스가 페르시아와의 전쟁에 직접 참전해서 전쟁터에서 죽음을 맞음으로써 다신론으로 회귀하려는 움직임도 멈췄다.

다신론을 하나의 체계로 정리할 수 없듯, 자유 지상주의 역시 기존 정치 체제 안에서는 규정할 수 없다. 자유 지상주의를 규정할 수 있는 방식이 있다면 바로 분권화다. 자유 지상주의자들은 당의 방침을 따르거나 주류의 목소리를 받아들이는 식으로 정치에 참여하지 않는다. 정당은 기본적으로 같은 목소리를 내기 위해 구성되며 서열화된 수직 구조로 움직이는데, 이는 자유 지상주의자들이 도저히 받아들일 수 없는 방식이다. 자유 지상주의자들은 자신의 의지에 따라 하고 싶은 일을 최대한 자유롭게 할 수 있기를 바라기 때문에, 지도부에서 서열을 정해 주고 누군가의 지시를 따를 것을 요구하는 식으로 운영되는 기존 정당의 환경 안에서는 존재하기 어렵다.

그렇지만 자유 지상주의자들도 서로 공유하는 최소한의 신념과 원칙이 있다. 무엇보다 자유 지상주의자들은 복잡계를 인식하고 믿는다. 물론 자유 지상주의도 하나의 정치적 운동이기 때문에 기존 정당에 제한적으로 참여할 수 있다.

## 다음 장의 이야기

종교를 대할 때는 종교가 표방하는 것을 그대로 믿어서는 안 된다. 각각의 종교가 실제로 어떤 활동을 하는지 살펴봐야 한다. 종교들은 공통적인 요소를 많이 가지고 있지만 자세히 들여다보면 분명히 서로 다르다. 이어지는 장에서는 종교에 가볍게 접근해서는 안 된다는 이야기를 할 것이다. 종교가 우리에게 엄청난 대가를 바랄 수도 있기 때문이다.

# 제16장

# 신앙에도
# 대가를 지불해야 한다

⚖

종교를 갖는 일은 공짜가 아니다·신들은 말로만 하는 기도는 듣지 않는
다?·대가를 바라지 않고 모든 것을 바치는 행위

어떤 종교를 이해하기 위해서는 해당 종교의 금식
의식에 참여해 보는 것도 한 가지 방법이다. 그리스정교회 신자인 나는 사순
절四旬節(부활절 전에 행해지는 40일간의 재기—편집자) 금식에 참여하는데, 이를
지키기 위해 동물성 음식을 먹지 않는다. 고기는 물론 버터를 비롯한 유제품
도 먹지 않아야 하기 때문에 신경을 많이 써야 한다. 그러다가 금식 기간이 끝
나는 부활절이 되면 예수의 부활을 진심으로 축하할 수 있게 된다. 이는 마치
갈증으로 오랫동안 고통받다가 신선한 물을 마시게 되었을 때와 비슷한 만족
감을 준다. 사순절 동안 충분히 고통과 같은 대가를 치렀기에 나는 당연하게
그에 상응하는 기쁨을 누린다.

앞서 나는 예수가 신성과 인간성을 모두 가지고 있었기 때문에 그의 희생

은 참된 희생이라고 말했다. 이제 다시 그와 관련된 이야기를 하려고 한다.

'파스칼의 도박'이 성립하려면 신을 믿는 일에 아무런 책임이나 손실이 수반되지 않아야 하지만, 종교를 갖는 일은 공짜가 아니다. 세상에 그렇게 간단하게 이루어지는 일은 없다. 사람들 사이에서 친밀한 관계를 유지하기 위해서는 그에 대한 대가를 치러야 하듯 신과의 관계를 유지하는 데도 대가를 지불해야 한다.


## 신들은 값싼 제물을 좋아하지 않는다

내가 125살까지 살더라도 죽는 순간까지 시리아의 소도시 말룰라에서 보았던 성 세르지오 교회의 제단을 절대 잊지 못할 것 같다. 말룰라는 기독교 세계에서 지금은 잊힌 고대 언어인 서부 아람어를 여전히 쓰고 있는 지역으로, 나는 아주 오래전에 그곳을 방문했다. 서부 아람어는 예수가 썼을 것으로 추정되는 언어다. 예수가 활동하던 무렵, 레반트 지역의 바닷가 지방에서는 그리스어를 썼지만 내륙 지방에서는 아람어를 썼다. 그리고 당시 유대인들은 '팔레스타인 아람어'라고 불리기도 하는 서부 아람어를 썼다. '바빌론 아람어'라고 불리기도 하는 동부 아람어의 경우 지금의 시리아어로 이어졌다. 말룰라에서는 어린아이들도 서부 아람어를 쓰며 서로 장난을 친다. 내 눈앞에서 살아 움직이는 사람들이 고대어인 서부 아람어를 쓰는 모습을 볼 수 있다는 것 자체가 나에게는 신비였다.

어떤 지역에 고대어를 쓰는 사람이 있다는 것은 그 지역에 고대의 유산이 남아 있을 가능성이 크다는 것을 의미한다. 나는 말룰라에서 실제로 로마 시대의 유산을 발견했다. 말룰라의 성 세르지오 교회 제단에서 희생된 제물의 피를 받던 혈반血盤을 보게 된 것이다. 로마 시대에 다른 종교의 신전이었던 장소를 기독교도들이 이어받아 사용한 경우, 이런 혈반이 남아 있게 된다.

사실 따지고 보면 기독교 역시 다신주의 체제의 로마제국에 존재한 여러 종교 가운데 하나였다. 4세기에 행해진 니케아 공의회 이전까지는 기독교 교회들이 다른 종교의 제단을 바꾸지 않고 그대로 이어받아서 사용하는 일이 흔했다. 이런 생각을 밝히면 화를 내는 사람들이 있을 테지만, 나는 고대 기독교와 유대교의 의식은 동시대 다른 종교들의 의식과 크게 다르지 않았을 거라고 생각한다. 그리고 회당의 제단도 그 모습이 크게 다르지 않았을 것이다. 기독교의 그 많은 성인들 역시 고대 다신교의 풍습을 이어받았을 것이다. 전화나 팩스, 인터넷이 없던 시절임에도 서로 멀리 떨어져 있는 회당과 제단의 모습이 비슷하다는 사실은 다른 종교의 형태를 단순히 보고 베낀 것이 아니라 다른 종교의 것을 그대로 이어받아서 사용했다는 증거로 봐야 한다.

고대 아람어의 '마드바'madbah는 제단을 의미했다. 마드바라는 단어에는 '희생된 제물의 목동맥을 잘라 죽이는 의식'이라는 의미가 내포되어 있다. 희생된 제물의 목동맥을 잘라 죽이는 전통은 이슬람에도 그 흔적이 남아 있다. 이슬람 율법으로 허용된 음식인 할랄 고기가 바로 이 같은 방식으로 도축된 가축의 고기다. 또한 고대 아람어의 '코르반'qorban은 희생과 제물을 의미하는 단어인데, 이 단어에는 '(신에게) 가까이 가다'라는 의미가 있다. 영어의 '새크리파이스'sacrifice(희생·제물)가 기독교 의식의 '새크러먼트'sacrament(성체·성사)로 파생된 것과 같은 맥락이라 할 수 있다.

명확한 출처가 밝혀진 바는 없으나, 이슬람 시아이트파의 현자라 불리는 후사인 이븐 알리Husayn ibn Ali는 죽기 직전 신에게 "저를 당신의 코르반으로 사용해 주십시오."라고 기도했다는 이야기가 전해진다. 이는 신에게 할 수 있는 최상의 기도가 아닐까 싶다.

후사인 이븐 알리의 죽음을 추모하는 날인 '아슈라'_Ashoura_가 되면 적지 않은 이슬람교도가 피가 날 때까지 자신의 몸에 채찍질을 가하는 희생 의식을 치른다. 기독교에도 이 같은 의식이 있다. 기독교도들은 예수의 희생을 따른다는 의미로 자신의 몸에 채찍질을 한다. 중세 유럽에서 이는 흔한 의식이었으며, 지금은 남미와 아시아에서 극히 일부 신자들이 이런 의식을 행하고 있다.

고대 지중해 세계의 종교 의식은 절대 제물 없이 치러지지 않았다. 말로만 하는 기도를 신들이 들어줄 리 없다고 생각한 것이다. 중요한 것을 바라는 사람은 비싼 제물을 바쳤다. 제물은 다른 사람들이 먹거나 사용하거나 팔지 못하도록 불에 태웠는데 전부 없애지는 않았다. 사제나 제사장들이 제물에서 골라 자신의 몫을 가져갔다. 기독교가 발생하기 이전에도 사제들은 꽤 괜찮은 수입을 올렸던 것이다. 그래서 고대 지중해 세계에서 사제의 지위가 비싼 가격에 거래됐던 것이다.


## 희생을 상징하다

예루살렘 성전에서도 제물이 바쳐졌다. 초기 기독교와 '바울 기독교'_Pauline Christianity_를 따른 사람들 그리고 비슷한 시기의 유대교도 모두 자신들의 의식을 행하면서 제물을 바쳤다. 히브리서 9장 22절에 이런 구절이 나온다.

율법에 따라 거의 모든 것이 피로써 깨끗이 되며, 그 피를 닦아 내는 것으로써 부정한 것이 닦이게 된다.

예수 자신이 제물로 희생됐기 때문에 오늘날 기독교에는 더 이상 살아 있는 동물을 제물로 쓰지 않아도 된다는 관념이 정착됐다. 기독교 종파 중에서도 가톨릭교와 그리스정교에는 고대의 전통적인 의식이 꽤 남아 있다. 피를 상징하는 와인과 고대의 혈반을 연상시키는 '피스키나'piscina(서구 중세의 그리스도교 성당에 있는 성배세반聖杯洗盤 — 편집자)가 바로 그 흔적이다. 말룰라의 성세르지오 교회에 전통적인 요소들의 흔적이 여전히 존재하는 것이다. 기독교 예배당이나 성당에 가 보면 희생된 제물로 바쳐진 예수의 상이 제단 뒤에 위치해 있다.

제2차 바티칸 공의회 문헌에 수록된 전례 헌장 47항을 보라.

예수 자신이 배신 당하던 날 밤, 최후의 만찬에서 우리 구세주는 자신의 몸과 피를 성찬식의 희생 제물로 바치셨다. 이는 그분이 재림할 때까지 십자가의 희생을 세세代代에 영속화하기 위한 일이었다.

기독교에서는 오래전부터 제물의 개념이 비유적인 것으로 바뀌었다. 로마서 12장 1절에 나오는 다음의 구절을 보라.

따라서 하나님의 축복으로 형제들에게 이르니, 영적 예배를 함으로써 자신의 몸을 신성하고 적합한 살아 있는 제물로 하나님께 바치십시오.

이 같은 진보는 유대교에서도 이루어졌다. 예루살렘의 두 번째 성전이 1세기에 파괴되면서 이후 유대교에서는 살아 있는 동물을 제물로 바치는 의식이 사실상 중단됐다. 구약성서를 보면 유대인들이 하나님을 향해 동물을 제물로 바치는 장면이 많이 나온다. 심지어 아브라함은 아들인 이삭을 제물로 바치려고 했다. 이렇듯 자신의 아들을 제물로 바치는 일은 무조건적인 섬김을 의미한다. 보통 사람들은 신에게 자신이 만들어 낸 산출물 가운데 일부를 제물로 바치는데, 이는 제물을 바치는 대신에 다음 해에 더 많은 산출량을 얻기 바란다는 기원을 표현하기 위함이다. 그러나 자신의 아들을 바치는 것은 이 같은 통상적인 제물과는 그 성격이 완전히 다르다. 이는 대가를 바라지 않고 모든 것을 바치는 행위다. 나중에 하나님의 아들인 예수가 스스로 제물이 된 것도 이런 의미였다.

이스라엘 철학자 모세 핼버트Moshe Halbertal는 신에게 무언가를 바라면서 제물을 바치는 방식이 보편화된 것은 이삭 이후에 나타난 현상이라고 주장했다. 그런데 왜 제물로 동물이 사용됐을까? 이는 가나안 사람들의 관습이 계속 전해져 내려온 결과다. 하나님이 동물을 제물로 삼는 것을 금지하지 않은 이유가 무엇인지 묻는 질문에 유대계 철학자 마이모니데스Maimonides는 이런 설명을 내놓았다. "설혹 그런 계율이 내려졌더라도 그것을 따르는 일은 인간의 본성에 반하는 일이었을 것이다. 인간은 기존에 행해 오던 것을 계속 고수하려는 본성을 가지고 있다." 그러면서 이런 말도 덧붙였다. "동물을 제물로 바치는 일이 금지되면 사람들은 동물 혹은 존재하지 않는 상상의 대상을 숭배하기 시작할지도 모른다."

어쨌든 동물을 제물로 바치는 관습은 계속 이어졌고, 아브라함은 신앙의 상징이 됐다. 아브라함은 동물을 숭배하지도 않았고, 신에게 물질적 대가를 바라면서 뇌물을 바치지도 않았는데 말이다. 사실 아라비아에서는 6세기까지도 다른 부족의 신들에게까지 뇌물을 바치듯 제물을 올리면서 무언가를 기원하는 일이 흔하게 행해졌다. 메카Mecca에는 여러 부족의 상인과 귀족들이 몰려들었는데, 이곳에서는 상거래와 외교만 이루어진 것이 아니라 다른 부족들의 신에게 자신이 필요로 하는 기원을 올리는 일도 빈번하게 이루어졌다.

그리스신화의 프로크루스테스Procrustes는 희생 없이 사랑을 바라는 것은 도둑질이나 다름없다고 말했다. 이 말은 어떤 유형의 사랑에도 적용된다. 특히 신의 사랑에 있어서는 더욱 그렇다.


## 종교의 힘

역사적으로 어느 종교가 됐든 신앙생활을 하기 위해서는 종교에서 요구하는 대가를 지불해야만 했다. 아무런 희생도 없는 신앙생활이라는 개념은 최근에 나온 개념이다. 그리고 신의 힘이 강한 종교가 강한 것이 아니다. 신자들에게서 어느 정도의 힘이 발현되느냐에 따라서 종교의 힘이 결정된다.

# 제17장

# 교황은
# 무신론자인가

교황청은 왜 기도의 힘이 아닌 의료의 힘을 우선하는가·교리를 따르는
삶은 무신론자의 삶과 무엇이 다른가·결국 행동이 보여준다

1981년 바티칸의 성 베드로 광장에서 교황 요한 바
오로 2세가 권총으로 저격 당한 사건이 벌어졌다. 교황은 가까운 거리에 있는
공립병원이 아니라 게멜리대학병원으로 이송됐다. 게멜리대학병원은 이탈리
아 내 최고의 의료진을 갖췄다는 평가를 받고 있었다. 이후 게멜리대학병원은
교황청의 지정 병원이 됐다.

교황 요한 바오로 2세와 그의 수행원들 중 그 누구도 총격을 받은 교황이
기도실로 가야 한다고 말하지 않았다. 전 세계가 지켜보는 가운데 기도의 힘
으로 치료하겠다고 선언할 수도 있었는데 말이다. 그리고 그의 후임 교황들
중에도 현대 의료가 아닌 기도의 힘으로 건강을 회복하겠다고 선언하는 사람
은 아무도 없다.

추기경, 주교, 본당 사제, 평신도… 이들 모두 신에게 기도하고, 언젠가 기도의 응답이 있을 거라고 믿는다. 그리고 기도의 힘으로 병을 치료한 과거 성인들의 기적을 믿는다. 하지만 교황청의 그 누구도 몸 상태가 위중할 때 신을 먼저 찾거나 기도의 응답이 없다는 것을 확인한 다음에 병원을 찾지는 않는다. 더욱 놀라운 것은 그들의 평소 발언이나 믿음과는 위배되는 이 같은 모습에 어느 누구도 이의를 제기하지 않는다는 점이다. 사실 총에 맞은 교황에게 먼저 기도를 해야 한다고 말한 사람이 있었다면 그는 정신병자 취급을 받았을 것이다. 그럴 경우 스스로 죽음을 선택하는 것이나 다름없어서 가톨릭 교리에서 금지되는 일이라는 얘기를 들었을 수도 있다.

## 누가 신앙인이고
## 누가 무신론자인가

과거의 교황들과 로마 황제들 역시 아프거나 다쳤을 때 먼저 기도를 올린 것이 아니라 의술을 찾았다. 과거의 의술은 미신적인 요소가 많았지만 말이다. 당시에는 아스클레피오스나 베이오비스 같은 의술의 신을 모시는 신전이 병원의 기능을 담당했다.

이탈리아 로마에 규모가 큰 무신론 단체가 있다고 가정해 보자. 이 단체에는 '무신론 교황'이라는 지도자가 있는데 그는 건강이 썩 좋지 않다. 그 역시 평범한 수준의 의료진이 일하고 있는 로마의 공립병원이 아니라 최고의 의료진을 갖추고 있으며 가톨릭 교황까지 믿고 찾아가는 게멜리대학병원으로 갈 것이다. 게멜리대학병원으로 가는 그에게 무신론 단체 회원들은 건강 회복의 '축복'을 빌어 줄 것이다. 무신론 단체의 지도자는 교황처럼 화려한 복장을 하고 있지 않을 것이고, 무신론 단체 회원들이 전해 주는 축복의 말은 가톨릭 신자들의 기도에 비하면 무미건조할 테지만 게멜리대학병원 앞에서 보이는 모습은 무신론 단체 회원이나 가톨릭 신자나 별로 다를 바 없을 것이다.

가톨릭 교황과 무신론 단체의 지도자를 동일 선상에 놓고 비교할 수는 없다. 무엇보다 교황은 많은 것을 희생하는 사람이다. 물론 역대 교황들 가운데 십수 명 정도는 교황으로서 무엇을 희생하면서 살았는지 도무지 모를 지경이지만 말이다. 일례로 제181대 교황이었던 알렉산데르 4세는 여러 여자들과의 사이에서 여러 명의 자녀를 낳았다. 자녀들 가운데 가장 마지막에 태어난 아이는 그의 나이 60대에 낳았다. 가톨릭에서 말하는 '무염시태'無染始胎(성모 마리아는 잉태하는 순간부터 하나님의 은혜와 특권으로, 그리고 예수 그리스도의 공로로 원죄의 흠이 없이 보존되었다는 교리. '원죄 없는 잉태'라고도 일컫는다—편집자)가 아니라 우리가 아는 통상적인 방식으로 낳은 자녀들이다. 알렉산데르 4세 말고도 오늘날의 기준으로 볼 때 '바람둥이'라고 말할 만한 교황은 여러 명 있다. 이들을 제외하고 대부분의 교황은 기도하고, 교회를 돌보고, 예수의 길을 따르며 조용히 살았다.[62]

13세기 알비파Albigensian 십자군 운동이 일어나 이교도들이 학살된 사건이 있었다. 기독교도인 알비파 십자군 기사들 중에는 기분 내키는 대로 아무나 죽이는 사람도 많았다. 이들은 신이 자신을 인도해 줄 것이라는 믿음을 가지고 있었다. 오늘날 나 같은 그리스정교회 신자를 비롯해 대부분의 기독교도는 몸이 아플 때, 도덕적 판단을 내릴 때, 의사결정을 할 때 등등 대부분 무신론자

---

62    앞서 가정하여 언급했던 무신론 단체의 지도자 역시 요가나 명상하고, 음악 감상을 하고, 여러 가지 방면에서 평화를 추구하는 식으로 대부분의 시간을 보낼 것이다. 심지어 그 지도자는 술과 담배를 하지 않을 수도 있다.

와 별로 다를 바 없는 식으로 생각한다. 다시 말해 기독교도들 가운데 무신론자와 다른 식으로 생각하는 사람은 거의 없다. 물론 전혀 없는 것은 아니다. '크리스천사이언스'Christian Science(그리스도를 통한 건강하고 도덕적인 생활 영유를 설립 목적으로 하는 미국 종교단체—편집자)도 존재한다. 오늘날 거의 모든 기독교도는 신정일치의 정치 체제가 아닌 민주주의, 소수 독재정치, 군사독재 등의 정치 체제를 수용하면서 살아가고 있다. 생활인으로서 기독교도들은 무신론자들과 전혀 다를 바 없는 삶을 살아가고 있는 것이다.


## 말이 아니라
## 행동이 중요하다

어떤 사람을 봤을 때 그가 무신론자인지, 세속주의자인지, 아니면 진짜 신자인지 구분하려면 그 사람의 행동을 봐야 한다. 그 사람의 말이나 그가 지니고 다니는 상징으로 판단하는 것은 부적절하다. 이어지는 제8부에서는 이에 관해 논할 것이다.

다음과 같은 유형의 사람들을 생각해 보라.

행동은 무신론자 같은데, 자신이 신앙인이라고 주장하는 사람들이 있다. 대부분의 그리스정교회 신자들과 가톨릭 신자들이 여기에 해당된다.

그리고 다음과 같은 유형의 사람들을 생각해 보라.

자신이 신앙인이라고 말하면서 교리에 맞는 행동을 취하는 사람들이 있다. 예를 들면 살라피즘 이슬람교도와 자살 폭탄 테러범들이 여기에 해당된다.

그런데 나는 자신이 무신론자라고 주장하면서 완벽한 무신론자답게 행동하는 사람을 한 명도 본 적이 없다. 내가 아는 모든 사람은 어떤 의식을 행하고, 망자에 대한 축복을 기원하고, 일종의 미신을 믿는 모습을 보였다. 내가 아는 모든 사람은 어떤 대상에게 경제적 성공을 기원하고 강한 국가와 강한 국가기관이 만들어 낼 수 있는 힘을 믿었다.

## 다음 장의 이야기

다음 장에서는 사람들의 말이나 신념이 아닌 각자의 행동에 포함된 합리성에 대해 살펴볼 것이다. 행동의 결과에 대한 책임은 전적으로 행위자가 짊어져야 한다는 점을 이야기할 것이다. 또한 합리성과 생존의 관계 등에 대해서도 알아보겠다.

## 제8부

# 리스크와 합리성

Skin in the Game

제18장

# 합리성이란
# 무엇인가

종교와 미신의 목적은 같은가?·진실, 이해, 과학보다 생존이 우선이다·
믿음에 합리성 같은 것은 없다·합리성은 오직 생존을 돕는
가능성으로 설명될 뿐이다


     내 친구인 로리 서덜랜드는 사람들이 야외 수영장을 찾는 진짜 목적은 수영을 하기 위해서가 아니라 수영복 같은 옷을 입고 앉아서 쉬더라도 이상해 보이지 않기 때문이라고 주장했다. 이런 맥락에서 나는 뉴욕 음식점들의 진짜 사업은 음식 판매가 아니라 주류 판매라고 생각한다. 저탄수화물이나 저칼로리 요리를 팔아서 남는 돈은 사실 얼마 되지 않는다. 그들이 이익을 남기는 쪽은 술이다. 위스키나 미국산 와인을 공급가의 몇 배나 되는 가격에 팔아서 많은 이익을 남기는 것이다. 이런 식의 사업 모델은 사우디아라비아에서 시도조차 할 수 없지만 말이다.

  종교나 각 지역에서 전해지는 미신을 살펴볼 때도 그것의 진짜 목적이 무엇인지 생각해 봐야 한다. 종교나 미신의 핵심은 믿음이지만, 사실 믿음이라

는 개념은 그 자체가 목적이 될 수 없다. 과학 분야에서 믿음은 말 그대로 믿음이다. 맞는 것은 믿고 틀린 것은 믿지 않는다. 여기에 비유적인 다른 부가 의미는 없다. 현실의 삶에서 믿음은 최종 목적이 아닌 판단의 수단이다.

시력도 마찬가지다. 눈의 목적은 가고 싶은 길로 인도하는 것, 주변의 물리적인 위험에서 벗어날 수 있도록 해 주는 것, 먼 곳에 있는 먹이를 알아보는 것 등이다. 사람의 눈은 전자기파까지 인식하도록 만들어지지 않았다. 우리 눈의 가장 중요한 목적은 정밀한 수치를 파악하는 것이 아니라 생존을 돕는 것이기 때문이다.

# 우리 눈이
# 만들어 내는 착각

인간은 외부 상황을 파악할 때 많은 실수를 하는데, 이것이 오히려 정확한 판단을 이끌어 내는 데 도움이 되기도 한다. 시각의 경우만 하더라도 우리 눈은 외부 세계를 왜곡해서 인식하는데, 이 같은 왜곡은 실제로 꼭 필요한 작용이기도 하다. 고대 그리스와 로마 건축가들은 신전을 만들 때 기둥의 각도가 안쪽으로 살짝 기울어지게 만들었다. 그래야 신전을 보는 사람들이 기둥이 똑바로 서 있다고 인식했기 때문이다. 고대 로마의 건축가 비트루비우스Vitruvius는 이런 글을 남겼다. "비율의 변화를 이용해 시각적 인식에 대응해야 한다."

시각적 인식의 왜곡은 미적 경험을 더욱 강화시킨다. 파르테논 신전의 바닥은 멀리서 보면 평면 같지만 실제로는 중앙 부분이 불룩하게 솟아 있는 곡면이다. 또한 이 신전의 기둥들은 균일한 간격으로 세워진 것 같지만 실제로는 균일하지 않다. 고대 그리스 건축가들이 일부러 사람들을 속이기 위해 건물들을 그런 식으로 지은 것일까? 그 이유가 궁금하다면 그리스 관광청에 직접 문의해 보는 것도 좋다.


## 우선은 생존이다

믿음도 왜곡된 인식의 결과일 수 있다. 어린이들에게 산타클로스의 존재를 믿게끔 만드는 것이 꼭 나쁜 일일까? 그런 믿음 때문에 나쁜 일이 일어나지만 않는다면, 오히려 크리스마스의 기억이 훨씬 더 행복해진다면 절대로 나쁜 일이 아니다. 미신도 마찬가지다. 합리성을 판단하는 기준을 말할 때 손실이 발생하는지 여부가 절대적인 것은 아니지만, 미신을 믿어서 아무런 손실도 발생하지 않는다면 그런 믿음이 비합리적이라고 말하기는 어렵다. 보통 손실을 유발하는 행동은 사후에 파악할 수 있다.

발생 가능성은 대단히 낮지만 일단 한번 일이 벌어지면 사망에 이르기까지 하는 어떤 사건에 극심한 공포를 갖고 이를 표출하는 것이 '비합리적인' 일일까?

다음을 생각해 보라.


생존이 최우선이다. 진실, 이해, 과학은 그다음 문제다.


인간이 생존하는 데 과학은 필수적인 것이 아니다(인류는 지구상에서 최소 수백만 년 전부터 존재해 왔는데, 지금까지 인간이 생존할 수 있었던 것은 피아 식별에 관한 판단력 덕분이었다). 하지만 과학의 역사를 이어가기 위해서는 인간의 생존은 필수다.

나는 어렸을 때 주위 어른들로부터 "남에게 미안한 행동을 하더라도 안전을 취하는 편이 낫다."라는 말을 많이 들었다. 영국의 철학자 토머스 홉스는 이렇게 말했다. "우선 살아라. 그런 다음에 철학을 추구하라." 세계에서 가장 현명하면서도 성공적인 투자자로 알려진 워런 버핏도 이 같은 우선순위의 논리를 이야기했다. "돈을 벌기 위해서는 우선 살아남아야 한다." 이것이 바로 대학에서 글만 쓰는 가짜 합리주의자들은 알지 못하는, 실제 세상에서 실패의 리스크와 책임을 감수하면서 일을 하고 돈을 버는 사람들만 아는 논리다.

상태가 변하는 세계에서는 발생 가능한 상태가 일어날 확률이 모두 같다고 말하는 에르고드 가정이 있다. 실제로 현실 세계에서 에르고드 가정이 실현되려면 구성 요소들의 이동을 가로막는 장벽이 없어야 하고, 강한 수준의 불가역성이 만들어져서도 안 된다.

합리성은 표면적으로 봤을 때 합리적인 것으로 보이지 않는다. 진짜 과학이 과학처럼 보이지 않는 것과 마찬가지다. 이와 관련해 나에게 많은 가르침을 준 세 사람의 현인이 있다. 미국의 인지과학자이자 인공지능 분야의 개척자인 허버트 사이먼Herbert Simon, 심리학자인 게르트 기거렌처, 수학자이자 논리학자이자 게임이론가면서 합리성에 관한 논리적 토대를 만들어 온 켄 빈모어가 그들이다.


## 사이먼에서
## 기거렌처까지

허버트 사이먼은 '제한된 합리성'bounded rationality이라는 개념을 세상에 소개한 사람이다. 제한된 합리성이란 '인간은 모든 것을 다

기억하고 언제나 정확한 판단을 내릴 수 없다. 증대되는 압력하에서 일을 대충 마치거나 실수를 범하게 된다'는 개념이다. 우리는 세상에 관한 모든 것을 알 수 없기 때문에 예상치 못한 문제 상황에 처하는 일을 최대한 회피해야 한다. 세상의 모든 것을 알고 있더라도 편향되지 않은 정확한 상황 인식을 늘 해낼 수 있는 것은 아니다.

이 같은 문제를 보완하기 위해 나온 이론이 바로 '생태적 합리성'ecological rationality이다. 이 분야의 연구는 게르트 기거렌처가 주도하고 있다. 기거렌처는 제9장에서 리처드 도킨스의 주장을 반박한 사람으로 언급된 바 있다. 그는 표면적으로는 비합리적으로 보이는 인간의 행동 가운데 상당 부분이 합리적이라는 사실을 밝혀냈다.


## 선호도 표출

켄 빈모어는 합리성에 관한 개념이 상당 부분 잘못 규정되어 있고, 그에 따라 합리성이라는 용어가 부적절하게 사용되고 있다는 사실을 증명했다. 누군가의 믿음은 믿음 그 자체로 비합리적일 리 없다. 무언가에 대한 믿음은 인생을 살아가는 데 있어 유용한 방편이 되어 준다. 다만 빈모어는 표출된 선호도에서 합리성과 비합리성을 찾아야 한다고 지적했다.

이에 대한 이야기를 더 진행하기에 앞서 다음의 격언들을 생각해 보라.

어떤 사람의 믿음을 두고 그 사람을 판단하는 것은 과학적이지 않다.

믿음의 합리성 같은 것은 없다. 행동의 합리성만 있을 뿐이다.

행동의 합리성은 진화론적 사고에 따라서만 판단될 수 있다.

이 격언들은 미국의 이론경제학자 폴 새뮤얼슨Paul Samuelson의 논리 혹은 셈족의 종교 원리와 통한다. 단순히 누군가에게 질문하는 것만으로 그 사람이 진짜로 무슨 생각을 하는지 알아낼 수는 없다. 자신이 정확히 무슨 생각을 하고 있는지는 본인조차 모를 수도 있기 때문이다. 결국 중요한 것은 자신이 생각하는 바에 대해 설명하는 것이 아니라 자신이 무엇을 위해 돈을 지불하고 실제로 어떤 행동을 했느냐다. 다시 한 번 강조하지만, 말은 중요하지 않다. 실제 행동이 중요하다. 심리학자들이 설계하는 실험은 대부분 실험 참가자들에게 일정액의 돈을 지급한 후 쓰고 싶은 대상에 돈을 지불하도록 하는 식으로 진행된다. 이때 심리학자들은 실험 참가자들이 실제로 돈을 어디에 쓰는가에 주목한다. 참가자들의 표출된 선호도에 대해 엉뚱한 해석을 결과로 내놓을 수는 있지만, 실험 과정 중에는 실험 참가자들의 실제 행동이 가장 중시된다.

신념 그 자체는 별다른 의미가 없다. 신념이 정확히 무엇인지는 그 신념을 가진 본인조차 제대로 이해하지 못하는 경우가 많다. 그래서 가지고 있는 신념이 어떤 행동으로 표출될지는 누구도 예상할 수 없다.

편향-분산 트레이드오프bias-variance tradeoff의 작용을 고려하면, 일부러 실수하려고 의도할 때 더 좋은 결과가 나타날 수도 있다. 사격을 해 본 사람은 알겠지만 자신이 노리는 표적 지점에서 살짝 옆으로 쏴야 원하는 지점을 맞히는 경우가 더 많다([그림 8] 참고). 나는 《안티프래질》에서 일부러 실수를 범하는 것이 가장 합리적인 판단일 수도 있다는 점을 지적한 바 있다. 실수에 대한 비용 손실이 적고, 그 실수가 놀라운 발견으로 이어지는 경우에는 더욱 그렇다. 대부분의 의학적 발견은 실수가 유발한 사고에 이뤄졌다. 페니실린, 항암

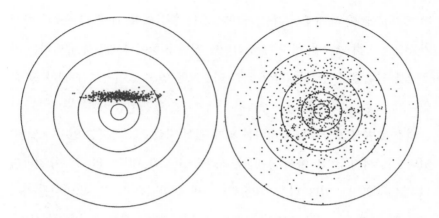

[그림 8] 편향-분산 트레이드오프의 도해. 정상적인 상태의 두 사람이 위 그림의 표적판에 사격하는 경우를 가정해
보라. 왼쪽 사람은 극명한 편향성을 보인다. 이는 시스템 에러가 있음을 의미한다. 오른쪽 사람에 비해 표적의 중앙에
더 가까이 총알들을 보냈다. 오른쪽의 표적판은 넓게 분산된 양상을 보인다. 여기에서는 시스템 에러가 의심되지 않는
다. 일반적으로 편향과 분산은 어느 한쪽을 높이면 다른 쪽이 낮아지는 특징을 가지고 있다. 취약성을 가지고 있는 세
계에서는 왼쪽의 전략을 적용하는 것이 낫다. 가장 나쁜 결과로부터 최대한 멀리 떨어질 수 있기 때문이다. 가령 비행
기 사고 같은 참사가 발생할 가능성을 최대한으로 낮추고 싶다면, 결과 방향성의 분산을 낮추기 위해 유발되는 실수들
을 허용하는 편이 낫다.

화학요법, 그 외에 수많은 약들의 발견이 그렇다. 의학적 실수가 없었다면 지
금 지구상의 인구는 훨씬 더 적었을지도 모른다. 이런 이유에서 나는 "그렇게
하는 건 틀리고, 이렇게 하는 게 맞다." 같은 말을 싫어한다. 무엇이 맞고 틀린
가는 오직 진화의 결과만이 말해 줄 수 있다.

## 종교의 이유

나는 종교가 존재하는 이유가 테일 리스크의 발생
가능성을 낮추기 위해서라고 생각한다. 종교의 교리는 이분법적이고 절대적

이기 때문에 한 세대에서 다음 세대로 전달하기 쉽다. 테일 리스크란 발생 가능성은 극히 낮지만, 한 번 발생하면 엄청난 손실이나 재앙을 유발하는 리스크를 의미한다. 인류는 항상 테일 리스크를 안고 살아가는 존재라 할 수 있다.

리스크 발생 가능성을 관리하는 일에 있어 미신도 효과적인 인자가 될 수 있다. 지금까지 살아남아서 존재하는 사람들을 보라. 대부분의 사람이 저마다의 미신을 가지고 있다. 다시 한 번 말하지만, 살아남은 사람들이 미신을 가지고 있다면 미신의 힘을 가볍게 봐서는 안 된다. 거장 재레드 다이아몬드Jared Diamond는 '건설적인 과대망상'constructive paranoia이라는 개념을 소개한 바 있다. 이 개념에 따르면 파푸아뉴기니 원주민들은 죽은 나무 아래에서는 절대로 잠을 자지 않는다. 그런 관습이 확률상 근거를 가지고 있는 과학 때문이든 아니면 단순한 미신 때문이든 관습을 지키려는 사람들에게는 상관없는 일이다. 소위 말하는 문명인 혹은 지식인들은 모든 판단을 내릴 때마다 확률을 따질까? 절대로 그렇지 않다. 정치인, 고위 관료, 캐스 선스타인이나 리처드 탈러 같은 학자처럼 의사결정을 하거나 어떤 현상에 대해 연구하는 사람들의 90퍼센트 이상은 확률이 무엇인지도 모른다. 그러면서도 다른 사람들의 판단이나 믿음을 쉽게 '근거 없음'이라고 치부해 버린다.

어떤 미신이 그 믿음을 따르는 사람들에게 이익을 가져다주거나 도움이 된다면, 그리고 주위 사람들에게 아무런 해도 끼치지 않는다면, 미신을 비판하는 것은 불합리하다.

인간의 과학은 신앙이나 미신의 옳고 그름을 따질 수 있을 정도까지 발전하지 않았다. 어떤 믿음에 대해 "비합리적이다."라고 말할 수 있는 과학적 근거는 없다. 지금의 과학은 행동의 합리성 여부를 판단할 수 있는 정도다.

## 불완전하고 불투명한 상황에서의 판단

**실제 세계**

**과학**

과학 영역 바깥에서 과학을 활용하는 것은 비과학적인 일이다.

증거가 신뢰할 수 없거나 불충분하거나 투명성이 너무 낮은 상황에서 주장의 옳고 그름을 가리거나 주장 자체를 제한할 수 있는 것이 과학이다.

[그림 9] 과학에도 '규모의 문제'는 존재한다. 아직까지 과학은 모든 문제에 대한 절대적인 해답을 내놓을 수 있을 정도로 발전하지 않았다. 진짜 과학자들만 이 점을 인정한다. 과학을 이용해서 무언가를 팔려는 사람들은 과학과 과학만능주의를 혼동하여 사람들에게 과학이 만능인 것처럼 선전하지만, 과학은 그 과정부터 엄격하게 진행되어야 한다.

우리가 신앙이나 믿음이라고 부르는 관념은 '마음'이라는 방에 놓여 있는 가구 정도로 생각하면 적절할 것이다. 말하자면 목적에 따라 어떤 용도로 쓰이거나 치료 효과를 만들어 내기도 한다. 그리고 앞서 제3장에서도 이야기했지만, 집단적 합리성에는 개별적 편향성이 필요할 수도 있다.

# 보여 주기 신앙과
# 진짜 신앙

나는 남들에게 보여 주기 위한 신앙과 행동을 이끄는 신앙 사이에는 분명한 차이가 있다고 생각한다. 신앙인이라고 말하는 사람들의 표면적인 발언만 보면, 이 두 가지 유형의 신앙을 구분할 수 있는 실질적인 차이가 잘 드러나지 않는 듯 보인다. 하지만 전자와 달리 후자의 신앙심을 가진 사람은 자신의 신앙이 틀렸을 때 삶의 중요한 것을 잃는다고 믿는다. 따라서 실제 행동에서는 큰 차이가 나타나게 된다. 이를 바탕으로 위의 문구를 바꾸어 말하면 다음과 같다.

신앙을 지키기 위해 손실을 어느 정도까지 받아들일 수 있는가에 따라 신앙의 깊이를 가늠해 볼 수 있다.

물론 이런 말은 많은 반론을 유발할 것이다. 남들에게 보여 주기 위한 신앙이 아닌 내적 가치로 추구되는 참된 신앙을 갖고 있지만, 생명을 잃을 수도 있는 위급한 상황에서는 기도를 올리기보다 최대한 빠르게 게멜리대학병원으로 가는 것이 합리적이라는 의견이 제기될 수도 있다. 그렇다면 그런 신앙은 무엇 때문에 존재하는 것일까? 우리는 그런 신앙의 존재 이유를 진정 이해할 수 있을까? 혹시 우리가 신앙의 기능을 오해하고 있는 것은 아닐까? 아니면 합리성에 대해 잘못 생각하고 있는 것은 아닐까? 합리성을 명확하게 규명하지 않고도 합리성을 활용하는 일이 가능할까?

# 고대의 합리성과
# 현대의 합리성

고대에 추구되었던 합리성과 현대의 합리성은 그 판단의 기준이 서로 다를까? 고대 사상에도 합리성은 존재한다. 고대 사상에서 말하는 합리성은 대부분 '조심성'과 '신중함'으로 연결된다. 반면, 현대에 말하는 합리성 혹은 합리적인 의사결정은 막스 베버 이후에 나온 개념으로, 대부분 가짜 철학자와 가짜 심리학자들로부터 확산됐다. 고대에는 신중하고 절제하고 중용을 추구하는 자세가 미덕으로 여겨졌다. 그러다 계몽주의 시대 이후, 인간의 지성에 대한 자신감이 커지고 세상을 전부 이해할 수 있다는 인식이 확산되면서 오늘날 우리가 말하는 합리성의 개념이 형성됐다. 그런데 오늘날의 합리성에는 무작위성 randomness 이 결여되어 있거나, 무작위성이 고려되더라도 지나치게 단순화되어 있다. 오늘날 우리가 말하는 합리성은 상당 부분 세상과 거리를 두고 살아가는 사람들이 만들어 낸 것이다.

내가 생각하는 경험적으로도 옳고, 수학적으로도 옳은 합리성의 유일한 정의는 다음과 같다.

생존을 가능하게 하는 것이 합리적인 판단이다.

가짜 철학자와 가짜 심리학자들이 만들어 낸 현대의 합리성보다는 전통적인 합리성에 더 가까운 사고방식이라 할 수 있다. 개인, 집단, 부족, 전체 사회의 생존을 방해하는 것이라면 무엇이든 비합리적이라고 봐야 한다. 이런 사고방식 안에서 절제와 중용 그리고 위험에 대한 올바른 인식이 중요히 여겨진다.

# 보여 주기 신앙의
# 존재 이유

남들에게 보여 주기 위한 신앙이라고 해서 세상에 필요 없는 것은 아니다. 오히려 그 반대다. 통계학과 린디 효과를 바탕으로 생각해 보더라도 종교가 오래 살아남은 데는 그에 상응하는 이유가 있다. 좀 더 정확히 말하면, 오늘날까지 생존해 온 인류가 종교를 가지고 있는 데는 그에 상응하는 이유가 있다. 여기서 우리가 주목해야 하는 사실은 종교가 오래 살아남았다는 부분이 아니다. 가톨릭 교회의 행정 조직의 역사는 무려 24세기에 달한다. 즉 다신주의를 추구하던 로마제국의 종교 조직이 그대로 현대의 가톨릭 교회 행정 조직으로 이어졌다고 볼 수 있다. 따라서 실제로 의미 있고 중요한 사실은 오늘날까지 생존해 있는 사람들이 종교를 가지고 있다는 점이다.

다음을 생각해 보라.

> 진화론적 관점에서 종교를 생각할 때는 어떤 종교가 살아남았는가에 주목하기보다 오늘날 생존해 있는 사람들이 종교를 가지고 있다는 사실 그 자체에 주목해야 한다.

가톨릭에 대적하는 종교라 할 수 있는 유대교를 생각해 보자. 유대교 율법 중 섭식과 관련된 것은 500가지가 넘는다. 이는 유대교 신자가 아닌 사람들에게는 비합리적으로 여겨질 수도 있다. 유대교의 섭식 율법을 몇 가지 소개하면 다음과 같다. '음식은 네 가지를 준비하라', '주방의 개수대는 두 개여야 한다', '육류와 유제품을 같은 그릇에 담거나 섞지 마라', '새우나 돼지고기를 먹지 마라'.

섭식 율법에는 저마다 그 이유가 제시되어 있다. 이에 덧붙여 덥고 습한 레반트 지역에서는 돼지고기를 깨끗하게 유지할 수 없었기 때문에 먹는 것이 금지됐다고 말하는 사람들도 있다. 그러나 레반트 지역과 기후가 별로 다르지 않은 스페인에서는 돼지고기를 먹는다. 또 한편에서는 생태학적 이유로 돼지고기를 먹는 것이 금지됐다고 말하는 사람들도 있다. 돼지의 먹이와 인간의 식재료는 상당 부분 겹치는 반면, 소는 인간이 먹지 않는 거친 풀을 먹는다는 것이 주장의 근거다.

실제 존재 이유나 정확한 근거가 무엇인지보다 중요한 사실은 유대교의 섭식 율법이 수천 년간 이어져 내려왔다는 점이다. 이런 율법을 지키는 사람들은 오늘날에도 여전히 존재한다. 어쩌면 함께 모여서 식사를 하고 서로에게 율법을 상기시켜 주는 문화의 영향으로 오늘날까지 이런 율법이 남아 있게 된 것인지도 모른다. 이를 기술적으로 표현하면, 유대인의 식문화가 '볼록성을 지니고 있기 때문에' 오늘날까지 이어졌다고 할 수 있다. 이렇게 유대감이 강한 집단에서는 어느 한 사람이 다른 집단에 속임수를 쓰기 어렵고, 지역 사회와 민족 사회에 높은 상호 신뢰가 자리 잡게 마련이다. 유대인들의 율법이 실제로 어떠한 긍정적인 효과를 만들어 내는지에 대해서는 명확히 규명된 바는 없다. 다만 지난 수천 년 동안 엄청난 공격과 박해를 받았으면서도 지금까지 많은 수의 유대인이 생존해 있는 것만큼은 분명한 사실이다.

이에 관해 나는 다음과 같이 생각한다.

합리성은 장황한 설명으로 확인되는 것이 아니다. 합리성은 파멸을 막고 생존을 도와주는 기능성으로 확인되는 것이다.

린디 효과의 정의를 통해 위의 근거를 설명하면 이렇다.

행해지는 모든 행동이 합리적인 근거가 있어서 행해지는 것은 아니다. 하지만 살아남은 모든 것은 합리적인 근거가 있어서 살아남은 것이다.

합리성은 오랜 기간에 걸쳐 위험을 통제하는 기능을 발휘한다. 다음 장에서는 이와 관련된 이야기를 하겠다.

제19장

# 위험 감수의
# 논리

중요한 내용은 항상 마지막에 나온다 · 언제나 한 번 더 확인하라 ·
투자시장에 얼마나 오래 머물 수 있는가? · '당신'은 누구인가? ·
그리스 철학자들은 거의 언제나 옳았다

이제 에르고드 가정, 파멸, 합리성의 관계에 대해
설명할 때가 됐다. 인류가 생존해 왔기에 과학이 있는 것이다. 과학이 있었기
에 인류가 생존해 온 것이 아니다. 앞에서 말한 이 명제를 다시 떠올려 보기
바란다.

먼저 흥미로운 생각 실험 하나를 해 보자. 두 가지 상황이 있다. 첫 번째 상
황은 100명의 사람이 일정액의 돈을 들고 카지노에 가는 경우다. 이들은 무료
로 제공되는 진토닉을 마시면서 게임을 즐긴다. 어떤 사람은 돈을 따고 다른
어떤 사람은 돈을 잃기도 하는데, 100명의 사람이 딴 돈과 잃은 돈을 취합해
계산하면, 이 카지노의 승률이 적정한 수준인가를 알 수 있다.

그렇다면 만약 스물여덟 번째 사람이 돈을 전부 잃는다면 이 사건이 스물

아홉 번째 사람의 행동에 영향을 끼칠까? 그렇지 않다. 이 카지노가 세팅해 놓은 승률 조건하에서 100명의 사람이 카지노를 찾을 경우, 무조건 한 명은 돈을 전부 잃게 된다고 가정해 보자. 이런 식의 확률 조건에서는 언제나 똑같은 결과를 기대할 수 있다. 100명의 사람이 카지노를 찾을 경우, 한 명은 돈을 전부 잃는다고 예상할 수 있는 것이다.

이 생각 실험의 두 번째 상황은 여러분의 사촌 '바르카'가 일정액의 돈을 들고 100일 동안 매일같이 카지노에 가는 경우다. 그러다 28일째가 되는 날 바르카는 돈을 전부 잃는다. 29일째 되는 다음 날, 바르카는 카지노에 찾아올까? 그렇지 않다. 돈이 없기 때문에 그는 더 이상 카지노에 갈 수 없다. 바르카가 아무리 똑똑하고 조심성이 많아도 100일 이내에 그가 돈을 전부 잃게 될 확률은 100퍼센트다. 물론 카지노에서 많은 돈을 따는 사람도 있다. 예외를 감안해도 바르카가 파산할 확률은 100퍼센트다.

이 생각 실험의 첫 번째 상황에 작용한 확률은 '앙상블 확률'ensemble probability이고, 두 번째 상황에 작용한 확률은 '시간 확률'time probability이다. 첫 번째 상황에서 확률은 다른 참가자에게 일어난 사건에 영향을 받고, 두 번째 상황에서는 시간의 흐름에 영향을 받는다.

만약 여러분이 재무학 교수, 재무 전문가, 시중 은행이 작성한 '시장의 장기 수익률에 근거한 투자 제안서'를 받아 보고 있다면 이를 조심해야 한다. 이들의 투자 제안서는 사실 합리적이지 않지만 합리적이라고 가정하더라도 투자 제안서에 명시된 시장의 장기 수익률은 무한한 자금 능력과 절대 포기하지 않는 근성을 동시에 갖춘 사람이 아니면 실현될 수 없다. 게다가 투자시장은 앙상블 확률과 시간 확률이 동시에 작용하는 곳이다. 투자자가 다른 곳에서 손실을 입거나 은퇴를 하거나 이혼을 하거나 맹장염 수술을 받은 이후 헤로

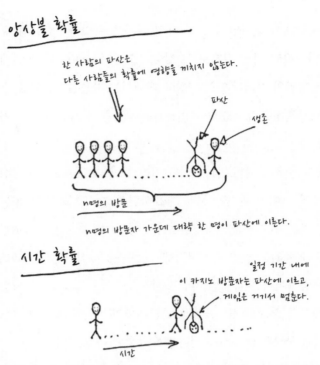

앙상블 확률

한 사람의 파산은
다른 사람들의 확률에 영향을 끼치지 않는다.

파산

생존

n명의 방문

n명의 방문자 가운데 대략 한 명이 파산에 이른다.

시간 확률

일정 기간 내에
이 카지노 방문자는 파산에 이르고,
게임은 거기서 멈춘다.

시간

[그림 10] 카지노에 한 번만 가는 100명의 사람과 100번을 가는 한 명의 사람에게서 나타나는 확률을 설명한 도해. 전자의 확률은 경로 의존성을 띠고, 후자의 확률은 우리가 알고 있는 통상적인 모습으로 나타난다. 경제학과 심리학에서는 이 두 가지 확률을 동일한 것으로 인식하는 오류가 아주 오래전부터 나타나고 있다.

인에 중독되거나 매우 비싼 자동차를 구입하는 등의 이유로 투자금의 규모를 줄이기라도 하는 순간 시장의 장기 수익률은 남의 이야기가 된다.

## 현실 세계의 확률을
## 잘 이해하는 법

투자시장에 직접 뛰어들어 몇 년이라도 버틴 사람들은 "성공하기 위해서는 먼저 살아남아야 한다."는 말의 의미를 잘 알 것이다. 투자시장에서 살아남기 위한 나의 원칙은 이렇다. "강물의 깊이가 평균 120센티미터라면 나는 절대로 그 강을 건너지 않는다." 나는 언제나 결과를 중시하고, 파멸의 전례가 있는 대상에 대해서는 비용편익분석 같은 것을 믿지 않는다. 의사결정을 도와준다는 이론들은 대부분 심각한 오류를 가지고 있게 마련이다.

물리학자인 올리 피터스Ole Peters와 머리 겔만Murray Gell-Mann은 앙상블 확률과 시간 확률의 차이에 관한 논문을 발표하면서 기존 사회과학 논문들이 다룬 확률의 방법론이나 해석에 심각한 오류가 있으며, 자신들이 살펴본 사회과학 논문 가운데 예외는 없었다고 지적했다. 너무나도 심각한 일이 아닐 수 없다. 스위스 수학자이자 화학자인 야코프 베르누이Jacob Bernoulli가 불확실성에 관한 이론을 제시한 지 300년이 훌쩍 지났는데도 학자들은 여전히 앙상블 확률과 시간 확률을 구분하지 못하는 심각한 오류를 범하고 있다.[63]

물론 모든 학자가 그런 것은 아니다. 미국 응용수학자 클로드 섀넌Claude Shannon과 에드워드 소프Edward Thorp, '켈리 공식'Kelly criterion(정보의 정확도가 높을수록 부가 빨리 늘어난다는 법칙—편집자)을 만들어 낸 물리학자 존 래리 켈리John Larry Kelly, '보험 수학'의 아버지 하랄드 크래머Harald Cramer는 앙상블 확률과 시간 확률을 명확하게 구분한다. 투자시장에서 이름이 잘 알려져 있는 마크 스피츠나겔Mark Spitznagel과 나는 20년 전(실제로 그 이전)부터 이 개념을 투자에 직접 응용하고 있다. 내가 올리 피터스와 머리 겔만이 제시한 수학 구조를 접하게

---

63    일반 사회학자들은 모를 수 있어도 경제학자들은 앙상블 확률과 시간 확률의 문제를 알 것이다. 그럼에도 이 두 가지를 구분하지 못해서 생기는 오류에 대해 별다른 조치를 취하지 않고 있다. 이들은 "팻 테일 문제는 이미 알고 있습니다."라고 말하면서도, 자신들의 기존 연구에 있는 오류를 수정할 생각은 하지 않는다. 다시 한 번 강조하지만, 중요한 것은 결과다.

된 것은 꽤 최근의 일인데, 이미 오래전부터 투자 결정을 내리고 책을 쓸 때 그들이 제시한 이론과 비슷한 아이디어를 활용해 왔던 것이다. 투자를 해 오면서 나는 에르고드 가정이 깨지는 상황을 여러 차례 목격했다. 20년 전에 출간한 《행운에 속지 마라》에서도 에르고드 가정에 관한 내용을 다룬 바 있다.

스피츠나겔과 나는 투자 자문사를 설립해서 함께 일했는데, 나는 좀 더 많은 자유 시간을 갖기 위해 은퇴했지만, 스피츠나겔은 계속 그 일을 하고 있고 그의 회사인 글로벌 헤지펀드 유니버사Universa는 투자자들 사이에서 높은 신뢰를 얻고 있다. 에르고드 가정을 전혀 인식하지 못하는 경제 전문가라는 사람들이 "테일 리스크를 걱정하는 건 비합리적인 것"이라고 말하는 모습을 볼 때마다 스피츠나겔과 함께 당혹스러워했던 기억이 난다.

지금까지 설명한 이야기는 사실 매우 단순한 개념이다. 그런데 지난 수백 년 동안 아무도 그 개념을 인식하거나 활용하지 않았던 이유는 무엇일까? 학자들이 자신의 큰 것(핵심 이익)을 걸고 현실 세계에 관여하지 않았기 때문이다. 자신의 큰 것을 걸고 직접 관여하지 않는 분야에 관한 확률을 이해하는 것은 무척이나 어려운 일이다. 대학에서 연구만 하는 학자들이 현실 세계의 확률을 잘 이해하지 못하는 이유도 바로 이 때문이다.

자신의 분야가 아닌 다른 분야의 핵심적인 개념도 금세 파악해 내는 천재나 확률 이론 전문가가 아니라면, 현실 세계의 확률을 이해하기란 결코 쉬운 일이 아니다. 그런 점에서 머리 겔만은 천재다. 올리 피터스 역시 마찬가지다. 겔만은 원자핵보다 더 작은 입자인 '쿼크'quark를 발견해 낸 물리학자로, 그 공로를 인정받아 노벨상을 받았다. 올리 피터스에 따르면, 그가 쿼크의 존재 가능성을 겔만에게 말하자마자 겔만은 곧바로 이해했다고 한다.

클로드 섀넌, 에드워드 소프, 래리 켈리, 하랄드 크래머도 의심의 여지가 없는 천재다. 나는 에드워드 소프와 직접 대화를 나눈 적이 있는데, 그의 사고의 깊이와 의견을 명료하게 표출하는 모습을 보면서 그는 진짜로 천재라는 생각을 갖게 됐다. 인공지능 분야의 개척자인 허버트 사이먼은 심리학 분야까지 자신의 영역을 넓히고 있는데, 그 역시 천재다. 이런 천재들은 자신이 직접 관여하지 않는 분야라도 그 개념을 금세 파악해 낸다. 하지만 천재가 아닌 보통 학자들은 절대로 그렇게 하지 못한다. 통찰력 없는 사람들이 계속 논문을 발표해 봐야 아무것도 얻을 것 없는 논문만 쌓일 뿐이다. 이런 사람들의 논문에서 통찰을 기대하는 것은 혼자서 일하는 컴퓨터 해커의 골방이나 전기수리공의 낡은 작업실에서 조화롭고 미적인 인테리어를 기대하는 것만큼이나 어려운 일이다.


## 에르고드 상태

어떤 계系에서 과거에 나타난 확률이 미래의 상황에 적용되지 않는다면 해당 계는 에르고드 상태가 아니다. 이런 경우에는 어딘가에 단절 혹은 차단벽이 존재하며, 그에 따라 에르고드 상태가 실현되지 못한다. 그 결과로 해당 계에는 편향성이 나타나면서 이 계에 대해 "취약성을 지니고 있다."고 말하게 된다. 취약성을 지니고 있는 계는 에르고드 상태로 돌아가지 못하는데, 이때 가장 큰 문제는 비용편익분석이 적용되지 않는다는 점이다.

러시안 룰렛을 하는 경우를 생각해 보자. 한 무리의 사람들이 러시안 룰렛을 하면서 살아남으면 100만 달러를 받기로 했다. 여섯 명 중 다섯이 100만 달러를 벌게 되는 셈이다. 이에 대한 비용편익분석을 하면 한 사람이 한 번의 도전에 83.33만 달러를 번다는 계산이 나온다. 즉 이론적으로만 보면 러시안 룰렛을 무조건 해야 한다는 결론에 이른다. 한 번의 도전에 83.33만 달러를 벌수 있기 때문이다. 하지만 실제로는 그런 선택을 내리기가 결코 쉽지 않다. 총의 총알이 자신의 차례에서 나오는 순간 죽으면 그걸로 끝이기 때문이다.

## 반복적인 시도

　　　　　　　단순한 통계가 현실을 반영하지 못하는 이유를 반복적인 시도 혹은 시간 확률의 개념을 통해 생각해 보자. 신뢰도가 부여되지 않은 통계는 무의미하지만, 어떤 사람이 "통계적으로 봤을 때 비행기 여행은 안전하며, 이 통계의 신뢰도는 98퍼센트다."라고 주장한다고 가정해 보자. 만약 이런 주장이 현실 속에서도 실현된다면, 아마도 경력 많은 조종사들은 거의 살아남아 있지 않을 것이다. 실제로 나는 유전자조작 식품을 판매하는 기업인 몬산토와 오랜 세월 동안 싸움을 벌이고 있는데, 몬산토의 입장을 옹호하는 변호사들은 비용편익분석을 통한 결과만 제시하면서 상황을 호도하고 있다. 이는 명백한 통계 조작이다. 유전자조작 식품의 안전성을 주장하려면 유전자조작 식품을 반복해서 섭취한 경우의 테일 리스크 분석을 해야 한다.

심리학자들은 사람들의 과대망상이나 리스크 회피 성향을 증명할 때 특정 조건하에서 행해진 한 번의 실험으로 모든 것이 증명됐다고 주장한다. 그러면서 사람들에게는 발생 확률이 낮은 사건을 과도하게 우려하는 경향이 있다고 말한다. 이들은 실험 참가자들이 절대로 테일 리스크를 감수하지 않을 것이라는 가정하에 실험을 진행한다. 하지만 앞서 지적했듯, 사회과학 분야의 학자들은 변화하는 무언가를 분석하고 예측하는 일을 제대로 해내지 못한다. 평범한 노인들도 경험적으로 알고 있는 개념조차 이들은 제대로 인식하지 못한다.

담배 한 개비를 피우는 것은 건강에 아무런 영향을 끼치지 않으면서 기분을 좋게 해 줄 수 있다. 비용편익분석으로만 생각해 보면, 그 정도 즐거움을 주면서 건강에 아무런 영향을 끼치지 않는 행위를 하지 않는 것은 비합리적인 일이다. 하지만 담배 한 개비를 피우는 일을 계속해서 반복하다가 1년에 1만 개비 이상 피우게 된다면 당연히 건강에 심각한 악영향이 초래될 것이다.

위험한 일을 반복해서 행할수록 기대수명은 줄어든다. 암벽 등반을 하고, 오토바이를 타고, 사람들과 어울려 밤새 술을 마시고, 경비행기를 직접 조종하고, 독주를 마시고, 담배를 피우면 기대수명은 줄어든다. 개별 활동 측면에서 판단하면 이런 행위들로 사망을 초래할 가능성이 매우 낮지만 종합적으로 보면 그 가능성이 매우 높아진다. 따라서 이런 활동들에 대해서는 지나칠 정도로 걱정하는 것이 오히려 합리적이다.

의학 발전으로 기대수명이 높아졌으니 이런 활동을 해도 괜찮다고 생각하는가? 절대로 그렇지 않다. 의학의 발전으로 기대수명이 높아진다면 위험한 활동들에 대해 더 크게 우려하는 것이 더 합리적이다. 동적으로 생각하라. 파멸될 가능성이 매우 낮다는 점만 보고 해당 활동을 반복한다면, 쉽게 말해 죽을 가능성이 높은 활동을 반복한다면 100퍼센트 확률로 파멸에 이를 뿐이다. 파멸 가능성이 매우 낮기 때문에 그 활동을 행하는 일을 합리적이라고 판단할 경우, 파멸에 이를 가능성은 그만큼 누적된다. 1만 분의 1이라는 확률이 1만 분의 2, 1만 분의 3으로 높아지는 것이다.

심리학 논문에서 찾아볼 수 있는 대표적인 오류는 제한된 조건하에서 나타나는 실험 참가자들의 판단을 평균 데이터로 보고 일반적으로 사람들에게 손실 회피 성향이 있다고 결론을 내린다는 점이다. 이는 너무나 단순한 해석이다. 손실 회피 성향을 적절한 방식으로 계측했는지도 의문이다. 근본적으로 그런 성향이 계측 가능한 대상이 되는지도 의문이다. 피실험자에게 "100달러를 잃을 가능성이 1퍼센트인데, 그러한 손실을 막기 위한 보험료로 얼마까지 지불할 의향이 있습니까?"라고 묻고, 피실험자가 1달러가 넘는 액수를 보험료로 지불하겠다고 답할 경우 심리학자들은 그가 손실 회피 성향이 있다고 해석한다. 하지만 1달러를 넘는 보험료를 지불하겠다고 답한 피실험자가 실험 환경 밖의 현실 세계에서는 전혀 다른 삶을 살고 있을 가능성을 배제할 수 없다. 자동차에 흠집이 날 수 있는데도 건물 입구에 가깝고 복잡한 자리에 주차를 하고, 큰 손실을 입을 수도 있는 주식이나 채권에 투자하고, 벌금이 부과될 수 있는 방식으로 가게를 운영하고, 무슨 일이 생길지도 모르는데 자녀를 먼 곳에 있는 학교에 보내고, 해고 당할 수도 있는 직장에서 계속 일을 하고, 훗날 많은 병원비를 지불하게 만들 생활 습관을 고수하는 사람이 위의 같은 실험에 참가해서 1달러가 넘는 보험료를 부담할 수 있다고 답했다고 해서 그 사람에게 손실 회피 성향이 있다고 본다면 이야말로 웃지 않을 수 없는 일이다. 한 사람이 행하는 행동들의 위험성은 누적되어 작용한다. 또한 이런 위험성은 서로 분리되거나 고정되어 작용하지 않는다.

'심리적 회계'mental accounting를 인식하는 시각에 있어서도 마찬가지다. 자신을 정보이론 학파라고 부르는 에드워드 소프, 래리 켈리, 클로드 섀넌은 투자시장이 에르고드 상태를 유지하고 장기 시장 수익률이 나오기 위해서는 다음과 같은 방식으로 대응해야 한다고 말한다. 시장 참여자들이 수익이 날 때는 리스크를 높이고 손실이 날 때는 리스크를 낮춰야 한다는 것이다. 하지만 실제 시장 참여자들의 행태는 극에서 극을 오간다. 수익이 날 때는 과도하게 리스크를 추구하고, 손실이 날 때는 투자시장에서 아예 빠져나간다. 마치 몸에 전기 스위치라도 달려 있는 것처럼 수익이 날 때는 열렬하게 달려들다가 손실이 날 때는 갑자기 멈추는 것이다. 이는 대부분의 시장 참여자들에게서 엿볼 수 있는 모습이다. 투자 수익을 통해 얻은 돈도 분명히 그의 돈이지만, 그 돈으로 평소 성향보다 훨씬 더 위험한 투자에 기꺼이 나서는 식이다. 리처드 탈러는 이 같은 투자자들의 실제 행태를 무시했다. 그는 확률이나 통계에 대해 무지하면서도 '심리적 회계'는 잘못된 개념이라고 치부해 버렸다. 그는 미국 정부마저도 현혹해서 잘못된 길로 밀어 넣고, 투자시장이 에르고드 상태로 회복되려는 것을 자꾸만 막고 있다.[64]

나는 사람들에게 본래 리스크 회피 성향 같은 것은 없다고 믿는다. 사회과학자들이 리스크 회피 성향이라고 설명하는 행태는 내가 보기에 에르고드 상태의 한 과정일 뿐이다. 사람들이 재무적인 자살을 피하고 테일 리스크에 대해 조심스러운 태도를 보이는 것을 두고 사회과학자들이 리스크 회피 성향이라고 말하는 것이다.

자신의 사고나 행태에 대해 과도하게 우려할 필요는 없다. 우리가 걱정해야 할 일은 따로 있다.

---

64 심리적 회계는 자신이 가진 같은 액수의 돈이라도 돈의 출처나 용처에 따라 돈을 대하는 태도나 인식이 달라지는 행태를 설명하는 개념이다. 예를 들어 어떤 남자가 평소에는 일정 금액이 넘는 비싼 넥타이는 사지 않지만, 아내가 생일 선물로 골라 보라고 하면 아무런 부담을 느끼지 않고 값비싼 넥타이를 고르는 경우를 생각해 보라. 평소라면 넥타이를 구입하는 데 절대로 지불하지 않았을 만큼의 많은 돈이라도 생일 선물이라는 항목으로 심리적 회계 처리를 하면 아무런 부담을 느끼지 않게 된다. 리처드 탈러는 이렇듯 돈의 출처나 용처에 따라 돈을 대하는 사람들의 행동과 태도가 달라진다는 개념은 잘못된 거라고 지적했다. 이는 사람들 사이에서 실제로 나타나는 현상에 무지하다고밖에 볼 수 없는 태도다. 이처럼 사회과학자들은 사회의 역동성을 파악하는 일에 매우 서투르다.

# '당신'은 누구인가?

이번에는 '종족'으로서 우리 인간에 대해 생각해 보자. 현대의 교육이나 사상이 가지고 있는 한 가지 문제점은 지나치게 '개채로서의' 인간만 중시한다는 것이다. 나는 어느 한 세미나에서 참석자 90명에게 이런 질문을 했다. "여러분에게 일어날 수 있는 최악의 시나리오는 무엇입니까?" 88명의 참석자가 이렇게 답했다. "나의 죽음입니다." 그들이 진심으로 이런 답을 했다면 사이코패스일 가능성이 크다.

나는 참석자들에게 다른 질문을 던졌다. "여러분의 자녀, 조카, 사촌, 고양이, 개, 앵무새, 햄스터 등의 죽음과 여러분의 죽음이 함께 찾아오는 것, 그리고 여러분 혼자만 죽는 것, 이 두 가지 죽음 가운데 무엇이 더 안 좋은 시나리오입니까?" 세미나 참석자들은 한 사람의 예외도 없이 전자라고 답했다. 나는 다시 물었다. "모든 인간과 지구상의 모든 생물이 한꺼번에 죽는 것이 가장 나쁜 시나리오라는 데 동의하십니까?" 이번에도 그들은 한 사람의 예외도 없이 "그렇습니다."라고 답했다.

나는 다음과 같이 생각한다.

순수한 나르시스트이거나 사이코패스가 아닌 이상 자기 자신만의
죽음을 두고 최악의 시나리오라고 생각하지 않는다.

개인의 파멸은 집단의 파멸만큼 엄청난 사건이 아니다. 환경이나 생태계의 돌이킬 수 없는 파멸은 개인의 파멸보다 훨씬 더 중요하게 다루어져야 한다. 내가 러시안 룰렛 게임을 하다가 죽었다고 생각해 보자. 이런 허망한 죽음은 '나'라는 개인적인 수준에서 보면 절대로 에르고드 상태에서의 사건이 아니

다. 하지만 전 지구적인 수준에서 보면 에르고드 상태에서 일어난 사건 중 하나일 뿐이다. 사전 예방 원칙 같은 것이 적용될 만한 사건은 아닌 것이다.

　나와 뜻이 맞는 몇몇 동료들은 환경이나 생태계를 보호하기 위한 사전 예방 원칙을 만들어 시행해야 한다고 주장한다. 우리의 주장에 일부 바보 지식인들은 이렇게 말했다. "우리는 당장 매일 도로를 건널 때마다 위험을 직면합니다. 그런데 왜 그런 넓은 범위에서의 위험까지 걱정해야 하나요?" 나는 이런 궤변을 들을 때마다 몹시 화가 난다. 전체 규모에서 생각했을 때 도로를 건너다가 나라는 한 사람이 차에 치여 죽는 일은 그리 중대한 사건이 아니며, 애초에 도로를 건너다 차에 치여 죽을 확률 자체가 극도로 낮다.

　다음을 생각해 보라.

　　내 생명의 유통 기한은 한정적이지만, 인류는 영원히 존재할 수도 있다.

　그리고 다음을 생각해 보라.

　　한 사람의 사회 구성원은 계속해서 새롭게 태어나지만, 인류나 생태계는 다시 태어날 수 있는 단위가 아니다.

　《안티프래질》에서도 언급했지만, 재생산하거나 교체할 수 있다면 시스템 구성 요소들이 어느 정도 취약성을 가지고 있는 편이 전체 시스템을 더욱 튼튼하게 만드는 데 도움이 된다. 만약에 우리 인간이 영원한 수명을 가지고 있는 존재라면 환경의 변화에 따라 서서히 멸종되거나 질병의 발생으로 단번에 멸종되고 말 것이다. 하지만 우리 인간은 짧은 주기로 계속해서 재생산(새로운 생명의 탄생)되며 환경의 변화를 유전자 정보로 이어받아 적응해 나가는 식으로 멸종을 피하고 있다.


## 용기와 분별력

　　　　　　　용기와 분별력은 고대로부터 전해지는 미덕이다. 아리스토텔레스는《니코마코스 윤리학》에서 절제, 분별, 실천 등의 미덕을 제시했다. 그는 오늘날 용기로 번역될 수 있는 단어를 '미덕'으로 제시하지 않았지만, 책에 나열된 미덕들은 모두 용기로 연결된다. 뚱보 토니도 절제와 분별, 실천이 용기로 연결된다고 말할 것이다. 왜 그렇게 말하는 것일까?

내가 분별력 있는 사람이라면 만약 물에 빠진 아이들을 봤을 때 용기를 내서 목숨을 걸고 아이들을 구하려고 할 것이다. [그림 11]의 기준으로 봤을 때(376페이지 참조) '나'라는 단위는 낮은 단계에 머물고 아이들의 집단은 높은 단계에 있는데, 낮은 단계의 존재를 희생해서 보다 높은 단계의 존재를 구하려는 일은 분별력 있는 판단의 결과이고, 그것은 용기를 통해 표출된다.

호메로스에서 아리스토텔레스에 이르기까지 솔론, 페리클레스, 투키디데스 등 여러 그리스 철학자들의 사상을 기준으로 봤을 때, 용기는 결코 이기적인 행위와 관련 없다.

　　가장 확실한 용기는 자신보다 높은 단계에 있는 존재를 위해 자신의
　　이익이나 행복을 희생하는 일이다.

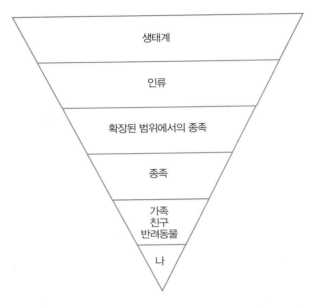

[그림 11] 집단의 생존을 위해서나 집단에게 다가오는 위험을 낮추기 위해 개인적인 손실을 감수하는 것은 분별 있고 용기 있는 행위다.

    이기심과 용기는 서로 통하지 않는다. 다른 사람들의 돈을 맡아 두고 있어서 혹은 부양해야 할 가족이 있어서 용기를 낼 수 없다는 것은 분별 있는 판단이 아니다.[65]

---

[65] 사회과학의 공허함을 채우고 싶었는지 사회과학자들은 개인과 집단 간의 교류나 학습을 설명하기 위해 '거울뉴런'mirror neurons이라는 개념까지 제시했는데, 이는 선정주의의 일환일 뿐이다. 나는 《안티프래질》에서 '뉴로 neuro 어쩌고저쩌고' 하는 개념을 들먹거리는 것은 과학만능주의이자 자기 만족일 뿐이라고 말한 바 있다.

# 테일 리스크는 회피하는 것이
# 합리적이다

이 장에서는 합리성에 대해 신념이 아니라 실제 판단을 중심으로 이야기하고 있다. 생존을 위협하는 것들을 피하거나 막기 위해 실제 행동에 나서도록 하는 판단 말이다. 즉 미신이 생존에 도움이 된다면 미신을 받아들이는 것이 합리적인 일이고, 미신을 거부하는 선택은 비합리적인 일이다. 어떤 시스템에서 에르고드 상태를 회복하기 위해 미신이 꼭 필요하다면 미신에 기대는 것이 옳은 선택이다.

워런 버핏이 단순히 비용편익분석을 통해 지금 같은 성공을 이뤄 낸 것이 아니다. 그는 자기만의 기준을 정하고 그 기준을 통과하는 기회만 붙잡는 식으로 성공을 이뤘다. 그는 이렇게 말했다. "성공하는 사람과 진정으로 성공하는 사람 사이의 차이점은 후자는 거의 모든 것에 대해 '아니오'라고 말한다는 점입니다." 테일 리스크에 대해 "아니오."라고 말하는 것은 우리 인간의 본능이다. 이 세상에는 돈을 벌 수 있는 수백만 가지 방법이 있고, 식량 문제 등 세상의 문제를 해결하는 데도 수천만 가지 방법이 있기 때문에 굳이 테일 리스크가 존재하는 방법을 이용할 필요는 없다. 즉 취약성을 부각시키고 미지의 가능성을 유발할 위험을 감수할 필요는 없다. 만약 "우리는 (테일) 리스크를 감수해야 합니다."라고 말하는 사람이 있다면, 그는 현실 세계에서 위험과 책임을 감수하고 일하는 사람은 분명 아닐 것이다. 아마도 대학에서 연구만 하는 교수이거나 은행 책임자 같은 사람일 것이다. 특히 은행에서 일하는 사람들은 다른 사람들의 돈과 리스크를 다루는 일을 하기 때문인지 리스크를 지나치게 간과하는 경향이 있다.

## 그래도 일반적인 리스크라면
## 사랑하라

사람들은 파멸을 가져올 수도 있는 테일 리스크와 시스템을 더욱 강하게 만드는 변화를 구분하지 못하는 경우가 많다. 이는 합리적이라고 보기 어려운, 지나친 단순화의 문제에서 비롯된다. 볼록성을 회피하지 마라. 그리고 테일 리스크가 아닌 커다란 이익을 가져다주는 성격의 리스크로 판단되면 적극적으로 받아들여라. 변화가 언제나 큰 위험을 수반하는 것은 아니다. 오히려 긍정적인 효과를 만들어 내는 경우가 더 많다. 낮은 계단에서 뛰어내리는 것은 근육과 뼈를 강하게 만들어 준다. 20층 건물에서 뛰어내리는 일은 절대적으로 회피해야 하지만, 낮은 계단에서 뛰어내리는 일은 기회가 되는 대로 하는 것이 좋다. 피가 살짝 나는 작은 상처 역시 건강에 도움이 된다. 하지만 피를 너무 많이 흘리는 상처를 입을 수 있는 위험은 절대적으로 회피해야 한다. 돌이킬 수 없는 파멸로 이어질 가능성이 크기 때문이다. 돌이킬 수 없는 파멸을 일으키는 테일 리스크라면 철저히 회피하는 것이 맞지만, 커다란 이익으로 연결될 수도 있는 일반적인 리스크라면 적극적으로 수용하는 것이 맞다.


## 리스크에 대한
## 너무나도 단순한 해석

비슷한 숫자의 사상자가 나온다고 해서 동등한 리스크로 보면 안 된다. 우리는 다음과 같은 말을 자주 듣는다. "욕조에 빠져 죽는 사람들의 수보다 에볼라로 죽는 사람들의 수가 더 적다." 이런 말을 하는 사람들은 구체적인 '숫자'를 들이대며 서로 다른 리스크를 비교하려고 든다. 그러나 바보 지식인들의 이런 식의 통찰은 할머니의 오랜 지혜만도 못한 것이다.

> 어디에든 나타날 수 있고 복합적이고 예측 불가능한 리스크와 제한된 환경에서만 나타나고 단순하고 예측 가능한 리스크를 동일 선상에서 비교하지 마라.

한 사람의 죽음은 다른 사람의 죽음과 동일한 무게를 지니지만, 죽음의 원인이 되는 리스크는 동일한 무게를 갖지 않는다. 어디에서든 발생할 수 있고, 단번에 수많은 사람의 죽음을 유발할 수 있는 리스크에는 더 큰 경계심을 갖는 것이 당연하다.

무작위로 발생하는 사건도 중간과 극단이라는 두 가지 범주로 구분할 수 있다. 여기서 예측이 가능하고 피해자와 집단 간에 상관관계가 없는 사건은 '중간' 범주에 속한다고 봐야 한다. 예측 불가능하고 피해자뿐만 아니라 집단의 다수에게도 피해를 끼칠 가능성이 있는 사건은 '극단' 범주에 속한다고 보면 된다. 극단 범주에 들어가는 사건은 여러 명의 피해자를 발생시킬 수 있는 반면, 중간 범주에 들어가는 사건은 그렇지 않다. 예를 들어 유행성 전염병은 극단 범주에 들어간다. 물론 일부 전염병은 많은 사망자를 유발하지는 않지만, 그럼에도 전염병은 극단의 범주에 들어간다.

이를 기술적으로 표현하면 다음과 같다.

> 중간 범주의 리스크는 체르노프 바운드Chernoff bound 내에 들어간다.

예를 들어 어떤 사람이 욕조에 빠져 죽은 사건은 피해자와 집단 간의 상관관계가 없는 중간 범주의 사건이다. 미국에서 욕조에 빠져 죽은 사람들의 수가 두 배로 늘어난다고 해도, 이 영향으로 내가 욕조에 빠져 죽을 가능성이 높아지는 것은 아니다. 반면 미국에서 테러로 사망한 사람들의 수가 두 배로 증가한다면 그에 따라 내가 테러로 사망할 가능성도 커진다.

언론인들과 사회과학자들은 이런 차이를 구분하지 못한다. 특히 그래프와 회귀분석만으로도 충분히 사회문제를 이해할 수 있다고 생각하는 사람일수록 더욱 그렇다. 이들은 중간 범주의 사건에 대한 분석이나 이해한 바를 그대로 극단 범주의 사건에 적용한다. "에볼라로 사망한 미국인들의 수보다 킴 카다시안(미국의 유명 모델이자 영화배우―편집자)과 잠을 잔 미국인들의 수가 훨씬 더 많다.", "테러 공격으로 사망한 사람들의 수보다 자신의 집에 있는 가구에 깔려 사망하는 사람들의 수가 더 많다." 등등 이런 제목의 기사들이 나오는 것은 바로 이 때문이다.

여러분의 할머니에게 위 기사의 제목과 같은 말을 해 봐라. 단박에 "말도 안되는 소리!"라는 대답이 나올 것이다. 생각해 보라. 10억 명의 사람이 킴 카다시안과 잠을 잘 확률은 제로다. 하지만 10억 명의 사람이 에볼라로 사망할 가능성은 제로가 아니다. 에볼라가 세계적으로 확산되고 전염될 가능성은 제로가 아니다. 전염되는 질병 문제가 아닌 테러 공격의 경우에도 수도관에 독극물을 타는 방식의 공격으로 대량 학살이 빚어질 수 있다. 테러 공격으로 나오는 사망자는 그리 많지 않다고 주장하는 사람들에게 이 점을 지적하고 싶다.

현실적으로 테러 공격의 사망자가 아직 많지 않은 이유는 국가기관들과 수많은 사람이 높은 수준에서 경계하고 있기 때문이다. 항공기에 탑승하려는 일반 시민들의 가방은 물론 신발까지 검사한다. 공항, 박물관, 공연장 등에서의 소지품 검색 수준이 지나치다고 불평하는 사람들이 테러 공격의 심각성을 인정하지 않는 것은 비합리적이다. 테러 공격이 심각해서 검색 수준이 높은 것이기 때문이다. 적어도 우리 집 욕조는 나를 죽이고자 하는 의지가 없다.

어째서 많은 학자와 정치인, 고위 관료들이 이런 점을 인식하지 못하는 것인지 이해할 수 없다. 스위스 통계학자 폴 임브리츠Paul Embrechts는 테일 리스크 관리에 관한 전문가다. 그는 극치 이론extreme value theory을 연구하고 있는데, 우리가 흔히 '극단주의자'라고 부르는 사람들이 바로 그의 연구 대상이다. 즉 정규분포의 양 극단에 해당하는 영역이 그의 연구 대상이며, 나 역시 이 영역에 관심이 많다.

정규분포 양 극단의 테일 리스크를 연구한다고 해서 극단 범주의 사건들만 연구 대상으로 삼는 것은 아니다. 테일 리스크에는 중간 범주의 사건도 포함된다. 이 역시 폴 임브리츠의 연구 대상이다. 중간 범주와 극단 범주는 그 특징이 다를 뿐 발생 확률이 낮은 테일 리스크라는 점에서는 동일하다고 봐도 된다. 폴 임브리츠는 일반화된 극치 분포를 이용해서 정규분포의 극단에서 일어날 수 있는 사건들을 분류했다. 정규분포의 극단에서 일어나는 사건들은 무척이나 명확하게 파악할 수 있다. 글로 설명하는 것보다 통계적 해석을 활용하면 훨씬 더 쉽게 설명할 수 있다.


## 이 장의 정리

이 장의 내용은 다음과 같이 정리할 수 있다.

리스크를 사랑하되 파멸을 유발하는 리스크는 철저히 회피하라.

우리 삶의 핵심적인 불균형은 다음과 같다.

'파멸을 유발할 수 있는 전략이라면 아무리 이익이 커도 포기하라.'

한마디 더 덧붙인다.

파멸은 환경이나 조건의 변화와 전혀 다른 차원의 문제다.

위험한 일을 반복해서 행할수록 기대수명은 줄어든다.

마지막으로 말하겠다.

총체적인 파멸 가능성을 철저하게 회피하는 것, 그것이 '합리성'이다.

# 린디 효과가
# 알려 주는 것

《인세르토》 시리즈의 마지막 책이 이렇게 마무리됐다. 원래는 책의 마지막 부분에 전체 내용을 요약하여 정리하려고 했다. 그렇게 하는 것이 당연한 과정이라고 생각했기 때문이다. 그런데 책을 다 쓰고 마지막 부분을 구상하고 있던 무렵에 들른 한 음식점에서 우연히 거울에 비친 내 얼굴을 보게 됐다. 거울에는 사나운 인상의, 지중해 동부 출신임이 분명한 생김새를 가진 초로의 남자가 있었다. 특히 그 남자의 흰 수염이 도드라져 보였다. 내가 이 시리즈를 쓰기 시작한 것이 25년 전, 내 수염에 흰 가닥이 하나도 없던 때의 일이다. 이후 25년의 세월 동안 내 책들이 독자들에게 읽히고 또 내가 계속해서 새로운 책들을 써 왔다는 것은 린디 효과에 따라 나의 논리들이 유효하다는 사실이 검증됐다는 것을 의미한다. 그래서 더 길게 증명하고, 더 길게 설명하고, 더 길게 이론화할 필요가 없겠다는 생각이 들었다. 이미 했던 이야기를 다시 반복할 필요는 없기 때문이다. 예전에 누군가가 나에게 이런 말을 했다. "그게 바로 그거야!"

그래서 이번에는 요약 정리를 하지 않기로 했다. 앞으로도 하지 않을 생각이다. 린디 효과로 이미 검증됐기 때문이다. 대신에 다음과 같은 말을 하고 싶다.

수염(혹은 머리카락)이 검은색일 때는 원인에 집중하고 결과는 무시하라. 수염이 회색일 때는 원인과 결과 모두를 따져 보라. 수염이 흰색일 때는 원인은 건너뛰고 결과에 집중하라.

이런 맥락에서 인간사의 오랜 지혜 하나를 전하면서 이 책을 마칠까 한다. 다음의 일들만 피해도 우리는 꽤 괜찮은 삶을 살 수 있을 것이다.

힘이 없는 근육,
신뢰가 없는 우정,
결론이 없는 의견,
미적 요소가 없는 변화,
가치가 없는 나이,
노력이 없는 인생,
갈증이 없는 물,
영양이 없는 음식,
희생이 없는 사랑,
공정함이 없는 권력,
엄격함이 없는 사실,

논리가 없는 통계치,

증명이 없는 수학,

경험이 없는 가르침,

따뜻함이 없는 예의,

구체성이 없는 가치관,

박식함이 없는 학위,

용기가 없는 군인 정신,

문화가 없는 진보,

투자가 없는 협업,

리스크가 없는 덕행,

에르고드 상태가 없는 확률,

손실 감수가 없는 부의 추구,

깊이가 없는 복잡함,

내용이 없는 연설,

불균형이 없는 의사결정,

의심이 없는 과학,

포용이 없는 종교,


그리고 무엇보다도

책임이 없는 모든 것.


이러한 것들을 피하라.

내 책을 읽어 준 독자 여러분께 감사를 드린다.

# 지금 이 시대
# 우리 사회가 주목해야 할 이야기

이한상
고려대학교 경영대학 교수

내가 나심 탈레브의 책을 처음 접하게 된 것은 2001년의 일이다. 당시 지인의 권유로《행운에 속지 마라》를 읽으며 그의 생각에 단번에 매료되었다. 2008년 미국에서 경영학을 가르치며 생생하게 목도한 금융 위기를 통해 그가《블랙 스완》과《블랙 스완과 함께 가라》에서 강조한 메시지의 현실 적합성과 그 가치를 인정했다. 그리고 2012년 한국으로 돌아와《안티프래질》을 읽으며, 당시 여러 측면에서 극심한 변화와 단절 현상을 겪고 있던 우리 사회가 향후 나아가야 할 방향은 무엇인지에 큰 영감을 받았다. 이렇게 오랫동안 기다렸던 그의 신작이자《인세르토》시리즈를 완결 짓는 이 책은 감히 그의 필생의 역작magnum opus이라고 말하고 싶다.

# 우리 인간의 판단에 질문을 던져온
# 《인세르토》시리즈

　　　　　　　25년에 걸쳐 완성된 나심 탈레브의 《인세르토》시리즈는 '행동과 책임의 균형'에 관한 일련의 생각이 응축된 결정체다. 그가 가장 먼저 쓴 《행운에 속지 마라》는 생존 편향survivorship bias, 우연의 일치, 삶의 비선형성에 무지한 인간이 '운'의 역할을 과소평가하는 행태를 취하는 문제에 대해 지적했다. 성공을 능력으로 착각해 스스로를 위험에 계속 노출시키는 인간은 언젠가 '검은 백조', 즉 예기치 못한 파국을 만나게 된다는 필연적 사실을 강하게 경고했다. 이 결론을 좀 더 심도 있게 풀어낸 책이 바로 《블랙 스완》이다. 이 책에서 탈레브는 인간이 인식 능력의 한계 때문에 자신의 무지를 깨닫지 못한 채 일반화하기 어려운 개인의 경험만 가지고 복잡계를 과도하게 단순화하여 바라보는 점을 꼬집어 비판했다.

　현대사회는 복잡하고 불확실하다. 그러나 인간은 예외적 사건이 발생하지 않는 평범하고 안정적인 세계를 조건으로 가정하여 생각하고 판단한다. 말하자면 정규분포 곡선에 기대어 잘못된 무언가를 끊임없이 추론한다. 이런 인간의 노력을 무의미하게 만드는 비즈니스 영역은 '극단의 세계'다. 단 하나의 관측값이 전체에 충격을 준다. 이것이 비즈니스 세계의 현실이다. 그 무엇 하나 전혀 알 수 없고 극단적이며 개연성이 희박한 충격적 현실을 극복하는 데 필요한 몇 가지 조언이 그의 잠언집 《블랙 스완과 함께 가라》를 거쳐 《안티프래질》의 주제로 이어진다.

　안티프래질은 무작위적으로 발생하는 사건과 변화, 충격, 스트레스로부터 손실이 아닌 이익을 얻는 특성을 의미한다. 안티프래질 시스템을 가진 대표적인 것이 바로 지구와 대자연이다. 46억 년이라는 시간 동안 여러 불확실성과 강한 충격에도 끊임없이 스스로를 변화시키고 개조하며 성장하고 살아남았기 때문이다. 문제는 인간이다. 인류는 근대와 현대를 거치며 세상의 이치를 모두 깨달았다는 듯 과도한 확신으로 사회구조화에 몰두해 왔다. 말하자면 관료제를 통해 복잡한 제도와 규제를 설정하고 정치, 경제, 사회 모든 영역을 지나치게 안정적으로 만들고 있다. 그 결과, 사회시스템이 예기치 못한 충격에 대응하는 데 매우 취약해졌다. 그렇다면 어떻게 사회시스템이 안티프래질 특성을 갖도록 만들 것인가? 《안티프래질》의 끝부분에서 탈레브는 《인세르토》 시리즈의 핵심 주제이자 이 책에서 다룬 '스킨 인 더 게임'skin in the game이라는 개념을 소개한다.


## 말하는 사람은 행동하고
## 행동하는 사람만이 말한다

《나심 탈레브 스킨 인 더 게임》은 우리가 어떻게 살아 나아가야 '검은 백조'의 출현을 피해 개인과 집단, 시스템이 절멸하지 않고 생존하여 성장할 수 있는지, 즉 어떻게 하면 우리 세계가 안티프래질한 특성을 가질 수 있는지에 관한 성찰이다. 이 질문에 대한 해답으로 탈레브는 '행동과 책임의 균형'을 제시한다. 그렇다면 행동과 책임의 균형이란 무엇인가? 큰 판돈을 걸고 게임에 참여하면 그 누구도 결코 자만하거나 의미 없는 훈수는 두지 않을 것이다. 따라서 말하는 사람은 행동할 것이고, 행동하는 사람만이 말할 것이다. 우리가 살아가는 현실 세계에서 말싸움에서 이긴다는 것은 아무런 의미를 갖지 못한다. 오직 생존을 보장하는 행동만이 유의미하고 합리적이며, 이는 전문가나 평론가의 평가가 아닌 시간이 검증해 준다. 탈레브는 용기를 가지고 위험을 감수하며 현실에 뛰어들되 경험과 실수로부터 배우고 파멸을 부르는 전략은 철저히 회피하는 태도가 생존 능력이자 현실 윤리라고 주장한다.

그는 진짜 현실에서 지식과 윤리, 지식과 능력을 구분 지을 수 없다고 말하며 이렇게 묻는다.

"만약 어느 한 기업의 회계 책임자에게 누군가 '나는 당신을 믿는다'고 말하면, 이 말은 돈을 빼돌리지 않는 양심(윤리 의식)을 믿는다는 것인가, 정확한 회계 업무 처리(능력)를 믿는다는 것인가, 아니면 둘 다를 의미하는가?"

이 질문에 담긴 뜻처럼 결국 도덕과 능력은 지식과 떨어트려 생각할 수 없다. 그래서 탈레브에게 '진짜 지식이란 무엇인가?'는 중요한 문제다. 진짜 지식에 대해 파헤치며 그는 고대 그리스인의 '파테마타 마테마타(아픔을 통해 배운다)'라는 격언을 인용해 '경험주의'를 강조한다. 그의 주장을 요약하자면 이렇다.

'경험주의자는 실패로부터 배운다. 그러나 현실과 동떨어져 아무런 책임도 지지 않는 학계의 이론은 그렇지 않다. 잘생긴 외모에 하버드대학 학위를 가진 전문가의 의견 따위는 멀리하라. 당신이 직접 위험을 감수하고 현실에 뛰어들어 몸으로 부딪치며 배워라. 시간이 흐르면서 검증된 것만이 참지식이다.'


# 황금률, 정언명령이 아닌
# 은율을 제시한다

개인의 행동 지침에 관해 탈레브는 우리가 알고 있는 황금률과 칸트의 정언명령의 문제점을 날카롭게 지적한다. 그리고 그 대안으로 은율을 제시한다. 이 세 가지 개념에 대해 사람들이 비슷하게 인식하는 경우가 많은데, 먼저 황금률과 은율의 차이를 간단히 설명하면 이렇다. 일반적으로 무엇이 좋은가에 대한 사람들의 의견은 분분하고 다양하게 나뉘는 반면 무엇이 싫은가에 대해서는 쉽게 합의를 이룬다. 그래서 '당신이 다른 이들에게 기대하는 그대로의 행동을 다른 이들에게 하라'고 말하는 황금율보다는 '당신이 싫어하는 다른 이들의 행동을 다른 이들에게 하지 마라'라고 말하는 은율이 훨씬 실용적이다(실제로 은율은 미국 헌법의 근간을 이룬다).

그렇다면 보편율은 무엇이 문제인가? 인간은 환경의 동물이자 국지적으로 살아가는 존재다. 전 세계와 우주를 관통하는 거시적이고 추상적인 해법인 정언명령은 이런 미시적 삶을 사는 인간에게 실질적인 지침이 되기 어렵다. 정언명령이 가진 보편성은 기준과 판단에 모호함을 불러올 뿐만 아니라 추상적이고 독선적인 간섭주의를 낳는다. 그래서 남에게 나쁘게 굴지도 말고, 누군가의 악한 행동을 절대 받아들이지도 말자는 은율이 중요한 것이다. 이 원칙은 일상에서 이뤄지는 상업적 거래에도 적용된다. 우리가 사는 공간은 내가 남을 대하는 방식 그대로 남이 나를 대하는 은율이 적용되는 국지적인 세계다. 적어도 이 공간에서는 거래 당사자들에게 주어지는 정보와 불확실성, 리스크 부담이 양측에 평등해야 한다.


## 분권화와 지방화가
## 필요하다

탈레브는 현대사회와 조직 운용 측면에 있어서 정책 결정을 주도하는 관료제의 문제를 신랄하게 비판하며 분권화와 지방화를 강조한다. 현대 관료제는 조직 구성원의 책임을 회피하도록 설계된 제도다.

관료제 구성원은 조직의 일원으로 행동할 때 자신의 핵심 이익이 발생하므로 순종적이다. 또한 조직의 상급자가 하급자의 직무를 평가함에 따라 결과적으로 조직에서의 생존 여부를 결정하는 이들이 조직 외부의 수많은 사회 구성원의 명줄을 결정하는 정책을 만들고 있다. 이들처럼 자신이 정책에 따라 희생되거나 피해 볼 일이 없는 사람들은 결코 실수에서 배우려 하지 않는다.

이는 자신의 몸을 이끌고 전쟁터에 나가 목숨 걸고 싸웠던 역사적 위인들의 모습과 매우 대조된다. 역사상 영웅들은 실패의 결과 또한 스스로 온전히 감수했으며, 그 과정을 통해 사회는 발전할 수 있었다. 하지만 현대사회는 아무런 위험도 짊어지지 않은 사람들이 정책을 결정하고 그 결과가 낳는 피해는 고스란히 사회에 부담되기 때문에 사회시스템은 학습을 멈춘다. 이는 매우 심각한 문제가 아닐 수 없다. 사회 안전은 개개인의 학습이 아니라 시스템 학습으로 보장되는 것이기 때문이다. 시스템 학습은 중대한 실수를 범하는 부적합한 자들이 시스템에서 퇴출 당하는 방식, 즉 비아 네가티바 방식으로 전개되는데, 문제의 책임 회피가 가능한 현대 관료제에서는 시스템 학습이 이뤄지기 어렵다.

실제로 자신이 위험을 감수하는 사람들은 단순한 해법을 추구한다. 그러나 위험에서 벗어나 외부에 책임을 전가할 수 있는 지금의 사회체제는 복잡한 해법을 제안하도록 교육받고 선택받고 보상받는 사람들로 구성되어 있다. 이들은 복잡한 사회문제를 더욱 복잡하게 만든다. 특히 자신의 판단에 책임지지 않는 간섭주의자들은 다른 나라의 정권을 바꾸거나 경제에 충격을 주는 정책을 아무렇지도 않게 시행한다. 이들은 어떤 문제를 정태적靜態的으로 파악하여 이어지는 다음 단계를 동태적動態的으로 생각하거나 예측하지 못하며, 복잡계의 다차원적 문제를 인과관계가 선명한 일차원적 수단으로 대처하고 상호작용을 전혀 고려하지 않는다. 이런 시스템의 부패를 막기 위해서는 행동(결정)과 책임의 부담이 동시에 작용하도록 만들어야 한다. 그래서 탈레브는 책임이 면제된 의사결정자의 수를 최소화하기 위해 분권화와 지방화가 필수임을 거듭 강조한다.


## 위험을 사랑하고
## 행동과 책임의 균형을 꾀하라

이 책의 결말에서 탈레브는 인류의 생존 관점에서 위험 감수와 합리성의 역할을 논의한다. 위험에는 두 가지 종류가 있다. 바로 제한된 환경 안에 예측 가능한 위험과 시스템 전체의 절멸을 일으킬 수 있는 위험('네거티브 테일 리스크'negative tail risk라고 일컫는다)이 그것이다. 합리성이란 장황한 설명이 필요 없이, 시스템의 파멸을 막고 우리의 생존을 담보하는 기능이다. 이제 한 걸음 더 들어가 생각해 보자. 개별 인간은 모두 죽음을 맞지만, 인류는 영원할 수도 있다. 개인 차원에서 인류를 위해 진정한 용기를 드러낼 수 있는 일은 무엇일까? 탈레브는 이렇게 답한다. '위험을 감수하고 사업에 뛰어들어 돈을 벌어서 타인을 위해 쓰며 나 자신보다 더 큰 존재(가족, 친구, 동물, 종족, 인류, 생태계… 등)를 위해 자신의 이익이나 행복을 기꺼이 희생하라.'

진정 위험을 감수하는 자는 결코 단기적인 이익을 취하기 위해 파멸적 결과를 부를 수 있는 행동을 반복하지 않는다. 유전자조작 식품이나 기후 온난화 그리고 핵무기 사용이 초래할 위험은 발생 확률이 극히 낮지만 반복되면 파괴적인 결과를 일으킬 것이다. 따라서 우리는 위험을 사랑하고 행동과 책임의 균형을 꾀하되, 파멸을 유발하는 선택을 철저히 회피하기 위해 적극적으로 사회(문제)에 임하여 절대로 양보하지 않는 자세를 취해야 한다. 이런 움직임이 사회시스템을 견인한다. 결국 개인과 조직, 사회, 인류의 관점에서 행동과 책임의 균형을 추구하는 태도와 안목이 우리 미래를 결정한다는 것이 탈레브가 말하는 핵심 메시지다.

한국과 주변 국가 환경 사이에 산적해 있는 여러 문제 중 상당 부분이 이 책에서 지적하는 '행동과 책임의 괴리 해소'에서 답을 찾을 수 있다. 한국 사회의 진정한 생존과 발전을 위해 개인과 조직 그리고 사회가 취해야 할 자세와 미래 전략에 대해 진지하게 고민하는 책임감 있는 사람들 모두 이 책에서 깊은 통찰을 얻으리라 확신한다.

# 용어 설명

**선호도의 표출** Revelation of Preferences : 이 책에 나오는 선호도의 표출에 관한 논리는 폴 새뮤얼슨의 공공재에 관한 이론에서 기본 개념을 따온 것이다. 실제로 자신이 한 행동의 진짜 이유가 무엇인지 행위자 본인도 제대로 이해하지 못하는 경우가 많다. 따라서 제대로 된 과학 연구를 위해서는 말이나 생각이 아니라 표출되는 행동에 집중해야 한다. 특히 경제학 연구에서는 사람들의 실제 소비에 집중해야 한다. 뚱보 토니는 언제나 이렇게 말한다. "말에는 별다른 값어치가 없다."

**규제 포획** Regulatory Capture : 규제 당국이 규제 대상에 포획되는 상황을 의미한다. 이러한 상황은 대리인 문제로 유발되며, 규제는 원래의 의도와 다른 방식으로 이용된다. 예를 들어 기존 산업을 보호하기 위한 규제나 독점판매권 등 고위 관료들과 기업경영자들의 이익을 위해 이용되는 것이다. 그리고 일단 규제를 만들어 두면 이를 바꾸거나 없애는 일은 무척이나 어려운 일이다.

**과학주의(과학만능주의)** Scientism : 과학을 기존의 잘못된 믿음을 깨뜨리는 방법으로 인식하는 것이 아니라 화려한 결과를 만들어 내는 방법으로 인식하는 순간, 과학주의에 빠지게 된다. 과학을 몇 가지 지표를 통해 평가하려는 사람들, 과학을 공부하거나 연구하지도 않으면서 남에게 과학을 가르치려는 사람들, 주로 관료, 언론인, 학교 교사들이 과학주의에 빠지기 쉽다.

**순진한 이성주의** Naive Rationalism : 우리 인간이 (언젠가는) 세상의 원리나 구조를 완전히 이해할 수 있게 되며, 인간이 이해하지 못하는 것은 존재하지 않는다는 믿음을 가리킨다.

**바보 지식인** Intellectual Yet Idiot : 바보 지식인이란 그냥 '바보'다.

**가짜 이성주의** Pseudo-rationalism : 믿음의 결과가 아닌 믿음의 합리성 그 자체에 초점을 맞춘다거나 어떤 행동에 나설 때 다른 사람들의 '비합리성'을 비판하며 이를 근거로 제시하는 태도를 일컫는다. 이때 대부분 비판의 근거로 제시하는 모델이 엉터리다.

**대리인 문제** Agency Problem : 대리인과 실제 주인 사이에서 이익이 상충하는 문제 혹은 이익이 불합리하게 배분되는 문제를 뜻한다. 자동차 영업자와 고객, 의사와 환자와 같은 관계를 생각하면 이해가 더 빠를 것이다.

**밥 루빈 트레이드** Bob Rubin Trade : 일의 책임은 남에게 전가하면서 자신은 이익만 취하는 방식의 거래를 뜻한다. 주로 정치인이나 고위 관료 집단에서 밥 루빈 트레이드 방식을 추구하는 경향을 보이는데, 이들의 잘못된 판단으로 생긴 피해자 집단은 구체성을 갖지 않은 경우가 많다(주로 납세자나 주주 형태로 우리 사회에 무작위적으로 분산되어 분포해 있기 때문이다). 이 사실을 악용해 정치인이나 고위 관료 집단은 발생한 문제에 거의 책임지지 않는다.

**간섭주의자** Interventionista : 어떤 상황의 당사자가 아니라서 직접 참여하거나 아무런 책임을 질 일이 없는데도 해당 상황에 대해 잘 안다고 착각하여 개입하고 나서서 결국 문제의 취약성만 유발하는 사람들을 가리킨다. 게다가 이들은 인간적인 매력도 없다.

**그린 럼버 팰러시** Green Lumber Fallacy : 꼭 필요하고 중요한 지식이 무엇인지 잘못 판단하게 되는 오류를 뜻한다. 성공하고 싶어 하는 이론가들은 실제 필요한 지식이나 소양을 오판하는 일이 잦다. 그들이 중요하게 생각하는 지성인의 소양이라는 것은 세상에서 성공하는 데 딱히 필요한 지식이 아닐 수도 있다.

**새에게 나는 법 강의하기** Lecturing-Birds-How-to-Fly Effect : 기술 발달 과정에서 대학교수들이 대학에서 이뤄진 기술 연구의 기여도를 실제보다 과장하기 위해 행하는 여러 가지 시도들을 의미한다. 이 개념은 《안티프래질》에서도 다루었다.

**린디 효과**Lindy Effect : 지금껏 생존해 온 기간이 길수록 기술·사상·기업 등의 기대수명이 더 길어지는 효과가 나타나는 것을 가리킨다. 다시 말해 인간의 기술이 오래된 것일수록 앞으로 더 오래도록 활용될 것으로 기대됨을 설명하는 것이 린디 효과다. 예를 들어 책을 이야기할 때 출간 이후 수백 년째 사람들에게 읽힌 것이라면 앞으로도 수백 년 동안 계속해서 읽힐 것이라고 예상해 볼 수 있다(특정 인물이나 사건으로 출간이 금지되지 않는다면 말이다).

**에르고드 상태**Ergodicity : 에르고드 상태에서 어떤 계의 구성 요소 집단이 드러내는 통계적 특성(기댓값)을 장기적으로 관찰하면 마치 하나의 구성 요소처럼 움직인다는 것을 알 수 있다. 에르고드 상태에서 앙상블 확률과 시간 확률은 서로 비슷하게 나타난다. 반면 에르고드 상태가 아닌 경우, 기존에 관찰된 확률을 통해 리스크의 특성을 이해하고 파멸(붕괴)을 예측할 수 없다(교란 요소의 존재와 파멸이나 포기의 시점을 미리 파악할 수 없다는 의미다). 따라서 이 같은 상태는 지속될 수 없다.

**중간 범주**Mediocristan : 평범한 일이 주로 일어나는 영역을 의미한다. 이 영역에서는 극단적인 성공이나 실패는 거의 발생하지 않는다. 한 번의 사건으로 전체 계에 의미 있는 변화가 일어나는 일도 거의 없다(예를 들어 치과 의사의 소득이 그렇다). 중간 범주에서 일어나는 일은 정규분포나 가우스 분포를 따른다.

**극단 범주**Extremistan : 극단 범주에서는 한 번의 사건으로 전체 계에 완전한 변화가 발생할 수도 있다(예를 들어 작가의 소득이 이에 해당한다). 이 범주에서 일어나는 일은 팻테일) 유형의 정규분포나 프랙털fractal, 멱함수 분포 등등 다양한 형태로 나타난다.

**소수에 의한 장악**Minority Rule : 소수 구성원의 양보 없는 요구로 전체 구성원의 행동이 조종되는 현상을 가리킨다. 몇십 년 전만 해도 '금연 구역'이라는 개념 자체가 없었다. 그러나 금연 구역을 강하게 요구하는 소수의 사람이 나타나기 시작했고, 흡연자들은 금연 구역의 설치를 반대한다는 의견을 표출하지 않고 설치 조치를 받아들였다. 그 결과, 현재 선진국에서 대부분의 공공장소가 금연 장소로 지정되어 있다. 금연 구역 설치를 적극적으로 요구하는 사람들은 소수였지만, 그들이 양보하지 않는 소수였기 때문에 지금 같은 현상이 벌어진 것이다. 일부의 언어, 윤리, 종교 역시 이런 양보하지 않는 소수로부터 확산되었다.

**비아 네가티바**via negativa : 논리나 철학을 심화하는 과정에 있어 비아 네가티바는 나쁜 요소를 빼는 방식을 의미한다. 반대로 좋은 것을 더하는 방식인 비아 포지티바via positiva와 비교했을 때, 사람들의 오류를 줄이는 결과를 만들어 낸다. 특히 복잡하거나 예측하기 어려운 영역에서는 비아 네가티바 방식이 더 효과적이다. 예를 들어 건강 측면에서 보면, 담배를 피우지 않는 것이 약품을 먹고 치료를 받는 것보다 여러 가지 긍정적인 효과를 만들어 낸다.

**규모의 문제**Scalability : 같은 구성원들의 집합이라도 규모의 크기에 따라 집합체의 특성은 완전히 달라질 수 있다. 구성원들의 인구통계학적 특성이 유사하더라도 도시, 국가, 대륙, 섬 등에서 나타나는 형태는 서로 크게 다른데, 집단의 형태는 집단의 크기(규모)로부터 영향을 받기 때문이다. 이는 어느 특정 지역에서 효과를 본 좋은 방식이라고 해서 그것을 범지구적으로 확산시키려 해서는 안 되는 이유이기도 하다.

**의견의 획일화**Intellectual Monoculture : 언론인이나 학자 등 어떤 상황에 아무런 책임도 지지 않을 사람들을 보면, 획일적으로 대중으로부터 "'점잖다.", "도덕적으로 옳다."와 같은 근거 없는 평가를 들을 법한 말과 행동을 행하는 모습을 보인다. 이들의 말과 행동이 틀렸다는 실제 증거가 제시되더라도 대중의 평가가 달라지지 않는 한 이들의 말과 행동은 변하지 않는다. 대중이 긍정적인 평가를 내리는 방식과 다르게 말하고 행동할 경우, 대중으로부터 "악마"라는 딱지 – 예를 들어, 푸틴 추종자, 영아 살해범을 동조하는 자, 인종주의자 등등 – 를 부여받기 때문이다. 특히 가짜 박애주의자들은 사람들의 동정과 공감을 이끌어 내기 위해 어린이들을 앞세워 이용하는 것을 선호한다. 인간 사회에서 의견이 획일화되는 모습은 고립된 섬에서 생태적 다양성이 줄어드는 것과 유사한 양상을 보인다.

**도덕의 거래** Virtue Merchandising : 도덕의 거래는 다양한 형태로 나타난다. 본래 도덕은 다른 사람이 모르게 행해지던 행위와 의식이었는데, 오늘날에는 "환경을 보호합시다."와 같이 표면적으로 드러나고 전면에 내세워지는 마케팅 수단으로 전락해 버렸다. 이처럼 도덕을 앞에 내세우는 사람들은 대부분 위선자다. 용기, 희생, 책임이 없는 도덕은 절대 도덕이 아니다. 중세 교회에서는 성직과 함께 성직에 부여된 권리를 팔기도 했고, 면죄부를 팔아 대며 돈만 많이 낸다면 천국에 갈 수 있다는 믿음도 함께 팔았다.

**황금률** Golden Rule : 균형을 의미하는 'symmetry'와 뜻과 맥락을 같이한다. 황금률은 쉽게 말해 자신이 다른 이들에게 기대하는 그대로의 행동을 다른 이들에게 해 주는 것을 의미한다.

**은율** Silver Rule : 자신이 싫어하는 행동이나 말을 마찬가지로 타인에게 행하지 않는 것을 말한다. 은율은 네거티브 방식의 황금률이라 할 수 있다. 다른 사람들에게 무례한 행동을 하지 않는 것이 은율의 기본이다.

**호의의 원칙** Principle of Charity : 논쟁이나 토론 상황에서 누군가의 주장을 해석할 때는 우선 완전하게 그 사람의 입장에서 해석해야 한다는 원칙이다. 논쟁이나 토론의 상황에서 의도적으로 상대방의 발언을 왜곡하는 것은 대단히 나쁜 태도다.

# 주

다음 주는 책의 진행 순서가 아니라 주제별로 정리되어 있다.


윤리 Ethics : *Taleb and Sandis*(2013), *Sandis and Taleb*(2015), *Nagel*(1970), *Ross* (1939) 참조. 행동 철학은 *Sandis*(2010, 2012), 정치 윤리는 *Thompson* (1983), 불확실성과 윤리에 대해서는 *Altham*(1984), *Williams*(1993), *Zimmerman*(2008), 윤리의 일반론은 *Blackburn*(2001), *Broad*(1930), 윤리에 관한 일반적인 관점과 다른 관점에 대해서는 *Parfit*(2011), 윤리와 지식은 *Pritchard*(2002), *Rescher*(2009)를 참조하라.

철학자 데릭 파핏 Derek Parfit의《중요하게 봐야 할 것》On What Matters(2011)을 보면, 모든 사람이 똑같은 산을 서로 다른 경로로 오르고 있다는 관념이 나온다. 덕, 덕 윤리, 존재의 이유 등을 연구해 온 샌디스와 나는 데릭 파핏이 전해 준 통찰 덕분에 칸트 철학, 결과주의, 전통적인 도덕 영역 모두에 있어 결국 중요한 것은 '행동과 책임의 균형'이라는 결론에 도달하게 되었다.


대리인 문제와 도덕적 해이 Principal- agent and moral hazard in economics : *Ross*(1973), *Pratt et al.*(1985), *Stiglitz*(1988), *Tirole*(1988), *Hölmstrom*(1979), *Grossman and Hart*(1983) 참조.


불확실성하의 이슬람식 의사결정 Islamic decision  making under uncertainty : *Karkabi*(2017), *Wardé*(2010) 참조. 이외에 파리드 카르카비 Farid Karkabi의 미출간 원고도 참고했다.

비유적 표현으로서의 '눈에는 눈'이라는 관념 : 작은small 사람이 큰big 사람을 해쳤을 때는 어떻게 해야 하는가에 관한 아람어 토론의 기록은 그리 적절하게 번역되지 않았다. 아람어 'Gadol'은 신체의 키나 덩치가 크다는 것을 의미하는 것이 아니라 지위가 높다는 의미에 더 가깝고, 아람어 'Qatan'은 키나 덩치가 작다는 의미보다는 지위가 낮다는 의미에 더 가깝다.

합리성 : *Binmore*(2008) 참조. 이외에 2017년에 이루어진 켄 빈모어와 게르트 기거렌처의 대화에서 몇 가지 아이디어를 얻었다.

기독교와 다신주의 : *Wilkens*(2003), *Fox*(2006), *Taleb*(2014) 참조.

율리아누스 황제 : Ammianus Marcellinus, *History, vols. I and II, Loeb Classics,* Harvard University Press. Downey(1939, 1959) 참조.

오스트롬 : *Ostrom*(1986, 2015). 러셀 로버트Russell Roberts와 피터 베어크Peter Boetke의 2009년 11월에 방송된 팟캐스트 〈econtalk〉를 참고하였다.

**불균형과 규모의 작용** : 《안티프래질》 참조.

이기적 유전자 : *Wilson and Wilson*(2007), *Nowak et al.*(2010). 마틴 노웍과 E. O. 윌슨을 비롯한 이기적 유전자 이론을 지지하는 사람들의 토론(edge.org/conversation/steven_pinker-the-false-allure-of-group-selection)을 참조하라. *Bar-Yam and Sayama*(2006) 참조.

**좋은 울타리가 좋은 이웃을 만든다** : *Rutherford et al.*(2014) 참조.

희생 : *Halbertal*(1980) 참조.

동적 불평등 : *Lamont*(2009), *Rank and Hirshl*(2014, 2015) 참조. Mark Rank, *"From Rags to Riches to Rags"*, 《뉴욕타임스》, April 18, 2014. 해당 자료를 참조하라.

에르고드 상태와 도박: *Peters and Gell-Mann*(2016), *Peters*(2011) 참조.

불평등: *Picketty*(2015) 참조. '강탈'에 관한 개념은 *Picketty*(1995)를 참조하라.

불평등의 잘못된 계산: *Taleb and Douady*(2015), *Fontanari et al.*(2017) 참조.

평등하지 않은 평등세: 평등세를 부과하는 나라들이 있다. 평등세 부과는 대중에게 인기 있는 정책이지만, 이는 부의 창출을 응징하는 세금이다. 이는 매우 부조리하면서, 사회 스스로 부의 창출 기회를 죽이는 자살행위일 뿐이다. 평등세를 보면 일정 수준 이상의 소득은 국가에서 대부분 가져가는 구조로 되어 있는데, 이런 상황에서 리스크를 감수하고 사업을 하는 것은 정신 나간 일이다. 지극히 낮은 확률에 도전하고 성공했는데, 자기가 창출해 낸 소득의 25퍼센트만 가져가게 된다면 리스크를 감수할 이유가 어디에 있겠는가? 게다가 그렇게 남겨진 25퍼센트의 돈은 아마도 재산세로 거의 다 지불하게 될 것이다. 이 같은 세금 체계하에서는 대학 교수가 되거나 공무원이 되는 게 가장 좋은 인생 전략이다. 그러나 이러한 직업들은 한 사회의 부를 갉아먹는 직업일 뿐이다. 20년 동안 사업에 도전해서 단번에 450만 달러를 벌어들인 사업가가 있다고 가정해 보자. 그리고 22만 5000달러의 연봉을 20년 동안 받는 대학 교수가 있다고 가정해 보자(이 교수의 20년 소득 역시 450만 달러다). 20년 동안 이 사업가와 교수가 벌어들인 소득은 여러 가지 변수들을 고려하더라도 크게 차이가 없지만, 사업가는 75퍼센트의 돈을 평등세로 내고 교수는 30퍼센트의 소득세만을 낼 뿐이다. 게다가 사업가는 많은 액수의 재산세도 추가로 내게 된다. 국민들의 세금과 학생들의 등록금으로 월급을 받는 교수 쪽이 훨씬 더 큰 소득을 올리게 되는 것이다.

켈리 공식: *Thorp*(2006), *McLean et al.*(2011) 참조.

만족감: 이론만으로 아무런 문제없이 소득을 "극대화"할 수 있다는 생각은 잘못된 것이다(대학에서 연구만 하는 경제학자들은 수학적 계산의 결과가 현실에서 그대로 재현될 거라고 믿는다). 물론 만족스러운 수준의 소득을 올리고, 적절한 수준의 부를 일구고, 자신의 일에 자부심을 갖는 것은 얼마든지 가능하다. 절대적으로 높은 수준의 성과를 추구할 필요는 없다. 자기가 할 수 있는 일을 하는 것, 이것이 우리를 인간으

로 만들어 준다.

**폭력**: *Pinker*(2011), *Cirillo and Taleb*(2016, 2018) 참조.

**재규격화**: *Galam*(2008, 2012), *Binney et al.*(1992) 참조.

**부족**: *Margalit*(2002) 참조.

**제한적 합리성**: *Gigerenzer and Brighton*(2009), *Gigerenzer*(2010) 참조.

**린디 효과**: *Eliazar*(2017), *Mandelbrot*(1982, 1997) 참조. 이외에《안티프래질》에서도 이 개념을 다루었다.

**코린트의 페리안드로스**: 고대 그리스 철학 및 *Beginning and Early Ionian Thinkers*, Part 1 참조.

**유전자와 소수에 의한 장악**: *Lazaridis*(2017), 피에르 잘루어 Pierre Zalloua의 논고 참조. 언어는 유전자보다 훨씬 더 빠른 속도로 이동한다. 이를 뒷받침하는 두 가지 근거가 있다. 고대 그리스인들과 현대 그리스인들은 같은 사람들이다. 그들은 거의 이동하지 않았다. 반면 셈어를 사용하는 페니키아인과 셈족은 유전적으로 매우 먼 사람들이다.

# 기술 부록

## A. SKIN IN THE GAME AND TAIL PROBABILITIES

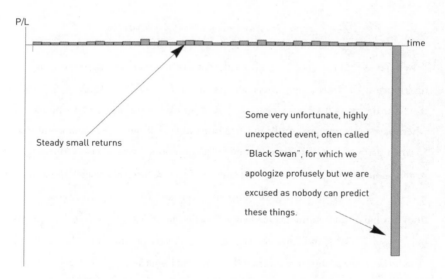

[FIGURE 12. The Bob Rubin trade] Payoff in a skewed domain where the benefits are visible (and rewarded with some compensation) and the detriment is rare (and unpunished owing to absence of skin in the game). Can be generalized to politics, anything where the penalty is weak.

This section will analyze the probabilistic mismatch of tail risks and returns in the presence of a principal–agent problem.

**Transfer of Harm**: If an agent has the upside of the payoff of the random variable, with no downside, and is judged solely on the basis of past performance, then the incentive is to hide risks in the left tail using a negatively skewed (or more generally, asymmetric) distribution for the performance. This can be generalized to any payoff for which one does not bear the full risks and negative consequences of one's actions.

Let $P(K,M)$ be the payoff for the operator over $M$ incentive periods:

$$P(K,M) \equiv \gamma \sum_{i=1}^{M} q_{t+(i-1)\Delta t} \left(x_{i+t\Delta t}^{j} - K\right)^{+} \mathbf{1}_{\Delta t(i-1)+t<\tau}$$

where $X^j = (x_{t+i\Delta t}^j)_{i=1}^M \in \mathbb{R}$, i.i.d. random variables representing the distribution of profits over a certain period $[t, t+i\Delta t]$, $i \in \mathbb{N}$, $\Delta t \in \mathbb{R}^+$ and K is a "hurdle," $\tau = \inf \left\{ s : \left( \sum_{z \leq s} x_z \right) < x_{\min} \right\}$ is an indicator of stopping time when past performance conditions are not satisfied (namely, the condition of having a certain performance in a certain number of the previous years, otherwise the stream of payoffs terminates, the game ends and the number of positive incentives stops). The constant $\gamma \in (0, 1)$ is an "agent payoff," or compensation rate from the performance, which does not have to be monetary (as long as it can be quantified as "benefit"). The quantity $q_{t+(i-1)\Delta t} \in [1, \infty)$ indicates the size of the exposure at times $t+(i-1)\Delta t$ (because of an Ito lag, as the performance at period $s$ is determined by $q$ at a strictly earlier period $<s$).

Let $\{f_j\}$ be the family of probability measures $f_j$ of $X^j$, $j \in \mathbb{N}$. Each measure corresponds to certain mean/skewness characteristics, and we can split their properties in half on both sides of a "centrality" parameter $K$, as the "upper" and "lower" distributions. We write $dF_j(x)$ as $f_j(x)dx$, so $F_j^+ = \int_K^\infty f_j(x)\, dx$ and $F_j^- = \int_{-\infty}^K f_j(x)\, dx$, the "upper" and "lower" distributions, each corresponding to certain conditional expectation $\mathbb{E}_j^+ \equiv \frac{\int_K^\infty x f_j(x)dx}{\int_K^\infty f_j(x)\,dx}$ and $\mathbb{E}_j^- \equiv \frac{\int_{-\infty}^K x\, f_j(x)dx}{\int_{-\infty}^K f_j(x)\,dx}$.

Now define $\nu \in \mathbb{R}^+$ as a K-centered nonparametric measure of asymmetry, $\nu_j \equiv \frac{F_j^-}{F_j^+}$, with values >1 for positive asymmetry, and <1 for negative ones. Intuitively, skewness has probabilities and expectations moving in opposite directions: the larger the negative payoff, the smaller the probability to compensate.

We do not assume a "fair game," that is, with unbounded returns $m \in (-\infty, \infty)$, $F_j^+ \, \mathbb{E}_j^+ + F_j^- \, \mathbb{E}_j^- = m$, which we can write as $m^+ + m^- = m$.

### Simplified assumptions of constant q and single-condition stopping time

Assume $q$ constant, $q=1$ and simplify the stopping time condition as having no loss in the previous periods, $\tau = \inf\{(t + (i-1)\Delta t)) : x_{\Delta t(i-1)+t} < K\}$, which leads to

$$\mathbb{E}(P(K, M)) = \gamma \, \mathbb{E}_j^+ \times \mathbb{E}\left(\sum_{i=1}^M \mathbf{1}_{\Delta t(i-1)+t<\tau}\right)$$

Since assuming independent and identically distributed agent's payoffs, the expectation at stopping time corresponds to the expectation of stopping time multiplied by the expected compensation to the agent $\gamma \, \mathbb{E}_j^+$. And $\mathbb{E}\left(\sum_{i=1}^M \mathbf{1}_{\Delta t(i-1)+t<\tau}\right) = \left(\mathbb{E}\left(\sum_{i=1}^M \mathbf{1}_{\Delta t(i-1)+t<\tau}\right) \wedge M\right)$.

The expectation of stopping time can be written as the probability of success under the condition of no previous loss:

$$\mathbb{E}\left(\sum_{i=1}^M \mathbf{1}_{\Delta t(i-1)+t<\tau}\right) = \sum_{i=1}^M F_j^+ \, \mathbf{1}_{x_{\Delta t(i-1)+t}>K}$$

We can express the stopping time condition in terms of uninterrupted success runs. Let $\sum$ be the ordered set of consecutive success runs $\sum \equiv \{\{F\}, \{SF\}, \{SSF\}, ..., \{(M-1) \text{ consecutive } S, F\}\}$, where $S$ is success and $F$ is failure over period $\Delta t$, with associated corresponding probabilities $\{(1 - F_j^+), F_j^+ \left(1 - F_j^+\right), F_j^{+2} \left(1 - F_j^+\right), ...., F_j^{+M-1} \left(1 - F_j^+\right)\}$

$$\sum_{i-1}^M F_j^{+(i-1)} \left(1 - F_j^+\right) = 1 - F_j^{+M} \simeq 1$$

For M large, since $F_j^+ \in (0,1)$ we can treat the previous as almost an equality, hence:

$$\sum_{i=1}^{M} \mathbf{1}_{t+(i-1)\Delta t < \tau} = \sum_{i=1}^{M} (i-1) \; F_j^{+(i-1)} \left(1 - F_j^+\right) = \frac{F_j^+}{1 - F_j^+}$$

Finally, the expected payoff for the agent:

$$\mathbb{E}\left(P(K,M)\right) = \gamma \; \mathbb{E}_j^+ \frac{F_j^+}{1 - F_j^+}$$

which increases by (i) increasing $\mathbb{E}_j^+$, (ii) minimizing the probability of the loss $F_j^-$, but, and that's the core point, even if (i) and (ii) take place at the expense of $m$, the total expectation from the package.

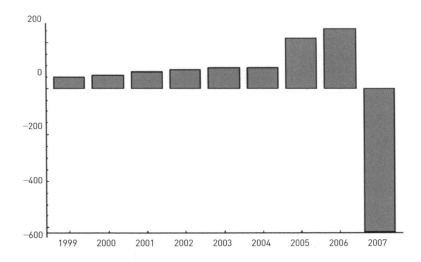

[FIGURE 13] Indy Mac, a failed firm during the subprime crisis(from Taleb 2009). It is a representative of risks that keep increasing in the absence of losses, until explosive blowup.

Alarmingly, since $\mathbb{E}_j^+ = \frac{m - m^-}{F_j^+}$, the agent doesn't care about a degradation of the total expected return $m$ if it comes from the left side of the distribution, $m^-$. Seen in skewness space, the expected agent payoff maximizes under the distribution $j$ with the lowest value of $\nu_j$ (maximal negative asymmetry). The total expectation of the positive-incentive without-skin-in-the-game depends on negative skewness, not on $m$.

## B. PROBABILISTIC SUSTAINABILITY AND ERGODICITY

**Dynamic Risk Taking**: If you take the risk-any risk-repeatedly, the way to count is in exposure per lifespan, or in the way it shortens the remaining lifespan.

**Ruin Properties**: Ruin probabilities are in the time domain for a single agent and do not correspond to state-space (or ensemble) tail probabilities. Nor are expectations fungible between the two domains. Statements on the "overestimation" of tail events (entailing ruin) by agents that are derived from state-space estimations are accordingly flawed. Many theories of "rationality" of agents are based on wrong estimation operators and/or probability measures.

This is the main reason behind the barbell strategy.

This is a special case of the conflation between a random variable and the payoff of a time-dependent, path-dependent derivative function.

Less Technical Translation:

Never cross a river if it is on average only 4 feet deep.[66]

---

66    Debate of author with P. Jorion, 1997, and Taleb 2007.

### A simplified general case

Consider the extremely simplified example, the sequence of independent random variables $(X_i)_{i=1}^n = (X_1, X_2, \ldots X_n)$ with support in the positive real numbers $(\mathbb{R}^+)$. The convergence theorems of classical probability theory address the behavior of the sum or average: $lim_{n\to\infty} \frac{1}{n} \sum_i^n X_i = m$ by the (weak) law of large numbers (convergence in probability). As shown in the story of the casino in Chapter 19, $n$ going to infinity produces convergence in probability to the true mean return $m$. Although the law of large numbers applies to draws $i$ that can be strictly separated by time, it assumes (some) independence, and certainly path independence.

Now consider $(X_{i,t})_{t=1}^T = (X_{i,1}, X_{i,2}, \ldots X_{i,T})$ where every state variable $X_i$ is indexed by a unit of time $t: 0 < t < T$. Assume that the "time events" are drawn from the exact same probability distribution: $P(X_i) = P(X_{i,t})$.

We define a time probability the evolution over time for a single agent $i$.

In the presence of terminal, that is irreversible, ruin, every observation is now conditional on some attribute of the preceding one, and what happens at period $t$ depends on $t-1$, what happens at $t-1$ depends on $t-2$, etc. We now have path dependence.

Next what we call failure of ergodicity:

**Theorem 1 (state space-time inequality):** Assume that $\forall t, P(X_t = 0) > 0$ *and* $X_0 > 0, \mathbb{E}_N(X_t) < \infty$ the state space expectation for a static initial period $t$, and $\mathbb{E}_T(X_i)$ the time expectation for any agent $i$, both obtained through the weak law of large numbers. We have

$$\mathbb{E}_N(X_t) \geq \mathbb{E}_T(X_i)$$

Proof:

$$\forall t, \lim_{n\to\infty} \frac{1}{n} \sum_i^n \mathbb{1}_{X_{i,t-1}>0} X_{i,t} = m \left( 1 - \frac{1}{n} \sum_i^n \mathbb{1}_{X_{i,t-1}\leq 0} \right).$$

where $\mathbb{1}_{X_{t-1}>0}$ is the indicator function requiring survival at the previous

period. Hence the limits of $n$ for $t$ show a decreasing temporal expectation:
$\mathbb{E}_N(X_{t-1}) \leq \mathbb{E}_N(X_t)$.

We can actually prove divergence.

$$\forall i, \lim_{T \to \infty} \frac{1}{T} \sum_{t}^{T} \mathbb{1}_{X_{i,t-1}>0} X_{i,t} = 0.$$

As we can see by making $T<\infty$, by recursing the law of iterated expectations, we get the inequality for all $T$.

We can see the ensemble of risk takers expecting a return $m\left(1 - \frac{1}{n}\sum_{i}^{n}\right)$ $\mathbb{1}_{X_{i,t-1}=0}$) in *any* period $t$, while *every single* risk taker is guaranteed to eventually go bust.

Other approaches: we can also approach the proof more formally in a measure-theoretic way by showing that while space sets for "nonruin" $\mathcal{A}$ are disjoint, time sets are not. The approach relies on the fact that for a measure $\nu$:

$$\nu\left(\bigcup_T \mathcal{A}_t \bigcap_{\leq t} \mathcal{A}_i^c\right) \text{ does not necessarily equal } \nu\left(\bigcup_T \mathcal{A}_t\right)$$

Almost all papers discussing the actuarial "overestimation" of tail risk via options (see review in Barberis 2003) are void by the inequality in Theorem 1. Clearly they assume that an agent only exists for a single decision or exposure. Simply, the original papers documenting the "bias" assume that the agents will never ever again make another decision in their remaining lives.

The usual solution to this path dependence—if it depends on only ruin— is done by introducing a function of $X$ to allow the ensemble (path independent) average to have the same properties as the time (path dependent) average—or survival conditioned mean. The natural logarithm seems a good candidate. Hence $S_n = \sum_{i=1}^{n} \log(X_i)$ and $S_T = \sum_{t=1}^{T} \log(X_t)$ belong to the same probabilistic class; hence a probability measure on one is invariant with respect to the other—what is called ergodicity. In that sense, when analyzing performance and risk, under conditions of ruin, it is necessary to use a logarithmic transformation of the variable (Peters 2011), or boundedness of the left tail (Kelly 1956), while maximizing opportunity in the right tail (Gell-Mann 2016), or boundedness of the left tail (Geman et al. 2015).

What we showed here is that unless one takes a logarithmic transformation (or a similar—smooth—function producing $-\infty$ with ruin set at $X = 0$), both expectations diverge. The entire point of the precautionary principle is to avoid having to rely on logarithms or transformations by reducing the probability of ruin.

In their magisterial paper, Peters and Gell-Mann (2014) showed that the Bernoulli use of the logarithm wasn't for a concave "utility" function, but, as with the Kelly criterion, to restore ergodicity. A bit of history:

- Bernoulli discovers logarithmic risk taking under the illusion of "utility."
- Kelly and Thorp recovered the logarithm for maximal growth criterion as an optimal gambling strategy. Nothing to do with utility.
- Samuelson disses logarithm as aggressive, not realizing that semi-logarithm (or partial logarithm), i.e., on partial of wealth, can be done. From Menger to Arrow, via Chernoff and Samuelson, many in decision theory are shown to be making the mistake of ergodicity.
- Pitman in 1975 shows that a Brownian motion subjected to an absorbing barrier at 0, with censored absorbing paths, becomes a three-dimensional Bessel process. The drift of the surviving paths is $\frac{1}{x}$, which integrates to a logarithm.
- Peters and Gell-Mann recover the logarithm for ergodicity and, in addition, put the Kelly-Thorpe result on rigorous physical grounds.
- With Cirillo, this author (Taleb and Cirillo 2015) discovers the log as unique smooth transformation to create a dual of the distribution in order to

remove one-tail compact support to allow the use of extreme value theory.

- We can show (Briys and Taleb, in progress and private communication) the necessity of logarithmic transformation as simple ruin avoidance, which happens to be a special case of the HARA utility class.

### Adaptation of Theorem 1 to Brownian Motion

The implications of simplified discussion do not change whether one uses richer models, such as a full stochastic process subjected to an absorbing barrier. And of course in a natural setting the eradication of all previous life can happen (i.e., $X_t$ can take extreme negative value), not just a stopping condition. The Peters and Gell-Mann argument also cancels the so-called equity premium puzzle if you add fat tails (hence outcomes vastly more severe pushing some level equivalent to ruin) and absence of the fungibility of temporal and ensemble. There is no puzzle.

The problem is invariant in real life if one uses a Brownian-motion-style stochastic process subjected to an absorbing barrier. In place of the simplified representation we would have, for an process subjected to $L$, an absorbing barrier from below, in the arithmetic version:

$$\forall i, X_{i,t} = \begin{cases} X_{i,t-1} + Z_{i,t}, & X_{i,t-1} > L \\ 0 & \text{otherwise} \end{cases}$$

or, for a geometric process:

$$\forall i, X_{i,t} = \begin{cases} X_{i,t-1}(1 + Z_{i,t}) \approx X_{i,t-1}e^{Z_{i,t}}, & X_{i,t-1} > L \\ 0 & \text{otherwise} \end{cases}$$

where $Z$ is a random variable.

Going to continuous time, and considering the geometric case, let $\tau = \{\inf t : X_{i,t} > L\}$ be the stopping time. The idea is to have the simple expectation of the stopping time match the remaining lifespan—or remain in the same order.

We switched the focus from probability to the mismatch between stopping time $\tau$ for ruin and the remaining lifespan.

## C. Principle of Probabilistic Sustainability

**Principle:** A unit needs to take any risk as if it were going to take it repeatedly—at a specified frequency—over its remaining lifespan.

The principle of sustainability is necessary for the following argument. While experiments are static (we saw the confusion between the state-space and the temporal), life is continuous. If you incur a tiny probability of ruin as a "one-off" risk, survive it, then do it again (another "one-off" deal), you will eventually go bust with probability 1. Confusion arises because it may seem that the "one-off" risk is reasonable, but that also means that an additional one is reasonable. (See Figure 9). The good news is that some classes of risk can be deemed to be practically of probability zero: the earth survived trillions of natural variations daily over three billion years, otherwise we would not be here. We can use conditional probability arguments (adjusting for the survivorship bias) to back-out the ruin probability in a system.

Probablility of Ruin

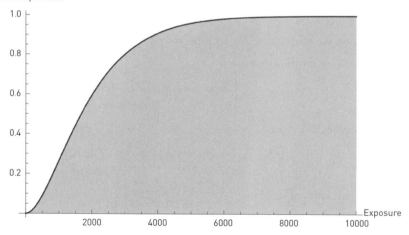

[FIGURE 14. Why ruin is not a renewable resource.] No matter how small the probability, in time, something bound to hit the ruin barrier is about guaranteed to hit it. No risk should be considered a "one—off" event.

Now, we do not have to take $t \to \infty$ nor is permanent sustainability necessary. We can just extend shelf time. The longer the $t$, the more the expectation operators diverge.

Consider the unconditional expected stopping time to ruin in a discrete and simplified model: $\mathbb{E}(\tau \wedge T) \approx \mathbb{E}(\tau) = \sum_{i=1}^{\lambda N} i \left( \frac{p}{\lambda} \left( 1 - \frac{p}{\lambda} \right)^{i-1} \right)$, where $\lambda$ is the number of exposures per time period, $T$ is the overall remaining lifespan, and $p$ is the ruin probability, both over that same time period for fixing $p$. Since $\mathbb{E}(\tau) = \frac{\lambda}{p}$, we can calibrate the risk under repetition. The longer the life expectancy $T$ (expressed in time periods), the more serious the ruin problem. Humans and plants have a short shelf life, nature doesn't—at least for $t$ of the order of $10^8$ years—hence annual ruin probabilities of $O(10^{-8})$ and (for tighter increments) local ruin probabilities of at most $O(10^{-50})$. The higher up in the hierarchy individual–species–ecosystem, the more serious the ruin problem. This duality hinges on $t \to \infty$; hence requirement is not necessary for items that are not permanent, that have a finite shelf life.

**The fat tails argument:** The more a system is capable of delivering large deviations, the worse the ruin problem.

We will cover the fat tails problem more extensively. Clearly the variance of the process matters; but overall deviations that do not exceed the ruin threshold do not matter.

### Logarithmic transformation

Under the axiom of sustainability, i.e., that "one should take risks as if you were going to do it forever," only a logarithmic (or similar) transformation applies.

Fattailedness is a property that is typically worrisome under absence of compact support for the random variable, less so when the variables are bounded. But as we saw the need of using a logarithmic transformation, a random variable with support in $[0, \infty)$ now has support in $(-\infty, \infty)$, hence properties derived from extreme value theory can now apply to our analysis. Likewise, if harm is defined as a positive number with an upper bound $H$ which corresponds to ruin, it is possible to transform it from $[0, H]$ to $[0, \infty)$.

Cramér and Lundberg, in insurance analysis, discovered the difficulty; see Cramér 1930.

**A Note on Ergodicity**[67] : Ergodicity is not statistically identifiable, not observable, and there is no test for time series that gives ergodicity, similar to Dickey–Fuller for stationarity (or Phillips–Perron for integration order). More crucially:

If your result is obtained from the observation of a time series, how can you make claims about the ensemble probability measure?

The answer is similar to arbitrage, which has no statistical test but, crucially, has a probability measure determined ex ante (the "no free lunch" argument). Further, consider the argument of a "self-financing" strategy, via, say, dynamic hedging. At the limit we assume that the law of large numbers will compress the returns and that no loss and no absorbing barrier will ever be reached. It satisfies our criterion of ergodicity but does not have a statistically obtained measure. Further, almost all the literature on intertemporal investments/consumption requires absence of ruin.

We are not asserting that a given security or random process is ergodic, but that, given that its ensemble probability (obtained by cross-sectional methods, assumed via subjective probabilities, or simply determined by arbitrage arguments), a risk-taking strategy should *conform* to such properties. So ergodicity concerns the function of

---

67     Thanks to questioning by Andrew Lesniewski, who helped define what we mean by ergodicity, as the meaning here diverges from that in statistical physics.

the random variable or process, not the process itself. And the function should not allow ruin.

In other words, *assuming* the SP500 has a certain expected return "alpha", an ergodic strategy would generate a strategy, say Kelly Criterion, to capture the assumed alpha. If it doesn't, because of absorbing barrier or something else, it is not ergodic.

## D. TECHNICAL DEFINITION OF FAT TAILS

Probability distributions range between extreme thin-tailed (Bernoulli) and extreme fat-tailed. Among the categories of distributions that are often distinguished due to the convergence properties of moments are: (1) Having a support that is compact but not degenerate, (2) Subgaussian, (3) Gaussian, (4) Subexponential, (5) Power law with exponent greater than 3, (6) Power law with exponent less than or equal to 3 and greater than 2, (7) Power law with exponent less than or equal to 2. In particular, power law distributions have a finite mean only if the exponent is greater than 1, and have a finite variance only if the exponent exceeds 2.

Our interest is in distinguishing between cases where tail events dominate impacts, as a formal definition of the boundary between the categories of distributions to be considered as Mediocristan and Extremistan. The natural boundary between these occurs at the subexponential class, which has the following property:

Let $X = (X_i)_{1 \leq i \leq n}$ be a sequence of independent and identically distributed random variables with support in $(\mathbb{R}^+)$, with cumulative distribution function $F$. The subexponential class of distributions is defined by (see Teugels 1975, Pitman 1980):

$$\lim_{x \to +\infty} \frac{1 - F^{*2}(x)}{1 - F(x)} = 2$$

where $F^{*2} = F' * F$ is the cumulative distribution of $X_1 + X_2$, the sum of two independent copies of $X$. This implies that the probability that the sum $X_1 + X_2$ exceeds a value $x$ is twice the probability that either one separately exceeds $x$. Thus, every time the sum exceeds $x$, for large enough values of $x$, the value of the sum is due to either one or the other exceeding $x$—the maximum over the two variables—and the other of them contributes negligibly.

More generally, it can be shown that the sum of $n$ variables is dominated by the maximum of the values over those variables in the same way. Formally, the following two properties are equivalent to the subexponential condition (see Chistyakov 1964, Embrechts et al. 1979). For a given $n \geq 2$, let $S_n = \Sigma_{i=1}^n x_i$ and $M_n = \max_{1 \leq i \leq n} x_i$

a) $\lim_{x \to \infty} \frac{P(S_n > x)}{P(X > x)} = n$

b) $\lim_{x \to \infty} \frac{P(S_n > x)}{P(M_n > x)} = 1$

Thus the sum $S_n$ has the same magnitude as the largest sample $M_n$, which is another way of saying that tails play the most important role.

Intuitively, tail events in subexponential distributions should decline more slowly than an exponential distribution for which large tail events should be irrelevant. Indeed, one can show that subexponential distributions have no exponential moments:

$$\int_0^\infty e^{\epsilon x} \, dF(x) = +\infty$$

for all values of $\epsilon$ greater than zero. However, the converse isn't true, since distributions can have no exponential moments, yet not satisfy the subexponential condition.

We note that if we choose to indicate deviations as negative values of the variable $x$, the same result holds by symmetry for extreme negative values, replacing

$x \to +\infty$ with $x \to -\infty$. For two-tailed variables, we can separately consider positive and negative domains.

참고 문헌

Altham, J.E.J., 1984. "Ethics of Risk." *Proceedings of the Aristotelian Society*, new series, 84 (1983 – 1984): 15 – 29.

Ammianus Marcellinus. History, vols I and II. Loeb Classics, Harvard University Press.

Barberis, N., 2013. "The Psychology of Tail Events: Progress and Challenges." *American Economic Review* 103(3): 611 – 616.

Bar-Yam, Yaneer, and Hiroki Sayama, 2006. "Formalizing the Gene Centered View of Evolution." In *Unifying Themes in Complex Systems*, pp. 215 – 222. Berlin, Heidelberg: Springer-Verlag.

Binmore, K., 2008. Rational Decisions. Princeton, N.J.: Princeton University Press.

Binney, James J., Nigel J. Dowrick, Andrew J. Fisher, and Mark Newman, 1992. *The Theory of Critical Phenomena: An Introduction to the Renormalization Group*. Oxford: Oxford University Press.

Blackburn, S., 2001. *Ethics: A Very Short Introduction*. Oxford: Oxford University Press.

Broad, C. D., 1930. *Five Types of Ethical Theory*. London: Kegan Paul.

Chistyakov, V., 1964. "A Theorem on Sums of Independent Positive Random Variables and Its Applications to Branching Random Processes." *Theory of Probability and Its Applications* 9(4): 640 – 648.

Cirillo, Pasquale, and Nassim Nicholas Taleb, 2018. "The Decline of Violent Conflicts: What Do the Data Really Say?" Nobel Foundation.

———, 2016. "On the Statistical Properties and Tail Risk of Violent Conflicts." *Physica A: Statistical Mechanics and Its Applications* 452: 29 – 45.

Cramér, H., 1930. *On the Mathematical Theory of Risk*. Centraltryckeriet.

Downey, Glanville, 1939. "Julian the Apostate at Antioch." *Church History* 8(4): 303 – 315.

———, 1959. "Julian and Justinian and the Unity of Faith and Culture." *Church History* 28(4): 339 – 349.

Eliazar, Iddo, 2017. "Lindy's Law." *Physica A: Statistical Mechanics and Its Applications*.

Embrechts, Paul, et al., 1997. *Modelling Extremal Events: for Insurance and Finance*. Berlin, Heidelberg: Springer–Verlag.

Embrechts, P., C. M. Goldie, and N. Veraverbeke, 1979. "Subexponentiality and Infinite Divisibility." *Probability Theory and Related Fields* 49(3): 335 – 347.

Fontanari, Andrea, Nassim Nicholas Taleb, and Pasquale Cirillo, 2017. "Gini Estimation Under Infinite Variance."

Fox, Robin Lane, 2006. *Pagans and Christians: In the Mediterranean World from the Second Century A.D. to the Conversion of Constantine*. Penguin U.K.

Galam, Serge, 2008. "Sociophysics: A Review of Galam Models." *International Journal of Modern Physics C* 19(03): 409 – 440.

———, 2012. *Sociophysics: A Physicist's Modeling of Psycho-Political Phenomena*. Berlin, Heidelberg: Springer–Verlag.

Geman, D., H. Geman, and N. N. Taleb, 2015. "Tail Risk Constraints and Maximum Entropy." *Entropy* 17(6): 3724. Available: http://www.mdpi.com/1099-4300/17/6/3724.

Gigerenzer, G., 2010. "Moral Satisficing: Rethinking Moral Behavior as Bounded Rationality." *Topics in Cognitive Science* 2: 528 – 554.

Gigerenzer, G., and H. Brighton, 2009. "Homo Heuristicus: Why Biased Minds Make Better Inferences." Topics in Cognitive Science 1(1): 107 – 143.

Grossman, S. J., and O. D. Hart, 1983. "An Analysis of the Principal–Agent Problem." *Econometrica*, 7 – 45.

Halbertal, Moshe, 2012. On Sacrifice. Princeton, N.J.: Princeton University Press.

Hölmstrom, B., 1979. "Moral Hazard and Observability." *The Bell Journal of Economics*, 74 – 91.

Isocrates, 1980. Three volumes. Loeb Classical Library, Harvard University Press.

Karkaby, Farid, 2017. "Islamic Finance: A Primer." Unpublished manuscript.

Kelly, J. L., 1956. "A New Interpretation of Information Rate." IRE Transactions on *Information Theory* 2(3): 185 – 189.

Lamont, Michèle, 2009. *The Dignity of Working Men: Morality and the Boundaries of Race, Class, and Immigration*. Cambridge, Mass.: Harvard University Press.

Lazaridis, Iosif, et al., 2017. "Genetic Origins of the Minoans and Mycenaeans." *Nature* 548, no. 7666: 214 – 218.

MacLean, Leonard C., Edward O. Thorp, and William T. Ziemba, 2011. *The Kelly Capital Growth Investment Criterion: Theory and Practice*, vol. 3. World Scientific.

Mandelbrot, Benoit, 1982. The Fractal Geometry of Nature. Freeman and Co.

———, 1997. *Fractals and Scaling in Finance: Discontinuity, Concentration, Risk*. New York: Springer-Verlag.

Mandelbrot, Benoit B., and N. N. Taleb, 2010. "Random Jump, Not Random Walk." In Richard Herring, ed., *The Known, the Unknown, and the Unknowable*. Princeton, N.J.: Princeton University Press.

Margalit, Avishai, 2002. *The Ethics of Memory*. Cambridge, Mass.: Harvard University Press.

Nagel, T., 1970. *The Possibility of Altruism. Princeton*, N.J.: Princeton University Press.

Nowak, Martin A., Corina E. Tarnita, and Edward O. Wilson, 2010. "The Evolution of Eusociality." *Nature* 466, no. 7310: 1057 – 1062.

Ostrom, Elinor, 1986. "An Agenda for the Study of Institutions." *Public Choice* 48(1): 3 – 25.

———, 2015. *Governing the Commons*. Cambridge University Press.

Parfit, Derek, 2011. *On What Matters*. Vols. 1 – 3. Oxford: Oxford University Press.

Periander of Corinth. In *Early Greek Philosophy: Beginning and Early Ionian Thinkers, Part 1*. Loeb Classical Library, Harvard University Press.

Peters, Ole, 2011. "The Time Resolution of the St Petersburg Paradox." *Philosophical Transactions of the Royal Society of London A: Mathematical, Physical and Engineering Sciences* 369(1956): 4913 – 4931.

Peters, Ole, and Murray Gell-Mann, 2016. "Evaluating Gambles Using Dy-namics." *Chaos: An Interdisciplinary Journal of Nonlinear Science* 26(2): 023103. Available:

scitation.aip.org/content/aip/journal/chaos/26/2/10.1063/1.4940236

Piketty, Thomas, 1995. "Social Mobility and Redistributive Politics." *The Quarterly Journal of Economics* 110(3): 551 – 584.

――――, 2015. *Capital in the Twenty-first Century*. Cambridge, Mass.: Har-vard University Press.

Pinker, Steven, 2011. *The Better Angels of Our Nature: Why Violence Has Declined*. Penguin.

Pitman, E. 1980. "Subexponential Distribution Functions." *Journal of the Australian Mathematical Society*, Series A, 29(3): 337 – 347.

Pitman, J. W., 1975. "One-Dimensional Brownian Motion and the Three-Dimensional Bessel Process." *Advances in Applied Probability* 511 – 526.

Pratt, J. W., R. Zeckhauser, and K. J. Arrow, 1985. *Principals and Agents: The Structure of Business*. Harvard Business Press.

Prichard, H. A., 2002. "Duty and Ignorance of Fact." In *Moral Writings*, ed. J. MacAdam. Oxford: Oxford University Press.

Rank, Mark Robert, and Thomas Hirschl, 2015. "The Likelihood of Experiencing Relative Poverty Over the Life Course." *PLOS One* 10(7).

Rank, Mark Robert, Thomas Hirschl, Kirk A. Foster, 2014. *Chasing the American Dream: Understanding What Shapes Our Fortunes*. Oxford: Oxford University Press.

Read, R., and N. N. Taleb, 2014. "Religion, Heuristics and Intergenerational Risk-Management." *Econ Journal Watch* 11(2): 219 – 226.

Rescher, N., 2009. *Ignorance: On the Wider Implications of Deficient Knowledge*. Pittsburgh: University of Pittsburgh Press.

Ross, David, 1939. *The Foundations of Ethics*. Oxford: Clarendon Press.

――――, 1930. *The Right and the Good*. Rev. ed., 2002, ed. P. Stratton-Lake. Oxford: Clarendon Press.

Ross, S. A., 1973. "The Economic Theory of Agency: The Principal's Problem." *The American Economic Review* 63(2): 134 – 139.

Rutherford, Alex, Dion Harmon, Justin Werfel, Alexander S. Gard-Murray, Shlomiya Bar-Yam, Andreas Gros, Ramon Xulvi-Brunet, and Yaneer Bar-Yam. "Good Fences: The Importance of Setting Boundaries for Peaceful Coexistence." *PLOS*

*One* 9(5): e95660.

Sandis, Constantine, 2012. *The Things We Do and Why We Do Them*. Palgrave Macmillan.

Sandis, Constantine, and Nassim Nicholas Taleb, 2015. "Leadership Ethics and Asymmetry." In *Leadership and Ethics*, ed. Boaks and Levine, 233. London: Bloomsbury.

Stiglitz, J. E., 1988. "Principal and Agent." In *The New Palgrave Dictionary of Economics*, vol. 3. London: Macmillan.

Taleb, N. N., 2007. "Black Swans and the Domains of Statistics." *The American Statistician* 61(3): 198–200.

Taleb, N. N., and P. Cirillo, 2015. "On the Shadow Moments of Apparently Infinite-Mean Phenomena," *arXiv preprint arXiv:1510.06731*.

Taleb, N. N., and R. Douady, 2015. "On the Super-Additivity and Estimation Biases of Quantile Contributions." *Physica A: Statistical Mechanics and Its Applications* 429: 252–260.

Taleb, N. N., and C. Sandis, 2013. "The Skin in the Game Heuristic for Protection Against Tail Events." *Review of Behavioral Economics* 1(1).

Teugels, J. L., 1975. "The Class of Subexponential Distributions." *The Annals of Probability*, vol. 3, no. 6, pp. 1000–1011.

Thompson, D. F., 1983. "Ascribing Responsibility to Advisers in Government." *Ethics* 93(3): 5466–0.

Thorp, Edward O., 2006. "The Kelly Criterion in Blackjack, Sports Betting and the Stock Market." *Handbook of Asset and Liability Management* 1: 385–428.

Tirole, J., 1988. *The Theory of Industrial Organization*. Cambridge, Mass.: MIT Press.

Wardé, I., 2010. *Islamic Finance in the Global Economy*. Edinburgh University Press.

Wilken, R. L., 2003. *The Christians as the Romans Saw Them*. New Haven, Conn.: Yale University Press.

Williams, B., 1993. *Shame and Necessity*. Cambridge: Cambridge University Press.

Wilson, D. S., and E. O. Wilson, 2007. "Rethinking the Theoretical Foundation of Sociobiology." *The Quarterly Review of Biology* 82(4): 327–348.

Zimmerman, M. J., 2008. *Living with Uncertainty: The Moral Significance of Ignorance*. Cambridge: Cambridge University Press.

# 찾아보기